바라매 아니뮈는 나무

심윤종

도서출판 해남

여는 글

글을 쓰면서 많이 행복했다. 가물거리는 옛 기억들을 더듬으며 내 인생의 편린(片鱗)들을 찾아가는 동안, 마치 시간 속을 거슬러 여행하는 타임머신 속의 탐험가가 된 느낌이었다. 유년시절에 이어 청소년, 장년기를 거쳐 지금에 이르기까지 내 인생의 마디마디를 장식하는 이야기거리들이 더할 나위 없이 소중하고 아름답게만 느껴졌다. 특히, 어린시절의 회상에서 그 아름다움은 절정에 이르렀다.

돌이켜보면, 슬프고 힘들었던 일들이 기쁘고 행복했던 일 못지않게 많았다. 그러나 지난날 내 마음을 아프게 했을 일들까지도 이제는 아름다운 추억으로 연상되는 것은 도대체 무슨 조화일까? 그것은 아마도 고통스러웠던 과거마저 소중하게 간직하라는 신의 섭리일 것이라고 조심스레 추측해 본다.

이제 평생을 몸담아 온 강단을 떠나야 한다. 지난 1977년 3월 초에 부임하여 2007년 2월 말에 떠나게 되었으니, 햇수로만 꼬박 30년이다. 그 동안 온갖 사연이 담기고 정감이 깃든 명륜캠퍼스와 작별을 해야 하는 서운한 심정은 이루 말할 수조차 없다. 그러나 '나는 참으로 행운아였다'는 자답(自答)으로 스스로를 위로해 본다. 다른 곳도 아닌 바로 모교에서 후배들과 같이 한 30년을 정년과 함께 마무리할 수 있다니 이 이상의 행운이 과연 어디 있겠는가? 더욱이 미력이나마 모교의 중흥을 위해 일익을 담당할 기회도 가져 보았으니.

하지만 한편으로는 제도와 규율 속에서 안주해 오던 내 생활이 정년 후 어떻게 전개될 것인가 하는 생각에 막연한 두려움이 앞서는 것도 사실이다. 모르긴 해도 다수의 선배 정년퇴직자들도 비슷한 불안을 느꼈으리라.

다행히 이 글을 쓰면서 나름대로 얻은 교훈이 있기에 장래의 불확실한 미래를 밝고 희망적인 기대로 맞이해 보고자 한다. 아팠던 과거도 아름답게 회상하도록 인간을 만든 것이 신의 섭리일진대, 앞으로의 일들은 더욱 긍정적으로 생각하며, 넉넉한 마음으로 살아가야 한다는 것이 그 동안 터득하게 된 진리라면 진리라고나 할까?

생각해 보면 순간순간에는 결코 양보할 수 없는 중대사인 양 목숨을 걸다시피 했던 일들이었지만 지나고 보면 '별것 아니었구나'라는 어리석음을 반복하곤 해 왔다. 그런데 정년을 맞이한 이제서야 '세상만사 새옹지마(塞翁之馬)'라는 고사성어의 깊은 뜻을 이해하게 되었으니 사람은 평생을 배우며 살아야 한다는 말이 맞긴 맞나 보다.

글을 쓰면서 필자를 가장 애먹였던 부분은 학생들이 600주년 기념관을 점거했던 2000년 당시를 회고해 보는 일이었다. 중요한 일들에 대해서는 메모와 일기형식으로 사건을 기록하는 버릇이 있는 나로서는 그 당시의 일들을 생생하게 재현할 수 있었지만, 워낙 많은 사람들이 연루된 대사건이었던지라, 본의 아니게 당사자들에게 누를 끼칠 수 있다는 생각에 '기록'이라는 의미 내에서만 서술하기로 하고 여타의 지세한 내용은 비망록의 형태로 남겨 두기로 했다.

본서는 크게 세 부분으로 나누어진다. 그 가운데 하나는 나 개인의 삶에 관한 부분이다. 아내와 친지, 그리고 자식과 손자들에게 내 인생의 역정을 보여 주고자 하는 뜻에서다. 또 하나는 나의 공직생활 동안에 일어났던 일들에 관한 기록이다. 여기에는 공직생활을 하면서 얻은 성취와 실패, 기쁨과 안타까움들이 고스란히 적혀져 있다. 가능한 한 객관적으로 서술하고자 노력했지만, 미진한 부분이 있다면 전적으로 필자의 부족함 탓이다. 마지막 부분은 내가 그 동안 방문했던 관광지에 대한 소개이다. 근자에 많은 분들이 관광명소를 찾아 해외로 떠나는데 혹여 그 분들에게 참고가 될지도 모르겠다고 생각해서 비교적 상세하게 기술하려고 노력했다. 그러나 지리적으로 가까워서 희소가치가 적은 아시아권은 포함시키지 않았다.

이제 1년 동안의 씨름 끝에 탈고를 하고 나니 속이 다 후련하다. 그러고 보면 '이 회고록이 읽을거리가 될 것인가'를 생각하면 좀 멋쩍어지는 것도 사실이다. 허나 이 글을 쓰면서 누렸던 행복감은 그 무엇과도 바꿀 수 없었기에 최선을 다했다는 것으로 아쉬움을 달래 본다.

돌이켜보면, 나름대로 떳떳하고 후회 없는 삶을 살아온 인생이었다고 자부한다. 때로는 거센 외풍 속에, 때로는 시대적 아픔 속에 흔들리기도 했지만, 결코 쓰러지거나 굽히지 않으려고 노력해 왔다. 원리원칙 준수와 타협 없는 삶은 그렇게 내 한 평생을 붙들어 준 버팀목이자 나의 존재 이유였다.

책의 제목을 놓고 오랜 시간을 고민했었다. 몇몇 글월들과 여러 명언들을 손 위에 놓고 저울질도 많이 했다. 그러다 책이 출판되기 며칠 전 훈민정음을 언급하는 큰 아들의 조언 속에 그야말로 번개 같은 제상(題想)이 떠올랐다.

'바람에 흔들리지 않는 나무'

1446년 훈민정음을 창제하신 세종대왕께서 「용비어천가」 제2장에 선보인 한글 사용 예제 가운데 하나가

불휘 깊은 남간, 바라매 아니 뮐새
곶 됴코 여름 하나니
(뿌리 깊은 나무는 바람에 흔들리지 않으니
꽃이 좋고 열매가 많다)

였기 때문이었다. '바라매 아니뮈는 나무'라는 제목은 그렇게 만들어졌다.

마지막으로 시원치도 않은 내 글의 교정과 편집을 위해 아까운 시간을 내 준 매제 이문희, 큰아들 심훈, 제자 박시종 교수에게 심심한 사의(謝意)를 표한다. 더불어 원고가 생기를 잃고 처질 때마다 따끈한 커피로 활력을 불어 넣어 주던 아내에게도 깊은 감사를 건넨다.

2007년 1월 말에

심 윤 종

차 례

01 성균관대학 총장시절

02 아름다웠던 어린시절

03 서울 유학시절

04 독일 유학시절

05 서울에서의 새로운 생활

01

성균관대학 총장시절

서울대 총장, 성대에 오다

2001년 8월 29일은 성균관대학교 역사에 남을 만한 날이었다. 서울대 이기준 총장이 이현구 부총장과 교무처장, 입학처장, 기획실장, 사무국장을 동반하고 성균관대학을 방문한 것이다. 입시제도를 비롯하여 대학행정에서 국내 최고를 자처해 온 서울대가 직접 총장이 나서 성대를 방문한다는 것은 극히 이례적인 일이었고, 그만큼 언론의 뉴스거리였다. 서울대 총장이 벤치마킹을 위해 성대에 간다는 사실이 알려지자 각종 매체의 기자들 상당수가 함께 왔다. 방문목적은 1996년부터 국내 대학으로서는 처음으로 학부제를 실시하여 성공적으로 운영해 오고 있는 성균관대를 벤치마킹하기 위해서였다. 성균관대학교는 1996년 학부제를 도입하면서 12개 단과대학 76개 학과였던 대학조직을 18개 학부와 6개 학과로 재편하고, 전공필수 과목을 폐지하는 등 대학구조조정에 큰 성과를 거두었다는 교육계 안팎의 평을 들어왔다. 600주년 기념관 6층 세미나실에서 서울대 방문단을 대상으로, 성대 김혁 교무처장이 학부제 도입 및 운영방식에 관한 설명을 끝내자마자 서울대 관계자들이 연이어 질문을 던지고 토론을 벌이는 등 시종 진지하고 적극적인 모습이었다. 박수호 서울대 기획실장은 "학부제의 철학과 이념은 어떤 것이며 지금까지 드러난 문제점은 없었는지," 이기준 총장은 "학부제 도입과정에서 교수들의 반발은 어떠했고 교수업적 평가는 어떻게 진행되는가?” 등의 질문을 던졌다.

나는 1996년 당시 교무처장으로서 학부제를 도입하는 중심에 있었기 때문에 1996년 이래 5년간의 운영 노하우를 상세하게 소개했다. 그리고 실무자들의 대답에 추가하여 그때의 상황을 생생하게 설명할 수 있었다. 공청회를 열었다가 교수들로부터 집중포화를 맞아 교무처장직을 사임할 생각까지 했던 일, 이해관계가 걸린 학과는 물론 학부제에 강하게 반발하는 교수들을 일일이 찾아다니며 설득했던 일 등의 경험을 깊은 감회 속에서 전했다.

이기준 총장 일행이 다녀가고 난 후 서울의 중요 일간지는 일제히 이 사실을 사회면 주요 기사로 다루었다. 조선일보는 ‘성균관대 찾아가는 서울대 총장’ 학부제 노하우 한 수 배우러……란 제목을 달았고, 중앙일보는 ‘성균관대서 한 수 배운 서울대’, 자존심보다는 대학개혁이란 제목을, 그리고 한국일보는 ‘학부제 노하우 한 수만……’이란 제목을 달았다. 특히, 조선일보는 그 후에도 몇 차례에 걸쳐 ‘성대 학부제’에 시선집중 등의 제목으로 성균관대학교의 학부제와 학사개혁의 성공을 사회면 주요 기사로 다루었다.

사실 이기준 총장의 성대 방문은 내가 총장에 취임하면서 주선했던 5개 대학(서울대 · 연대 · 고대 · 성대 · 한대) 총장모임에서, 성대 학부제에 관심을 갖고 있던 이 총장에게 “한 번 와서 보고 가시라”고 한 것이 계기가 되었다. 나는 그냥 지나가는 말로 했기 때문에 이기준 총장이 주요 보직자를 데리고 오리라곤 전혀 예상 밖이었다. 이 총장이 오겠다는 전화를 했을 때 내심 많이

"學部制 노하우 한수 배우러…"

성균관大 찾아가는 서울大총장

李基俊총장 등 오늘 방문

"이젠 국내 대학의 성공 사례도 겸허히 배워야 한다."

자존심 강하기로 소문난 서울대의 이기준(李基俊) 총장과 이현구(李鉉求) 부총장, 교무처장·입학처장·기획실장 등 간부진이 대학 구조조정과 학부제 운용의 노하우를 전수받기 위해 29일 오전 성균관대를 방문한다.

지난 99년 취임한 이기준 총장은 지금까지 서울대를 '세계수준의 연구 중심 대학'으로 육성한다는 목표 아래 스탠퍼드대·버클리대·도쿄대 등 주로 미국과 일본의 유명 대학 탐방에 주력해왔다. 국내 대학의 성공 사례를 배우기 위해 그 학교를 찾아가는 것은 성균관대 방문이 처음이다.

국내대학 '벤치마킹' 이번이 처음
成大 '구조조정 성공'도 참고할듯

서울대 관계자는 "서울대가 내년부터 단과대학별로 단일 학부로 신입생을 선발하는 모집단위 광역화 도입을 앞두고 이를 먼저 실시한 성균관대의 선례(先例)를 벤치마킹(bench marking)하려는 의도"라고 말했다.

성균관대 김혁(金赫) 교무처장은 "이 총장이 심윤종(沈允宗) 성균관대 총장을 사석에서 만나 '학부제 운영 현황에 대해 알고 싶다'며 방문을 제의한 것으로 알고 있다"며 "1시간 가량의 브리핑을 통해 지난 5년간의 학부제 추진과정을 설명할 계획"이라고 말했다.

성균관대는 지난 96년부터 학부제를 도입, 종래 12개 단과대학 76개 학과였던 대학 조직구조를 현행 18개 학부와 6개 학과로 재편했다. 이에 따른 구조조정 역시 국내 대학 중에서는 가장 성공적이었다는 평을 받고 있다. 서울대 역시 96년부터 자연대를 대상으로 학과 구분없이 신입생을 뽑는 '모집단위 광역화'를 실시하고 있지만, 그 결과가 만족스러운 편은 아니다. 서울대는 올해 입시부터 전 대학으로 '모집단위 광역화'를 확대 실시한다.

이 총장이 성균관대를 방문하는 까닭은 표면적으로는 '학부제 운영'에 대한 의견 교환이지만, 그 속내는 97년 삼성그룹이 재단을 인수한 후 성균관대가 실시한 성공적인 '구조조정'에 더 초점이 맞춰져 있다는 해석도 있다. 이 총장은 평소 공·사석에서 '대학에도 구조조정이 필요하다'고 역설해왔다.

/羅志弘기자

성균관대학교를 찾은 이기준 서울대학교 총장의 방문기사(조선일보)

놀랐는데, 나중에 들은 이야기지만 이 총장의 성대 방문에 대해 주위에서 많이 말렸다고 한다. 그런데도 자존심 강한 이 총장이 마음을 연 것은 오로지 학교발전이라는 대의 때문이었을 것이라고 생각하며 그 분의 결단에 경의를 표했다. 그래서 나는 비공개로 되어 있는 내부보고서까지 서울대측에 넘겨 주도록 실무자에게 지시하는 성의를 보였다. 후에 이기준 총장은 나에게 성균관대학교는 돈 안 들이고 최대의 홍보효과를 보았기 때문에 자신에게 항상 고맙게 생각해야 한다고 농담을 했다. 정말 그랬다.

서울대 이기준 총장을 맞이해 성균관대 총장실에서 환담을 나누고 있는 필자

돈으로 따질 수 없는 엄청난 홍보효과와 대학구성원의 사기진작이 있었던 잊을 수 없는 방문이었다.

서울대 총장이 성균관대의 성공적인 교육개혁사례를 견학하기 위해 주요 보직자와 함께 방문했다는 소식이 언론매체를 통해 널리 알려지자 서울과 지방의 많은 대학들이 실무자들을 보내 벤치마킹을 하고 갔다. 그러더니 급기야 9월 21일에는 교육인적자원부 서남수 대학국장을 비롯한 산하 3개 부서의 과장 등 9명과, 26개 전국 국공립대학 기획실장들이 성대를 방문해 그 동안 성대가 추진해 온 교육개혁사례와 성과의 설명을 들었다. 이 자리는 교육인적자원부가 성대의 대학개혁 현장을 점검하는 기회에 국공립대학 기획실장을 특별히 초대해 마련되었다. 나는 처음 서 국장으로부터 실무자들과 함께 성대를 방문하겠다는 연락을 받고, 전혀 예상치 못했던 일이었기 때문에 진담인가 할 정도로 어리둥절했다. 사실 교육당국이 교육정책을 협의하기 위해 사립대를 직접 방문한다는 것은 지극히 이례적인 일인데, 성대에서 실제로 그런 일이 일어난 것이다. 서 국장은 취재를 하러 온 기자들에게 "성대가 다른 대학에 앞서 학부제와 경영마인드를 도입하고 구조조정을 실시하는 등 대학교육 개혁을 선도하고 있어 직접 현장을 찾은 것"이라고 했다. 조선일보는 '서울대에 이어 교육부도 개혁성과 견학', 성대 "요즘만 같아라"는 제목으로 서남수 대학국장 일행의 성대방문에 대해서 상세하게 보도했다.

이기준 총장의 방문이 이처럼 큰 위력을 발휘할 줄은 몰랐다. 두고두고 홍보 턱을 내야 한다고 우스개로 이야기했지만 성대로서는 참으로 고마운 방문이었다. 아마 성대 역사상 가장 화려하게 언론의 조명을 받은 시기일 것이다.

문득 취임 초에 온갖 몸 고생, 마음 고생해 가며 사태해결을 위해 전력하던 600주년 기념관 점거사태의 어려웠던 기억이 떠올랐다.

학생들, 600주년 기념관 점거하다

등록금투쟁이 낳은 불행

2000년도 신학기가 되면서 학생들의 등록금투쟁이 본격적으로 가열되기 시작했다. 매년 이때가 되면 학교는 등록금 인상문제를 놓고 학생들과 줄다리기를 해야 했는데, 물론 이 과정에서 학생들의 투쟁이 과격해지면 대학본부가 학생들에 의해 점거되는 일은 다반사로 벌어졌다. 비단 성대만의 문제가 아니라, 전국의 대부분 대학에서 연례행사처럼 겪는 등록금분쟁의 홍역이었다. 그래서 당시의 성대 총장으로서 등록금문제로 학생들과 한바탕 씨름을 해야 할 것이라는 각오를 단단히 다지고 있었다.

역시 3월 중순이 되자 학생회는 본격적인 등록금투쟁에 나섰다. 특히, 3월 15일 오후에는 600주년 기념관 준공식이 있었는데, 이 자리에는 모처럼 연대 김병수 총장과 고대 김정배 총장 등 많은 내외귀빈이 참석했다. 그런데 학생들이 뒤에서 등록금투쟁 구호를 외치며 소란을 피워 학교당국을 곤혹스럽게 만들었다. 학교는 9.8%의 등록금인상률을 고지한 후, 이것을 학생들에게 납부하도록 하자 학부총학생회와 대학원총학생회는 공동투쟁본부를 결성하고 이 인상률은 근거가 없기 때문에 받아들일 수 없다고 했다. 공동투쟁본부는 동결이 정 어렵다면 3%의 물가인상률을 제외한 나머지 6.8%의 금액은 환불되어야 한다고 주장했는 데 반해, 이에 대해 학교는 등록금의 인하 및 환불은

학생들이 강제로 점거하였던 600주년 기념관의 전경

불가능하다는 입장을 밝혔다. 그러면서 학교의 예산이 이미 편성되어 있기 때문에 예산을 깎을 수는 없고, 그 대신 10억 원 정도의 수입을 다른 데서 얻어 장학기금을 만들어 운용해 주겠다고 했다. 그러나 학생들은 장학금은 학교가 장기적으로 확충해야 할 대상이지 등록금에서 이야기될 대상이 아니라고 하며 그들의 주장을 관철하고자 했다. 이 같은 대결구도가 지속되는 가운데 총학은 4월 10일 600주년 기념관 앞에 천막 3개를 치고 농성에 들어간 후 학생요구안과 관련된 대화를 속개할 것을 요구했다.

다음 날 새벽 3시에 비서실장으로부터 전화가 왔는데, 학생들이 새벽 2시경 폭력을 동원하여 본부 안으로 밀고 들어와 점거농성을 시작했다는 것이다. 아침 일찍 학교에 나가 도서관장실에서 긴급 처장회의를 가졌다. 교학부처장의 말에 따르면, 학생회측은 본부를 점거한 후 8개 사항의 요구를 제시하며 이것을 모두 학교측에서 수용하기 전에는 점거를 풀 수 없다고 한다는 것이다.

이렇게 하여 2000년 4월 11일 새벽 등록금동결과 학생 공간문제 해결을 주장하며 총학생회가 총장실과 법인사무국을 비롯하여 모든 행정부서가 모여 있는 대학본부를 사전 통보 없이 기습점거하는 사태가 발발했던 것이다. 그리하여 5월 13일 학생들이 농성을 풀고 철수할 때까지 1개월이 넘는 기간 동안 대학의 행정마비상태가 지속되는 성대 역사상 초유의 일이 시작되었던 것이다.

학생회측에서 제시한 8개 사항은 학부학생회의 요구사항 6개와 대학원학생회의 요구사항 2개로 되어 있는데 내용은 다음과 같다. 학부학생회의 요구사항은 ① 등록금문제, ② 대학운영위원회문제, ③ 공간문제, ④ 학사행정문제, ⑤ 장학금문제, ⑥ 교육환경 개선이었다. 그리고 대학원 요구사항은 ① 석사 4기 수업료부분, ② 대학원신문 복간이었다.

경영관 첨단강의실에서 열린 교무위원회에서 장시간 사태해결에 대한 논의를 했으나 묘안이 없었다. 주로 세 가지 방법이 논의되었는데, 첫째 공권력을 동원하는 방법, 둘째 학생들이 지칠 때까지 기다리는 방법, 셋째 일정 기간 기다린 후 교직원들이 진입하여 물리적으로 해결하는 방법이었다. 그 결과 마지막 방법을 택하기로 결정하고, 시기는 대학본부에 일임하기로 했다.

다음 날 경영관 지하 원형극장에서 5시에 긴급 전체교수회의를 열었는데, 대부분의 교수들이 단호한 대처의 필요성을 역설했다. 그래서 교무위원회에서 결의한 대로 물리력을 동원하기로 의견을 모은 다음, 때가 되면 연락을 할 테니 많은 협조를 바란다고 했다. 또한 교수 일동의 담화문도 발표했다.

그 후 처장회의에서 일부 처장의 신중론도 있었지만, 학사행정의 완전 마비상태를 계속 방치할 수 없다는 다수의 의견대로 4월 17일(월) 아침 6시에 교직원을 최대한 동원해 강제해산시키도록 결정했다. 나는 마지막으로 상임이사를 내 집무실로 불러, 정보에 따르면 학생들이 엄청난 내용의 문건을 가지고 있다고 하는데 무슨 내용인지 솔직하게 이야기해 줄 것을 부탁했다.

상임이사는 내가 평소에 보직인사 때 본 인사파일 이상의 다른 것들은 없다고 했다. 내 생각은 만약 학생들이 그들의 주장대로 중요한 문건을 가지고 있다면 대화를 통해 우선 학생들을 달래면서 문제를 해결해 보려고 했던 것이다. 그런데 상임이사의 말대로 문제될 것이 없다면 계획대로 물리력을 동원해 강제해산을 실행해야겠다고 최종결심을 했다.

16일 밤 자정이 다 되어 가는 시간에 마지막으로 교학부처장에게 전화를 걸었다. 나와 전화통화를 한 대부분의 원로교수들이 물리력행사에 대해 많이 염려하는데 정말 자신 있느냐고 물었다. 교학부처장에 따르면 항상 40~50명 정도가 안에서 지키고 있는데 교직원 300여 명이 모이면 문제없다는 것이다. 그래서 절대 학생들과 물리적 충돌은 하지 말고 직원들은 자기 부서에 들어가는 것으로 끝맺음을 하라고 말했다.

디데이로 정한 17일 오전 6시 전에 학교에 도착하려 했으나 교학부처장과 비서실장이 어느 정도 진압이 되고, 정리가 된 다음인 7시경에 도착하는 것이 좋겠다고 했다. 그래서 좀 늦게 출발해서 가는 도중 전화를 걸어 보았더니 예정대로 6시 15분경에 진입을 시도했으나 학생들이 사전에 알고 인원을 대폭 보충해, 200여 명이 극렬하게 저항하고 있어서 진입을 못하고 있다는 대답이었다. 많은 교직원들에게 연락을 하다 보면 정보가 새어 나갈 가능성이 커서 보안에 각별히 신경을 쓰도록 했는데 우려가 현실로 나타난 것이다. 7시경 학교에 도착해 자세한 보고를 들었는데, 일부 직원들이 기념관 뒤쪽 창문을 통해 진입하는 데는 성공했으나 총학 사무국장 등이 시너를 몸에 뿌리고 위협을 하며 극렬하게 저항해 더 이상의 진입을 못하고 있다고 한다. 혹시라도 있을지 모를 불상사가 우려되어 강제진입을 포기하도록 했다.

교수사찰문건 공개사건

그런 와중에 전혀 생각지 못했던 난감한 일이 발생했다. 교직원들의 기념관 진입시도에 자극을 받은 학생들이 이른바 '교수사찰문건'을 교수들에게 돌린 후 그 내용을 가지고 같은 날인 17일 기자회견을 한 것이다. 이 문건을 본 교수들이 아연실색하여 학생들을 해산시키는 데 더 이상 관심을 갖고 있지 않다고 했다. 법인은 법인대로 학생들의 기자회견 내용이 도하 신문에 크게 보도됨으로써 초상집 같은 분위기였다.

나는 학생대표들을 불러 학생들이 제시한 8개 요구사항 중 수용가능한 것(공간, 대여 장학금, 재수강과목 완화)들을 밝히면서 점거농성을 풀 것을 강력히 촉구했다. 그러나 학생대표들은 자기들이 제시한 요구사항 전체를 들어 줄 것을 주장하면서 나의 요구를 완강히 거절해 더 이상 대화의 진전을 보지 못했다.

아침에 학생들이 돌린 문건의 내용을 본 교수들은 대단히 흥분했고, 일부 교수는 나에게 강한 항의를 했다. 한마디로 "어떻게 학교에서 이런 일이 일어날 수 있는가?" 하는 것이었다. 심지어는 나에게 교수들의 인권이 이처럼 유린당하는 데도 총장은 뭐하고 있었느냐고 야단을 치는 원로교수도 있었다. 학교가 이 문제를 그대로 덮고 넘어가면 개인적으로 형사고발을 하여 교권을 찾겠다는 분도 있었다. 나는 그 분들에게 "정말 죄송하게 되었다"는 말밖에 할 수가 없었다. 사실은 나도 그 문건을 보고 너무나 놀라고 당황했지만 어떻게 해서 법인이 이 같은 자료를 보관하게 되었는지에 관해 진솔한 해명을 듣지 못하고 있었다.

긴급 교무위원회를 열어 대책을 논의한 후 경영관 원형극장에서 임시교직원 비상회의를 가졌는데 상임이사도 참석했다. 교직원회의가 시작되자 학생들이 돌린 사찰문건이란 자료에 대해 상임이사가 해명을 했다. 법인에서 보관하고 있던 일종의 '인사존안자료'인데 기념관 불법점거 과정에서 학생들의 손에 넘어갔다는 것이다.

그러나 이른바 사찰문건에 대한 교수들의 정서를 잘 알고 있는 나로서는 교수들에게 정중하게 사과를 하는 것이 우선이라고 생각했다. 그래서 상상도 할 수 없는 문건 때문에 여러분들에게 커다란 충격과 고통을 준 점 머리 숙여 깊이 사과한다고 하고, 여러분의 분노를 충분히 이해할 수 있다고도 했다. 그러나 이 문제는 차후에 짚고 넘어가기로 하고 오늘은 우선 점점 과격해지는 학생들로 인해 학교와 재단이 매우 어려운 국면에 빠지고 있으니 중지를 모아 해결책을 모색해 주면 감사하겠다고 했다.

나의 진솔한 사과가 있자 표정이 굳어졌던 교직원들이 조심스럽게 발언을 시작했다. 일부는 초강경책을 써야 한다는 주장도 했지만, 다수의 의견은 수업이 잘 진행되고 있으니까 시간을 좀 갖고 해결하자는 것이었다. 결국 각 부처(직원)와 학부(교수)에서 비상회의를 열어 대처방안을 위한 중지를 모으기로 하고 교직원 임시비상회의를 마쳤다.

문제가 된 이른바 교수사찰문건은 표지부터 충격적이었다. '성대 교수는 사찰당하고 있다!!!'는 큰 글씨의 표지제목하에 1. 심윤종 총장님도 사찰당하시는 것 아십니까? 2. 졸지에 문제교수가 되신 교수님들! 3. 교수님도 예외가 아닙니다! 라는 목차가 붙어 있었다. 그리고 사찰팀: 총괄지원팀, 사찰주관: 법인사무국이라고 쓰여 있었다. 총 134쪽으로 된 이 책자는 학생들이 법인사무국에서 발견한 교수들에 관한 문건을 복사하여 만든 것이었다.

거의 교수 전체에 대해 인물평을 한 자료인데, 단순한 인사파일로 보기에는 오해의 소지가 많은 내용들을 수록하고 있었다. 우선 교수들을 학교에 대해 비판적인 교수와 협력적인 교수로 나누었는가 하면, 어느 총장계열 사람이니, 호남세력의 중심이니 하는 식으로 분류해 놓았다. 그리고 객관적 근거도 없이 어떤 교수들은 성격이 원만하고 행정능력이 뛰어나며 학문적 능력을 인정받고 있다고 했고, 또 다른 교수들은 정반대의 인물평을 했으며 때로는 요주의 인물이니, 기피해야 할 인물 등의 꼬리표를 달았다. 그리고 같은 과의 누구와 앙숙관계에 있다느니, 누구의 반대로 아직 같은 과에 못 들어오고 특수대학원에 있다느니, XX마피아의 일원이라느니 하는 등으로 존안서류로서는 합당치 않은 표현들이 사용되고 있었다. 그뿐만이 아니었다. 교수들이 가지고 있는 신체적 약점을 건드려 깊은 마음의 상처를 주기도 했다. 모 교수의 파일에는 '얼굴곰보', 다리가 불편해 걷는 것이 자유스럽지 못한 모 교수란에는 '다리장애' 그리고 모 교수 파일에는 '치매증세'라는 엉뚱한 내용이 들어 있었다. 또한 사실이 아닌 소설 같은 내용들도 많았다. 예를 들면, 모 교수란에는 과거 학생들로부터 무능교수로 지목되어 해직된 적이 있다는 황당하기 짝이 없는 음해성 글도 있었다. 또한 모 교수의 경우에는, 1977년 삼성이 학교운영에서 손을 떼고 떠날 때 외국 유학중이어서 성대에 교수로 재직하지도 않을 때인데 삼성 퇴진에 학생을 배후에서 조종한 교수로 되어 있었다.

나에 관한 자료를 보고 재단에서 나를 총장으로 임명할 때 왜 주저했는지를 알 것 같았다. 나를 합리성이 결여된 문제교수로 지목하고 있었기 때문이다. 내 파일에는 "벽송회(碧松會) 회장으로 학교운영에 막강한 영향력을 행사하고 있으며, 과거 삼성·봉명재단 탈퇴시 학생동원 등 문제인물이나 현 정범진 총장이 벽송회 압력으로 교무처장에 보임. 그 동안 두 차례에 걸쳐 본부에 보직을 맡은 바 있으나 본인의 뜻과 다르다는 이유로 중도사퇴 하고 비판적 견해를 피력. 삼성재단 영입 전 김기태(경제학과) 등 벽송회 선두(선배)그룹과 경합, 차기 총장이 유력시되던 인물. 한국사회학회 41대 회장 피선"이라고 기록되어 있었다.

여기에서 '벽송회'라는 단체가 특히 강조되고 있다는 점이 주목되었다. 벽송회는 모교인 성대에 재직하고 있는 동문교수들의 모임이다. 원래는 '성료회'라는 이름으로 동문직원과 동문교수들이 함께 모임을 갖다가 인원이 늘어나면서 교수들만 따로 모이게 되었고, 벽송회라는 이름을 갖게 되었다. 이 벽송회는 정범진 전 총장이 주축이 되어 만든 후 초대 회장을 맡은 순수한 동문교수들의 친목모임이다.

그런데 참 묘하게 벽송회 회장 내지 간부직을 맡은 적이 있다든가 벽송회와 긴밀한 관계에 있었거나, 있는 교수는 대개 부정적인 평가를 받았다. 그리고 정범진 교수가 총장이 된 후 주요 보직을 받은 동문교수들은 본인의 능력과는 관계없이 벽송회의 압력으로 보직을 받았다고 기록함으로써 벽송회를 불합리한 정치적 압력단체로 부각시키고 있었다.

그리고 내가 삼성과 봉명을 몰아내기 위해 학생을 동원한 것 같이 묘사했는데, 삼성이 성대에서 물러나던 1977년 가을이면 나는 성대에 온 지 한 학기밖에 안 되는 새내기로서 사회과학대학에서 제일 젊었고, 기라성 같은 사회과학대학의 선배교수들 앞에서 고개도 제대로 못 들 때였다. 그리고 봉명은 학생들을 동원하고 뭐하고 할 필요도 없는 약체재단이었다. 성대를 경영하기에는 기업 자체가 너무 취약하다는 한계를 느껴 학생들의 데모를 빌미로 스스로 손을 뗀 재단이기 때문이었다. 그 밖에 두 차례 보직을 맡았으나 중도사퇴했다는 기록도 맞지 않는 내용이었다.

이처럼 문제가 많은 자료를 만든 것은 작성자나 주관한 사람의 편견이나 고의가 아니면 있을 수 없는 내용들이었다. 아무리 열린 마음과 선의를 가지고 이해하려고 해도 대학사회에서는 상상할 수 없는 이 문건을 누가, 언제, 어떤 목적으로 만들었는지는 모르겠지만 600년 전통의 민족 성대로서는 참으로 부끄러운 일이었다.

일파만파의 학생 기자회견

4월 20일 아침 11시에 학생들이 두 번째 기자회견을 한다는 보고를 받았다. 나는 기자들에게 이번 사태에 대한 해명과 협조를 요청할 생각으로 학생들과의 회견 전에 나와 먼저 만날 것을 요청했었다. 하지만 기자들은 학생들이 먼저 회견을 요청한 사항이기 때문에 나와는 나중에 만나겠다는 것이었다. 학생들은 기자회견에서 '총장을 비롯한 제 단체에 대한 추가 사찰'과 '부사장(상임이사)의 지시사항 모음집'이라고 주장하는 자료를 기자들에게 공개했다. 학생들의 기자회견은 오후 1시까지 계속되었으나 일부 기자들이 내 집무실로 와서 12시부터 30분 동안 이들과 대담했다. 기자들의 관심사항은 주로 상임이사와 사찰문건, 부사장 지시사항 모음집에 집중되었는데 참으로 곤혹스러웠다. 뭐라고 속 시원하게 해명할 수 있는 상황이 아니었기 때문이다. 그래서 상임이사문제에 관해서는 내 권한 밖의 일이라고 말하고, 부사장 지시사항 모음집에 관해서는 상임이사의 말처럼 '좋은 뜻으로 한 일'이라고 하면서 오해가 없도록 해 달라고 부탁했다.

S호텔에서 12시부터 열리기로 되어 있는 임시이사회에 1시경에야 도착했다. 이사 한 분만 불참하고 모두 참석했다. 내가 11시에 있은 기자회견에 관해 설명을 하자 모 이사가 사태를 막지 못한 학교의 책임을 이야기했다. 나와 상임이사는 유구무언일 수밖에 없었고, 조금 후 상임이사는 동대문경찰서에서 기다리고 있는 기자들과 해명성 기자회견을 한다고 나갔다.

나는 이사들이 알고는 있어야 할 사항 같아서 학생들이 요구하는 공간문제에 대해 설명을 했다. 새로 지은 경영관 지하에 당구장이 들어오게 됨으로써 학생들이 요구하는 독서실 같은 교육시설과 충돌했고, 학생회관을 수리하면서 동아리 방 사이의 벽을 투명유리로 해서 학생들이 크게 반발하고 있다고 설명했다.

이사회에서 돌아오는 대로 학생들의 회견내용이 기사화되지 않도록 백방으로 노력했지만 허사였다. 그 다음 날인 4월 21자 서울의 거의 모든 일간지는 학생들의 기자회견을 비슷한 내용으로 상세하게 다루었다. 모 주요 일간지는 '학생회비방 대자보까지 지시'라는 제목하에 다음과 같은 기사를 실었다.

> "성균관대 재단은 교수·학생·직원에 대한 사찰과 총학생회·강사노조·교직원노조·조교협의회 등 학내 단체들에

대한 무력화 작업뿐만 아니라 울타리 설치 하나까지도 간섭하며 학교운영 전반에 전횡을 일삼은 것으로 밝혀졌다.

100여 쪽 분량의 이 부사장 지시사항 모음집에는 삼성 계열사 간부인 재단 상근이사의 주도로 1997년 12월 20일부터 2000년 4월 8일까지 매주 토요일 열린 회의에서 학교측에 학교운영 전반에 대해 지시한 사항이 상세히 담겨 있다. 본사 취재기자가 이날 재단측 지시사항의 실행 여부를 확인한 결과 상당수가 이행되어 있었다. 1996년 말 삼성그룹의 성대 인수 이후 재정적 지원만 할 뿐 학교운영에 관여하지 않는다는 재단측의 공언이 허구였음을 입증하는 대목이다.

재단측은 1999년 5월 29일 회의에서 600주년 기념관 앞 광장이 집회장소로 사용되지 못하도록 올록볼록한 화단을 조성하라고 지시하자 학교측은 부랴부랴 설계변경을 통해 지시사항을 따랐다. 현재 이 곳에는 양쪽의 4그루 나무와 70~80cm 높이의 시멘트 의자 4개, 중앙에는 지름 2m의 대형 화분 9개 등이 오밀조밀 배치되어 있다.

PC통신이나 대자보를 통해 일반학생들로 하여금 총학생회의 행동이 참으로 비생산적인 행동임을 느끼도록 할 것 등을 지시하고 있다."

또한 모 일간지는 '총장·직원·총학생회 등 조직적 감시·분석'이라는 제목에서 "1999년 2월 10일 작성된 법인사무국의 '총장선임보고서'는 새로 선임된 심윤종(沈允宗) 총장에 대해 교수·직원·국정원의 평가를 종합하여 재단측의 대응방안을 밝히고 있다. 보고서는 '진보적 비판성향이 강한 인사를 선임한 것은 학생들에 밀린 결과다' 등 부정적인 평가를 담고 있다"고 했다.

같은 날 재단과 관계되는 모 인사로부터 점심을 하자는 연락이 왔다. 그는 학생들이 계속 기자회견을 해서 곤혹스럽다고 하며, 다시 또 한 번 기자회견이 있게 되면 재단이 정말 손을 뗄 수밖에 없을 테니까 학생들의 기자회견을 꼭 막아 달라고 부탁했다. 그리고 기념관 안에 있는 학생들과 절대 물리적인 충돌은 피해 달라고도 했다. 이유는 만약 이 과정에서 생각지 못했던 불상사가 발생하면 그때는 누구도 해결할 수 없는 엄청난 사회적 파장이 있을 거라고 했다. 내가 우려하는 바와 꼭 같은 말을 했던 것이다. 학교를 이해하는 분이 있어서 다행이라고 생각했다.

학생들의 기념관 점거가 시작된 지 10여 일이 지난 4월 22일은 비가 온종일 오는 궂은 날씨였다. 이사장이 점심이나 같이 하면 좋겠다는 연락을 하여 무슨 일 때문인지 궁금했다. 이사장은 본인이 사표를 내는 것이 어떻겠느냐고 나에게 물었다. 학생들이 돌린 문건 때문에 교수들이 엄청난 마음의 상처를 받고 있는 것 같은데 나라도 책임을 지는 모습을 보여야 하지 않겠느냐는 것이었다. 그러한 이사장의 답답한 심정을 충분히 이해할 수 있었다.

나는 "이사장께서 물러나시면 저도 물러나야 도리인데, 그것은 문제의 해결보다는 혼란만 더 가중시킬 우려가 있다. 그러니 그 같은 생각은 마시고 윗선의 고위인사를 한 번 만나서 현 상황을 진솔하게 설명하고 조언을 구하시는 것이 어떻겠느냐"고 말했다. 이사장은 내 말을 듣고 고개를 끄덕이며 그렇게 하시겠다고 하셨다.

며칠 후 강사노조위원장인 Y강사가 또 다른 기자회견을 준비하고 있다며 나한테 정식으로 공문을 보내 면담을 요구했다. 학교가 기자회견에 대해 가장 예민한 반응을 보인다는 약점을 안 것이다. 참으로 진퇴양난인 상황이었다. 학생들을 자극하지 않고 대화로 문제를 풀어보려고 하면 사태해결에 대한 총장의 결단력이 약하다는 비판이 가해지고, 반대로 강경하게 대처하려면 학생들은 기자회견을 마치 전가의 보도처럼 휘두르려고 했다.

더 이상의 기자회견은 절대 안 된다는 위기적 상황을 인식하고 있던 터라 Y위원장을 만났다. 그는 매우 당돌하게 상임이사문제를 거론했지만 "그 문제는 내 권한 밖의 일일뿐더러 학생들이나 Y위원장이 관여할 문제가 아니"라고 대답했다. 그는 그렇다면 기자회견을 할 수밖에 없다고 상기된 표정으로 말했다. 기자회견을 가지고 나를 협박하는 것 같아 화가 났지만 참고 여러 가지로 설득을 해 보았으나 '소귀에 경읽기'였다. 더 이상 말하는 것이 의미가 없다고 생각되어 기자회견이 가지고 올 파장을 충분히 생각하고, 또 결과에 대해 책임질 각오가 되어 있으면 마음대로 하라고 단호하게 말해 주었다.

같은 날 11시 가까운 밤늦은 시간에 이사장이 전화를 해서 지난번에 내가 언급한 인사를 만났는데, 그 인사는 학생들이 아닌 대학원총학생회나 강사노조가 학내문제에 대해 강성의 문제제기를 하는 것은 이해할 수 없다는 반응이었다고 했다. 경우에 따라서는 손을 뗄 수도 있다는 강경한 입장이라고 하면서 "총장이 좀더 노력해서 빨리 끝낼 수 있도록 해 달라"고 말했다.

학교에 나오자마자 Y위원장의 박사학위 지도교수인 K교수를 내 집무실로 오도록 해서 만났다. 어제 Y위원장이 기자회견을 강행하겠다고 한 말이 계속 마음에 걸렸기 때문이다. Y위원장이 계획하고 있는 기자회견이 가져올 수 있는 파장을 이야기하고, 기자회견을 막을 수 있는 사람은 K교수밖에 없으니 꼭 막아달라고 부탁했다. K교수는 사제의 정을 끊을 수도 있다는 배수진을 치고 꼭 막겠다는 결연한 의지를 보였다.

12시가 가까워올 무렵 Y위원장과 대학원총학생회 사무국장, 학부 사무국장이 함께 나를 찾아 왔다. Y위원장은 기자회견을 자제하겠다고 하고, 상임이사문제도 어제보다는 훨씬 부드럽게 이야기했다. 학부 6개 요구사항과 대학원 2개 요구사항을 다시 정리해 오늘 안에 가져올 테니까 학교와 최종 마무리를 하자고 했다. 그래서 나는 이들에게 교학처장과 기조처장을 만나 잘 타협을 해 보도록 권유했지만 이들은 끝내 다시 오지 않았다. 들리는 말로는 학부 총학생회장은 농성을 풀고 싶어 하는데 일부 강경파들 때문에 잘 안 된다는 것이다. 나는 대학원 총학생회장과 학부 총학생회장에게 빨리 점거를 풀도록 종용해야겠다는 생각에서 두 대표에게 만나자는 공문을 보내도록 했다.

4월 27일 10시 30분경 대학원 총학생회장과 학부 총학생회장이 와서는 자기들도 이제는 좀 지쳤기 때문에 요구사항이 타결되면 점거를 빨리 풀고 싶다고 했다. 나는 이제는 서로 요구할 내용과 양보할 내용을 잘 알고 있기 때문에 더 이상 소모적인 대치를 하는 것은 학교나 학생회를 위해서 결코 바람직하지 않다고 말했고, 학생대표들도 공감을 표시했다. 그래서 이들에게 사무국장들에게 말했던 것처럼 요구안을 정리해서 기조처장과 교학처장을 만나 타협을 보도록 하라고 말했다. 대학원 총학생회장이 오후 2시까지는 오겠다고 하면서, 징계부분에 대해 자기가 모든 책임을 질테니 학부 총학생회장 등 후배들을 선처해 달라고 했다. 이제는 학생들이 명분을 찾아서 농성을 풀고 싶어 하는데 징계문제를 두려워하는 것 같았다. 그러나 그 문제는 "내가 뭐라고 말할 수 없는 예민한 문제이므로 여기서는 더 이상 언급하지 말자"고 했다.

약속한 대로 오후 2시에 학생대표들이 왔는데 그들이 정리해 온 내용은 기존의 8개 사항 이외에 학생징계와 내 권한 밖의 문제를 중요한 사항으로 제시했다. 학생들을 징계하지 않는다는 것과 내 권한 밖의 문제에 대한 해결의지를 공식적으로 표명해 달라는 것이다. 나는 징계문제는 점거농성을 빨리 풀면 정상을 고려해 보도록 노력하겠으나 그 밖의 다른 문제를 지금 제기하는 것은 온당치 않다고 했다. 학생들은 그렇다면 농성을 풀 수 없다며 나갔고 똑같은 상황이 반복되어서 실망스러웠다.

이사장이 밤 11시경 또 전화를 하여 "학생들의 점거농성이 장기화되면서 총장의 지도력이 거론되는 것 같다"고 했다. "잘못하면 우리 두 사람 다 어려운 상황에 직면할 것 같으니 총장이 확고한 생각을 가지고 빨리 사태가 해결되도록 노력해 주면 좋겠다"는 것이었다.

4월 28일 재단과 관계되는 고위층 인사를 만났는데, 학생들 배후에 일부 교수가 있다는 보고가 있어서 걱정스럽다고 했다. 나는 그것은 오해에서 비롯된 것이라고 하면서 오히려 나를 도와 주려고 나섰던 분들인데 결과적으로 그 분들께 미안하게 되었다는 말을 했다.

나는 현재의 학교상황을 설명한 후 좀더 인내하면서 대화를 해 보고 여의치 않을 때는 5월부터 강경책을 쓸 수밖에 없을 것 같다고 했다. 이에 대해 이 인사는 나에 대한 신뢰에는 변함이 없으니 지도력을 발휘해 학교사태가 빨리 종식되도록 노력해 주면 좋겠다고 했다.

깨져버린 신뢰

학생들이 기념관 점거농성을 시작해서 학사행정을 완전히 마비시키고 있는 지 3주째가 되었다. 이제는 총장으로서 중대결심을 해야만 할 때가 된 것 같았다. 재단측에서는 물론 교직원과 학생들도 총장의 단호함이 필요한 때라고 생각하는 것도 무리가 아니라는 생각이 들었다.

5월 2일 학생들의 요구안과 관련된 학교측의 입장을 담은 마지막 호소문을 발표했다. 내용은 학교가 수용할 수 있는 최종안이므로 이 안을 받아들이고 내일 오전 9시까지 점거농성을 해제하라는 것이었다. 그러지 않으면 총장으로서 중대결심을 할 수밖에 없다고 했다.

어떤 처장은 단식농성을 권하기도 했지만 기념관 앞에서 2~3일 밤을 샐 각오를 하고 옷가지를 챙겨 출근을 했다. 내가 그런 준비를 한다고 하니까 처장과 학장들도 같이 밤을 샐 준비를 하고 학교에 나왔다. 그런데 학생들이 11시에 기자회견을 한다

필자가 교무위원들과 함께 600주년 기념관 앞에서 학생대표들과 점거농성문제에 관해 토론하는 장면으로 모인 사람들의 숫자가 당시의 심각하였던 상황을 잘 말해 주고 있다. 좌측 중앙에 앉아 있는 필자

고 해서 서둘러 10시에 교무위원회를 마친 다음, 학생들을 나무라고 농성을 풀 것을 강력히 촉구하기 위해 함께 기념관 앞으로 내려갔다. 그리하여 교무위원들이 빙 둘러앉은 기념관 앞에서 학생대표들과 만나 더 이상 언론플레이는 하지 말고 오늘 밤을 새우더라도 끝까지 토론해 문제를 해결하자고 말했다. 학생대표들과 토론을 하는 과정에서 전 성균인이 다 모인 자리에서 현 사태에 대한 대토론회를 갖자는 데 합의했다.

내가 기념관 앞에서 학생대표들과 토론을 하고, 기자회견을 계획하고 있던 대학원총학생회 사무국장을 소속 학과 교수들이 사무실에서 붙잡고 타이르는 바람에 대학원총학생회 사무실에서 갖기로 했던 기자회견은 일단 무산되었다.

그런데 대학원 총학생회장과 사무국장이 오후에 동대문경찰서 기자실에서 전격적으로 세 번째 기자회견을 했다는 사실을 뒤늦게 알게 되었다. 기자회견 내용은 '교직원들의 전화를 도청하고 녹음했다'는 고약한 것이다. 사실 그 녹음테이프는 고객만족도를 조사하기 위해 사용한 테이프였다. 학생들에게 뒤통수를 맞은 셈이다. 신뢰관계가 깨진 상황에서 학생들과 대토론회를 갖는 것은 의미가 없다고 생각되어 취소하고, 학생들의 기자회견 내용과 관련하여 주요 일간지에 도청이 아니라는 해명광고를 곧바로 내도록 했다.

다음 날 처장회의에서 총장의 중대결단에 대한 구체적인 내용을 논의하는 도중 상임이사와 사무국장이 상부에 불려갔다는 메모가 전달되었다. 우리는 사태의 심각성을 직감하면서 다시 한 번 교직원의 힘을 빌려 농성학생을 해산하는 방법, 공권력을 동원하는 방법 등 다각적인 검토를 했다. 몇몇 처장은 초강경방안으로 형사고발과 총학의 민사고발까지도 주장했다. 학생들의 점거가 장기화하고 학생들의 언론플레이가 계속되자 인내의 한계가 극에 달했던 것이다. 그리하여 나도 이제는 정말 중대결단을 내려야겠다고 생각하고 있던 때였다.

회의도중 상임이사가 나를 밖에서 좀 보고 싶다고 해서 도서관 베란다로 나갔다. 재단이 손을 뗀다는 통보를 할지도 모른다고 일부 처장이 우려섞인 말을 했으나 재단은 절대 성대에서 손을 떼지 않을 것이라는 믿음을 가지고 있었기 때문에 나는 그럴 리는 없을 것이라고 생각했다. 다행히 상임이사의 표정이 어돕지 않았다. 상부에 다녀왔는데 기자회견에 대해 학교가 잘 대처했다는 것과 어떤 경우도 물리적 대응을 자제해 줄 것을 부탁했다는 것이다. 개중에는 극렬한 학생들도 있어서 어떤 불상사가 일어나면 누구도 수습할 수 없는 사태로 번질 수 있음을 주지시켰다는 것이다. 내가 모 인사로부터 들은 내용과 같은 말을 상임이사가 직접 들은 것이다.

일부 처장을 포함해서 한편에서는 초강경책을 요구하는가 하면, 다른 한편에서는 시간이 걸리더라도 대화로 푸는 것을 원하고 있기 때문에 나는 곤혹스러웠다. 그리고 여러 처장들에게 상임이사의 말을 그대로 전달하자 처장들도 곤혹스러운 표정이었다. 다음 날 교무위원들과 식사를 하면서 상임이사가 다녀온 재단 윗선의 뜻을 전달하고 대화를 통한 해결을 모색하다 보면 사태가 장기화될 수도 있음을 말했다.

며칠이 지나 수원 율전에 있는 자연과학캠퍼스에서 이완근, 고석택, 정재완 사장과 만났다. 모교의 벤처창업 의욕을 북돋는 시드 머니로 10억 원을 기부하겠다고 해서 매우 고마웠다. 서울 명륜캠퍼스로 돌아오니 민주동문회 회원인 전 총학생회장 두 사람이 기다리고 있었다. 이들은 중재를 자청하고 나섰지만 별 도움이 되지 못했다.

그러던 어느 날 K교수를 통해 Y위원장이 명분만 주면 농성을 빨리 풀고 싶다고 하더라는 이야기를 들었다. 그래서 학생들의 가장 큰 관심사인 등록금인상률을 9.8%에서 8.8%로 인하하는 문제를 논의했으나 여러 처장들과 교무위원들이 반대했다. 이유는 그렇게 해도 다시 징계문제를 들고 나올 것이 뻔하다는 것이다. 상임이사는 1%를 할인해 주는 대신 학생들이 받은 1%를 자발적으로 다시 발전기금 형식으로 학교에 기부하는 안을 내놓았다. 그런데 비록 학생들과의 타협은 실패했지만 학생들의 태도는 현저하게 달라져서 곧 농성이 풀릴 것 같은 분위기가 감지되어 속으로 무척 기뻤다.

상임이사가 처장들과 저녁을 같이 하면 좋겠다고 해서 함께 모였다. 그간 학생들과 시도한 타협내용과 이 과정에서 현저하게 달라진 학생들의 태도로 보아 이제 곧 농성이 풀릴 것 같다는 말을 하면서 오랜만에 화기애애한 분위기 속에서 즐거운 식사를 했다.

다음 날 다른 K모 교수로부터 전화가 왔는데, 대학원총학생회 사무국장이 학교안을 수용하고 농성을 풀겠다는 연락을 해왔다는 것이다. 학생문제에 경험이 있는 그 분에게 학생들을 설득해 줄 것을 요청했던 터라 나는 무척 기뻤다. 교학처장에게 연락을 했더니 자기에게도 대학원총학생회 사무국장이 전화를 해서 오후 2시에 만나기로 약속했다고 전했다. 그 후 사무국장과 만난 교학처장으로부터 연락이 왔다. 다른 사안들은 다 조정이 되었고, 다만 '대학운영위원회'안에 관해 좀더 이야기하고 싶다고 하면서 내일 오전에 다시 만나기로 했다는 것이다. 이제 농성이 풀리는 것은 시간문제라고 생각되었다.

법인, 철수하다

5월 12일, 푸른 5월의 싱그러움이 온 캠퍼스에 가득차고 태양이 눈부시게 빛나는 아름다운 날이었다. 오늘은 틀림없이 오랫동안 초조하게 기다려 왔던 600주년 기념관 점거농성 해제의 기쁜 소식이 있을 것 같은 기대로 가슴이 설레이고 있었다. 10시에 열기로 한 처장회의를 기다리고 있는데 이사장이 처장회의에 참석한다는 연락이 왔다. 지금까지 그런 일이 없었는데 무슨 일인가 하여 긴장되었다.

10시가 되자 이사장이 굳은 표정으로 회의에 참석하여서는 다짜고짜 학생들의 점거농성이 삼성그룹의 명예를 크게 실추시켰다는 것을 강조한 후 준비해 온 '교직원과 학생들에게'라는 성명서를 단숨에 죽 읽어 나갔다. 참으로 황당하기 그지없는 일이었다. 오늘 날짜로 법인을 철수시킨다니 말이다. 나는 화급히 이사장에게 오늘 10시 30분에 기조처장과 교학처장이 학생들을 만나 최종적으로 조정을 끝내면 농성을 풀기로 되어 있는데 성명서를 공고하는 것을 유보해 주면 좋겠다고 간곡하게 부탁드렸다. 처장들은 혼이 나간 듯 멍해 있었다. 교학처장은 학생들의 농성이 풀리는 이 시점에서 법인이 철수하는 것은 이해할 수 없다며 이사장을 쫓아나가 애원을 했지만 이사장은 붙잡는 우리를 막무가내로 뿌리치고 차에 올랐다.

참말로 이해할 수 없고 만감이 교차하는 허탈한 심정이었다. 매몰찬 이사장의 행태가 야속하고 원망스럽기까지 했다. 하는 수 없이 이사장의 지시대로 성명서를 교내 인터넷 '스피드'에 띄우고 게시판에 공고도 붙이도록 했더니 교내가 술렁대기 시작했다. 먼저 처장들은 "빨리 교수회의를 열어 법인이 못 나가도록 방법을 강구해야 하는 것 아니냐"고 했다. 성급한 일부

처장은 “교무위원을 포함하여 총장까지 전 보직자가 사표를 내고 재신임을 받자”고도 했다.

나는 여러분의 다급한 심정은 이해하나 본부가 아무런 대책도 없이 지금 당장 교수회의를 열면 중구난방이 될 테니까 시간을 좀 달라고 했다. 그리고는 몇몇 원로교수에게 조언을 구했다. 어떤 분은 법인철수라는 초강수를 두는 데는 나름대로의 계산된 목적이 있지 않겠냐고 하면서 자존심이 상하지만 어쩔 수 없는 상황이니 법인을 복원시키는 것이 급선무라고 했다. 또 어떤 분은 학생들의 점거농성이 풀려 가는 이때 참으로 알 수 없는 일이 벌어지고 있다며 학교의 앞날을 걱정했다. 나도 재단이 지금까지 학생들의 농성을 푸는 데 전력투구할 것을 주문해 오다가 농성이 풀릴 때가 되니까 전격적으로 법인을 철수시키는 것은 도저히 이해가 되지 않았다.

다음 날 오후 예상했던 대로 기조처장과 교학처장이 학생대표들과 만나 양쪽 안을 최종적으로 조정했는데, 몇 가지 이견부분이 있었지만 빨리 끝났다. 학생들은 일요일 새벽에 농성을 풀겠다고 했다.

5월 14일 안개가 짙게 낀 일요일 아침이었다. 교학처장으로부터 전화가 왔다. 학생들이 어젯밤 9시 30분경 철수를 했다는 것이다. 그런데 아침 일찍 기념관 안으로 들어가 보았더니 너무 엉망이어서 내가 본 후에 정리를 하는 것이 좋을 것 같다고 했다. 서둘러 9시경에 도착하여 지하에서 3층까지 둘러보았다. 정말 상상을 초월하는 아수라장이었다. 사무실의 집기와 의자, 책상 등은 바리케이드용으로 모두 1층 현관에 나와 있었고, 텅 빈

직원들의 사무실은 쓰레기와 먼지로 뒤범벅되어 있어서 황량하기 그지없었다.

일요일임에도 불구하고 현장정리를 위해 학교에 나왔던 직원들은 초토화된 집무실을 보고 아연실색했다. 참담한 심정으로 회의를 마친 직원들은 이 현장을 월요일까지 그대로 보존해서 일반학생과 교직원에게 직접 보여 주기로 결정했다. 나는 격앙된 그들의 심정을 십분 이해할 수 있었기 때문에 그들의 의견을 존중했다.

다음 날부터 나는 전체교수회의를 열기 전에 법인복원문제에 대한 교수들의 공감대를 넓히는 작업을 시작했다. 먼저 민교협 소속의 교수들을 만나서 법인사무국 소환이라는 급박한 위기상황의 타개를 위해 협조해 줄 것을 부탁했다. 그러나 이들의 대답은 우호적이지 않았고, 언젠가 학원이 정상화되더라도 사찰문건문제는 반드시 짚고 넘어가야 한다는 것이었다.

오후에는 유학·동양학부 교수들을 만났는데 역시 사찰문건에 대해 가장 강경한 입장을 표명하고, 그 문제에 관한 한 반드시 해명이 있어야 한다고 주장했다. 어떻게 그런 큰 사건에 대해 해명이나 관련자 처벌 없이 어물쩡 넘어가려고 하느냐고 강한 불만을 토로했다. 예상은 했지만 이른바 교수사찰문건에 대한 교수들의 반응이 심상치 않다고 생각되어 여러 교수들을 만나거나 통화를 해 협조를 구했다. 어문학부의 L모 교수는 그간 일어났던 여러 가지 문제를 조목조목 따지면서 학교가 이렇게 굴욕적일 수 있느냐고 항의를 해 그 분의 마음을 진정시키는 데 애를 먹었다. 법인에서 보관하던 문건에서 뜬금없이 치매환자로 몰린 Y모 교수를 연구실로 방문했다. 얼토당토 않은 내용에 말할 수 없이 속상할 심정을 이해하지만 대승적인 차원에서 마음을 풀어 주고 이 문제가 큰 이슈가 되지 않도록 협조해 줄 것을 간곡하게 부탁드렸다. 이 분 말이 학생들을 만날 때마다 자기를 치매환자로 보는 것 같아 학교 오기가 두렵고 싫다고 하며 눈물을 글썽거려 마음이 아팠다.

저녁에는 약 20명의 중견교수와 만나 식사를 하면서 오랜 시간 동안 법인의 소환문제에 관해 토론했다. 대부분의 교수들이 재단의 진의가 무엇인지에 관해 궁금해 했다. 한 번 엄포를 놔보는 것 아니냐? 법인을 철수시키는 것은 어른스럽지 못하다는 등의 이야기도 나왔다. 그러나 전체교수회의를 열면 틀림없이 사찰문건문제가 나올 텐데 단단히 준비하지 않으면 결론을 하나로 모을 수 없다는 의견이 중론이었다.

5월 16일 10시에 교무위원회를 열었다. 18일로 예정된 전체교수회의에서 법인에게 복귀명분을 만들어 주기 위한 '성명서' 작성에 관해 논의하기 위해서였다. 그러나 대부분의 교무위원들은 전체교수회의에서는 다양한 교수들의 의견 때문에 본부가 원하는 결론을 낼 수 없을 거라고 걱정을 했다. 일부 학부장들은 교무위원 명의로 '성명서'를 내는 것이 좋을 듯싶다고도 했다.

상임이사가 점심을 같이 하자고 해서 만나서 교무위원회의 분위기를 말했더니 전체교수회의든 교무위원회든 형식보다는 내용이 중요하지 않겠느냐고 했다. 정작 확인하고 싶은 것은 성대가 재단을 필요로 하는가에 있다고 하면서 성명서 외에 향후 대학의 발전방향을 별지에 첨부했으면 좋겠다고 했다.

다음 날은 수원에서 교수평의회장을 만나 협조를 요청한 다음, 보직경험이 있는 10여 명의 교수들과 만나 역시 법인사무국의 복귀문제에 협조해 줄 것을 부탁했다. 그 후 약 20여 명의 교수들과 자리를 함께 하여 마찬가지로 법인사무국의 복귀를 위해 협조해 줄 것을 부탁했다.

아침에 전화가 와서 S호텔에서 모 인사와 점심을 같이 했는데, 그 분을 수행하는 상무가 어두운 표정으로 옆에 앉아 있는 것이 마음에 걸렸다. 그 분은 법인사무국 철수가 윗분들에게까지 보고되었으므로 사무국이 복귀하기 위해서는 큰 명분이 필요하다고 했다. 교수들의 성명서 가지고는 안 된다고 했다. 그러면서 총장을 비롯한 전 보직자가 사직서를 내고 재신임 받을 각오를 해 달라고 하면서, '필사즉생(必死則生)'이라는 말을 인용했다.

물론 나는 그 분이 그 동안 나에게 보여 준 호감의 정도로 미루어 볼 때 대단히 어려운 상황에 있는 나와 학교를 돕기 위해서 그 같은 고단위 처방을 생각해 냈을 것이라는 점을 짐작할 수 있었다. 그러나 나로서는 참으로 난감한 상황이었다. 그래서 꼭 이런 방법만이 유일한 해결책이겠느냐고 물었더니 그렇다는 답변이었다.

순간 나는 어느 교무위원의 말처럼 600년의 전통을 가진 대학의 총장답게 의연하게 시시비비를 가리며 자존심을 지키고 싶은 생각도 들었다. 그러나 한편 나의 신중하지 못한 생각과 행동으로 일이 잘못되어 만의 하나라도 내가 총장일 때 재단이 정말 손을 떼는 불행한 사태가 발생한다면 나는 학교발전을 염원하는 전 성균인에게 큰 죄인이 된다는 생각을 떨쳐버릴 수가 없었다. 학교로 돌아와 몇몇 원로교수들과 의논한 결과 그 분의 요구대로 사표를 내는 방법밖에 없다는 결론에 도달했다.

다음 날 아침 처장회의에서 사태해결을 위한 나의 결심이라고 하며 모두 사표를 낸 후 재신임을 받자고 했더니 일부 처장은 이해가 안 간다는 표정이었다. 특히, 부총장이 단호하게 부정적인 견해를 밝혔다. 잘못하면 우리가 무책임하고 사보타지하는 것처럼 비쳐질 수 있다는 것이다. 옳은 말이었지만 그렇다고 모 인사의 뜻이라고 말할 수도 없는 상황이었다.

교무위원회에서 성명서 문안을 작성하는데 1시간 이상이 걸렸다. 모 처장이 작성한 내용 중 '문건이 악의에 의해 작성·보관된 것이 아니라는 법인의 해명을 진솔하게 받아들인다'는 표현이 문제가 된 것이다. 상당수의 교무위원들이 그러면 이것을 법인의 사과로 받아들이는 것이냐고 항의를 했기 때문이다. 성명서 작성 후 사표제출문제에 대해 논의를 했는데 관점들이 달라서 주장이 엇갈렸다. 그래서 돌아가며 각자가 자유롭게 견해를 밝히도록 했다. 그 결과 절반 이상이 지금은 사표를 낼 때가 아니고, 낸다면 사태수습 후가 좋겠다는 견해를 밝혔다. 어떤 교무위원은 회의실에 걸려 있는 역대 총장의 사진을 돌아보며 총장은 반드시 임기를 채워야 한다고 했고, 또 어떤 교무위원은 600여 년의 전통을 가진 민족대학의 총장답게 기죽지 말고 의연하게 자존심을 지켜달라고 간곡하게 부탁하기도 했다.

5월 19일 비가 몹시 오는 날이었다. 오후 3시에 P호텔 라운지 커피숍에서 이사장을 만났다. 교무위원 일동의 성명서와 학교발전방향, 각 학부별 교수회의 내용을 이사장에게 직접 드리면서 "하루 빨리 법인이 복귀할 수 있도록 힘써 달라"고 부탁드렸다. 이사장은 재단관계자들이 이렇게 강수를 둘지는 몰랐다면서 말씀을 계속했다. 이건희 회장에게 현 학내사태에 대한 보고가 되었을텐데 상당히 섭섭하셨던 모양이다. 그리고 총장의 사퇴이야기도 들었는데 그것은 책임을 지지 않겠다는 무책임한 행동으로 비쳐질 수 있다고 하셨다. 나는 이사장에게는 사실대로 말해야겠다고 생각하고, 모 인사가 아주 단호하고 결연한 의지를 보여 주는 방법으로 사표를 내고 재신임을 묻는 방법이 좋겠다고 하여 그 같은 수순을 밟으려고 했다고 말씀드렸다.

그 후 1주일이 지난 5월 25일 이사장 및 상임이사와 함께 점심식사를 하면서 법인사무국의 소환문제에 관해 의견을 나누었다. 이사장은 마찬가지로 재단관계자들이 의외로 강경하다면서 징계가 마무리되고 학교가 안정되어야 법인사무국이 다시 들어올 것 같다고 했다. 나는 이사장으로부터 들은 내용을 5월 30일에 있은 처장회의에서 전하며 법인사무국의 복귀에는 시간이 좀 걸릴 것 같으니까 처장들은 더욱 심기일전하여 맡은 일에 충실해 줄 것을 당부했다.

이런 와중에서도 심산상 수상자인 김수환 추기경이 심산묘소에서 고유제를 지낼 때 무릎이 불편하신데도 불구하고 우리와 같이 절을 하는 모습에 깊은 감명을 받았다. 그 분이 과연 절을 할 것인가에 관해 초미의 관심을 보였던 언론들이 앞을 다투어 취재를 했는데 과연 국민으로부터 존경을 받을 만한 인물이라는 생각이 들었다.

그리고 동문기업인인 이완근, 고석태, 정지완 사장이 학교

심산상 수상 후 고유제를 지내기 위해 심산묘소 앞에 선 김수환 추기경과 필자

를 방문하여 약속한 10억 원의 벤처창업 발전기금을 냈고, 또한 이충구 총동창회 신임회장이 이상근 사무총장, 윤용택 용마 회장 등 부회장들과 함께 학교를 방문하여 격려해 준 것도 나를 기쁘게 했다.

학생들을 대량 징계하다

6월 8일 아침 9시에 열린 본부처장회의에서는 징계내용을 발표하는 시기를 가지고 많은 논의를 했다. 징계당사자들은 물론 동조하는 학생들의 반발이 거셀 것을 감안하여 김대중 대통령의 방북시기인 12일에 본인들에게도 알리고, 학교에 게시도

하기로 했다. 어제 오후 5시경에 교학부처장이 징계위원회에서 최종적으로 결정된 내용을 가지고 왔는데 생각보다 숫자도 많고 수위도 높아서 내심 놀랐다. 나는 많아야 출교 3명, 제적 2~3명 정도로 생각했었는데 출교가 4명, 제적이 6명이었다.

오후에 P호텔 로비커피숍에서 이사장과 상임이사를 만나서 징계문제의 심각성에 관해 말씀드리며, 이렇게 높은 강도와 많은 수의 학생을 징계하는 것은 성대 역사상 초유의 일이기 때문에 이에 대한 부작용도 만만치 않을 것이라고 이야기했다. 상임이사는 징계문제가 재단으로 확대되지 않도록 각별히 신경을 써 달라고 말했다. 나는 학생들이 많이 시끄럽게 할텐데 그렇더라도 한 번은 넘어야 할 산이라고 생각하고 재단도 좀 의연하게 대처해 주었으면 좋겠다고 당부했다.

2000년 6월 9일 오후 5시 30분 학생징계서류에 최종적으로 결재를 해야 했는데 내 교육인생에서 결코 잊을 수 없는 날이 된 것이다. 출교 4명, 제적 6명, 무기 5명, 유기 7명 등 모두 22명이다. 지난 이틀 동안 과연 이렇게 강도 높게 그리고 많은 학생들을 징계해도 되는지에 대해 많은 고뇌를 해야 했다. 그러나 더 이상은 지체할 수 없다고 하여 결재를 하게 된 것이다. 전체 숫자도 많았지만 출교는 우리 성대에서는 물론 다른 대학에서도 찾아볼 수 없는 초유의 일인지라 참으로 무겁디 무거운 마음으로 결재를 했다. 제적이나 퇴학은 시간이 지나면 다시 학교에 들어올 수가 있지만 출교는 다시 시험을 봐야만 입학이 가능하기 때문에 사실상 성대와는 인연을 끊도록 하는 것이나 마찬가지였다. 나는 출교를 1명이라도 줄여 볼 생각으로 학부 부학생장의 감면에 대해 관계부처와 의논해 보았지만 형평성 때문에 곤란하다는 답이었다. 그들에게 자신들이 저지른 엄청난 행동에 대해 책임을 묻고 또 책임을 지도록 하는 것은 논리적으로 당연하지만 그래도 사람을 사람답게 가르치는 것을 사명으로 하고 있는 교육기관이 아니던가?

그러나 대부분의 교직원·학생·동문들이 중징계를 요구하고 있기 때문에 다른 방법이 없을 것 같았다. 끝까지 교육적인 배려를 고려해 보고자 노력했지만 학생들이 600주년 기념관을 난장판으로 만들었다든가 법인사무실에서 탈취해 간 다수의 문건과 상임이사의 노트북을 돌려 주지 않고 있다는 것 등이 나의 입지를 극도로 좁혀 놓았다. 어쨌든 교육자로서 머리를 들 수 없는 서글픈 결과였으며, 이 같은 나의 심정을 6월 13일에 있은 교무위원회에서 가감 없이 밝혔다.

다음 날 11시경에 이충구 회장과 이상근 사무총장을 비롯한 동창회 회장단 10여 명이 방문했다. 내가 어제 저녁 시내 풍전호텔에서 있었던 동창회 소위원회 만찬석에서 언급했던 학교 상황을 듣고 가만히 있을 수가 없어서 왔다는 것이다. 동창회 간부들은 출교 등 징계당한 학생들이 600주년 기념관 앞에 천막을 치고 학생회관(구대학본부) 벽에 플래카드를 걸어 놓은 것을 실제로 본 다음 아직도 자기들의 잘못을 모르고 있다고 분개했다. 그러면서 D-day를 잡아 동창들을 동원하여 싹 치워버리겠다고 했다. 그래서 원래 15일 아침 7시에 서울 교무위원들과 직원들이 합세하여 천막과 플래카드를 철거할 계획이었으나 하루를 미뤄 16일(금요일) 동문들과 합세하여 일을 처리하기로 했다.

나는 곧바로 총무처장에게 동문들과 협력이 잘 되도록 계획을 치밀하게 세우라고 말했다.

성북동에 있는 모 음식점에서 이사장과 상임이사를 만나 중식을 하면서 학교문제를 의논하던 중 징계문제에 대한 학생들의 반발이 심상찮을 것 같다고 말씀드렸다. 이사장은 아마 후유증이 꽤 있을 거라고 하면서 각오했던 일이니까 힘들겠지만 총장이 잘 넘겨 주기 바란다고 부탁했다.

관계부처에서는 징계에 불만을 품은 학생들이 총장실 점거를 계획하고 있기 때문에 당분간은 수원의 자연과학캠퍼스로 출근하는 것이 좋겠다고 했다. 그러나 학생들이 원한다면 당당하게 만나야겠다고 생각하여 명륜동에 있는 인문사회과학캠퍼스로 나갔다. 학생들은 본부건물 1층 홀에서 구호를 외치며 징계의 부당성을 알리는 선전전을 하고 있었다. 학생들의 요구대로 오후 2시에 대학원 총학생회장과 학부 부학생장 등 징계를 받은 학생대표들을 만났다. 나는 이유야 어쨌든 대량징계사태에 대해 진심어린 마음으로 유감표명을 하면서 징계위원회에서도 많은 고민 끝에 내린 결론이니까 속상하고 화나겠지만 그대로 받아들이면 좋겠다고 말했다. 학생들은 "대학은 교육기관 아니냐, 출교도 교육적 배려냐"고 강하게 반발했다. 이제 학교의 의지를 알았으니 더 이상 대화할 필요가 없다고 하며 나가려고 하는 것을 붙들고 흥분을 달래려 했으나 뿌리치고 나갔다.

저녁때 퇴근을 하는데 기념관 앞에서 선전전을 하던 학생들이 내가 탄 총장차로 몰려와 길을 막고 '징계철회'라는 구호를 외치며 본네트 위로 올라와 앉아서 진행을 방해했다. 학생들의 얼굴에는 분노가 가득 차 있었다. 잠시 차 안에서 기다렸지만 학생들은 계속 구호를 외치며 길을 열어 주지 않았다. 나는 차에서 내려 학생들에게 너희들 대표를 오늘 만났는데 원한다면 언제든지 다시 만날 용의가 있고, 그리고 이런 식으로 과격한 행동을 하면 너희들만 고립된다고 꾸짖었다. 다행히 학부 사무국장이 자제하는 모습을 보이자 본네트 위에 앉아 있던 학생들이 내리고 길을 비켜 주었다.

6월 16일(금요일) 아침 6시경에 집을 떠나서 일찍 학교에 도착했다. 예정대로 교무위원들과 직원들은 7시까지 다 나와서 대기하고 있었지만 동창회 쪽에서 인원집결이 되지 않아서 7시 30분경에야 천막과 플래카드 철거작업이 이루어졌다. 불과 10여 분 만에 작전완료였다. 학생들의 저항이 의외로 없었다. 천막 안에는 남녀학생 둘만이 자고 있었다고 한다. 학교와 동창회의 철거작전을 사전에 전혀 눈치채지 못했던 모양이다. 이 사실을 뒤늦게 안 대학원총학생회 사무국장이 학생회관 4층에서 고래고래 소리를 질렀다.

그 후 본부 제1회의실에서 이충구 회장을 비롯한 동문들과 간담회를 가졌다. 나는 오늘 아침 동문들이 동참해 준 것은 학생사태의 해결에 큰 의미를 가질 것이라며 이른 아침부터 나와 고생해 준 동문들의 애교심에 깊은 고마움을 표하고, 조병두 국제홀에 모여 있는 교직원과 학부장 및 처장들에게도 고맙다는 인사를 했다.

천막과 플래카드를 불시에 강제 철거당한 학생들은 극도로 흥분하여 교학부처장실의 집기를 들어내려고 하여 직원들과 심한 몸싸움을 했다. 학부장과 일부 전공주임들이 합세하여 학생들을 해산시키려 했으나 뜻을 이루지 못했다. 집기를 들어내는 것을 막기 위해 부처장실에 들어갔다가 오히려 그 곳에 갇혀 곤욕을 치르기도 했다.

'서울클럽'에서 있은 경영학부 국회의원 당선자(이근진, 김윤식) 축하모임에서 저녁식사를 막 하려는데 대외협력처장으로부터 전화가 왔다. 경향신문 가판에 학생징계에 관해 좋지 않은 기사가 실렸기 때문에 사회부장에게 빼 주도록 부탁하는 것이 좋겠다고 했다. 그래서 밖에서 기다리고 있는 대외협력처장과 함께 곧바로 경향신문사로 갔다. 사회부장을 만나 보복성 징계가 아니라는 것을 누누이 설명했으나 "성대와 같은 명문대에서 '출교'를 시켰다는 것은 너무하지 않느냐"고 하며, 그것도 외부의 압력 때문인 것을 우리가 다 알고 있다고 했다. 기사를 빼 주면 좋겠지만 안 된다면 최소한 내용이라도 좀 부드럽게 써 달라고 부탁했다.

밤 9시경 학교에서 처장들이 도시락을 시켰다고 해서 들어가 같이 먹으려고 했으나 기념관 안에 학생들이 진을 치고 있어서 못 들어가고 도서관장실로 올라가는데 출교당한 학부 부학생장이 막 학생들을 데리고 기념관으로 뛰어 내려갔다. 나중에 들은 이야기지만 내가 들어왔다는 이야기를 듣고 학생들이 본부가 있는 기념관 쪽으로 몰려갔다는 것이다. 하는 수없이 밖으로 나와 10시 반경에 몇몇 처장들과 함께 늦은 식사를 했다.

6월 19일 11시경에 학생담당 부서에서 올라와 지난번 동대문경찰서에서 세 번째 기자회견을 한 대학원 총학생회장을 형사고발하는 것이 좋겠다고 했다. 고발의 주체는 법인이 되어야 하지만 법인이 밖에 있는 상황에서 곤란하니까 총동창회가 고발인이 되어 주면 좋겠다고 했다. 지난번 이사회에서 형사고발은 안 된다는 결론이 났는데 왜 또 그런 발상이 나오는지 이해가 되지 않았다. 그리고 모 법조동문이 동창회에서 학생들을 형사고발하도록 도와 달라는 부탁을 받았다며 나에게 자문을 구하기에 절대 동창회가 이 문제에 개입하면 안 된다고 말해 준 바가 있었다.

내 상식으로는 대학에서 학생을 상대로 형사고발을 운운한다는 것 자체가 있을 수 없는 발상이었으나 과연 학생들을 형사고발해도 되는지의 문제를 교무위원회에서 한 번 논의해 보기로 했다. 오후 3시에 소집된 인문사회과학캠퍼스 학부장회의에서 이 문제가 아주 심도 있게 논의되었다. 전원이 참석한 회의였지만 다른 학부장들은 발언을 삼가했고 어문학부장, 계열학부장, 인문학부장, 사범대학장 등이 형사고발의 부당성과 이것이 이루어졌을 때 학교가 지게 될 큰 부담에 관해 역설했다. 이들은 학생들은 이미 기자회견과 기타의 행동 때문에 출교까지 받았는데, 다시 그 문제를 가지고 형사고발을 한다는 것은 말이 되지 않는다고 했다. 몇몇 처장들이 형사고발의 당위성을 말했으나 이들의 주장은 받아들여지지 않았다. 나도 출교에 대한 사회적 비판이 비등한데 형사고발까지 한다는 것은 학교가 교육을 완전히 포기한 것이나 마찬가지라면서 학부장들의 견해에 동조하여 형사고발문제는 더 이상 논의하지 않기로 했다.

다음 날 학교에 갔더니 학생장학팀장과 교학부처장이 어제 저녁 학생들이 총장실을 점거하겠다고 공식적으로 통보해 왔다며, 이에 대한 대처방안으로 두 가지 안을 제시했다. 하나는 내가 당분간 수원에서 집무하는 것인데, 그렇게 되면 총장실을 지키기는 쉽지만 교내여론이 좋지 않을 것이라고 했다. 두 번째 안은 내가 계속 기념관 안에서 집무하는 것으로서 그렇게 되면 지키기는 어렵겠지만 학생들에게 당당한 모습을 보여 줄 수 있을 거라고 했다. 나는 제2안을 택하겠다고 했다. 종래와 같은 모습으로 집무할 것이며, 만일 방어가 뚫려서 학생들이 집무실에 들어온다고 해도 내 방을 떠나지 않겠다고 하자 학생담당 부서에서는 내 생각대로 방어계획을 세우겠다고 했다. 또 학생 10여 명이 이미 삼성 본관 근방에서 삼성 해고근로자와 함께 시위를 하며 징계의 부당성을 알리는 유인물을 돌렸고, 학생회관에서 총장실 점거를 위한 출정식을 갖는다고 했다.

나는 처장회의를 열어서 이 사실을 알린 뒤 이번 사태를 우리의 의지대로 종결시키기 위해서는 단단한 결심이 필요함을 강조했다. 만약 우리가 여기서 기강을 잡지 못하면 학생들은 승리감에 빠져서 더욱 기세를 올릴 터이고, 그렇게 되면 학생들의 잘못된 시위문화는 영원히 바꿀 수 없을 것이라고 강조했다.

본부 처장들과 학교 근처에 있는 칼국수집에서 저녁을 먹으며 사태의 추이를 걱정하고 있는 도중에 총무처장이 전화를 걸어 확인해 본 결과 학생들의 출정식은 없었고 조용하다고 해서 마음을 놓았다.

그런 와중에서도 기말시험은 모두 정상적으로 끝났기 때문에 6월 22일부터 실질적으로 방학에 들어갔다. 그래서인지 캠퍼스에는 학생들이 별로 없었다. 징계받은 학생들이 쳐 놓은 천막에도 학생들이 없었다. 그들이 화풀이용으로 이틀 동안 주점을 열고 진탕 마신 후 정문 안에 있는 정원에서 밤새 고성방가하며 떠들어 인근에 사는 주민들이 학교에 항의전화를 많이 했다고 한다. '죄는 밉지만 사람은 미워하지 말라'고 했듯이, 징계를 당한 학생들이 젊은 혈기에 얼마나 화가 나고 속이 상했을까를 생각하니 가슴이 아팠다.

사실 나는 출교까지 시키고 싶지는 않았지만 워낙 강경한 주위의 분위기 때문에 어쩔 수가 없었다. 나도 자식을 키우는 사람으로서 가능하다면 모든 것을 원점으로 돌리고 싶은 심정이었다. 아무리 학생들의 기습적인 기념관 진입이 있었다고 하더라도, 법인에서 그토록 예민한 서류를 단단히 보관만 했다면 별 문제가 없었을 것이라는 의미에서 법인이 원망스럽기까지 했다. 만약 학생들이 자기들이 한 행위를 진심으로 뉘우치고 자숙한다면 1년이나 2년의 시간이 지난 후에 대사면의 방법으로 구제해 주는 방법도 모색해 볼 수 있지 않을까 하는 생각도 해 보았다.

12시에 이사장과 식사를 하면서 학내상황에 관해 보고를 드렸다. 특히, 동창회쪽에서 텐트와 플래카드를 철거한 후 학생들이 기념관 1층에 들어와 매우 격렬하게 항의했기 때문에 교직원들과 심하게 몸싸움을 했다는 이야기도 했다. 이사장은 고생이 많다는 말씀을 계속했다. 나는 징계에 저항하고 있는 학생들의 시위가 어느 정도의 수위로 내려가야 학내가 안정되었다고 볼 수 있는지는 몰라도 학교가 감내할 수 있을 정도로 안정이 되면 법인의 복귀문제를 거론해 달라고 부탁드렸다. 그러면서 당장 완전한 복귀가 곤란하면 일단 법인의 사무만 복원시키고 있다가 시기를 봐서 들어오는 방법도 한 번 고려해 볼만 할 것이라고 했다. 이사장은 징계가 끝났으니 법인이 들어가야 할 것이라고 건의할 생각이었는데 징계를 받은 학생들이 삼성 본관에 가서 유인물을 돌려 그쪽의 감정이 몹시 상해 있는 것 같으니까 좀 기다려 보자고 했다.

운명의 전체교수회의

나는 학생들의 징계 이후 심한 심리적인 갈등을 느껴 왔다. 학생들이 저지른 탈법적 행위를 생각하면, 그들이 출교라는 최고수위의 징계를 받은 것은 자업자득이며 마땅한 조처였다고 할 수 있겠지만 교육기관이라는 점을 감안하면 지나치다는 비난에서 자유로울 수가 없음은 분명했다. 따라서 최소한 도의적인 차원에서라도 사표를 내는 것이 온당한 처신일거라고 생각하고 있었다. 그러나 이것이 또 다른 오해를 불러일으킬 수 있고, 또한 문제를 다시 복잡하게 만들 수도 있다는 주위의 조언으로 참고 있었다.

그런데 법인이 철수하면서 시작된 교직원들의 동요는 법인의 복귀가 늦어짐에 따라 총장의 리더십까지 거론되는 상황으로 번져 갔다. 특히, 7월분의 봉급이 지불유예되면서 교직원들의 동요는 심각한 양상으로 고조되어 갔다. 나는 현 상황을 더 이상 묵과해서는 안 되겠다는 결론에 도달했다. 물론 법인의 상부기관 인사들이 신학기가 시작되는 9월 초에 법인을 복귀시키겠다고 약속했고 나에게 변함없는 신뢰를 표명했지만, 그것은 나의 리더십에 의문이 생기지 않을 때일 것이라고 생각했기 때문이다. 그래서 모 인사의 말처럼 필사즉생의 결단을 내려 전체교수회의를 열기로 결심했다.

전체교수회의를 소집하는 것은 나에게 치명적인 경우가 될 수도 있었다. 만약 일부 교수들이 법인의 철수를 총장의 리더십 부재로 몰고 가고, 그것이 성공한다면 나는 교수들로부터 불신임을 받아 총장으로서의 자격을 상실하게 되기 때문이다. 그러나 나는 현 난국을 극복하기 위해서는 최후의 수단인 이 방법밖에 없다고 생각했다. 즉, 교수회의를 열어 재단복귀를 바라는 교수일동의 청원서와 함께 총장을 비롯한 전 보직자의 일괄사표를 재단에 제출하는 것이었다. 그래서 7월 7일(금요일)에 전체교수회의가 있다는 것을 통보하도록 했다.

그런데 수요일인 7월 5일 수원에서 오전 사무를 보고 명륜동으로 갔더니 비서실장 말이 기획조정처장 방에서 전체교수회의를 취소해야 한다는 논의가 있었다고 했다. 그래서 처장들에게 전체교수회의는 예정대로 진행한다고 했더니 기조처장 말이 법인에서 우려를 표명했다는 것이다. 나는 이미 통보가 다 된 교수회의를 특별한 이유 없이 취소한다면 본부의 권위는 뭐가 되며, 이번 주가 지나면 본격적인 여름방학이기 때문에 전체교수회의를 열 기회가 없는 것 아니냐고 했다.

법인에서 갖고 있는 우려가 이른바 '사찰문건'에 대한 교수들의 문제제기 가능성일 것으로 생각되었고, 또한 이 문제가 교수회의의 주요 이슈가 되면 내가 의도하는 바를 달성할 수가 없기 때문에 나는 다시 한 번 이 문제에 신경을 써야 했다. 그리하여 '문건'의 존재에 대해 가장 강력하고 민감하게 반응하는 인문학부와 어문학부 그리고 유동학부 교수들을 각각 만나 저녁 식사를 함께하면서 법인이 민감하게 받아들이는 사찰문건에 관해 가능한 한 전체교수회의에서 언급을 삼가해 주도록 간곡하게 부탁했다.

드디어 7월 7일 운명의 한판승부가 있는 날이 밝았다. 일찍 학교로 출근하여 빵과 우유로 간단히 아침식사를 하고 전체교수회의가 차질 없이 진행되도록 점검했다.

10시 45분에 성원이 되어 전체교수회를 시작했는데 긴장해서 그런지 목이 자꾸 탔다. 법인이 철수한 지 2개월이 가까워오지만 법인이 들어올 전망은 여전히 불투명하다는 인사말을 했을 때 회의장 분위기는 몇천 근의 납덩이를 깔아 놓은 것같이 무거웠다.

나는 총장으로서 면목이 없지만 법인의 조속하고 원만한 복귀를 위해 여러분께서 결집된 의사를 표명해 줄 것을 간곡히 부탁한다고 말했다. 그리고 이번 사태에 대한 총장으로서의 책임을 통감하기 때문에 곧 책임지는 행동을 취할 것이며, 또한 본부 보직자들도 본인에게 사표를 제출한 상태임을 참고로 알려준다고 말했다. 이어서 교수들의 이해를 돕기 위해 대외협력처장으로부터 재단의 강경한 분위기에 관한 보고가 있은 후 곧바로 토론에 들어갔다.

먼저 몇 명의 교수들이 발언을 했다. 요지는 우리의 총력을 모아 재단복귀에 힘쓰자, 삼성재단을 영입할 때의 초심을 잃지 말고 단합된 모습을 보여 주자, 총장이 대안을 제시해 주면 특별한 문제가 없는 한 따르자 등의 발언으로 법인복귀라는 최대의 현안문제 해결에 초점을 맞춘 의견을 피력했다.

그러나 다른 몇몇 교수는 아예 작심한 듯 총장 개인에 초점을 맞추는 발언으로 나를 궁지에 몰려는 시도를 했다. L모 교수는 "왜 경찰병력을 출동시키지 않는가, 학생시위를 부추기는 악성의 순환고리 중심에 있는 벽송회를 해체하라, 총장은 이번 사태에 대한 책임을 지라"는 등의 발언을 했다. 또한 K모 교수는 끈질기게 자기의 뜻을 관철시키기 위해 총장책임론을 말하며 교수결의문에 총장의 거취표명이 있어야 한다는 점을 강조했다. 그리고 다른 K모 교수도 "총장은 직책에 연연하지 말고 학교를 구하겠다는 결연한 의지를 가지라"는 등의 발언을 했다.

이에 대해 C모 교수는 지금 이 시점에서 "총장과 보직교수들이 사임하는 것은 해결책이 아니며 이들이 재단과 창구가 되어야 한다"고 했고, K모 교수는 본인도 벽송회 회장을 했지만 "벽송회는 모교의 은혜에 보답하고자 하는 교수들의 친목모임일 뿐이며, 선복귀 후책임론으로 결론을 내려야 한다"고 했다.

Y모 교수는 본부에서 결의문 초안을 준비했으리라고 보며 교수들이 동의를 하면 결의문과 함께 총장 이하 보직교수의 거취사항도 동시에 재단에 전달되는 것이 수순이라는 요지의 발언을 하여 교수들의 공감을 받았다. 그리하여 본부에서 작성한 다음과 같은 결의문요지 초안을 교학처장이 발표했다.

① 우리는 경제위기에 따른 사회 전반의 감량경영 기조에도 불구하고, 야심적인 Vision 2010의 차질 없는 추진을 위해 진력

해 온 법인의 열의에 깊이 감사하며, 앞으로도 법인이 학교와 상생의 일심동체로서 초일류대학의 건설에 일로 매진해 줄 것을 온 성균가족과 함께 염원한다.

② 우리는 유례없는 학내소요와 그 결과로 빚어진 일련의 사태에 대하여 총장을 비롯한 전 교무위원들과 함께 책임을 통감하며, 이번 사태가 소모적인 학생운동의 일대 전환점이자, 출산의 아픔처럼 학교의 웅비를 위한 전화위복의 계기가 될 수 있도록 학내기강과 사도의 확립에 만전을 기할 것이다.

③ 우리는 법인사무국이 소환된 작금의 상황을 절체절명의 위기로 인식하고, 법인의 조속하고 원만한 복귀는 물론 법인과 학교구성원 간의 굳건한 신뢰를 복원하기 위하여, 1996년 재단을 영입할 당시의 초심과 마찬가지로 아무런 조건 없이 혼신의 노력을 기울일 것을 다짐한다.

이상과 같은 전체교수 결의문 초안에 대해 K모 교수가 다시 이의를 제기했다. 포괄적이고 애매한 내용이 중심이며, 원론적으로 선언하고 있어 이 사태를 해결하는 데 도움이 안 될 것이므로 결의문 안에 총장의 거취표명과 인사권의 문제들이 포함되어야 한다고 주장했다.

나는 인사권은 결의문 초안 제3항의 초심이라는 표현에 다 포함되어 있는 것으로 이해되고, 총장, 보직교수의 거취문제를 굳이 결의문에까지 넣을 필요가 있는가는 재고의 여지가 있음을 언급했다. 그리고 법인이 철수하고 난 후에 본인과 전 보직자의 거취를 구체적으로 표명하려 했으나 학생문제 등을 수습하지 않은 상태에서의 사퇴는 오히려 무책임한 행위라고 하는 의견들이 있었다고 설명했다. 이와 함께, "한창 수습하기 위해 일을 진행하고 있는데 사퇴를 하면 학교가 마비상태에 빠질 수 있다고 하는 교무위원들의 의견에 따라 마무리를 지켜보고 나서 사퇴를 표명하기로 하였다. 그러나 학내사태 해결이 미완의 연속이었기 때문에 지금까지 시기를 기다리게 되었다. 내가 벽송회 회원이기 때문에 학생들과 무슨 커넥션이 있을 것 같은 말을 하는데 벽송회는 정치집단이 아니다. 그리고 만약 내가 학생들과 어떤 커넥션이 있다면 어떻게 우리 나라 대학사상 전무후무한 출교라는 징계를 학생들에게 내릴 수 있겠는가"라고 말했다. 그러면서 재차 말하지만 나는 책임을 회피할 생각이 전혀 없으며 그야말로 구교의 자세로서 백의종군할 각오도 되어 있음을 피력했다. 벽송회가 악성의 고리에 있다는 L모 교수의 황당한 발언에 대해서도 책임질 각오를 하라는 단호한 입장을 피력하고 싶었다. 그러나 교수들 전체의 결의를 재단측에 전달하는 것이 목적이었기 때문에 전체교수의 힘과 의지를 흐트러뜨리지 않기 위하여 참고 그대로 넘어갔다.

마지막 발언에 나선 법대의 또 다른 K모 교수는 결의안 내용에 개인 또는 몇몇 사람의 구체적인 거취를 기술하는 것은 관례가 아니라는 말과 교수들의 결심을 보직교수들에게 맡겨 최선의 노력으로 우리의 결심이 전달되도록 하면 된다는 발언을 하면서 이만했으면 회의를 종결하는 것이 좋겠다고 했다. 여기에 대다수의 교수들이 박수로 동의하여 결의문 초안이 수정 없이 원안대로 통과되었으며, 이와 동시에 교수들이 서명하여 재단에 전달하기로 했다. 그럼으로써 10시 45분부터 12시 15분까지 계속된 전체교수회의는 나의 뜻대로 끝이 났던 것이다.

7월 7일에 있었던 전체교수회의가 몇몇 교수들의 비우호적인 발언으로 어려움을 겪었지만 그런대로 잘 끝났기 때문에 마음이 후련했다. 일부 교수들은 내가 전체교수회의에서 꺼낸 백의종군 이야기를 거론하며 총장직의 수행을 정지해야 하는 것 아니냐는 말들을 한다고 했다. 그래서 그 말을 전하는 교수에게 만약 내가 아무런 절차와 규정도 밟지 않고 어느 날 갑자기 총장으로서의 직무수행을 포기한다면, 이 학교는 어떻게 되겠는가? 그리고 이 사태는 누가 수습하겠는가? 그 어떤 경우에도 학교의 정상적인 행정업무와 연구지원업무는 계속되어야 한다. 이순신 장군도 임금의 뜻을 묻고 나서 그 뜻에 따라 백의종군을 하지 않았는가? 이순신 장군이 임금의 뜻에 상관없이 자기 마음대로 어느 한순간에 지휘봉을 내던지고 백의종군했던가? 나 역시 나의 거취를 임면권자인 재단측의 뜻에 맡기고, 그 어떤 결정이 내려질 때까지는 총장의 직분을 충실히 수행하는 것이 학교를 위하는 총장의 당연한 본분이라고 생각한다. 주어진 책임과 의무를 포기하는 것이 아니라 자신에게 주어진 직분과 의무를 충실히 수행하면서 임명권자의 뜻에 따라 처신하는 것이 진정한 백의종군일 것이라고 말해 주었다.

며칠이 지난 7월 11일 오후에 총무처장으로부터 7월 급여를 줄 수 있게 되었다는 기쁜 소식을 들었다. 법인에서 76억 원이 들어왔다는 것이다. 지난번 그 문제로 내가 모 고위인사를 만났었는데 그 분이 약속을 지켜 준 것이 고마웠다.

총장 포함, 전 보직자 사표내다

7월 12일 출근하자마자 이사장에게 낼 서류를 준비하도록 했다. 그리고는 서류들을 가지고 테헤란로에 있는 이사장실로 갔다. 이사장에게 서류들을 제출하게 된 배경을 설명드린 후 법인이 빨리 복원되도록 힘써 주시면 좋겠다고 말했다. 이사장은 본인이야 대학편에서 말하겠지만 학생들이 절취해 간 문건들을 아직 내놓지 않아서 걱정이라고 말씀하셨다.

그런 다음 여러 가지를 고려해 볼 때, 재단의 모 고위층 인사를 만나는 것도 좋을 듯 싶어 2시에 약속하여 만났다. 나는 이 분에게도 전체교수회의와 교수들의 서명 그리고 총장을 비롯한 전 보직자의 사표를 제출하게 된 배경을 설명했다. 내 말을 듣고 이 분은 법인복귀의 문제는 실무자에게 맡기는 것이 좋겠다고 했다. 아마 9월 초에 들어가겠다고 할지도 모른다고 하면서 우리가 총장님에 대해 변함없는 신뢰를 가지고 있는 만큼 총장께서도 최선을 다해 학교를 잘 경영해 주면 좋겠다고 말했다.

저녁 무렵에는 P호텔 라운지 커피숍에서 재단과 관련 있는 모 인사를 만났다. 그 분은 법인이 들어가는 것을 9월 초로 하면 어떻겠느냐고 물었다. 나는 빨리 들어오면 좋겠지만 그럴만한 사정이 있느냐고 물었다. 이에 그 분은 지금 들어갔다가 재단을 목표로 하는 학생데모가 발생한다면 재단도 총장도 더 이상 방법을 찾을 수 없는 일이 발생하게 될 것이라고 했다. 그래서 9월 초 신학기 분위기를 보아 가면서 들어가려고 한다는 것이다. 그리고 학생들 뒤에 일부 교수들이 있는 것 같은데, 이들이 직접 무슨 말을 한다기보다는 심정적으로 동조할 수 있다고 했다. 제적당한 학생과 동조세력을 합쳐 100여 명이 된다고 생각하는데 이들이 절대 가만히 있지 않을 것이라는 것이 그 분의 견해였다. 나는 장담은 못하겠지만 학생들이 재단을 상대로 또 무슨 일을 벌이면 스스로 무덤을 파는 행위가 된다는 것을 이번 사태를 통해 잘 인식하고 있기 때문에 그럴 수는 없을 것이라고 했다.

그 다음 날 오후에 K모 교수가 와서 하는 말이, 밖에서 들은 바로는 총장께서 아직 사직서를 내지 않았다고 하는데 정말이냐고 걱정스러워하는 얼굴로 물었다. 나는 참으로 한심한 사람들이라는 생각이 들었다. 그래서 "호사가들의 입방아일 뿐이니까 무시하라"고 말해 주면서, 나를 비롯해 전 보직자가 사표를 낸 상태지만 법인복귀를 위해 최선을 다하고 있고, 또 좋은 결과가 있을 것 같으니까 걱정하지 말라고 안심시켜 보냈다.

7월 말경 수원지구 동문회 한강수 회장이 학내사태로 고생이 많다면서 점심을 사서 함께 식사를 하고, 명륜캠퍼스로 돌아와 집무를 하고 있는데 정년퇴임을 한 L모 교수가 들어왔다. 한 번도 총장실에 들른 적이 없고, 나와는 별로 가까운 분도 아니기 때문에 의아스럽게 생각하며 만났다. 본인이 상임이사와는 물론 학교와 관계되는 주요 인사들을 만나고 있다면서 나에게 별로 도움이 되지 않는 이야기들을 전해 당혹스럽게 만들었다. 총장이 그만두겠다는 의지를 행동으로 보여 주어야 법인의 복귀가 이루어질 것이라느니, 누가 그만두게 되었다느니, 총장이 제3자를 넣어 재신임운동을 한다는 소문이 있다느니 하는 등의 말도 안 되는 장광설로 나를 피곤하게 만들었다. 그런데 이 분은 그 후에도 아침 일찍이 또 한 번 와서 밖에서는 벽송회의 존재에 대해서 부정적으로 생각하며, 또 총장이 학생문제에 대해서 좀더 열심히 노력하지 않는 것으로 인식하고 있다고 했다. 나는 듣기 거북했지만 참았다.

7월 27일에는 지난번 전체교수회의에서 벽송회가 악성의 중심고리에 있다는 황당한 발언으로 나를 불쾌하게 만들었던 L 모 교수를 불러 식사를 하며 교수회의에서 신중치 못했던 발언에 대해 유감을 표명했다. 그는 개인적으로는 전체교수회의에서 큰 결례를 했다고 몇 번이나 사과를 했다. 자기 학부에서 어떤 교수가 재단에 대해 부정적인 말을 하는 것을 듣고 위기감을 느껴 그런 발언을 했다는 것이다. 그 말을 들으니 그의 발언을 이해할 수도 있겠다는 생각이 들었다.

같은 날 오후 일부 처장이 밖에서 들은 이야기라면서 법인이 들어오지 못하는 것은 총장이 사표만 내었지 정말 그만둘 의사가 없기 때문이라고 말했다는 것이다. 그러면서 지금이라도 공고문을 붙이고 총장이 학교에 나오지 않으면 법인문제가 풀릴 거라면서 내일 총장을 만나서 진언을 하자고 했다는 것이다.

다음 날 10시 30분에 긴급처장회의를 열었다. 예상대로 모 처장이 먼저 입을 열었다. 보직을 임명할 때는 필요조건과 충분조건이 갖추어져야 하는데 어떤 보직도 본인이 하고 싶지 않으면 그만두면 된다는 묘한 화법을 사용했다. “재단에 의해 소환된 법인사무국 문제에 대한 해결방법으로 전체교수회의 결의사항과 보직자사표를 제출한 지가 3주가 되어 가지만 법인의 복귀

움직임은 없다. 따라서 총장이 결단을 내려 분명한 사퇴의지를 표명하고 총장의 행정업무를 중단하는 것이 어떠냐"고 했다. 약속이나 한 듯 역시 모 처장이 입을 열었다. "전체교수회의에서 일부 교수들이 총장이 사표를 내고 책임을 져야 한다는 발언을 했는데, 그것을 고려하여 사표를 제출한 것과 관계없이 총장직을 그만두는 것이 좋지 않겠느냐"고 말했다.

나는 침착성을 잃지 않고 두 사람의 이야기는 학교를 위한 충정에서 나온 말로 이해할 수도 있지만 잘못된 생각이라고 하면서 다음과 같은 말을 했다.

"첫째, 현재 사무국의 복귀와 관련해 제일 문제가 되는 것은 학내사태의 재발방지이다. 나는 그 동안 몇 차례에 걸쳐 재단관계자들과 만나 현 학내사태에 관해 충분한 의견을 나누었는데 그 분들의 최대 관심은 2학기의 학내 움직임이었다. 학생 움직임만 잘 통제하면 법인은 신학기 초에 들어올 것이 틀림없다.

둘째, 학내사태에 대한 책임을 통감해서 인사권자에게 사표를 제출한 현재 나나 여러분이 할 일은 자숙하는 마음가짐으로 맡은 일에 최선을 다하면서 인사권자의 최종결정을 기다리는 것이 공인의 자세이다. 사표를 제출한 마당에 무슨 다른 제스처가 필요하다는 말인가? 그것은 공인의 도리도 아니고 인사권자에 대한 예의도 아니다.

셋째, 내 문제는 내가 알아서 하고 있으니까 여러분은 나의 스탭으로서 인사권자의 최종결정이 날 때까지 나를 충실하게 도와 주어야 할 것이다. 그것이 조직인의 도리이고 의무이다. 그리고 나는 최종결정이 날 때까지 한 치의 흔들림 없이 내 직무를 충실히 수행할 것"이라고 말했다.

이상과 같은 나의 언급에 대해 모 처장이 "이번 사태에 대한 해결에서 쾌도난마식의 방법을 사용했으면 문제가 더 빨리 풀렸을 것이라는 시각이 있지만 그렇게 했다면 지금보다 더 어려워졌을 가능성도 있지 않은가? 총장께서 생각이 있으실 테니까 해결방법을 존중하자"고 말했다. 그리고 "교수들이 함부로 총장의 사표를 운운하는 것은 임명권자에 대한 도전이 아니냐"고 말하는 모 처장의 말에 다른 처장들이 동조함으로써 이 문제는 더 이상 논의되지 않았다.

이 일이 있은 후 선임처장인 기조처장에게는 재단 상부기관의 핵심인사들과 나눈 이야기들을 어느 정도 구체적으로 말해주었다. 법인이 밖에 있는 상태가 오래 지속되다 보니 문제의 두 처장 외에 다른 처장들까지도 혼란을 겪고 있는 것 같았기 때문이다. 그러나 2학기 초에 개강을 지켜본 후 들어오겠다는 모 인사의 말은 하지 않았다. 어느 정도 보안의 필요성을 나 나름대로 느꼈기 때문이다. 다만 2학기가 시작되면 틀림없이 법인 복귀가 이루어질 테니까 나를 믿고 선임처장으로서 중심을 잡아달라고 부탁했다.

8월 16일 이사장으로부터 점심이나 같이 하자는 전화가 왔다. 무슨 일인가 하여 궁금증을 갖고 역삼동에 있는 사무실로 갔더니 고위층 인사를 만났다면서 다음과 같은 말을 했다. 총장의 사표에 대해 수리와 반려의 두 가지 방법을 말하기에, 어떤 결정이든 존중하겠지만 총장의 임기는 보장된 것이니 임기를 채우도록 하는 것이 좋겠다고 건의하셨다는 것이다. 그랬더니 그

쪽에서도 동의했다고 하셨다. 그리고 재단에도 변화가 있을 것 같다는 말씀도 하셨다.

나는 이미 들어 알고 있는 이야기이기 때문에 새로울 것이 없었지만 이사장이 애써 주셔서 고맙다고 인사를 했다. 그리고 8월 31일부로 변경되는 보직자들이 있는데 임명을 제때에 해야 될 것이라고 말씀드렸더니 이사장은 서류가 오면 차질 없도록 해 주겠다고 말씀하셨다.

8월 19일 주말이어서 집에서 쉬고 있는데 이충구 회장으로부터 전화가 왔다. 상임이사와 목요일에 만났는데 이달 말쯤 좋은 소식이 있을 거라고 하면서 총장사표는 반려되겠지만, 몇몇 처장은 바뀌게 될 것 같다는 이야기를 했다는 것이다. 그러면서 만약 그렇게 된다면 총장을 위해 헌신할 수 있는 사람을 곁에 두는 것이 좋을 것 같다고 했다. 너무나 당연한 말이었다. 나는 이번 사태를 겪으면서 몇몇 처장들에게서 인간적 실망감을 느꼈기 때문에 이 회장의 우정 어린 말이 매우 고마웠다.

법인, 마침내 복귀하다

8월 25일은 우리 성대의 전통적인 졸업식날이다. 금요일이었는데 비가 많이 와서 걱정을 했는데 오히려 비 때문에 졸업생들과 하객들이 식장으로 몰려 성대한 졸업식이 되었다. 이사장은 축사를 통해 "재단사무국을 빠른 시일 내에 복귀시키겠다"고 하여 참석자들로부터 많은 박수를 받았다. 졸업식이 끝난 후에 이사장은 별도로 나에게 9월 2일의 이사회는 요식행사가 될 것이고, 법인사무국은 곧 복귀될 것이라고 귀띔해 주었다. 그러면서 총장은 8월 31일에 있을 교수회의가 원만하게 끝날 수 있도록 신경을 써 주면 좋겠다고 했다. 그리고 가칭 경영위원회 같은 것을 만들어 법인과 학교가 현안문제를 사전에 조율하는 것이 좋겠다고 말씀하셨다.

8월 30일 이사장, 상임이사, 양 캠퍼스 부총장, 교수평의회 의장 그리고 직원노조위원장과 함께 점심을 했다. 법인사무국이 복귀를 위한 수순을 밟는 것 같았다. 교평의장이 이사장께서 큰 결심을 해 주셔서 고맙다는 인사를 했는데, 이사장은 내일 교수회의를 보고 결정을 하겠다고 말씀하셨다. 또한 이사장은 경영권과 인사권이 재단에 있다는 점과 법인과 학교 사이의 갈등관계를 없애기 위해 교무위원회에 사무국 인사가 참여하는 것이 좋겠다는 말씀도 하셨다. 헤어질 때 이사장께서는 나에게 내일 교수회의를 단단히 준비하라고 당부했고, 상임이사는 임기가 만료되어 대행을 하고 있는 보직자와 함께 기조처장과 교학처장을 바꾸겠다고 했다. 그래서 내가 책임인사라면 다른 쪽도 교체해야 되는 것 아니냐고 했더니 한 번 생각해 보겠다고 했다.

매번 방학이 끝나고 새 학기가 시작되는 무렵에 전체교수회의가 있는 것이 성대의 관례이다. 그래서 8월 31일에 전체교수회의를 하게 되었다. 혹시 지난번 교수회의 때와 같이 부정적인 발언을 하는 교수들이 있지 않을까 하여 긴장을 했으나 교수회의는 별다른 어려움 없이 잘 끝났다. 재단사무국이 들어온다는 사실과 총장 신변에도 이상이 없다는 것이 알려졌기 때문인 것 같았다. 교수회의 말미에 내가 오랫동안 염원했던 재단사무국의 복귀를 환영하는 의미에서 큰 박수를 치자고 했더니 모두 기꺼이 이에 호응하여 좋은 분위기 속에서 교수회의를 마칠 수 있었다.

9월 5일 P호텔에서 이사장, 상임이사, 사무국장과 만나 점심식사를 했는데 이사장은 9월 2일 이사회의 결과에 대해 말씀하셨다. 골자는 총장은 재신임키로 하고, 일부 보직자는 경질할 것이며, 법인사무국의 복귀는 추석 이후로 한다는 것이다. 이미 알고 있던 내용들이어서 담담하게 들었다. 그러나 법인에서 준비해 온 '이사장 권고사항'이란, 전혀 예상치 못했던 4쪽짜리의 서류에 이사장과 함께 사인을 해야 한다는 것이 좀 마음에 걸렸다. 특히, 그 내용 가운데 나를 부담스럽게 만든 것은 다음과 같은 것들이었다. 예컨대, 가칭 '운영위원회'를 신설하여 재단관계자(상임이사)와 학교관계자(총장, 부총장, 관련 처장)가 참여하는 모임을 정례화하도록 한 것이며, 교무위원회에 법인 사무국장(필요시 상임이사)을 적극 참여시킨다는 내용이었다. 그리고 학생징계에 대해 총장이 재단복귀 후에 징계문제 해결방법을 찾자고 했다는 소문이 있는바, 학교는 모든 업무를 학칙과 원칙에 따라 엄정하게 처리하기 바란다는 내용도 있었다. '문건'에 대해서는 재단의 경영참여 초기에 학내구성원들로부터 우연히 입수하게 되었고, 법인에서 보직인사를 위해 사용하는 기초자료일 뿐이므로 이런 문건에 대한 이야기가 더 이상 나오지 않도록 명확한 조치를 취하도록 한다고 기술했다.

물론 재단에서 다시는 똑같은 불행한 사태가 반복되어서는 안 된다는 우려에서 이 같은 이사장 권고사항을 만들었을 것이라는 점을 이해할 만도 했다. 그럼에도 불구하고 대학에는 최고

의결기구로서 교무위원회가 있는데 여기에 법인에서 참석한다거나 실질적인 최고의결기구가 될 '경영위원회'를 둔다는 것은 좀 지나친 처사가 아닌가 생각되었다. 그래서 나는 이 같은 새로운 발상과 '문건'문제에 대해서는 재단의 명백한 해명이 있어야 교직원들을 설득시킬 수 있다고 했다. 그런 다음 학교로 돌아와 이사회의 결과를 교내전산망(SPEED)에 띄우도록 했다.

추석연휴가 시작되는 9월 11일이었다. 그토록 오랫동안 나를 궁지에 몰아넣었던 법인복귀의 문제가 풀려 가고 있는 상황이었지만 나는 편안한 마음으로 휴일을 즐길 수가 없었다. 누구보다도 원칙론자로서 업무에 충실했던 교학처장과 기획조정처장 그리고 대학원장을 중도 하차시켜야 한다는 것이 무척 괴로웠다. 상임이사가 대학원장의 교체를 언급하지는 않았지만 이번 기회에 대학원장도 바꿀 것이라는 점을 충분히 예측할 수 있었다.

대학원장과 기조처장 그리고 교학처장을 만나 재단에서 법인을 복귀시키면서 핵심부서의 보직자를 바꾸는 모양인데 대상이 된 것 같다고 차마 떨어지지 않는 입을 열었다. 내 말을 들은 이 분들은 모두 차라리 잘 되었다는 반응이었다. 어느 분도 언짢아 하는 기색이 없었다. 그 동안 고심이 많았음이 묻어나는 장면이었다. 그러나 임기 도중에 하차해야 하는 그럼으로써 이번 사태에 대해 책임을 지는 것 같은 이들을 보호해 주지 못한다는 죄책감이 나를 크게 괴롭혔다.

9월 14일 상임이사를 만나 점심을 같이했다. 예상했던 대로 대학원장, 기조처장, 교학처장의 3인 명단을 내놓았다. 내가 처음에 총장이 될 때 상근이사가 기조처장으로 추천했지만 나로서는 받아들이기 곤란해서 다른 사람으로 교체해 줄 것을 요구했던, L모 교수와 K모 교수가 기조처장과 교학처장으로 내정되어 있었다.

9월 19일 처장회의에서 마지막까지 임무를 위해 최선을 다한 세 분에게 진심으로 감사하는 인사를 했다. 11시에 교무위원들과 부장급 직원들이 모인 앞에서 이사장이 새로 임명된 보직자들에게 발령장을 주고 법인사무국의 복귀에 즈음한 성명서를 낭독했다. 성명에는 이른바 사찰문건에 대해 간단한 유감표명만이 있을 뿐이었다. 이렇게 하여 성대 역사상 전무후무한 기록들을 남겼으며, 나에게는 지독한 악몽과도 같았던 일련의 사건들이 끝맺음을 보게 된 것이다.

법인이 복귀한 뒤 상임이사는 더욱 의욕적이고 적극적인 모습으로 업무수행에 임하는 듯했다. 신임교수 충원과 특채에 관한 전략회의에서도 제일 많은 의견을 내놓았다.

그 후 10여 일이 지난 9월 말경 이사장이 잠깐 학교에 들르겠다고 전화를 하여 상임이사문제가 아닐까 생각했다. 아닌 게 아니라 이사장이 나오자마자 상임이사가 경질되었다는 통보를 했다. 이유를 물었더니 이번 사태에 대해 책임을 지는 의미에서 그만두겠다는 요구를 했다는 것이다. 이사장은 감사패라도 하나 해 주는 것이 좋겠다고 하셨다.

같은 날 상임이사와 함께 점심을 했는데 그만두게 된 배경을 들어 보니 이사장의 말씀대로였다. 삼성재단 영입과 함께 부임해 많은 아이디어와 설득력 있는 화술로 구성원들을 개혁에 동참시키고자 노력하면서 학교발전에 나름대로 공을 세웠는데 그만두게 된다니 마음이 편치 않았다. 학교로 돌아오니 총무처장이 상임이사의 부탁이라고 하면서, 총장이 처장들에게 본인이 그만둔 배경을 설명하고 이해하도록 도와 주었으면 좋겠다고 하여 기꺼이 그렇게 했다.

10월 초에 물러나는 상임이사가 새로 부임하게 된 P모 상임이사를 데리고 인사하러 왔다. 듣던 대로 부드러운 인상을 풍겨 호감이 가는 분이었다. 며칠 후에는 새로 부임한 상임이사를 환영하는 저녁모임이 있었는데, 자리가 무척 화기애애했다. 법인도 복귀하고, 어려웠던 일들이 하나하나 풀려 가니 기분이 좋아서 그런지 참석자 모두 술을 많이 마셨다. 상임이사는 총장과 처장들의 일을 도와 주는 것으로 자기의 역할을 한정시키겠다고 말해서 모두들 큰 박수로 화답하며 흡족한 마음으로 저녁모임을 끝냈다.

새내기 총장으로서의 호된 신고식은 그렇게 대단원의 막을 내렸다. 그날 밤 집으로 돌아오는 차 안에서 총장으로 선임되기까지의 우여곡절이 주마등처럼 눈 앞을 스쳐 지나갔다.

17대 총장으로 선임되다

정범진 총장의 임기 말기인 1998년 후반기로 넘어가면서 차기 총장의 인선에 대한 관심이 교내에서 고조되기 시작했다. 장을병 총장과 정범진 총장은 교수들의 선거에 의해 선출되었지만, 삼성이 재단으로 영입되면서 더 이상 총장선거는 없을 것으로 예견되었다. 삼성을 재단으로 영입하기 바로 전인 1996년 11

월 전체교수회의에서 총장선임에 관한 사항을 재단에 일임한다고 의결을 했기 때문이다.

나는 사회과학대학장과 교무처장직의 경험을 통해 학교에 대한 실태를 보다 구체적으로 파악할 수 있었는데, 참으로 가슴 아프게 생각했던 것은 성균관대학교의 위상이 끝없이 추락하고 있다는 점이었다. 삼성이 재단으로 들어오게 되어 학교가 벼랑 끝의 위기에서 벗어난 것은 그야말로 천만다행이었다.

성균관대학교는 전통적으로 후기에 학생을 모집하는 대학이었다. 장·단점이 있었는데, 대단히 우수한 학생들이 많이 들어왔기 때문에 이른바 사학명문이라고 하는 대학들을 별로 부럽지 않게 생각하는 강한 자존심을 가지고 있었다. 그러나 전기시험에서 한 번 실패한 전력 때문에 입학한 학생들은 대부분 사기가 한풀 꺾여 젊은이다운 패기와 적극성이 결여되어 매사에 소극적인 성향을 보이는 경우가 많았다. 그러나 실력들이 좋았기 때문에 각종 국가고시에서 저력을 발휘하여 명문의 자리를 지키는 상태였다.

그런데 재단이 없어진 후, 전두환 정권하에서의 입시정책 변경으로 학생모집을 2차에서 1차로 옮긴 다음부터는 성대에 오는 학생들의 수준이 해를 거듭할수록 낮아지기 시작했다. 중·하류 대학으로 곤두박질치는 위기에 서게 되었던 것이다. 새로운 입시제도하에서 가장 손해를 본 대학은 아마 성균관대학교와 한국외국어대학교일 것이다. 그래서 만약 나에게 기회가 주어진다면 성균관대학교를 한 번 중흥의 발판 위에 올려놓아 보겠다는 결심을 했다. 이러한 나의 뜻을 주위의 가까운 분들과 의논

했고, 그 분들의 도움을 얻어 교내에서 우호적인 여론을 확보하는 데 주력했다.

한편, 재단은 12월 3일 교내외에서 총장후보군을 만들어 30명의 총장후보자를 선정한 뒤에 보편적인 자격기준에 따라 이를 15명으로 압축했다고 발표했다. 그리고는 12월 28일 이것을 다시 7명으로 압축한 뒤에, 1999년 1월 14일 최종후보자 3명 중 최적임자를 이사회에서 선임할 예정이라고 했다.

그런데 이와 때를 같이 하여 학생들이 이른바 '민주적 총장 선출을 위한 공동대책위원회'라는 임의단체를 구성하여 문제를 제기하기 시작했다. 학생들은 대학본부 앞에 텐트를 치고 항의 농성을 했으며, 재단이사회가 열리는 신라호텔 앞에서 구성원의 참여 없는 삼성의 독단적 총장선임에 반대한다는 구호를 외치며 시위했다. 생각지 못했던 학생들의 항의와 시위에 부딪친 재단은 총장선임 일정에 차질이 생길 것을 우려하면서도 후보군을 계속 좁혀 가고 있다는 발표를 했다.

그러던 중 하루는 상임이사로부터 한 번 자기 방에서 만났으면 좋겠다는 연락이 왔다. 때가 때인 만큼 큰 관심을 가지고 만났다. 이야기의 핵심은 매우 완곡한 표현이었지만 누가 총장으로 선임되던 나 같은 사람이 적극적으로 도와 주면 좋겠고, 그런 의미에서 총장선임이 재단의 뜻대로 될 수 있도록 협조해 달라는 것이었다. 나는 총장을 외부에서 초빙한다면 그것은 성대의 자존심을 고려하지 않는 처사일 것이라고 정중하게 말하고 그의 방을 나왔다.

해가 바뀌면서도 총장선임문제의 매듭을 풀지 못하게 되자 재단사무국을 비롯하여 여타 상위기관에서는 여러 가지 대안을 모색하고 있는 것으로 전해졌다. 사실 성대에서 한 번 좋지 않은 경험을 한 삼성으로서는 총장선임에 매우 신중할 수밖에 없었을 것이다. 재단이 믿고 학교경영을 맡길 수 있는 사람을 찾는 데 부심하는 것 같았다.

그러던 중 1999년 1월 중순경 평소 알고 지내던 모 일간지의 L부사장으로부터 전화가 왔다. 자기가 근무하는 기관의 인사팀 쪽에서 나를 한 번 만나 보고 싶어 한다는 내용이었다. 그 당시 이 분은 재단과 관계되는 기관의 홍보팀에서 근무하고 있었다. 약속장소인 S호텔 일식집으로 나가 보니 L부사장이 먼저 와 있었고, 잠시 후 나를 만나고 싶다는 또 한 분이 왔다.

총장선임에 관한 여러 이야기가 있은 후 본론으로 들어갔는데, 나를 만나자고 한 이유는 내 의견을 들어 보기 위한 것이라고 했다. 즉, 총장선임문제가 잘 풀려 가도록 도와달라는 것이었는데, 요약하면 총장선임은 재단에 맡기고 부총장직을 맡아서 도와 주면 좋겠다는 이야기였다. 만약 총장이 비성대 출신이 되면 부총장은 성대 출신이 되어야 모양새도 좋고 서로 보완적인 역할을 할 수 있다는 것이었다. 이 같은 제안에 대해 나는 정중하게 사양했다.

그 이후 여러 번 L부사장과 전화통화를 가졌다. 그 분의 전언에 따르면 나에 대한 보고가 그다지 호의적이지 못했기 때문에 고위층에서 확신을 갖지 못한다는 것이다. 그러면서 나에게 지난번 만남에서의 제안을 받아들이는 것이 어떻겠느냐고 했다. 이 같은 제안을 반복해 들으면서 나는 중간에서 그 분이 고생을 많이 하는 것 같아 미안했다.

그 이후 수일이 지난 1999년 1월 하순쯤 L부사장으로부터 전화가 왔다. 내용은 다시 한 번 만났으면 좋겠다는 것이었다. 약속장소인 S호텔 일식집으로 나가 보니 L부사장과 지난번 나왔던 분 외에 또 한 분이 나와서 4명이 자리를 같이 했다. 처음 보는 분이 정중한 자세로 입을 열었다. 사실 그 동안 총장후보들에 대한 여러 채널의 보고를 받아 보고 있는데, 나에 관해서는 부정적인 보고들이 올라왔다는 것이다. 다만 학교여론을 조사해 보니 나에 대한 지지가 상대적으로 높았지만 여타의 후보들과 비교해 볼 때 그렇게 크게 앞서 있는 것도 아니라고 했다. 여러 가지를 고려하여 나를 총장후보로 회장님께 보고할 것을 염두에 두고 있었는데 마침 회장님이 나에 대한 언급을 하시더라는 것이다. 즉, 어떤 분으로부터 괜찮은 분이라는 말을 들었다고 하시더라는 것이다. 그래서 이제는 나를 총장후보로 회장님께 보고하려고 결정하고 있으니 재단이 절차를 거쳐 공식화할 때까지는 말이 밖으로 나가지 않도록 했으면 좋겠다고 했다.

그 후 얼마 지나지 않은 2월 초에 상임이사로부터 재단이사장과 같이 만나자는 연락이 왔다. 약속장소인 S호텔 일식집으로 나갔더니 이사장이 축하한다는 말씀을 해 주셨다. 상임이사는 절차상 필요하다고 하면서, 인쇄된 종이서류를 내놓으며 질의사항에 대해 답해 주면 좋겠다고 했다.

이 서류는 '總長職 修行을 위한 質疑事項'이란 제목하에 19개의 소문항으로 되어 있었다. 예를 들면, 성대의 현안문제나 비전은 무엇이며, 이러한 문제는 어떤 방향과 방법으로 해결하는 것이 좋겠는가? 현재 학교에 있는 교수회의, 교수평의회, 벽송회, 직원노동조합, 총학, 강사노조, 성민련 등의 단체들이 학교발전에 동참하도록 하기 위한 방안은 무엇인가? 성대 교수의 경쟁력은 어떠하며 경쟁력을 높이기 위한 구체적 수단은 무엇인가? 국제화 시대에 대한 성대의 대응전략은 어떠해야 하는가? 성대의 취약한 재정구조를 해결하기 위한 대안은 재단전입금 외에 어떤 수단과 방법이 있다고 생각하는가? 양 캠퍼스의 균형발전을 위한 대책은 무엇인가? 불합리한 불법시위, 점거농성 등의 재발방지를 위한 학교의 대처방안은 무엇인가? 성대의 개혁은 어느 정도이며 주안점은 어디에 두어야 하는가? 교원 신규임명시 특정 대학 출신비율을 제한하는 조치를 어떻게 생각하는가? 재단의 인사권에 대한 견해는? 등이었다.

이 같은 절차를 거친 후 재단은 2월 10일에 다음과 같은 보도자료를 내었다.

> 학교법인 성균관대학은 1999년 2월 9일 이사회를 개최하여 *沈允宗* 교수(58세)를 성균관대학교 제17대 총장으로 선임했다. 그 동안 재단은 학교법인 정관에 따라 1998년 11월부터 인품, 경영능력, 학문업적, 국제적 안목 등 총장의 일반적인 기준에 부합하면서, 성대를 명문사학으로 발전시킬 수 있는 30여 명의 총장후보자를 선정하여 4차에 걸친 이사회를 통해 총장을 임명하게 되었다. 심윤종 총장선임자는 1965년 성대를 졸업하고, 1973년 독일 하이델베르크대학에서 사회학 박사학위를 취득한 후 1977년부터 성대 교수(사회학)로 재직중이며 현재 한국사회학회 회장직을 역임하고 있다.

이렇게 하여 나는 우여곡절 끝에 성균관대학교 제17대 총장에 임명되었던 것이다. 아마 재단으로서는 성대의 경영에 다시 참여한 지가 얼마 되지 않았기 때문에 확실한 기반을 다질 때까지는 나 같은 사람이 필요했을지도 모른다. 어쨌든 간에 나로서는 큰 영광이었다. 나의 분신과도 같은 모교발전을 위해 혼신의 노력을 다하겠다고 스스로 굳게 다짐했다.

'인사가 만사'

2월 10일 총장선임이 각종 매체의 발표를 통해 공식화되자 'The President-elect Schedule'라는 일정표에 따라 아침부터 저녁까지 잠시도 쉴 틈이 없는 일정이 시작되었다. 이 일정표는 취임 전과 취임 후로 나누어져 있었는데 2월 11일부터 3월 3일까지의 일정이었다.

다른 일들은 기계적으로 수행하면 되는 일정이었지만 2월 22일로 예정된 신임 보직임명장 수여는 상당히 신경이 쓰이는 부분이었다. 나는 평소에 조직의 원만한 발전을 위해서는 '인사가 만사'라는 신념을 가지고 있었기 때문에 적재적소에 마땅한 사람을 임명하기 위해 심사숙고하며 나름대로 본부의 처·실장 명단을 정리하고 있었다. 그런데 2월 중순경 상임이사가 내방에 와서 A4 용지에 타자한 종이서류를 내놓았다. '補職人事(案)'이라고 되어 있는 제목 밑에 보직명, 현보직자, 임기, 보직(안) 등의 난이 있었고, 보직(안)에는 복수 내지 단수의 이름들이 적혀 있어 당혹스러웠다.

원래 사립학교법은 학교법인의 전횡이나 권리남용을 방지하기 위해 1981년의 개정 때 인사권 및 재정권을 박탈 내지는 제약했다가 다시 1990년 개정으로 원상회복되었다. 현재는 이사회는 인사권과 재정권을 보유하되, 학교의 장에게는 인사에 대해서는 제청권을, 재정에 관해서는 예산편성권을 부여함으로써 견제와 균형을 이루도록 하고 있다. 또한 이사회가 경영의 주체로서 활동하되, 학사행정에 관해 학교장의 권한을 침해할 수 없도록 하고 있다.

따라서 교권이 존중되는 대학사회에서 관례화되어 있는 것처럼 총장이 보직후보자를 제청하면 재단이 절차적인 검토를 거친 후 큰 문제가 없으면 그대로 이사회에 회부하여 결정하는 것으로 알고 있었다.

그래서 내가 원칙적인 이야기를 했더니 지금까지 그렇게 해왔다는 것이다. 물론 법인 나름대로 학교의 안정과 발전을 위해 고심해 만든 보직명단일 것이라고 생각하면서도 자칫 총장의 권한이 너무 약해지는 것 아닌가 하여 염려되었다. 그러나 상임이사와 만나 의견을 교환하는 가운데 서로의 입장을 이해하게 되어 첫 보직인사를 원만하게 임명할 수 있었다.

2월 19일 취임식이 끝난 지 얼마 되지 않은 2월 말경이었다. 지난 총장선임과정에서 텐트농성과 신라호텔 시위 및 삼성본관 시위를 주도한 2명(유학대 학생장, 예술학부 학생장)과 스포츠과학부 수원이전 반대농성 주동자 1명(스포츠과학부 비대위원장)에 대한 징계가 선결과제로 대두되었다. 총장이 되자마자 첫 번째로 하는 중요한 일이 학생징계라는 것이 마음에 걸렸다. 전팀에서 마무리를 해 주었으면 기분 좋은 출발을 할 수 있었을 텐데 하며 약간의 원망석인 불만을 피력하는 처장도 있었다. 징계위원회가 구성되어 앞의 2명은 제적, 뒤의 1명은 무기정학으로 중징계되었다. 그러자 강사노조, 대학원총학생회, 학부총학생회가 징계당사자들과 합세하여 학교의 조치에 강력하게 반발하며 다시 본부(구대학본부) 앞에 텐트를 치고 농성에 들어갔다. 이들은 학생징계 및 사학과 C모 강사의 강의박탈 철회, 학생자치권 보장과 성대운영위원회 설치 등을 강력히 요구하며 '무기한 천막농성'에 들어간다고 선언했다. 그리고 총학은 본부 앞 집회를 통해 징계철회를 주장하며 본부 4층으로 난입해 구호를 외치기도 했다.

학교의 입장도 강경했다. 징계위원회에서 공식적으로 결의한 사항을 학생들이 농성을 한다고 해서 철회할 수는 없었다. 이처럼 팽팽한 대결이 지속되던 중 3월 16일 오후 100여 명의 학생들이 상임이사실과 법인사무국, 부총장실 그리고 제1회의실 및 계단회의실을 점거했다. 이들은 징계철회와 상임이사 퇴진을 강하게 요구하기에 이르렀다.

학교는 다음 날 긴급 교무위원회를 소집하고 수습방안을 논의한 후 교무위원 명의로 성명서를 발표했다. 여기에서 교무위원들은 학생들의 불법점거행위는 교권에 대한 중대한 도전이고 용납될 수 없음을 경고하고, 특히 법인사무국의 점거는 성대 발전에 치명타가 될 수 있음을 주지시키며 즉각적인 자진철수를 요구했다. 그리고 동창회에 협조를 요청한 결과 강남형 명예회장과 윤희팔 사무총장을 비롯한 원로동문들이 급히 학교로 달려와 학생들을 붙들고 간곡하게 설득했다. 그럼에도 학생들의 점거가 계속되자 19일에는 긴급 전체교수회의를 소집하여 학생들의 불법점거 사실을 알리고 교수들의 협조를 당부했다. 100여 명의 교수들이 본부로 내려와 학생들을 설득하고 야단을 치며 농성을 풀 것을 강력하게 요구했다. 기가 꺾인 학생들은 대표 3명을 통해 나와 교수들이 지켜보는 앞에서 조건 없이 철수하겠다고 발표했다. 이렇게 하여 나로 하여금 새내기 총장수업을 호되게 치르도록 한 학생들의 본부점거는 끝이 났다. 산업심리학과 출신인 총학생회장을 비롯해 주동자들은 모두 중징계를 받았다.

사태 직후 나는 다음과 같은 담화문을 발표했다.

> "최근 계속되었던 일련의 학내사태로 인하여 학교발전을 염원하는 모든 성대가족에게 심려를 끼쳐드린 데 대하여 학교운영을 책임지고 있는 총장으로서 심심한 유감의 뜻을 표합니다. 아울러 한마음 한뜻으로 이번 사태를 원만히 수습한 것에 대해 모든 성균가족에게 진심으로 감사의 말씀을 드립니다. 본인은 이번 사태의 발단이 학생들의 학교발전을 위한 소박한 충정에서 비롯되었다고 믿고 싶습니다(중략). 그러나 목적이 아무리 순수하고 훌륭할 지라도 그것을 성취하려는 수단이 비민주적이고 이성적이지 않을 경우 그 결과의 심각성이 어떠하다는 것을 다시 한 번 우리 모두에게 일깨워 주는 계기가 되었습니다. 그러므로 이번 사태를 유발하게 한 학생당사자들은 자신들의 행위에 대해 마땅히 책임을 통감해야 할 것입니다."

기억에 남는 작은 일들

삼품제, 청와대에 보고하다

2001년 10월쯤으로 기억한다. 청와대에서 대통령과 전국 대학교 총장들의 오찬모임이 있는데 성균관대학의 '삼품제도'에 관해서 간략하게 발표해 주면 좋겠다는 부탁이 대통령 비서실로부터 왔다. 청와대모임에 몇 번 가 보았지만 참석자를 대표하는 분의 간단한 인사 다음에는 대통령의 이야기를 듣고 오찬을 하면 모임이 끝나는 것이 관례인데, 이례적이라고 여기면서도 성대의 삼품제도가 그만큼 사회적 관심사가 되고 있는 것이라고 생각되어 기뻤다. 아마 교육부에서 성대의 교육개혁사례를 보고 간 후 내용을 청와대에 보고한 것이 아닌가 생각되었다.

사실 성대가 학부제 외에 내세울 만한 또 다른 학사제도는 '삼품제도'였다. 이 제도는 기업체와 사회가 원하는 인재를 배출하기 위해서 졸업생의 품질관리 필요성을 절감한 성대가 '졸업생품질관리제도'를 발전전략의 하나로 채택하고, 인성 함양, 국제화 마인드, 정보배양 능력을 교육목표로 하는 3품제를 시행하면서 정착되었다.

2001년 상반기 성대가 국내 주요 기업을 대상으로 성대 졸업생에 대한 기업체의 호응도를 알아보기 위한 설문을 실시한 결과 졸업생의 '성실성', '기본 직무수행 능력의 우수성'이 가장 큰 강점으로 제시되어, 3품제도의 효과가 상당한 것으로 분석되었다.

나는 '대학교육협의회'의 회장이던 이대 장상 총장의 부탁을 받고 성대의 성공적인 대학개혁 프로그램에 관해 전국 대학 총장모임에서 이미 발표를 한 바가 있었다. 그렇지만 장소가 대통령과 전국 대학총장들, 교육관계 중요 인사들이 함께 하는 자리인지라 직접 원고를 작성해서 단단히 준비를 했다. 자리가 자리인지라 긴장이 되었지만 마음을 가라앉히고 차분히 말문을 열어 인사를 한 다음 삼품제도를 소개했다.

"잘 아시는 바와 같이 21세기는 국제화·정보화의 시대입니다. 따라서 이러한 시대적 특징에 대응하면서 다른 한편으로는 개인주의의 심화로 점차 약화되어 가는 공동체 사회에 대한 책임의식을 강화시켜 주고자 하는 것이 우리 성균관대학교가 졸업인증제로서 삼품제도를 도입하고 있는 의미라고 할 수 있겠습니다. 다시 말해서, 학생들에게 전공에 대한 지식뿐만 아니라 21세기를 살아가는 민주시민으로서의 기본소양을 갖추도록 하는 것이 대학의 역할이자 '仁·義·禮·智'를 교시로 하는 본교의 교육목표에 부응하는 것이라고 생각했기 때문에 이 같은 제도를 시행하게 되었습니다.

삼품은 인성품·국제품·정보품으로 이루어지는데, 인성품의 취득을 위해서는 사회봉사를 30시간 이상 이수해야 하고, 국제품의 취득을 위해서는 토플 500점 이상 또는 토익 600점 이상을 받아야 합니다. 그리고 정보품의 취득을 위해서는 대학에서 주최한 정보품 인증시험을 통과하거나 전산 관련 국가자격증을 취득해야 합니다.

이 삼품은 성균관대학교의 졸업생이라면 누구나 반드시

갖추어야 하는 자체 인증제도입니다.

1996학년도 입학자로서 2000학년도 졸업예정자 1,263명 중 22명이 졸업에 필요한 학점을 이수하고도 3품의 자격을 취득하지 못해 졸업이 유보되었습니다. 이들은 추후 삼품의 조건을 갖추는 경우 해당 학기에 학위를 받게 될 것입니다.

참고로 최근 모 중앙일간지(중앙일보)에서 실시한 본교의 삼품제도에 관한 여론조사에서 약 7,000명의 응답자 중 58%인 약 4,000여 명이 21세기 대학교육의 신지평을 연 것으로 적극적인 지지를 보였으며, 38%가 교육목표 성취기준의 획일적인 기준제시로 대학교육의 다양성을 고려하지 않았다는 의미에서 부정적인 견해를 나타내었습니다."

오찬을 끝내고 자리에서 일어나 나오는데 여러 대학 총장들이 악수를 청하면서 좋은 제도를 도입했다면서 많은 관심을 보였다. 특히, 성대 정외과 출신인 박준영 대통령 비서실장이 일부러 나한테 와서 "발표 참 좋았습니다"고 인사를 해서 감사했다.

5개 대학 총장모임과 한국연구중심대학협의회

나는 총장으로 부임한 지 얼마 되지 않아 삼성본관 건물에 있는 태평로클럽으로 서울대 이기준, 연대 김병수, 고대 김정배, 이대 장상 총장을 점심에 초대했다. 앞으로 성대를 포함한 5개 대학 총장모임을 정례화하고 싶은 생각에서였는데, 성대와 삼성의 관계를 각인시키고 싶은 마음에서 장소를 태평로클럽으로 정했다.

우리는 매우 화기애애한 분위기에서 각 대학의 현안문제들을 화제로 많은 이야기를 나누었는데, 공통되는 주제는 등록금 문제였다. 선진 외국의 유명 대학들처럼 엄청난 기부금을 받고 있지 못한 상황에서 학생들의 교육은 등록금에 의존할 수밖에 없는데, 등록금을 책정할 때마다 연례행사처럼 학생들에 의해 대학본부가 점거당하는 현실을 개탄했다.

모처럼 한 자리에 모인 총장들은 대단히 만족해 하는 분위기였다. 그래서 나는 앞으로 종종 모임을 갖고 서로 정보를 교환하며 친목을 다지자고 제안했더니 모두 좋다고 찬성했다. 그 다음 모임은 서울대학교 이기준 총장이 호스트를 했는데, 이대장상 총장 대신 한양대 김종량 총장이 나왔다. 이렇게 하여 성대를 비롯해 서울대, 연대, 고대, 한양대의 5개 대학 총장들이 돌아가며 호스트를 해 계속 모임을 유지했다. 연대의 김병수 총장 후임인 김우식 총장은 우리를 부부동반으로 연대 총장공관으로 초대했으며, 김종량 총장은 프레지던트호텔에 있는 한양대 김연준 이사장실로 초대하여 음대 국악전공자들의 연주를 감상하도록 해 주는 등 극진한 대우를 해 주었다. 우리 5개 대학 총장은 대교협의 회장인 이기준 총장과 함께 이사직을 맡고 있었기 때문에 이래저래 자주 모일 수 있었다.

이처럼 모임의 빈도가 잦아지면서 서로 간에 신뢰와 친밀감을 갖게 된 우리는 한국 대학발전에 대한 고민을 함께 나누게 되었다. 특히, 이기준 총장은 한국대학교육협의회 회장으로 있었고, 모임을 같이 하는 대학들이 한국을 대표하는 주요 대학들인지라 의기투합이 잘 되었다. 그리하여 '한국연구중심대학협의회'를 만들기로 했고, 이 5개 대학모임이 자연스럽게 연구중심대학 총장협의회의 모임으로 발전하게 되었다.

우리는 이 모임의 목적, 회원자격, 조직 등의 문제를 다룬 '연구중심대학협의체 구성(안)'안과 이와 관련된 국내외의 자료를 검토하기 위해 몇 번의 준비모임을 가졌다. 여기에서 회원자격을 논의한 결과 공과대학군은 교원확보율: 80% 이상, 대학원/학부생: 1 이상, 연간 박사배출수: 100인 이상, 교수 1인당 연구비: 2억 원 이상, SCI 논문: 500편 이상으로 결정했다. 그리고 일반대학군은 교원확보율: 50% 이상, 대학원/학부생: 0.2 이상, 연간 박사배출수: 200인 이상, 교수 1인당 연구비: 4,000만 원 이상, SCI 논문 500편 이상으로 결정했다. 그리하여 공과대학군에는 포항공대와 한국과학기술원이, 그리고 일반대학군에는 고려대, 서울대, 성균관대, 연세대, 한양대가 회원자격을 갖게 되었다. 그러나 앞으로 자격기준을 갖추는 대로 우리 나라 종합대학의 5%인 10개 대학을 회원교로 확장하기로 했다. 좀 예민한 문제로 많은 논의의 대상이 된 것은 협의체의 성격에 관한 것이었다. 처음부터 제대로 하자는 의미에서 독립된 법인체로 출발하자는 주장도 있었으나 비참여대학의 반발, 교육부의 입장, 기존 대학교육협의회와의 관계 등을 고려하여 우선은 느슨한 조직과 소리 없는 출발을 하자는 데 의견을 모았다.

이렇게 하여 2002년 1월 22일에 마침내 조선호텔 '호경전'에서 창립회의를 가졌다. 참석자는 고대, 서울대, 성대, 연대, 한대 총장이었다. 그리고 회장에는 서울대학교 이기준 총장, 부회장에는 고려대학교 김정배 총장을 선임하고 다른 회원들도 외국의 관련 단체나 기관에 출장시 부회장의 직책을 사용하기로 했다. 우리는 '한국연구중심대학총장협의회 창립에 즈음하여'라는 다음과 같은 선언문을 채택했다.

"21세기 지식기반사회의 근간을 이루는 것이 대학임은 주지의 사실이다. 이에 따라 세계 각국은 교육개혁에 박차를 가하고 있고 우리 대학들도 개혁의 소용돌이 속에서 많은 변화의 모습을 보이고 있다. 그러나 아직도 우리 대학들은 변신을 위한 제도적 뒷받침과 지원이 부족한 형편이고 내부적으로도 경쟁력 강화라는 새로운 요구에 적극 호응하지 못하고 있는 모습을 보여 주고 있다.

이러한 현실 속에서 우리 5인은 대학개혁을 가속화하여 대학의 경쟁력 제고를 통한 우리 나라의 국제경쟁력 확보가 더 이상 늦출 수 없는 시급한 과제임에 뜻을 같이 하고 21세기 벽두부터 이를 구현할 방법을 논의하여 왔다. 이러한 논의 결과 우리들은 선도대학의 협의체를 구성하여 전반적인 고등교육 발전에 기여함은 물론 세계적 수준의 대학으로 발돋움할 수 있도록 제도개선, 재원확보, 대학경영과 평가시스템 개혁 등 각종 방안을 수립·시행하고 상호협력을 강화해 나아가기로 했다. 이미 미국은 1900년에 14개 대학(현재 61개교)으로, 캐나다는 1991년에 10개 대학으로 연구중심대학협의체를 발족하여 대학발전을 선도해 나가고 있다.

이제 이 모임은 세계적 연구업적 창출, 기초학문과 응용학문 간의 융합과 조화로운 발전, 대학연구 결과의 산업계로의 원활한 이전, 초·중등교육의 정상화와 도덕적이고 창의적인 인재선발을 위한 입학전형제도의 정착, 대학재정의 안정적 확보 및 효율적 활용, 대학 의사결정구조의 정립 등 현안문제들의 해결에 힘을 모아 나갈 것이다.

이러한 취지에 따라 우리 5인은 오늘 이 자리가 우리 대학발전의 새로운 계기가 될 수 있길 기대하면서 한국연구중심대학협의회의 창립을 선언하는 바이다"(2002. 1. 22).

창립회원 대표: 서울대학교 총장 이기준, 고려대학교 총장 김정배, 성균관대학교 총장 심윤종, 연세대학교 총장 김우식, 한양대학교 총장 김종량.

다음 모임은 김정배 총장이 호스트가 되어 고려대학교에서 있었다. 기존 5개 대학 총장 외에 포항공대 정성기 총장이 참석했다. 이 모임에서는 이화여대 장상 총장이 이기준 총장 앞으로 보낸 편지내용이 주로 논의되었다. 모두 5쪽으로 된 편지에서 장상 총장은 연구중심대학총장협의회의 회원대학 기준에서, 첫째 대학의 연구경쟁력으로서 인문사회과학분야를 포함한 기초학문의 연구수준이 고려되어야 하고, 둘째 첨단분야의 연구수준 및 연구집단의 육성의지가 평가되어야 하며, 셋째 대학에 대한 총체적인 평가 및 대학별 특성화가 고려되어야 한다고 주장했다. 그러면서 이대가 연구중심대학총장협의회에 당연히 회원대학이 되어야 함을 강조했다. 연구중심대학협의회가 창립되고 여기에서 이대가 회원대학에서 빠진 사실을 알게 된 처장들이 장 총장을 몹시 들볶았다는 전언도 있었다. 장상 총장의 문제제기는 충분히 이해되지만 서울과 지방의 몇몇 대학에서도 상당한 불만과 이의를 제기하고 있어서 처음에 우리가 고려했던 선발기준을 그대로 고수하기로 했다.

한국연구중심대학협의회를 창립한 후, 고려대에 모인 6개 대학 총장들. 좌측으로부터 필자, 김우식 연세대 총장, 이기준 서울대 총장, 김정배 고려대 총장, 정성기 포항공대 총장, 김종량 한양대 총장

2002년 연말에는 성균관대학이 호스트가 되어 종로빌딩에 있는 탑 크라우드에서 모임을 가졌다. 이기준 총장이 퇴임하여 부회장이던 고대 김정배 총장이 회장을 맡아야 했는데, 김 총장도 학교에 사정이 생겨서 논의 끝에 나에게 회장직을 맡을 것을 권유했다. 그러나 나는 임기도 얼마 남지 않았을 뿐더러 성균관대학이 연구중심대학협의회의 회장을 맡기에는 아직 시기상조라는 것을 강조하면서 연대 김우식 총장을 추천했다. 이 자리에서 이기준 전 총장은 연구중심대학총장협의회 고문으로 추대되었다.

임기가 거의 끝나 갈 무렵인 2003년 2월 14일 김우식 연세대 총장이 호스트가 되어 조선호텔 호경전에서 모임을 가졌다. 이 모임에는 김우식 총장, 정운찬 서울대 총장, 김종량 총장, 박찬모 대학원장(포항공과대학교 총장대행), 홍창성 한국과학기술원 원장 그리고 내가 참석했다. 이 자리에서 정성기 총장과 내가 이 모임의 고문으로 추대되었다. 이 모임은 지금까지도 잘 지속되고 있는 것으로 안다.

BK 21

1999년 12월 8일의 일이었다. 워싱턴 지역동문회를 거쳐 시카고에 도착한 나는 래디슨(Radisson)호텔에 여장을 풀고 근처에 있는 아리랑식당에서 열리는 성대 미 중서부(시카고) 동문회 및 망년회에 참석했다. 이완수 회장과 차상구 동문의 적극적인 활동이 돋보일 정도로 50여 명의 많은 동문들이 참석했다. 모교 소식에 목말라 하는 동문들에게 삼성재단 영입 후 달라지는 성대의 최근 상황을 전하는 나에게 동행한 김영규 처장이 교육부의 'BK 21'사업에서 성균관대학교가 서울대학교 다음으로 많이 선정되었다는 소식을 귀띔해 주었다. 나는 이 기쁜 소식을 현장에 있는 동문들에게 그대로 전달하면서 너무나 기쁜 마음에 목이 메었다. 자리를 함께 한 동문들은 힘찬 박수로 나를 격려해 주었다. 북미주 총동문회의 결집을 위해 주요 도시를 순방하던 나는 노심초사하며 'BK 21'사업의 선정결과를 기다리고 있던 차라 그날 밤 우리는 정말 기분 좋게 마음껏 취하며 이른 새벽까지 동문단합대회를 열었다.

'두뇌한국 21' 인문·사회분야

11개大 18개연구단 선정

올해부터 7년간 700억 지원…학부정원 감축등 이행해야

◇BK21 인문사회분야 선정대학·연간지원규모

구 분	선정대학	분 야	교수(명)	지원(만원)
어문	고려	한국학	32	12억5천8백
	서강·이화여	언어학	16	6억4천1백
사회철학	성균관	유교문화	21	9억
	충남	백제학	6	3억8천1백
	동국	종교학 등	9	4억3천8백
법정치행정	서울	행정학	15	2억4천2백
	고려	정치학	11	4억2천4백
	서울	법학	24	9억2천5백
	이화여	정치학	12	4억0천2백
경제경영	서강	경제학	7	2억7천5백
	성균관	경제학	14	5억3천9백
	한양	경영학	14	5억1천7백
	숭실	경영학	18	4억9천5백
	고려	경영학	16	6억1천1백
사회심리교육	서울	교육학	26	10억8백
	대구	특수교육학	7	2억7천8백
	성균관	사회학	7	2억7천3백
	성균관·동덕여	아동학	9	3억5천1백

*선정대학은 구분별 순위순

성균관大 4개분야 선정 최다

교육부는 8일 올해부터 해마다 1백억원씩 7년간 총 7백억원이 투입되는 두뇌한국(BK)21 인문·사회분야 지원 대상으로 성균관대, 서울대, 고려대, 서강대 등 11개대 18개 교육 연구단을 선정, 발표했다.

성균관대는 유교문화, 경제학, 사회학 등 3개 분야에서 단독 선정된데 이어 아동학에서 동덕여대와 컨소시엄을 구성해 신청한 것이 뽑혀 모두 4개 분야에 대해 지원을 받게 됐다.

서울대는 인문대가 불참한 상태에서 7개 분야에 신청, 행정학·법학·교육학분야에 선정됐고 6개 분야에 신청서를 낸 고려대 역시 한국학·정치학·경제학 등 3개 분야에서 뽑혔다.

서강대는 경제학에서, 이화여대는 정치학에서, 언어학에서는 서강―이화 컨소시엄이 선정됐다.

이밖에 한양대(경영학), 동국대(불교문화사상사), 숭실대(경영학), 충남대(백제학), 대구대(특수교육)도 각각 1개분야에서 지원을 받게 됐다.

이들 대학은 지원을 조건으로 ▲학부입시제도개선 및 입학정원감축 ▲대학원문호 60% 개방 등을 이행해야 한다.

2002학년도까지 줄여야 할 학부정원은 성균관대 167명, 서울대 21명, 고려대 58명, 이화여대 31명, 서강대 15명 등이다.

한편 종전의 핵심·특화분야에서는 연세대가 17개, 부산대와 한양대가 각각 7개 등 모두 78개 사업단이 선정돼 7천만~2억원씩을 지원받게 됐다.

김종훈기자 kjh@kyunghyang.com

성대가 'BK 21'에서 가장 큰 성과를 거뒀다고 보도하였던 당시의 경향신문 기사

교육부는 1999년 6월 4일, 21세기 지식기반사회 대비 고등인력양성을 위한 '두뇌한국 21(Brain Korea 21)'을 공고했다. 대학원 석·박사과정의 학생들을 위한 프로그램으로 국민의 정부가 추진한 '제2의 건국'사업의 핵심 가운데 하나인 이 사업은 1999년부터 2005년까지 총 7년에 걸쳐 모두 1조 4,000억 원이라는 대규모의 예산을 투자하게 되는 장기사업이었다.

공모경쟁과정을 거쳐 선정되는 이 사업에 참여하기 위하여 각 대학은 초비상 속에서 총력전을 펼쳤다. 특히, 대학원중심대학을 표방하고 나선 전국의 주요 종합대학들의 관심은 대단한 것이었다. 성대도 이 사업에 선정되기 위해 학교의 모든 역량을 모았던 터라 나의 기쁨이 이만저만이 아니었던 것이다.

귀국 후 좀더 자세한 내용을 알게 되었는데, 성대가 전국 사립대학 중에서 제일 많은 7개 BK 21사업단이 선정되었으며, 특히 인문사회분야에서는 서울대를 앞질러 4개 사업단이 선정되는 쾌거를 이루었던 것이다. 서울의 모 주요 일간지는 사회면

톱기사로 '연세대 울고 성대 웃었다'는 제목을 붙여 BK 21사업에서의 성대의 멋진 성공을 함축적으로 잘 표현하고 있었다.

상당 기간 침체에 빠져 있던 우리 성균관대학교가 삼성재단 영입과 더불어 일취월장하는 모습을 온 세상에 보여 준 쾌거 중의 쾌거였던 것이다.

성균경영인 포럼, 성균체육회

내가 총장이 되던 1999년 연말이었다. 2주간에 걸친 북미주의 주요 도시 순방에서 돌아온 지 얼마 되지 않은 때였다. 성균실업인회의 강남형 회장께서 망년회에 참석해 달라는 연락이 왔다. 서초동에 있는 어떤 음식점이었는데 10여 명에 불과한 인원이 참석했다. 항상 모교에 대해 따뜻한 애정을 가지고 계시는 분들이라 화기애애한 분위기 속에서 망년의 기분을 만끽하고 돌아왔지만 왠지 뭔가 부족한 느낌이었다.

나는 평소에 우리 성균관대학교는 여러 면에서 상당한 잠재력을 가지고 있는 대학이지만 마치 "구슬이 서 말이라도 꿰어야 보배"란 말처럼 이것을 조직해서 하나의 결집된 에너지로 표출해 낼 힘이 있어야 그 진가가 발휘된다고 생각해 왔다. 그래서 이 기회에 성대 출신 경영인들이 동문 간의 친목을 다짐은 물론 학교발전에도 기여할 수 있는, 규모와 내실을 갖춘 새로운 모임을 출발시켰으면 했다.

학교관계자 및 동문 몇 분들과 의논한 끝에 이름을 '성균CEO클럽'이라고 명명하기로 했다. 그리고 주식회사 '참존'의 김광석 회장을 이 새로운 모임의 회장으로 추대하기로 하고, '최고경영인 동문'을 대상으로 초청장을 보냈다. 2000년 11월 24일 신라호텔 에머랄드룸에서 최고경영인 동문회는 50여 명의 경영인들이 모인 가운데 성황리에 개최되었다. 나는 모임의 취지를 설명하면서 성대 출신 최고경영인들이 이제는 격에 맞는 새로운 모임체를 만들어 학교발전에 기여해 줄 것을 부탁드렸다. 회의 결과 예정대로 김광석 회장을 '성균 CEO클럽'회장으로 추대했다.

그런데 내가 미처 생각하지 못했던 문제가 발생했다. 즉, 이미 동문실업인들이 참여하고 있는 '성균실업인회'가 조직되어 있는 상황이었기 때문에 성균실업인회를 발전적으로 해체하고 새로운 모임을 창립하는 것이 좋겠다는 의견들이 제시되었던 것이다. 옳은 생각이었다.

그 결과 새로운 이름의 '성균경영인 포럼'이 탄생했다. 김광석 회장보다 선배이신 유덕희 회장이 초대 회장을 한 다음 김광석 회장이 2대 회장을 했으며, 현재 신윤하 동문이 제3대 회장직을 맡고 있다. 세 분의 적극적인 노력으로 현재는 회원수가 80여 명에 이르며 정기적인 조찬 세미나와 골프모임 등으로 회원 상호간의 친목을 돈독히 나누고 있다. 또한 뜻있는 회원들의 출연으로 10억여 원의 발전기금을 적립하고 있으며, 회원들이 수시로 발전기금을 냄으로써 학교발전에도 크게 기여하고 있다. 그리고 매년 모교에 재직하는 교수 1명에게 성균학술인상과 모교 출신 경영인 1명에게 성균경영인상을 수여한다. 이제 성균경영인 포럼은 내가 원했던 대로 명실상부한 성대 출신 최고경영인들의 격조 높은 모임으로 자리매김하고 있는 것이다. 내가 기대했던 바대로 회원 100명의 시대도 곧 도래하리라고 기대한다.

'성균체육회'도 마찬가지이다. 내가 총장이 되기 이전에 이미 조직되어 있었다. 현대건설의 사장이었던 이내흔 동문이 회장직을 맡고 계셨는데 모교 운동부의 발전을 위해 많은 노력을 했지만 한계가 있었다. 우수한 운동선수를 스카우트하려면 수십억 원의 재원이 필요한데, 성대는 여러 종목의 운동부를 가지고 있기 때문에 항상 재원부족의 문제가 뒤따랐다. 그래서 운동부를 전략종목 중심으로 축소하는 정책도 추진해 보았지만 기득권을 포기하지 않으려는 각 부의 조직적인 움직임 때문에 실패했다.

연·고대 같은 경우에는 핵심종목만을 가지고 있을 뿐만 아니라 우수선수를 스카우트할 때도 동문회에서 모든 비용을 부담한다. 그래서 성대에서도 재정적으로 기여할 수 있는 내실 있는 체육회를 만드는 것이 나의 바람이었다. 나의 이 같은 생각을 전했더니 성균체육회에서도 흔쾌히 동의를 했다. 그리하여 도봉구장의 야구부 운동시설과 합숙소를 지어 준 것은 물론 그 동안 모교 운동부에 대해 각별한 관심을 갖고 시원을 해 준 동양고속의 최윤신 회장에게 성균체육회를 맡아 줄 것을 간곡히 부탁드려 승낙을 받았다. 무척 겸손하면서도 추진력이 강한 최회장은 성균체육장학회를 만드는 등 성균체육회의 기틀을 완전히 다졌다. 현재는 오광현 도미노피자 사장이 회장직을 승계하여 활발하게 이끌어 가고 있다. 나는 현재 성균포럼 고문과 성균체육장학회 이사 및 고문으로 참여하고 있다.

동아시아학술원

1998년 성균관대학교는 건학 600주년을 맞이했다. 조선왕조 건국 초기, 1398년 중세의 국립대학인 성균관이 숭교방(명륜동)에 자리를 잡았던 것이다. 학교는 600주년 기념사업의 일환으로 동아시아학술원을 준비하여 2000년 3월 그 개원을 보게 되었다. 이 동아시아학술원은 그 동안 국학과 동양학에 관한 괄목할 만한 연구업적으로 명성이 국내외적으로 널리 알려져 있던 대동문화연구원을 흡수해 새로운 체제로 개편한 것이다. 나는 성균관대학교의 건학이념과 교시를 계승하고, 유학과 국학이 강한 성대의 강점을 최대한 살린다는 의미에서 이 새로 출범하는 학술원에 거교적인 지원을 해 주어야겠다고 생각했다. 그 이유는 명실공히 성대를 이 분야에서 최고의 경쟁력을 갖는 국학과 동양학의 본산지로 키워야겠다는 일종의 사명감 같은 것을 가지고 있었기 때문이다.

세계에서 유일하게 단과대학으로서 유동학부가 있는 성대에는 국학이나 유학에 조예가 깊은 분들이 많은데, 그 중에서도 국문과의 L모 명예교수와 한국철학과의 R모 명예교수는 각자의 전공분야에서 우뚝 서 있는 석학들이다. 이들 중에 한 분을 원장으로 모시려 했으나 여의치가 않았다. 그래서 할 수 없이 내가 초대 원장을 맡았는데, 이것은 동아시아학술원을 국학과 동양학의 메카로 키우겠다는 총장의 강한 의지를 표현하는 하나의 상징적 제스처였다. 실무적인 일은 이 분야에 탁월한 식견을 가지고 있는 국문과의 김시업 교수에게 맡겼다. 그는 후에 부원장의 직을 맡아 동아시아학술원의 토대를 다지고 발전시키는 데 결정적인 역할을 했다. 나는 도서관에 특별히 지시하여 우량 한서를 구입하는 데는 예산에 구애를 받지 않도록 했다. 연세대학교가 엄청난 양의 한서를 구입하고 있다는 데 큰 자극을 받은 조치였다.

나 같은 문외한이 계속 학술원장을 맡는 것이 어울리지 않아서 주위의 몇 분들과 의논한 결과 차제에 학술원의 존재를 대외에 홍보할 겸 시야를 밖으로 돌리기로 했다. 그리하여 미국 학계에서 한국학 대부로 알려진 제임스 팔레 워싱턴대 교수를 제2대 동아시아학술원 원장으로 초빙하게 되었다. 그는 미국의 한국학 1세대인 에드워드 와그너 교수의 지도로 하버드대에서 대원군 연구로 박사학위를 받은 뛰어난 조선시대 연구자다.

또한 일본 도쿄대 인문과학연구소 교수인 미야지마 히로시를 동아시아학술원 전임교수로 초빙했다. 그는 경제사학자로서 동아시아 근현대사 연구에 독보적인 업적을 쌓았고, 또한 1996년 국내에서도 완역 소개된 『양반』의 저자로도 널리 알려져 있으며, 『조선토지조사사업사연구』, 『근대조선수리조합연구』 등 조선사 연구에서 독보적 업적을 쌓았다. 한국어가 유창한 그는 교토대학 출신으로 도쿄대 산하 연구소 중 하나로 유서 깊은 동양문화연구소 차기 소장으로 내정되어 있었다.

성대에서 야심적으로 설립한 동아시아학술원에 미국인과 일본인을 원장과 주요 연구원으로 초빙한다는 사실이 매스컴을 통해 알려지자 이들의 학문성향을 문제 삼으며 비판을 하는 국내 학자들도 있었다. 그러나 나는 크게 개의치 않았다. 비판을

600주년 기념관 내에 자리잡은 동아시아학술원

두려워하면 변화를 추구할 수 없기 때문이다.

두 분은 연구환경이 여의치 못한 한국에서 잘 적응하며 연구활동에 충실함으로써 학교관계자들의 기대에 부응하고 있다. 특히, 미야지마 교수는 그의 핵심 연구주제인 조선시대의 '양반'에 관한 지속적인 연구와 발표에 열정을 보임으로써 국내 학자들에게 많은 자극을 주고 있다.

동아시아학술원이 설립 취지에 맞게 한국을 대표하는 국학과 동양학의 메카로서 세계 학술계에 우뚝 설 수 있는 날이 멀지 않은 장래에 오기를 기대해 본다.

교토대학, 나가오 총장과의 대담

성균관대학교가 서울대학교 이기준 총장의 방문 이후 한창 언론에서 각광을 받고 있을 때였다. 매일경제신문이 제2회 '세계지식인 포럼'을 개최했는데 일본 교토대의 나가오 총장이 연사로 초청되어 '대학개혁'에 관해 발표했다. 매일경제신문사에서는 이 기회에 양국의 대학개혁을 선도하는 두 총장으로서 나와 교토대 총장을 초청하여 대담을 하도록 주선했다. 그리하여 나는 일본 교토대학의 나가오 마코토 총장과 '대학을 파괴하라'는 주제를 가지고 대담을 하게 되었고, 그 내용은 2002년 11월 3일자 매일경제신문에 그대로 게재되었다.

토론에 들어가지 전에 우리는 잠시 가벼운 대화를 나누었는데 나가오 총장은 교토대에 대한 자부심이 대단했다. 일본 99개 국공립대학교협의회의 회장이기도 한 나가오 총장에 따르면, 당시 일본이 배출한 6명의 노벨수상자 중 4명이 교토대 출신이라는 것이다. 그는 교토대가 의학, 생명공학, 물리학, 정보공학, 생태학, 임상심리학 분야에서 세계적 수준에 있음을 자랑했다.

우리는 본론으로 들어가 양국의 대학이 대내외적으로 처해 있는 극심한 도전과 경쟁 속에서 살아남기 위해 어떤 생존전략의 구상이 필요할 것인가에 관해 많은 의견을 나누었다. 여기에서 우리는 패러다임의 전환과 경쟁개념의 도입이 최우선으로 이루어져야 한다는 데 인식을 같이했다.

나가오 총장은 지식축적시대인 20세기는 어떤 대상을 놓고 분석·응용했다면, 지식창출시대인 21세기는 어떤 원료를 가지고 새로운 무엇을 만들어 내는 시대라고 했다. 이런 점에서 교토대는 1991년 인간환경대학원, 1996년 에너지과학대학원, 1998년 아세아·아프리카대학원과 인포매틱스, 1999년 바이오대학원을 설립했으며, 내년에는 환경공학대학원을 세울 예정이라고 했다. 이에 대해 동감을 표시하면서 나는 세계화·지역화·개인화·유연화 등과 같은 명제가 우리 삶을 지배하고 있는 현대의 특성을 언급했다. 또한 오늘 시장과 효율이 지배하면서 인간이 시장에 종속되는 측면이 없지 않지만 경쟁을 외면하는 대학은 더 이상 존재하기 어려운 상황이므로, 대학은 이제 시대에 걸맞게 새로운 체제(Reconstruct the University)를 갖출 때가 되었음을 강조했다.

이어서 나는 다음과 같은 질문을 던졌다. “경쟁력 제고를 위해 대학도 기업과 같은 경영기법을 도입하고 있다. 대학 간 경쟁이 국경을 넘어 전 세계로 확대되면서 선택과 집중 등 경제원리가 필요하다는 이야기다. 대학경영은 기업과 같을 수 없고 같아서도 안 되지만 경영마인드는 불가피하다고 본다. 어떻게 생각하는가?”

나가오 총장의 대답은 간단했다. 즉, “효율은 대학보다 기업에서 강조하는 정신이다. 기업의 좋은 점은 받아들이는 게 바람직하다. 그러나 대학은 기업과 다르다는 점을 알아야 한다”는 것이었다.

그래서 나는 같은 주제로 다시 질문을 했다. “대학 효율성은 유사학과의 통폐·합, 조직슬림화 등으로 해석된다. 나아가 대학합병 이야기도 나온다. 교토대는 대학조직을 어떻게 재편하

제2회 세계지식포럼 ⑪ 대학을 파괴하라 <시리즈 끝>

상아탑도 市場경제 예외 아니다

"부총장 등 대학 내에서 의사결정권을 쥐고 있는 사람 중 최소한 1명 이상은 인터넷 기술과 최신 디지털 흐름에 정통해야 대학이 지식사회를 선도할 수 있다."

교토대 총장이면서 일본 99개 국공립대학교협의회(JANU) 회장을 맡고 있는 나가오 마코토 박사는 심윤종 성균관대 총장과 대담하면서 이같이 주장했다.

나가오 총장은 법으로 제한하고 있는 일본 교원임기와 관련해 "모든 대학이 자율적으로 결정할 문제지만 교원 경쟁력 향상을 위해서는 정년보장에 연연할 필요가 없다"고 강조했다.

1897년 설립된 교토대는 일본이 낳은 노벨수상자 6명 중 4명을 배출할 정도로 의학 생명공학 물리학 정보공학 생태학 임상심리학 분야에서 세계적인 수준이라는 평가를 받고 있다.

총장·부총장중 적어도 한명은 최신 디지털 흐름에 정통해야

나가오 마코토 교토大 총장

심윤종 성균관大 총장

'선택과 집중' 원리 대학에도 꼭 필요

매일경제신문에 실렸던 당시의 관련기사

고 있나?"

이에 나가오 총장은 일본에서는 학생수보다 학교공급이 늘어 도산위기에 직면한 학교가 나타나고 있다고 했다. 하지만 일반기업처럼 합병은 곤란하다는 것이다. 재정이 어려운 학교는 서로 합쳐진다고 해도 문제해결이 어렵다고 보는 것이 자신의 생각이라고 말했다. 그러면서 교토대는 수동적인 자세에서 벗어나 생명공학에 역점을 두는 학과들을 중심으로 제3캠퍼스를 만들었다는 점을 참고로 언급했다.

마지막으로 우리는 대학평가에 관해 서로의 생각을 나누었다. 나가오 총장이 먼저 입을 열었다. "일본에는 국공립대가 99개 있지만 경쟁개념이 거의 없다. 따라서 비판하는 목소리가 높을 수밖에 없다. 문부성은 1년 전부터 대학평가기관을 만들어 경쟁을 유도하는 정책을 펴고 있다. 교토대는 문부성 정책과는 별도로 다른 나라 대학들과 경쟁하며 나름대로 경쟁력을 키우고 있다. 다만 평가하는 데 어려움이 있다. 단순히 논문만으로 평가하기에는 한계가 있다. 특히, 인문학분야는 더 어렵다."

나는 나가오 총장의 언급에 공감을 표시했다. 공학·이공계는 논문을 양과 질로 평가하는 데 큰 문제가 없지만 인문학은 다르다. 어떤 인문학도가 평생에 걸쳐 명저서를 1편만 냈다고 해도 그것은 높이 평가되어야 한다는 것이 나의 견해였다.

그리고 대학 자체평가에 대해 묻는 나에게 교토대는 자체평가를 하지 않는다고 했다. 하지만 학생이 교수를 평가하는 것은 늦은 감이 없지 않지만 도입할 방침이라고 했다.

대학에서 정보처리를 전공한 나가오 총장은 독창성과 자율정신은 오늘날의 대학이 세계적 대학으로 발전하기 위해 갖추어야 할 조건이라고 했다. 그러면서 자유를 중시하는 유연한 학풍이 교토대가 일본에서 가장 많은 노벨상 수상자를 내는 토대가 되었을 것이라는 말도 잊지 않았다.

금잔디광장과 성균관길

성균관대학교의 명륜동캠퍼스는 부지면적이 3만 5,000평 정도밖에 되지 않는다. 대학의 캠퍼스로서는 그야말로 턱없이 좁은 면적으로 명륜당과 대성전을 빼면 자랑할 것이 별로 없는 캠퍼스다. 그럼에도 불구하고 금잔디광장은 성균인들에게 아늑한 추억거리를 제공해 주는 아름다운 곳으로 기억된다. 그래서 5월의 푸른 초록잔디광장과 10월의 황금색 금잔디광장은 성균인들이 아련하게 그리워하는 마음의 고향으로서 항상 따뜻하게 느껴지는 곳이다.

그러한 이 금잔디광장이 수난을 받게 된 것이다. 경영관을 지으면서 광장의 면적이 줄어들었을 뿐만 아니라 공사 후에 다시 디자인하는 과정에서 옛날의 모습을 완전히 잃어버렸기 때문이다. 금잔디광장은 학교의 한 중앙에 위치해 있어서 학생들의 접근성이 뛰어난 곳이다. 그래서 학생들이 각종 모임이나 집회의 장소로 가장 선호하던 곳이다. 한마디로 학생집회의 메카였다.

그런데 이러한 집회의 중심지였던 금잔디광장이 완전히 다른 모습으로 탈바꿈되었던 것이다. 광장 안과 둘레에는 땅을 돋워 조경용 소나무인 반송을 심고, 중간에는 울퉁불퉁한 큰 돌로 통행로를 내어 학생들이 모일 수 있는 공간을 거의 없애버렸던 것이다. 물론 학생들은 항의를 했으나 별다른 영향을 주지 못했다.

재단복귀가 이루어지고 법인에 변화가 생긴 후 교내분위기가 한결 부드러워졌을 때 나는 금잔디광장을 원형대로 복구하도록 지시했다. 나의 뜻을 알고 있던 직원들도 재빠르게 움직여 주어서 조경용 소나무와 볼썽사납던 돌길을 말끔히 치워 반듯한 금잔디광장을 다시 조성했다. 전체 면적은 줄었지만 성균인의 영원한 마음의 휴식터인 금잔디광장은 이 같은 우여곡절 끝에 성균인에게로 다시 돌아오게 되었던 것이다.

1998년 말 서울시는 2000년 ASEM대회, 2002년 월드컵대회를 앞두고 600년 고도 서울의 정취를 맛볼 수 있는 역사문화탐방로 조성계획을 언론에 발표했다. 서울시가 계획하고 있는 4대문안 역사탐방로 8개 구간은 인사동길, 대학로, 명동길, 북촌길, 경복궁길, 고궁길, 정동길, 남산길이었다.

그런데 대학로길은 서울대학이 자리잡고 있던 이화동 로타리에서 혜화동 로타리까지로 성균관이 빠져 있었다. 이 사실을 인지한 학교의 전략기획팀에서는 1999년 초 서울시에 '대학로지구'를 '성균관'까지 확대시켜 줄 것을 제안했다. 그 논거는 서울시와 성균관 600년 역사의 동질성을 재인식하고 문화민족의 상징물인 대학의 역사적 실체를 체감할 수 있도록 하자는 것이었다.

나는 6월 중순경 고건 서울시장을 면담한 자리에서 대학로지구에 성균관을 포함시켜 줄 것을 건의하면서 그 당위성을 역설했다. 인품이 중후하고 판단력이 뛰어난 고건 시장은 내 말을 듣고는 공감을 표시하면서 곧바로 실무자를 불러 내 제안을 긍정적으로 검토하도록 지시했다.

그 후 서울시로부터 성균관길을 조성하는 기본방침과 2000년 예산으로 10억~15억 원을 투입하도록 결정했다는 연락을 받았다. 그리하여 학교는 성균관길을 조성하는 기본계획을 세워야 했는데, 문제가 간단하지는 않았다.

우선 마로니에공원 앞과 혜화동 로터리 중간에서 시작되는 성균관길의 동선과 도폭을 유지하기 위해서는 성대진입로 입구에 있는 육교를 철거하고 학교정문 앞까지 일방통행로를 확보해야 하는 것이 화급한 선결문제로 대두되었기 때문이다. 그리하여 나는 동대문경찰서장을 만나 성균관길 조성을 위한 그간의 진행상황을 설명한 후 적극적인 협조를 요청했다. 서장은 최선을 다해 도와 줄 것을 약속하면서도 육교철거 및 십자형 횡단보도 설치를 위해서는 서울시의 협조를 얻어야 할 뿐만 아니라 신호체계를 새로 만들어야 하는 등 쉬운 일이 아닐 거라고 했다.

한편, 성대 진입로를 학교정문 앞까지 일방통행으로 바꾸는 것은 주변의 교통흐름에 큰 영향을 미치는 문제이므로 주민의견 수렴, 관련기관 협의 등 많은 절차와 시간이 소요되었다. 다행히 종로구청장이 협조를 잘 해 주어서 일이 순조롭게 진행되는 듯했으나 현지답사를 나온 구청 담당자에게 학교 앞 상가주민들이 일방통행로 지정계획에 대해 거세게 항의하는 바람에 어렵게 되고 말았다. 나중에 들은 이야기지만 상가주민들은 학교가 경영관 안에 각종 상점과 오락시설을 갖추고 있어서 장사가 잘 안 된다고 생각해 학교행정에 대해 반감을 가지고 있다고 했다.

나는 다시 고건 시장을 만나 성균관길의 일방통행로 계획이 주민들의 반대로 어렵게 되었음을 전했다. 가만히 듣고 있던 고건 시장은 대안으로서 서울시가 계획하고 있던 소방도로(비원담길)를 혜화동과 명륜동 주민들이 이용하도록 하는 방법을 모색해 보는 것이 어떻겠느냐고 했다. 그러나 이것도 역시 주민들이 불편하다고 반대하여 실현될 수 없었다.

결국 일발통행로 조성은 포기하고 서울시로부터 12억 원의 지원을 받아 육교를 철거하고 십자형 횡단보도를 설치하여 지금의 성균관길을 만드는 것으로 만족할 수밖에 없었다. 그나마 다행인 것은 이전에는 성대 진입로에서 학교정문 앞까지 한쪽에만 보도블록이 깔려 있었으나 다른 쪽에도 협소한 대로 보도블록을 놓을 수 있었기 때문에 보행자들이 갖게 되는 위험부담을 많이 줄일 수 있게 되었다는 점이다.

김병현 선수 방문

1999년 7월 중순경이었다. 윤승호 체육실장이 와서 미국 메이저리그에서 활약하고 있는 '잠수함 투수' 김병현 선수를 방문해 격려해 주면 좋겠다는 말을 했다. 나는 언론보도를 통해 김병현 선수가 미국에서 아주 잘하고 있다는 사실을 알고 자랑스럽게 생각하고 있었고, 또한 김 선수가 모교에 낸 10여만 달러의 장학기금에 대해 감사하게 생각하고 있던 터라 시간을 한 번 내보자고 했다.

이러한 우리의 뜻을 전달받은 김 선수 소속팀의 애리조나 다이아몬드백스(방울뱀)의 구단주 게리 클란제로 씨는 기꺼이 나와 윤 실장을 초청해 주었다. 미국에 도착한 첫 날인 22일에는 LA에서 하룻밤을 보내며 남가주 동문회 임승춘 회장 주최로 열린 환영만찬에 참석하여 50여 명의 동문들에게 학교소식을 전했다. 바로 이 자리에서 임승춘 회장과 북미주의 성대 동문들을 아우르는 총동문회를 만들면 어떻겠느냐는 의견을 나누게 되었고, 이것이 계기가 되어 같은 해 12월 12일 LA에서 북미주연합총동문회를 결성하게 되었다.

다음 날인 7월 23일 피닉스에 도착하여 하야트 리젠시 호텔에서 여장을 풀었다. 잘 알려진 바와 같이 고원지대인 애리조나의 날씨는 무척 뜨겁고 건조했다. 여름의 평균기온이 40도 이상이라니 상상하기 힘든 더위였다. 그래서인지 호텔정문 앞에 증기분무기 장치를 만들어 놓은 것이 인상적이었다.

다이아몬드백스팀의 홈구장인 뱅크원 볼파크(체이스필드)는 다운타운에 있기 때문에 호텔에서 멀지 않았다. 저녁 7시에 시작되는 경기관람을 위해 좀 일찍 도착했더니 구단주인 클란제로 씨가 반갑게 맞아 주었다. 그의 설명에 따르면 뱅크 원 볼파크의 명칭은 애리조나지역 은행인 '뱅크 원'이 30년 동안 구장 명칭 사용권을 사들이면서 붙여지게 되었다고 한다. 1998년 3억 5,400만 달러라는 천문학적인 건설비를 투입해 만든, 메이저리그 최초의 개폐식 구장이라고 자랑했다. 지붕이 완전히 열리고 닫히는 데 걸리는 시간도 단 5분밖에 걸리지 않는다고 했다. 그리고 이 지역특성을 고려하여 냉방시설도 단 3시간 만에 실내온도를 영하 1도로 내릴 수 있도록 설계되었다고 했다.

시구를 멋지게(?) 하기 위해서 연습을 좀 해 보는 것이 좋지 않겠느냐는 구단주의 말을 웃음으로 넘기고 경기장으로 들어갔다. 4만 9,000여 명을 수용할 수 있다는 경기장 안은 LA 다저스와의 한판승부를 보려는 야구팬으로 입추의 여지가 없었다. "오늘 경기를 보기 위해 서울에서 온 김병현 선수의 모교, 성균관대학교 심윤종 총장이 시구를 하겠습니다"는 영어방송이 흘러

미 프로야구팀, '다이아몬드백스'의 홈구장인 뱅크원 볼파크에서 김병현 선수에게 시구하는 필자

나왔다. 나는 마운드로 천천히 걸어 나갔다. 그러나 마운드에서 공을 던지는 것은 무리일 것 같아 조금 앞에 서서 심호흡을 한 다음 포수로 앉아 있는 김병현 선수를 향해 힘껏 던졌다. 볼은 멋진 포물선을 그리며 김 선수의 글러브에 보기 좋게 꽂혔다. 볼을 받은 김 선수는 환하게 웃으며 나에게 달려왔다. 나는 볼을 건네 주는 김 선수의 손을 굳게 잡으며 격려해 주었다. 팬들로부터 들려오는 큰 함성을 통해 김병현 선수의 인기가 어느 정도인가를 가늠할 수 있었다.

이날 LA다저스와의 홈경기에서 애리조나가 10:1로 크게 앞서던 8회 말에 구원투수로 등판한 김 선수는 2이닝을 무안타 1 탈삼진 무실점으로 완벽한 플레이를 보여 주었다. 김병현 선수가 정말 자랑스러웠다. 덕분에 나는 동양인으로서는 처음 시구를 하는 영광을 누렸다. 이날 박찬호 선수는 등판은 하지 않고 벤치에서 경기를 관람만 하고 있었다.

나의 서재에는 내가 시구를 한 볼과 시구장면을 촬영한 사진이 소중하게 보관되어 있다. 아름다운 추억거리이다.

북미주연합 총동문회

총장이 된 후 성균관대학의 취약점 가운데 하나인 해외 유명 대학과의 교류 및 해외 동문과의 결속문제에 역점을 두어야겠다고 생각했다. 그리하여 총장이 되던 해인 1999년의 12월 3일부터 12월 16일까지 약 2주간 캐나다와 미국의 대도시를 순방했다.

강행군이었지만 다수의 유수 대학과 교류협력에 관해 구체적인 논의를 했고, 나의 방문에 맞추어 망년회를 여는 지역동문회도 방문하면서 결속을 다지는 동시에 새로 창립될 북미주연합 총동문회에 많은 관심을 가질 것을 부탁했다.

나의 북미지역 동문회 방문의 하이라이트는 12월 12~14일까지 3일간에 걸쳐 LA에서 열리는 '성균인의 날'이었다. 지난 7월 김병현 선수를 방문하는 길에 LA에 들렀을 때 임승춘 회장과 나누었던 북미주연합 총동문회의 결성문제가 그간 진척이 되어 나의 스케줄도 거기에 맞추어 짜였던 것이다.

첫 기착지인 벤쿠버에서는 브리티시 콜롬비아대학(UBC)의 설리반(B. Sullivan) 부총장을 만나 양교의 교류관계에 관해 논의했고, 50여 명이 모인 그 곳의 동문들과 흐뭇한 망년의 밤을 보냈다. 모교 총장의 방문을 적극적으로 환영해 주며 서로 우애와 결속을 다지는 동문들이 고마웠다. 다음은 시애틀로 가서 역시 약 40여 명이 모인 동문들과 망년회를 했는데, 처음으로 동문들이 모아 준 1,500달러의 발전기금을 받았다.

뉴욕에서는 이틀을 보냈는데 첫 날은 약 15명의 동문들과 조촐한 망년회를 가졌고, 다음 날은 뉴욕대학을 방문하여 카제미(F. Kazemi) 부총장을 만나 와그너 스쿨(Wagner School)을 중심으로 한 전 분야에 걸친 양교의 교류협력에 관해 논의했다. 그 다음은 워싱턴으로 가서 약 20여 명의 동문들과 망년모임을 가진 후, 다음 날 시카고로 갔다. 여기에서도 이틀을 보냈는데, 첫 날은 노스웨스턴대를 방문해 캠퍼스를 둘러보았다. 바다같이 넓은 미시간호수를 끼고 넓게 자리잡은 캠퍼스가 참으로 아름다웠다. 학기말이라 공부에 시달려서 그런지 학생들의 얼굴이 누렇게 떠 있었고, 우수신입생 유치를 위해 재학생들이 지망생들을 데리고 다니며 설명에 열을 올리는 것이 퍽 인상적이었으며 동북부의 명문다웠다. 저녁에는 50여 명의 많은 동문이 모인 가운데 망년회를 성대하게 가졌다. 같은 날 연대 김병수 총장도 와서 연대 출신 동문들과 망년회를 가졌다는데 만나지는 못했다.

다음 날 시카고대학을 방문했다. 대부호 록펠러에 의해 설립된 명문으로서 시카고학파로 유명한 대학이라는 정도의 지식밖에 없던 나는 현재까지 이 대학에서 65명의 노벨상 수상자가 나왔다는 말을 듣고 깜작 놀랐다. 1942년 세계 최초로 행한 엔리코 페르미의 핵융합실험을 기념하여 만든 조형물도 인상적이었다. 도서관장서는 600만 권이 넘고, 연구·대학원 중심대학으로 가기 위해 학부생을 줄였기 때문에 발전기금이 적게 들어와 하버드대와의 경쟁에서 불리하다는 말도 들었다.

오후에는 어바나 샴페인에 있는 일리노이대학을 방문하여 아이켄(M. Aiken) 총장과 만나 양교의 교류관계에 관해 논의를 했다. 성대에 관해서는 알고 있는 지식이 별로 없는 듯 어떤 대학인지에 대해 묻기에 한국대학교육의 산실로서 600년의 역사를 가진 대학이라고 했더니 무척 놀라며 많은 관심을 보였다. 서울대 및 연·고대와는 이미 교류를 하고 있다고 했다.

그 다음 날은 텍사스 오스틴으로 떠났다. 숙소를 쉐라톤호텔로 정했지만 텍사스대학에서 신문학을 공부하고 있던 장남 훈이의 집으로 갔다. 저녁에는 유명하다는 'The County Line'에서 왕갈비를 먹었는데, 통째로 구운 빵과 함께 먹으니 맛이 그만이었다. 갈비 한 짝이 1인분이었는데 12달러였다. 얼마나 큰지 먹성 좋은 나도 절반밖에 먹지 못했다. 같이 간 훈이와 친구 부부도 오랜만에 횡재했다는 듯 솜씨 있게 먹었다. 백인 손님들이 대부분이었는데 뮌헨의 명물인 호프브로이 하우스같이 왁자지껄하게 들뜬 분위기여서 기분 좋게 먹고 마시며 즐거운 저녁을 보냈다.

훈이 집에서 하룻밤을 푹 자고나니 여독이 완전히 풀린 듯 몸이 아주 가벼웠다. 오전에 삼성전자 오스틴공장을 방문해 친절한 안내를 받았다. 삼성전자 간부들과 점심을 같이 한 후 오후에 성대 북미주 총연합회 창립회가 열리는 LA로 떠났다.

12월 11일 밤에 LA 국제공항에 도착했더니 임승춘 회장과 장광진 고문 등의 동문들이 마중을 나왔다. 숙소인 가든스위트 호텔에 도착하니 송직현 이사, 윤희팔 사무총장, 이충구, 이상근 동창회 부회장, 윤용택 용마 회장 등이 먼저 와 있어서 반갑게 만나 환담을 했다.

다음 날 12일은 14일까지 계속되는 '성균인의 날'이 시작되는 첫 날이었다. 총장배 골프대회가 있었는데 90여 명이 참석하는 대성황을 이루었다. 매끄러운 진행으로 대회를 만족스럽게 잘 치른 후 우승자 시상식이 있었다. 한국에서 준비해 간 트로피가 더욱 빛나 보이는 순간이었다. 이상근 부회장의 선창으로 "우리가 남이가"라는 구호를 외치며 맥주잔을 높이든 순간 우리가 '성균인으로 하나됨'을 가슴 뭉클하게 느꼈던 멋진 날이었다.

둘째 날인 12일은 유니버설 스튜디오를 관람한 후 저녁 7시에 총동창회 회장단과 임원, 북미주 각 지역 회장단과 동문 등 많은 성균인들이 모인 가운데 북미주연합 총동문회 발족식을 가졌다. 생각했던 대로 임승춘 회장이 북미주연합 총동문회 회장으로 선출되었다. 모교의 발전기금 창구가 될 성균관대학교 국제교류재단도 발족되었으며, 시카고의 차상구 회계사를 총무간사로 선출한 후 회장은 차후에 뽑기로 했다.

회의를 마친 다음 임승춘 회장이 본인의 집으로 우리를 초대했는데 풀장까지 있는 대단히 크고 멋진 집이었다. 약 50명이 식사를 하는 데도 여유가 있었다. 그 자리에서 모든 참석자가 박수로 법과 61학번인 신영교 동문을 성균관대학교 국제교류재단 회장으로 추대했다.

마지막 날인 14일에는 남가주지역 총동문회 송년회가 200여 명의 동문들이 가든스위트호텔 대연회장을 가득 메운 가운데 열렸다. 나는 인사에서 학교 현황과 발전상에 관해 소개한 후 동문들이 학교발전에 적극적으로 동참해 줄 것을 호소했다. 동문들의 반응도 뜨거웠다. 재단에 대한 고마움의 표시로 송 이사에게 많은 박수를 보내달라고 부탁했다. 이렇게 하여 북미주연합 총동문회가 창립되었으며 그 후 임승춘 회장과 장광진 고문의 헌신적인 노력으로 탄탄한 뿌리를 내리게 되었다.

마지막으로 샌프란시스코에 들러 버클리(U. C. Berkeley)대학 맥쿠에이드(McQuade) 부총장과 오찬을 한 뒤, 버달(Berdahl) 총장과 양교의 학술교류에 관해 심도 있는 논의를 했다. 대학캠퍼스를 안내해 주었는데, 미국의 대학치고는 캠퍼스가 비좁은 편이었다. 그러나 그 같은 약점을 극복하기 위해 지하에다 편의시설과 열람시설 등을 완벽하게 꾸며 공간을 최대한 이용하는 것을 보고 성대도 시도해 볼 만한 착상이라고 생각했다. 그리고 1960년대 구미 학생운동의 분수령이 되었던 버클리학생들의 자유언론운동의 성지인 자유언론광장도 둘러보았는데 매우 인상적이었다. 역시 명문대다운 역사의 발자취를 남기고 있었다.

도쿄대학교와 학술교류체결

과거에 성균관대학은 전통적으로 후기에 학생을 선발했기 때문에 학생들의 자질은 우수하고 성실하지만, 적극성이 약한 것이 문제였다. 아마 해외에서 공부를 해 본 성대 졸업생들은 이 같은 모교의 약점을 누구보다도 절실하게 느꼈을 것이다. 유학생들 가운데 성대 출신은 가뭄에 콩 나듯 하기 때문이다.

나는 성대의 이러한 취약점을 몸소 체험한 바 있어서 해외 대학과의 학술교류에 진력했고, 그 결과 재임 전 13개국 23개 대학과의 학술교류를 17개국 58개 대학으로 확대하는 성과를 거두었다. 이처럼 여러 나라의 많은 대학들과 학술교류관계를 맺었지만 실제로 이들 대학과 학술교류가 제대로 이루어지는 경우는 그렇게 많지 않다. 이것은 성대뿐만 아니라 다른 대학도 마찬가지이다. 그런 의미에서 볼 때 도쿄대학과 맺은 학술교류는 매우 만족할 만한 성공작품이라고 할 수 있을 것이다.

성균관대학과 도쿄대학 간의 학술교류는 양교의 교수와 실무자들의 꾸준한 노력으로 2000년 12월 19일 마침내 그 결실을 보게 되었다. 내가 도쿄대를 직접 방문하여 시게히코 하수미 총장과 만나 학술교류협정서를 교환했다. 처음에는 공과대학 수준에서 학술교류를 추진했으나 나중에는 인문학을 비롯하여 포괄적인 학술교류협정을 맺게 되었다. 이 과정에서 건축공학과의 권택진 교수와 국문학과의 최박광 교수가 많은 노력을 했다.

양교가 학술교류에서 합의한 대로 2001년 9월 21일에는 성대 600주년 기념관에서 '家'를 주제로 성균관대-도쿄대 학술교류협정 체결을 기념하는 제1회 학술회의를 가졌다. 최박광 교수의 헌신적이고 치밀한 준비와 발표에 나선 양교 교수들의 수준 높은 논문내용으로 학술대회는 성황리에 끝났다.

양교의 학술교류체결을 기념하는 제2회 도쿄대-성균관대

학술회의는 2002년 10월 17일 도쿄대학 산상회관(山上會館)에서 열렸다. 주제는 '대량소비사회와 극복'이었다. 나는 하수미 총장에 이어 양교의 학술교류를 격려하는 치사를 했고, 종합토론의 사회도 보았다. 성대에서는 이수원, 고상룡, 최박광 교수가 발표했다.

대단히 인상적이었던 것은 의외로 일반시민의 참석이 많았다는 것과, 처음 시작할 때 발표장을 가득 메웠던 참석자들이 끝이 날 때까지 발표와 토론을 경청하고 질문을 하며 시종일관 진지한 자세를 유지했다는 것이다. 나는 독일에서 공부할 때 독일 사람들이 밤을 새워 가며 토론하는 것을 자주 보면서 이것이 독일을 선진국으로 만든 저력이라고 생각했었는데, 이 같은 저력을 일본에서 다시 한 번 본 느낌이었다.

이들에 비하면 우리의 학술행사 문화는 너무 빈약하다는 생각에서 낯이 뜨거웠다. 대개의 학술모임은 잠시 얼굴 내밀고 가는 사람들로 몸살을 앓는다. 시작할 때는 회의장이 제법 많은 참석자들로 분위기가 갖추어지지만 시간이 지날수록 빈 공간이 많이 생겨 끝날 때쯤이면 몇 명 남지 않아 황량할 정도다. 부끄러운 일이다. 일본은 여러 면에서 배울 점이 많은 나라라는 생각이 새삼스럽게 들었다.

하이델베르크, 줌리터호텔

아름다운 하이델베르크성 밑 구시가지에는 Romantik Hotel, zum Ritter(신비의 기사호텔)이라고 부르는 붉은 사암으로 건축된 중세풍의 고색창연한 호텔이 있다. 이 호텔은 1592년에 지어졌으며, 독일건축사에서 후기 르네상스기의 건축물 중 가장 인상적인 것이라고 평가받고 있다. 이름만큼이나 동화적인 이 첨탑 형식의 5층 건물은 대학광장에서 멀지 않은 중앙로(Haupstr. 178)에 낭만적이면서도 중세 기사처럼 위풍스런 모습을 뽐내며 서 있다. 나는 학창시절 대학본관과도 가까운 거리에 있는 이 호텔 앞을 자주 지나다녔는데, 그때마다 이상한 신비감 속에서 한 번 저 안에서 숙박을 해 보았으면 하는 어린아이 같은 소원을 갖곤 하였다.

그런데 참으로 우연찮게 그 꿈이 현실화되었다. 유럽 대학들과 교류협정을 맺기 위해 1999년 6월 20일 유럽 방문길에 올랐다. 6월 30일까지 계속되는 방문목적은 하이델베르크대학, 폴란드의 야기엘로니아대학, 프랑스의 몽펠리에대학, 보르도 경영대학, 파리 I 대학, 프랑스 대학원대학(College de France)과 학술교류를 논의하는 것이었다.

첫 방문지인 하이델베르크에 도착했을 때 실로 감개무량함을 느꼈다. 이 곳에서 사랑하는 아내를 맞았고, 귀여운 두 사내아이를 얻었으며, 박사학위를 획득했다. 내 인생에서 젊음의 정점을 보냈던 또 하나의 고향인 하이델베르크를 20년 만에 찾은 것이다. 오랜 세월이 지났음에도 하이델베르크는 거의 변화가 없는 예전의 모습 그대로여서 나를 더욱 기쁘게 했다.

하이델베르크대학의 지브케(J. Siebke) 총장을 비롯한 관계자들은 우리 일행을 반갑게 맞아 주었다. 이들은 내가 하이델베르크대학 출신이라는 것을 알고 각별하게 신경을 써 주었다. 하이델베르크에는 세계적으로 유명한 독일암연구소가 있는데 하이델베르크대학 의대가 중심이 되어 이 연구소를 운영하고 있다. 지브케 총장의 권유에 따라 최고의 수준을 자랑하는 하이델베르크대학 의대시설을 돌아볼 기회를 가졌다. 식당에서 환자병동까지 자동으로 운반되도록 한 환자들의 배식시설에서부터 각종 의료기구들에 이르기까지 문외한의 눈에도 최첨단의 시설들을 갖추고 있었다. 특히, 낮은 건물로 된 부속병원은 환자들이 가능한 한 햇볕을 많이 받을 수 있도록 친환경적으로 설계되어 있는 것이 인상적이었다. 주로 의대와 법대를 중심으로 학술교류를 추진하기로 원칙적인 합의를 하고 충분한 의견을 나누었다.

고급 레드와인을 곁들인 만찬에서 격의 없이 먹고 마시며 떠들어서 기분이 한결 고조된 우리 일행은 지브케 총장의 환대에 감사한 후 하이델베르크의 야경을 음미하며 천천히 걸어서 예약된 호텔에 도착했다. 내가 학생시절 신비감 속에서 한 번쯤 숙박해 보는 것을 꿈꾸어 왔던 바로 그 호텔이었다. 특별히 요청한 바도 없는데 하이델베르크대학의 배려가 감동스러웠고 기뻤다. 그리고 두근거리는 가슴으로 호텔로 들어섰다.

호텔 내부는 새로 단장되어 깨끗했다. 그러나 좁고 가파른 계단, 미로같이 나 있는 비좁은 복도와 방 등 현대식 호텔시설에 비하면 모든 것이 옹색했다. 엘리베이터도 몇 사람만이 탈 수 있을 정도로 협소하여 체구가 큰 서양인들이 이처럼 비좁은 공간에서 어떻게 쾌적한 생활을 할 수 있었나 하는 생각이 들 정도였다.

긴 비행과 꽉 짜인 일정으로 쌓인 피로를 단잠을 통해 풀어

하이델베르크에 있는 중세풍의 '신비의 기사호텔(Romantik Hotel, zum Ritter)'로 1592년에 건축됨.

야겠다는 생각으로 시차극복용인 '멜라토닌'을 한 알 먹은 후 침대에 누웠다. 그 옛날 이 방을 사용했을 어느 중세의 용맹한 기사를 상상하면서 잠을 청했다. 그리고는 깜박 잠이 들었던 모양이다. 그런데 어디선가 아련하게 들려오는 무거운 울림소리 때문에 깜작 놀라 깼다. 가만히 들어 보니 교회의 종소리였다. 아니 이 밤중에 어디서 종소리가 울리는가 하고 생각해 보니 바로 옆에 하이델베르크의 명물인 성령교회가 있었다. 시간마다 울리는 이 교회의 종소리 때문에 밤을 거의 꼬박 새워야 했으므로 아침에 일어나니 정신이 하나도 없었다.

오랫동안 소원해 왔던 '기사호텔'에서의 하룻밤이란 나의 꿈이 정말 우연찮게 이루어지는 것 같아서 기뻐했는데 뜻밖의 훼방꾼(?)에 의해 달콤한 추억거리로 남지 못하게 된 것이 못내 아쉬웠다.

이건희 회장과 아호

삼성이 성대경영에 다시 참여한 지 4년이 지났을 때였다. 나는 그룹총수인 이건희 회장을 한 번 성대로 모셨으면 좋겠다는 생각을 했다. 선대 회장이 그랬던 것처럼 한 번 방문하는 것만으로도 상당한 상징적 의미를 가질 것이라고 생각했고, 실제로 많은 교직원들이 나와 같은 생각을 가지고 있었다.

문제는 어떤 방법으로 이 바쁘신 분이 학교를 방문하실 수 있는 계기를 만들까 하는 것이었다. 그래서 짜낸 아이디어가 '의학관'으로 부르고 있는 의과대학 건물의 명칭을 만들어 명명식을 갖는 것이었다. 이 회장께서 동의하신다면 그 분의 아호를 따서 의학관의 이름을 붙이고, 그 기회에 성대의 실상을 직접 보여드림으로써 삼성재단의 보다 적극적인 관심과 지원을 끌어내 보자는 속셈이었다.

그러한 목적을 위해서 구조본의 이학수 실장을 만났다. 나는 이 실장에게, "이병철 선대회장께서는 삼성이 성대 재단으로 있을 당시 명륜캠퍼스를 방문한 적이 있다고 들었다. 그리고 명륜캠퍼스에는 선대 회장님의 아호를 딴 '호암관'이 있다. 이건희 회장께서도 수원 자연과학캠퍼스에 있는 '의학관' 건물을 한 번 방문하고, '의학관'을 이 회장님의 아호를 따서 명명을 하는 것이 좋을 것 같다"고 말했다. 이 같은 나의 제안에 대해 상당한 관심을 보인 이 실장은 의학관 이름을 그냥 '이건희 회관'이라고 하면 어떻겠느냐고 물었다. 나는 외국이라면 몰라도 한국에서는 직접 이름을 따서 붙이기보다는 호를 붙이는 것이 일반적이기 때문에 그렇게 하는 것이 좋을 것 같다고 했다. 성대에 회장님의 호를 부탁할 만한 사람이 있느냐고 물어서 이우성 명예교수님을 소개했다. 며칠 후 비서실에서 서신이 왔다. 그 위에는 다음과 같은 내용들이 적혀 있었다.

《이건희》
- 생년: (양)1942년, (음)1941년
- 좋아하는 운동: 레슬링
- 성격: 과묵, 근성이 강함(예: 레슬링).
- 인간관계: 많은 친구는 없으나, 깊이 사귀는 형
- 기업정신: 사회·국가에 도움이 되는 사업
  최고·세계일류 목표(예: 반도체)
- 요망사항:
  - 아호: 너무 어려운 한자 피하고, 부르기 편안한 호
  - 지의(旨義)
  - 여럿 중 택일하고자 함.

나는 민족문화연구원의 이우성 원장님을 찾아뵙고 비서실에서 보낸 내용을 건네면서 부탁드렸더니 쾌히 승낙해 주셨다. 학덕이 훌륭하신 이 원장께서는 정년퇴임 전 모교인 성대에서

대학원장을 역임하셨고, 많은 교수들로부터 존경을 받고 계시는 분이다. 대청(岱靑)이라고 하는 나의 호를 비롯해서 정봉화, 고상룡, 김영수 교수 등 내 또래 여러 교수들의 호를 지어 주기도 하셨다.

이 원장께서 만들어 주신 호는 네 개로서 경화(經華), 항주(恒洲), 서로(瑞露), 숭원(崇園)이었다. 경화는 정도와 원칙의 입장에서 사회적으로 빛을 발휘한다는 뜻이고, 항주는 항구적으로 지구촌을 다스린다는 의미이며, 서로는 상서로운 노을빛을 세상에 비추어 준다는 뜻이고, 숭원은 높이 그리고 넓게 포용한다는 의미라고 했다.

삼성 비서실에서는 연민 이가원 명예교수와 성대 송하경 교수에게도 아호를 부탁한 것으로 들었다. 그러나 그 이후 아무런 소식이 없었다. 이 회장께서 아호를 가지셨다는 말도 못 들었다. 그 연유를 묻고 싶었으나 먼저 비서실 쪽에서 말하지 않는데 내가 궁금증을 갖는 것도 예의가 아니라고 생각되어서 그만두었다.

어쨌든 삼성재단이 성대운영에 다시 참여하면서 성균인들의 기대는 대단히 높다. 성대는 잠재력이 큰 대학이기 때문에 재단에서 마음먹고 지원을 해 준다면 금방 세칭 일류사학으로 발전할 수 있다는 자신감이 있기 때문이다.

실상 삼성이 들어온 후 성대는 많은 발전을 했다. 내가 재임을 할 때는 매월 평균 200억 원 정도가 순수한 재단전입금으로 들어왔다. 정확히 말하면 매월 400억 원 정도가 들어왔지만 그 중 200억 원은 삼성의료원 등의 임상교수 봉급으로 바로 지불되었다. 사실 말이 쉬워 200억 원이지 별다른 수익사업을 하지 못하고 있는 성대로서는 대단히 큰 재원인 셈이다.

삼성이 성대재단으로 다시 들어올 당시 학교에는 확인되지 않은 여러 소문들이 나돌았다. 그 가운데 가장 있을 법한 일로서 교직원들의 입에 회자된 것이 보너스였다. 최소한 100%, 많으면 200% 정도의 보너스는 받을 수 있을 것이라는 다분히 희망섞인 바람이었다. 대개 새로운 재단이 들어오면 교직원들에게 일정 정도의 경제적 반대급부를 주는 것이 대학의 관행이다. 더욱이 상대가 삼성이다 보니까 이 같은 소문은 거의 확실한 사실같이 교내에 돌았다. 그 동안 봉명이란 약체 재단 속에서 상대적으로 높지 않은 봉급을 받다 보니 그런 생각을 가질 수 있었던 모양이다. 삼성재단이 영입될 당시 급여가 성대보다 좋은 Y대는 1,200%의 보너스를 받았지만 성대는 교직원들에게 950%의 보너스 밖에 주지 못했다.

그러나 삼성재단으로부터 기대했던 보너스는 없었다. 뿐만 아니라 봉급인상수준도 별로 달라진 것이 없어서 교직원들은 크게 실망을 했다. 그러나 교수들은 자존심을 먹고 사는 사람들의 집단이라 돈문제를 내놓고 이야기하기를 꺼리기 때문에 실망은 차후의 기대로 잠재해 버렸다.

나는 이 같은 교수사회의 분위기를 잘 알고 있기 때문에 상임이사에게 별도의 보너스를 한 번 주면 어떻겠느냐고 건의를 했다. 나중에는 구조본의 이 실장에게도 사정을 말했는데 그 후 얼마 지나지 않아서 긍정적인 대답을 들었다.

1999년 말에 지급된 특별보너스 100%가 바로 이 같은 내막 속에서 이루어진 것이다. 나는 약 20억 원 정도 소요되는 이 보너스 액수를 다음 해부터는 교직원들의 급여로 편입시켜 실질적인 급여인상효과를 거둘 수 있도록 했으나 여의치 않았다. 내용을 잘 모르는 사람들은 성대의 교수봉급이 최고수준일 거라고 믿고 있으나 현실은 그렇지 못해 아쉽다. 사실 나는 재임기간 동안 교직원들의 보수를 높여 보려고 무던히 애썼지만 한계가 있었다.

총장이 된 후 총무처 총괄지원팀에 지시하여 '대학별 급여현황'을 조사하도록 한 바 있는데, 보고(1999년 9월 21일)에 따르면 교수의 경우 조사대상 20여 개 대학 중 전반적으로 10위권을 형성하여 중위권을 맴돌고 있어 급여상 비교열위를 나타낸다고 되어 있었다. 물론 이 조사가 절대적 객관성을 가지고 있다고 할 수는 없을 것이다. 그러나 분명한 것은 성대의 비약적인 발전에서 삼성효과가 차지하는 비율이 절대적이라는 사실과 함께 시스템개혁을 통한 교직원들의 피나는 노력도 무시해서는 안 된다는 점이다. 그러한 의미에서 교직원들에게 그들의 헌신과 노력에 합당한 예우를 해 줌으로써 긍지를 가지고 학교발전에 동참하도록 동기화시키는 것도 좋은 방법이 아닌가 한다.

한때는 나도 성대가 우리가 목표로 하는 대학들을 따라잡을 수도 있겠다는 희망을 가진 적이 있다. 그러나 지금과 같은 상황이라면 그것은 힘들지 않을까 생각한다. 대학발전의 가장 확실한 보증수표는 재정적 뒷받침이다. 재정이 크게 뒷받침되어 교직원의 보수를 파격적으로 높여 주고, 교육시설을 대대적으로 확충하면 저절로 좋은 교수와 학생들이 모이게 되고 경쟁에서 이기게 된다.

그리하여 재임시에 발전기금을 모으기 위해 여러 방법으로 동분서주했고, 상당한 성과도 있었지만 한계가 있었다. 어느 대학 못지않게 강한 애교심과 학교발전을 염원하는 우리 동문들은 발전기금을 내는 데 적극적으로 동참하고 있지만 아직 중량감 있는 기업의 오너가 드물다. 그리고 대기업과 금융기관을 상대로 발전기금을 모으는 노력도 해 보았지만 최고의 기업 삼성이 재단으로 있는데 왜 우리한테 손을 벌리느냐는 식이었다.

한마디로 말해서 지금처럼 교직원들의 보수도 최고의 수준이 못 되고, 대학의 기초체력이라고 할 수 있는 교육인프라가 획기적으로 개선되지 못하는 상황이라면 성대는 앞서 가는 대학들을 뒤쫓아 가는 것으로 만족하게 될지 모른다. 우리가 감히 경쟁대상이라고 말하는 대학들과 비교해 보자. 이들 대학을 최근에 가 본 사람이라면 그 동안 들어선 수많은 건물과 부대시설에 놀라움을 금치 못할 것이다. 그에 비해 성대는 그간 몇 동의 건물을 세웠는지 안타까울 정도이다. 다행히 삼성을 재단으로 영입한 지 만 10년이 되는 작년 말에 종합관(약학관, 화학관, 반도체관), 디지털 학술정보관 그리고 국제관 건물의 기공식을 갖게 되어 삼성이 재단이라는 성대의 이미지를 유지하게 된 것이 천만다행이다.

나의 계획이 성공을 해서 이건희 회장이 성대를 한 번 방문하는 계기를 만들 수 있었더라면 삼성으로부터 좀더 적극적인 지원을 받을 수 있지 않았을까 하는 아쉬움이 아직도 긴 여운처럼 남아 있다. 이제 삼성이 성대에 재단으로 들어온 지 10년이 넘었으니 이 회장이 한 번쯤은 성대를 방문하여 교직원들의 노고를 치하해 줄 때도 되지 않았나 생각해 본다.

명예박사학위 수여

서울의 주요 사립대학들과 비교해 볼 때 성대는 박사학위 수여를 엄격하게 관리하는 대학으로 알려져 있다. 지명도가 있는 정치인이나 중앙의 고위공직자 가운데 입학이 불허되거나 입학을 해도 학위를 취득하지 못한 경우가 종종 있다. 대개는 학과 교수들이 원칙에 입각한 학사행정과 수업을 고수하며 내실 있는 학위과정을 운영하려는 데서 연유되는 일이다.

명예박사학위도 마찬가지이다. 대학원위원회에서 엄격한 심사를 거쳐 학위수여 여부를 결정하게 되는 것이다. 다음은 내가 재임하는 동안 성대에서 명예박사학위를 취득한 분들이다.

모교에서 65번째로 2000년 2월 25일 명예박사를 받는 김광석 회장은 성대 약대 출신으로 '참존'이라는 파워 브랜드로 우리 나라 화장품업계에서 부동의 위치를 확보한 입지전적인 인물이다. 지금까지 20년 동안 청개구리(차별화) 경영방식으로 기초화장품 생산에 전력을 투구한 결과, '참존'은 국내 파워기업 1위로 선정되기도 했다. 졸업생으로 모교의 이름을 빛낸 그 분의 공로를 기리는 의미에서 명예약학 박사학위를 수여하게 되었다.

김의정 명원문화재단 이사장은 쌍용그룹의 창업주인 김성곤 회장의 부인이며 한국다도의 선구자인 명원 김미희 선생의 둘째 따님이다. 서울시 무형문화재 제27호 궁중다례 보유자이기도 한 김의정 이사장은 어머님의 유지를 이어 한국 전통다례법을 보존·교육·전파하고 있는 공로를 인정받아 2000년 2월 25일 명예문학 박사학위를 받게 되었다. 생활과학부 학장이시던 유성옥 교수가 추천하였다.

1990년대 분쟁지역을 누비며 난민보호활동을 펼쳐 '난민의 어머니'라고 불려온 오가타 사다코(緒方貞子) 박사는 유엔난민고등판무관으로서의 헌신적인 노력을 높이 평가받아 2000년 5월 서울평화상을 수상했다. 이 기회에 우리 나라 대학에서도 이 분에게 명예박사 학위를 수여하는 것이 좋겠다는 이철승 서울평화상문화재단 이사장의 건의를 받아들여 2000년 10월 14일 성대에서 명예정치학 박사를 수여하게 되었던 것이다. 이미 캘리포니아대학(버클리)에서 정치학 박사학위를 받은 이 자그마한 체구에 전형적인 일본 할머니는 유엔난민고등판무관을 3번이나 연임했다. 때로는 방탄조끼를 입고 전쟁터에 들어갔다는 그녀는 매우 다부지고 강인한 이상을 주었다.

신성이엔지 대표이사인 이완근 회장은 성대 교육학과 출신이다. 이 회장은 반도체산업의 생산인프라 설비라고 할 수 있는 클린룸 장비기술 국산화에 진력하여 세계적 경쟁력을 확보함으로써 이 분야에서 타의 추종을 불허하는 독보적 위치를 차지하고 있다. 그는 또한 반도체 및 FPD(LCD, PDP, OLED) 라인의 물류자동화 시스템 개발과 사업화에서 괄목할 만한 업적을 남김으로써 이 분야의 산 증인으로 알려져 있다. 그의 선각자적인 경영을 높이 평가하여 2001년 2월 26일 이 회장에게 명예경영학 박사학위가 수여되었다.

소만장 중화민국 국민당 부총재는 대만 정부에서 경제부장과 행정원장(국무총리)을 지낸 재계와 정계의 저명인사다. 소만장 부총재는 성균관대학교와 오랜 동안 모범적인 자매결연관계를 유지하고 있는 대만 정치대학 출신으로 대만의 대표적인 친한파 중의 한 사람이다. 서울주재 대만 대표부의 채무송 참사관과 한·대만 친선교류협회의 김종란 회장의 추천으로 2001년 2월 26일 명예정치학 박사학위를 수여하게 되었다.

경동제약 대표이사인 류덕희 회장은 성대 화학과 출신으로 제약업에 투신하여 경동제약의 전신인 유일상사를 창업했다. 그 후 부평공장을 인수해 지금의 '경동'이란 이름으로 회사이름을 바꾸고, '부단한 연구개발로 좋은 약을 만들어 인류에 봉사하겠다'는 철학과, 인적 자원을 중요시하는 인사관리로 성장을 거듭한 결과 오늘날의 중견 제약업체로 성장하게 된 것이다. 그의 이 같은 공로가 높이 평가되어 2001년 8월 25일 류덕희 회장에게 명예경영학 박사학위가 수여되었다.

미카엘 솔만 씨는 오랫동안 노벨재단 사무총장 겸 노벨박물관 재단이사장을 맡아 노벨재단 운영을 훌륭하게 총괄하고 있는 공적을 높이 평가받아 2002년 8월 23일 명예정치학 박사학위를 수여하게 되었다. 노벨재단과 교류관계가 있는 호암재단이 추천했다. 솔만 사무총장은 나에게 답례로 노벨상 시상식에 초청을 하겠다는 말을 했는데, 내가 임기를 끝내게 되어 후임인 서정돈 총장이 초정을 받아 다녀온 것으로 알고 있다.

이충구 회장은 1978년 유닉스를 창업한 이래 소형 가전의 외길을 고수하며 연구와 기술투자에 기업발전의 성패를 걸었다. 이 같은 과학적 경영의 결과 지금은 국내 1위의 헤어드라이어업체인 유닉스전자로 성장하게 되어 이 업종을 평정했다. 성대 생물학과와 ROTC 1기 출신인 그는 ROTC 중앙회 회장과 성균관대학교 총동창회장직을 맡아 동문조직에서는 물론 학교발전에도 크게 기여했다. 이 같은 그의 공로를 기리기 위해 2002년 8월 26일 명예경영학 박사학위가 수여되었다.

명예교육학 박사학위 취득

성균관대학교와 대만국립정치대학은 오랫동안 학술교류관계를 가지며 양교 사이에 돈독한 우호관계를 유지해 오고 있다. 학생과 교수들의 교류는 물론 격년제로 돌아가며 상대 학교 총장에게 명예박사학위를 주는 것이 하나의 아름다운 관행으로 되어 있다. 그리하여 나는 집사람과 함께 정루이청(鄭瑞城) 총장의 초청을 받아 2002년 5월 15일부터 18일까지 난생 처음으로 타이완과 타이베이를 방문하는 기회를 가졌다.

타이베이 시내는 같은 아시아권 지역이라 그런지 도시 풍경이 별로 생소하게 느껴지지 않았다. 다만 야자나무 가로수가 시원한 그늘을 드리우고 있는 길을 걷노라면 아열대기후 특유의 평온함을 느낄 수 있는 것이 이색적이었다. 타이베이에 도착한 첫 날인 5월 15일 저녁에는 정 총장 주최의 환영만찬이 있었다. 정 총장을 비롯한 주요 보직자들과 장개석 국제공항에서 우리 일행을 안내해 준 성대 중문과 최봉원 교수가 참석하여 양교의 우의를 다지는 화기애애한 자리를 가졌다.

다음 날인 16일 오전 정치대학 국제회의실에서 명예박사학위 수여식이 있었다. 약 300명을 수용할 수 있다는 회의실은 장중한 분위기를 자아내어 중요한 세레머니를 하는 데 손색이 없도록 품격을 갖추고 있었다. 성대도 이 같은 공간이 하나 정도는 있어야겠다는 생각이 들었다. 수여식이 끝난 후 시내가 한눈에 내려다보이는 전망 좋은 회의실 밖 베란다에서 축하 리셉션이 있었다. 정 총장 내외분으로부터는 물론 많은 교직원들로부터 축하인사를 받으며 즐거운 담소를 나눌 수 있어 좋았다.

그 다음 우리 일행은 대학도서관을 비롯한 주요 시설들을 둘러본 후 총장관저에서 열린 오찬에 참석했다. 정 총장 내외를 비롯한 20여 명의 주요 보직자가 모여 이러저러한 환담을 나누며 즐거운 식사를 하는 중이었는데, 어느 여교수가 한국 드라마 「가을동화」에 관한 이야기를 꺼냈다. 그러자 그 자리에 모였던 보직자들이 마치 약속이나 한 듯이 가을동화에 관한 찬사의 말들을 앞을 다투어 꺼냈다. 요즘 대만 사람들(특히 주부들)은 TV에서 방영되는 가을동화를 보는 재미로 사는데, 직장인들은 이 드라마를 보기 위해 퇴근하면 바로 집으로 들어간다는 말까지 했다. 주인공들의 애틋한 사랑이야기도 그렇지만 「가을동화」의 배경으로 나오는 산과 바다가 너무나 아름답고 환상적이라며 꼭 한 번 가 보고 싶다는 말들도 했다. 정 총장도 한마디 거들었다. 지난번 일방적인 국교단절로 한국에 대한 타이완 국민들의 감정이 아주 좋지 않았는데 이번에 「가을동화」가 방영되면서 화가 많이 풀린 것 같다는 것이다. 사실 한국에서도 중국과의 수교를 위해서 타이완과의 오래된 우방관계를 사전통보도 없이 일방적으로 끊어버린 세련되지 못한 외교술이 지탄의 대상이 되고 있던 터라 정 총장의 말에 뼈가 있는 것 같아 미안했다.

우리 일행 중 「가을동화」를 본 사람이 한 명도 없어서 정치대학 교수들의 열띤 대화에 공감하며 동참할 수는 없었지만 내심 흐뭇한 마음을 감출 수가 없었다. 드라마 한 편이 꽁꽁 얼어붙었던 타이완 사람들의 한국에 대한 감정까지도 녹이는 큰 일을 하고 있다는 사실에 놀라며 문화상품의 위력을 새삼 실감했다.

오후에는 타이베이 관광에서 절대 빼놓을 수 없다는 국립고궁박물원(故宮博物院)을 관람했다. 중국 5,000년 역사의 보고로 알려진 이 고궁박물원은 4층의 중국 궁전양식으로 지어진 웅장한 건물이었다. 여기에는 신석기시대의 출토품에서부터 중국 역대 왕조의 보물 등 세계적으로 가치가 인정된 문물이 70만 점가량 소장되어 있는데, 그 중에 일반에게 전시·공개되고 있는 것은 약 1만 2,000점 정도이며 3~6개월마다 교체하여 전시한다고 했다. 시간이 많지 않아 주마간산 격으로 둘러보았지만 중국 문화와 예술의 진수를 맛볼 수 있는 유익한 관람이었다.

그 다음 날인 17일에는 화련으로 이동하여 타이베이 최대의 관광지인 태노각 국립공원을 둘러보았다. 웅장한 대리석 절벽이 장관을 이루는 태노각협곡, 연자구, 구곡동, 자모정, 장춘사 등을 구경했다. 그리고 18일에는 장개석을 기념하기 위해 지어진 중정기념당(中正紀念堂)을 관람했는데 널찍하게 잘 꾸며진 정원과 거대한 장 총통의 동상이 서 있는 웅장한 대리석 기념관이 인상적이었다.

나에게는 여러 면에서 매우 유익했던 3박 4일의 방문기간 동안 극진한 예우를 해 준 정치대학 정 총장과 보직자들, 그리고 많은 시간을 빼앗기며 도착하는 날부터 마지막 떠나는 날까지 우리를 안내해 준 최봉원 교수에게 깊이 감사하며, 18일 오후 장개석 국제공항을 떠났다.

호암상(湖巖賞)

매년 6월 1일에는 중앙일보사 호암아트홀에서 호암상 시상식이 거행된다. 나는 총장에 취임하면서 매년 시상식에 초대를 받았는데, 연단에 설치된 대형 스크린을 통해 수상자들의 활동상황을 볼 때면 참으로 훌륭한 분들이라는 생각을 가졌다. 특히, 사회봉사상을 받는 분이 소개될 때는 '저런 분이 계시기 때문에 우리 사회가 건강하고 아름답게 발전해 나가는구나' 하는 감동을 받았다.

그런데 내가 사회봉사상 수상자의 업적과 활동상황을 직접 살펴볼 수 있는 기회를 갖게 되어 무척이나 기뻤던 적이 있다.

2006년 2월 초였다. 호암재단으로부터 호암상 '사회봉사부문' 심사위원을 맡아 달라는 연락을 받았다. 흔쾌히 승낙을 했더니 '2006년 호암상 사회봉사부문 후보자 업적자료'라는 방대한 분량의 서류묶음을 보냈다. 그래서 2월 21일 신라호텔에서 열리는 1차 심사회의 때까지 모든 후보자의 자료를 꼼꼼히 읽어보고 회의장으로 나갔다. 이 자리에는 호암재단 이사장이신 이현재 전 국무총리와 심사위원으로 위촉된 김미혜 이대 교수, 김상균 서울대 교수, 박원순 변호사, 양삼승 변호사, 정무성 숭실대 교수, 홍두승 서울대 교수가 나왔다. 여기에서 나는 심사위원장으로 선임되었고, 위원별 예비심사 토의를 거쳐 총 22명의 개인과 4개의 단체 중 개인 3명, 단체 2개를 2차 심사대상자로 선정했다. 이름만 들어도 알 만한 쟁쟁한 분들과 단체들 가운데서 2차 심사대상자를 선정한다는 것은 여간 어려운 일이 아니었다.

그 다음 3월 7~13일까지 약 1주간에 걸쳐 우수후보자로 선정된 개인과 단체에 대한 현지조사가 실시되었는데 나와 김미혜 교수, 정무성 교수가 호암재단 사무국 직원과 함께 나갔다. 현지실사의 목적은 후보자의 시설방문과 현황조사를 통해 제출된 자료의 신빙성 여부를 확인하고 주변인 및 후보자 면담을 통해 사회봉사상 수상후보자로서의 적격 여부를 확인하는 것이었다.

우리는 3월 29일 신라호텔에서 전체 심사위원이 다시 모여 현지조사보고를 청취한 후 위원별로 각 우수후보자에 대한 중점적인 검토내용을 발표하고 논의를 했다. 그리고 난 후 우수후보자 종합평가로 들어가 열띤 논의 끝에 최종적으로 수상후보자를 선정하게 되었다.

수상후보자로 선정된 윤기 '공생복지재단' 명예회장은 부친의 대를 이어 목포 공생원을 모체로 37년간 아동, 장애인, 청소년, 노인에 이르기까지 소외되고 도움이 필요한 이웃을 위해 헌신적인 사랑을 실천했다. 또한 일본에서 '마음의 가족'이란 사단법인을 세워 이사장으로 계시면서 일본인 부인과 함께 재일 한국인 고령자를 위한 양호노인홈 '고향의 집'을 사카이, 오사카, 고베에 설립하는 등 활발한 사회복지활동을 벌이고 있는 점을 높이 평가받았다.

실제로 현지조사를 나가 시설의 내용과 규모, 주위의 높은 인지도 확인을 통해 윤기 이사장이 일본에서 재일 한인복지를 위해 큰 일을 하고 계시다는 것을 실감할 수 있었다. 특히, 백발이 성성한 고령의 교포노인들이 율동과 함께 「고향의 봄」을 부르며 천진난만한 웃음으로 즐거운 시간을 보내는 것을 보았을 때 눈시울이 붉어지는 것을 느꼈다. 처음 '고향의 집'을 설립하여 문을 열었을 때는 한국인을 위한 시설이라고 해서 일본 정부로부터 백안시 당했다고 한다. 그러나 민간후원금으로 운영하면서 인지도가 높아지자 일본 노인들도 들어오게 되어 현재는 일본 정부에서도 지원을 받고 있으며, 일본 전역에서 많은 대기자들이 기다리고 있다고 했다. 현재 230명의 직원이 있는데 직원 한 명이 세 분의 노인들을 돌보고 있다고 했다.

호암상은 자타가 인정하듯이 시상 전 분야에서 국내 최고의 명성과 권위를 인정받는 상이다. 상금액수(2억 원)에서뿐만 아니라 수상자 및 수상업적의 수준, 수상자에 대한 예우 등에서도 그렇다. 이처럼 권위를 인정받는 상에서 내 전공과 관련된 사회봉사부문 심사위원장을 맡아 좋은 경험을 한 것을 매우 보람 있고 기쁘게 생각한다.

밴쿠버와 캐나디안 로키

2001년 6월 중순경 밴쿠버에 계시는 김재상 회장으로부터 편지 한 장을 받았다. 같은 해 7월 2~4일까지 시카고에서 개최되는 성대 북미주연합 총동문회의 총회참석 후 밴쿠버에 들러 밴프와 빅토리아섬을 관광하자는 내용이었다. 항상 남을 따뜻하게 배려해 주시는 김 회장이 내가 그 동안 모교를 위해 고생한다고 큰 호의를 베풀어 주신 것이다. 그래서 여름휴가 겸 말로만 듣던 캐나다의 관광명소를 한 번 둘러보기로 했다.

시카고 총회는 이완수 시카고동문회 회장과 임승춘 북미주연합 총동문회 회장을 비롯한 관계자들의 헌신적인 노력으로 매우 만족스러운 성과를 거두었다. 해를 거듭할수록 규모와 진행이 눈에 띄게 달라져 북미주 총동문회의 산파역을 맡았던 한 사람으로서 큰 보람을 느꼈다. 특히, 약대 동문인 김경균 박사댁에서 가진 전야제에서 모든 동문들이 밤늦게까지 담소하며 짙은 우정을 나누던 일, 골프대회를 마친 저녁 무렵 임관헌 동문의 저택 정원에서 시상식을 할 때 집사람이 트로피를 받고 흐뭇해하던 일 등 기억에 새겨 둘 만한 아름다운 일들이다.

시카고에서 총회를 끝낸 후 나와 집사람은 밴쿠버로 가 김 회장댁에서 하룻밤을 지낸 후 김 회장 부부의 안내를 받으며 밴프 여행을 떠났다. 김 회장댁 근처에 있는 아보츠포드(Abbotsford) 비행장에서 캘거리공항까지는 약 1시간이 걸렸다. 원래 목축마을이었던 캘거리는 석유가 발굴되면서부터 발전을 거듭하여 지금은 앨버타주에서 주도인 에드먼튼 다음의 큰 도시로 성장했단다. 스탬피드(로데오경기)축제로도 유명한 캘거리는 1988년에는 동계올림픽이 열려 세계적 명성을 갖게 된 도시이다. 캐나디안 로키로 가는 관문답게 천혜의 자연조건과 현대적 도시가 잘 어울리는 인상을 주었다.

우리는 공항에서 자동차를 임대하여 밴프 국립공원으로 향했다. 캐나다 로키 일대에는 풍광이 좋기로 정평이 나 있는 여섯 개의 국립공원이 늘어서 있는데, 재스퍼, 밴프, 요호, 쿠트니, 글레이셔, 레벨스톡 국립공원이 그것들이라고 한다. 그 가운데서도 밴프가 중심지라는 말을 듣고 기대감에 가슴이 설렜다.

시내를 벗어나 광활한 평원을 가르며 달리니 그 동안 쌓였던 피로와 스트레스를 한 번에 날려 보내는 기분이다. 멀리 서쪽으로는 로키산맥이, 그리고 동쪽으로는 프레리(대평원)가 펼쳐지는 하이웨이를 마냥 달렸다. 도로 양 옆으로 끝없이 이어지는 목장과 드넓은 초지에서 한가롭게 풀을 뜯는 소떼들의 모습이 한 폭의 그림인양 눈에 들어온다. 대부분의 소들이 우리에 갇혀 사료를 먹어야 하는 한국의 열악한 목장환경과는 너무나 대조적인 광경이다. 기왕지사 소로 태어난 팔자라면 한 번은 이런 환경에서 살다 가는 것도 나쁘지는 않겠다는 생각이 들었다. 무엇 때문에 이 지역 쇠고기를 최상급으로 평가하는지 알 것 같았다. 천혜의 아름다운 자연환경에서 비옥한 땅의 풀을 마음껏 뜯어먹으며 스트레스를 받지 않고 유유자적하게 살아가니 육질(肉質)이 좋지 않을 수 있을까? 앨버타주의 쇠고기 수출량은 연간 15억 달러에 이르며, 앨버타주에서만 약 600만 두의 소를 키우고 있다고 한다. 카우보이 문화가 발달하고, 그 전통도 캐나다에서 타의 추종을 불허한다니 과언이 아닌 것 같다. 앨버타를 일명 '와일드 로즈 컨트리(Wild Rose Country)'라고도 부르는데, 와일드 로즈는 앨버타주 산악지대와 평원에서 자라는 야생장미라고 한다.

우리는 밴프 근교, 보우계곡에 한적하게 자리잡은 하워드존슨호텔에 여장을 풀고 2박 3일의 관광길에 올랐다.

밴프국립공원은 6,641km²에 이르는 광활한 대자연의 파노라마가 펼쳐지는 곳이다. 코발트색 하늘을 배경으로 만년설을 이고 있는 3,000m급의 장엄한 로키산맥의 준봉들이 연출해 내는 갖가지 형상과 산기슭을 둘러싼 청록색 침엽수림, 그 아래 짙푸른 호수의 비경이 숨이 막히도록 아름답다. 이처럼 산과 호수, 숲, 하늘이 이루어 놓은 절묘한 조화를 바라보면서 나는 대자연의 위대하고 신비로운 작품에 경외심마저 느꼈다.

밴프와 콜롬비아빙원 사이에는 모레인, 루이스, 보우와 같은 그림같이 아름다운 호수들과 캐슬마운틴 같은 거대한 바위산의 연봉들이 있어서 우리의 발길을 멈추었지만 그 중에서도 으뜸은 루이스호수와 아이스필드였다.

나는 루이스호수(Lake Louise)를 보는 순간 그 빼어난 모습에 "정말 아름답다"는 감탄사를 연발했다. 햇빛을 받아 더욱 선명하게 빛나는 빙하, 이 빙하를 걸치고 우뚝 선 3,464m의 거대한 빅토리아 바위산, 깎아지른 듯한 절벽, 그 밑 양쪽으로 빽빽이 들어선 침엽수림, 그 안에 아늑하게 자리잡은 호수, 이 모든 것이 기하학적으로 너무나 멋진 균형미를 이루고 있었다. 그리고 호수의 물빛은 검푸른 침엽수림과 만년설인 빙하의 흰 눈으로 에메랄드보다 더 청정한 색깔로 반짝였다.

빙하의 침식과 만년설이 녹은 물로 이루어진 이 호수는 1882년 측량기사 톰 윌슨에 의해 발견되었다고 한다. 최대수심 70m, 길이 2.4km, 폭 1.2km인 이 호수를 그는 '에메랄드호수'라 불렀으나, 1914년부터 빅토리아여왕의 딸 이름을 따서 루이스란 이름을 갖게 되었다는 것이다.

'캐나디안 로키의 보배'라고 하는 루이스호수의 빼어난 전경을 배경으로 하여 아내와 함께한 필자

호숫가를 따라 산책코스가 나 있었다. 처음에는 깔끔하게 다듬어진 널찍한 화단길이어서 호수의 절경을 감상하며 담소를 즐길 여유를 가졌다. 그러나 안으로 들어갈수록 좁은 바위산 비탈길이 계속되어 군데군데에서 가쁜 숨을 돌려야 했다. 힘든 산책코스였지만 아직은 인간의 때가 묻지 않은 대자연의 품에서 서울의 오염된 공기로 찌든 폐를 깨끗하게 청소한 것 같아 기분이 더없이 상쾌했다.

호숫가 벤치에 앉아 잠시 쉬었다. 세계 10대 절경의 하나이며 '캐나다 로키의 보배'라고 하는 호수의 전경을 카메라에 담은 후 샤토 레이크 루이스(Chateau Lake Louise) 호텔로 들어갔다. 유럽풍 궁전을 연상시키는 이 우아한 호텔은 밴프 스프링스 호텔과 쌍벽을 이룬다고 한다. 그래서인지 로비는 호텔 내부와 호수를 관광하는 일반관광객들로 상당히 붐볐다.

우리는 루이스호수를 둘러보고 나오는 길에 모레인호수로 접어들었다. 캐나다 화폐 20달러짜리 뒷면에 풍경이 인쇄되어 있는 이 호수는 병풍처럼 늘어선 열 개의 거대한 바위산봉우리에 싸여 고즈넉한 분위기를 연출했는데, 손이 닿으면 시릴 것 같은 파란 호수의 쪽빛 물이 투명하고 아름다웠다.

다시 아이스필드 파크웨이로 나와 멀지 않은 곳에 있는 보우호수와 페이토호수를 둘러보았다. 캘거리에서 밴프를 거쳐 여기까지 오는 동안 낮은 강변을 넘쳐흐르는 청록색의 맑은 물살을 보며 아름다운 강이라고 생각했는데, 그 강이 보우강이고 발원지가 바로 보우호수란다. 그리고 호수의 빛깔이 계절에 따라 봄에는 짙은 청록색, 가을에는 터키석과 같은 푸른색으로 미묘하게 변한다는 페이토호수는 색채의 마술사로 여인들의 탄성을 자아낸다고 하는데, 한 여름의 뜨거운 햇살을 받아 짙은 청록색으로 반짝반짝 빛나고 있었다. 아름다운 호수와 야생의 자연환경에서 맑아진 머리로 또 다시 아이스필드 파크웨이를 한참 달려가니 우리의 최종 목적지인 아이스필드가 나왔다.

아이스필드 센터에는 사람들이 붐비는 기념품 판매소와 카페테리아도 있었지만 빙하지역이라 주변은 황량했다. 센터에서 셔틀버스로 빙하입구까지 간 다음 바퀴의 지름이 140cm나 된다는 엄청나게 큰 설상차를 타고 빙하 위로 천천히 들어갔다. 우리는 차에서 내려 만년설의 빙하를 밟으며 저지선까지 올라갔다. 그러나 그것은 아사바스카(Athaabasca) 빙원의 극히 작은 부분에 불과했으며, 그 너머로 콜롬비아 대빙원의 일부가 보였다. 22개의 산봉우리에 갇혀 있는 이 광활한 콜롬비아 빙원의 평균 고도는 해발 3,000m이고 그 규모는 무려 325km²로 시애틀이나 밴쿠버의 면적과 맞먹는데 두께가 약 300m에 이른다고 한다. 캐나다 로키의 최대 빙원이며, 북반구에서는 북극 다음으로 큰 빙원이라는 말에 실감이 갔다. 내가 좋아하는 영화 「닥터 지바고」의 시베리아 설원풍경이 바로 이 곳에서 촬영되었다는 글을 읽은 적이 있어 이 빙원 위를 걸으며 진한 감동을 맛보았다.

우리는 다시 밴프로 돌아와서 마지막 투어코스인 설퍼(Sulphur)산에 올랐다. 설퍼산은 표고가 2,285m나 되는 높이지만 급경사로 운행되는 곤돌라를 타니 채 10분도 걸리지 않아 정상에 도착했다. 전망대에 오르니 로키의 준봉들이 하늘과 맞닿아 있는 곳까지 보인다. 시계와 가슴이 탁 트여 호연지기가 따로 없다. 천당 아래 로키가 있고 로키 아래 밴프가 있다는 말뜻을 알 만하다. 병풍처럼 둘러처진 런들(Rundle), 캐스케이드(Cascade), 노케이(Norquary) 등의 로키 명산들의 파노라마가 장엄하게 펼쳐진다. 저 멀리 보우강과 계곡 그 안쪽으로 미네완카호수가 아련히 보인다. 그리고 또한 이처럼 수려한 경관에 둘러싸여 아늑하게 자리잡은 밴프 시가지와 밴프 스프링스 호텔이 가까이 시야에 들어온다. 몇 번을 둘러보아도 싫증이 나지 않는 참으로 멋진 장관이었다.

곤돌라를 타고 산 아래로 내려와 승강장 옆의 어퍼 핫 스프링스(Upper Hot Springs)로 갔다. 밴프의 또 하나의 명물인 유황 온천을 체험하기 위해서다. 100여 년의 역사를 자랑하는 이 온천은 설퍼산 기슭에 위치하고 있어서 설퍼산 곤돌라 관광과 함께 즐기면 안성맞춤이라고 한다. 유황냄새가 물신 풍기는 자연 유황천으로 평균온도가 38°라는데 우리 나라 온천에 비하면 온도가 높은 편은 아니었다. 수영장같이 넓은 야외온천장에 몸을 담그고 사방을 높이 에워싼 준봉들을 바라보니 기백 넘치는 로키의 정기를 받아 새로운 힘이 솟아오르는 것 같았다.

온천장에서 나온 우리는 여행의 피로를 말끔히 씻어낸 듯한 상쾌한 기분 속에서 유유자적한 걸음걸이로 밴프 시내를 구경했다. 중심가인 밴프 애버뉴를 따라 주변의 자연환경과 잘 어울리도록 건축미를 살린 아담한 상점과 호텔, 미니박물관들이 늘어서 있다. 걸어서 한두 시간이면 다 둘러볼 수 있을 정도로 작은 마을이어서 한 바퀴 둘러본 뒤 한식집인 '서울옥'으로 들어갔다. 김 회장이 잘 아는 주인이 우리를 친절하게 맞아 주었다. 식사를 주문하고 담소를 하고 있는데 한 무리의 한국인 관광객들이 들어온다. 얼핏 바라보니 우리 대학 수원지구 동문회의 한강수 회장이 보였다. 무척 반가웠다. 나를 못 본 것 같아서 찾아가 인사를 했더니 깜짝 놀라며 반가워한다. 라이온스클럽 회원들과 함께 미국에서 열린 국제대회에 참가했다가 밴프에 들렀다는 것이다.

밴프의 시원한 밤공기는 더욱 청정하게 느껴졌다. 내일 아침이면 여기를 떠나야 한다고 생각하니 이 청정한 공기를 조금이라도 더 마시고 싶어서 연신 심호흡을 하며 호텔로 돌아왔다.

2박 3일의 길지 않은 밴프 관광이었지만 두고두고 음미할 수 있는 추억거리를 만들고 간다는 의미에서 가슴이 뿌듯했다.

7월 8일 밴쿠버로 돌아온 우리 부부는 다시 교외의 한적한 곳에 넓게 자리잡고 있는 김 회장댁으로 갔다. 정원 연못에서 유영하는 오리들, 한반도의 지도를 본따 만든 화단, 만개한 장미꽃 울타리, 건너편 목장에서 한가로이 풀을 뜯어 먹는 말들이 뉘엿뉘엿 넘어가는 저녁 햇살을 받아 목가적인 분위기를 물씬 자아냈다.

그 날 저녁 3,000평이 넘는다는 김 회장댁 뒤뜰 정원에서 모교 총장 환영파티가 있었다. 밴쿠버 성대 동문들이 부부동반으로 50여 명이 참석했다. 우리 모두는 마치 야외에 소풍이라도 나온 기분으로 마음껏 먹고 마시며 정감 깃든 담소로 즐거운 시간을 보냈다. 그리고 우리의 만남을 기념하기 위해 예쁜 장미꽃 넝쿨을 배경으로 동문 가족들과 많은 사진을 찍었다.

다음 날 아침 일찍 우리 부부는 김 회장 부부와 함께 빅토리아 관광길에 나섰다. 밴쿠버에 있는 터미널에서 빅토리아행 페리를 탔다. 조지아해협을 따라 펼쳐지는 아름다운 자연경관을 감상하는 사이에 어느새 밴쿠버 아일랜드에 도착했다. 대략 1시간쯤 걸린 것 같았다.

우리가 먼저 들른 곳은 둔칸(Duncan)이었다. 카우친 인디안의 '토템의 마을'로 알려져 있는 이 곳에서는 조상신을 형상화한 각양각색의 직립 통나무조각과 인디언 니트 등 각종 공예품을 둘러볼 수 있었다. 그 다음 우리는 빅토리아로 들어가 시내를 관광했다. 주 의사당, 임프레스호텔 등 영국식 건물들이 많아서 마치 유럽에 온 것 같은 착각이 들 정도였다.

마지막으로 우리는 빅토리아 방문의 필수코스라는 부차트 가든(Victoria Butchart Gardens)으로 갔다. 1900년대 초에 부차트 부부가 시멘트 제조사업 뒤에 황폐해진 석회암 채석장을 아름다운 정원으로 가꾸기 시작한 것이 유래가 되었다고 한다. 우리는 6만여 평이 넘는 부차트 가든을 돌아보는 동안 너무나 아름다운 꽃행렬에 감탄을 금할 수가 없었다. 1년 내내 꽃식물화단을 갈아 주고, 매년 헤아릴 수 없이 많은 초목을 정원 곳곳에 심음으로써 형형색색의 아름다운 꽃을 3월부터 10월까지 중단 없이 즐길 수 있다고 한다. 정원은 주제별로 선큰가든(Sunken Garden), 장미정원, 일본정원, 이탈리아정원으로 나누어지는데, 저마다 개성 있게 꾸며져 있었다. 특히, 장미가 절정을 이루는 7월의 로즈가든은 참으로 아름다웠다. 세상의 온갖 장미란 장미는 다 모여 있는 것 같은 로즈가든의 빛나는 화려함을 감상하면서 방문객들이 가장 선호한다는 명성을 얻을 만하다고 생각했다.

비록 아쉬움이 남는 일정이었지만 캐나다 로키와 빅토리아 관광은 우리 부부에게 또 하나의 잊을 수 없는 아름다운 추억거리를 만들어 주었다. 우리는 이러한 기회를 제공해 준 김 회장님 내외분에게 깊이 감사하며 7월 10일 서울행 비행기에 몸을 실었다.

마지막 보직인사

내 임기가 얼마 남지 않은 2002년 7월이었다. 일부 보직자들의 임기가 7월 말로 끝나는데 후임을 임명하는 문제로 나는 상당한 고민을 해야만 했다. 연임을 시키면 4년간 보직을 하는 것이 되어서 순환보직을 원하는 교수들로부터 불만을 살 수 있고, 또한 임기만료 6개월을 앞둔 내가 2년 기간의 보직자를 새로 임명한다는 것은 다음에 임명될 후임자에게 누가 될 수도 있기 때문이다.

특수대학원과 부속기관장을 제외하면 교무위원은 10명이 임기가 만료된 상태였다. 학부장들은 별문제가 없었다. 대부분 본인들 스스로가 연임을 원치 않았기 때문이다. 문제는 본부 스탭들이었는데 일부 보직자들이 나를 매우 힘들게 만들었다. 무엇보다도 업무상 긴밀한 관계에 있어야 할 두 핵심부서 간에 의견충돌이 잦아서 나를 곤혹스럽게 만들었다.

양자의 관계가 매우 긴장된 상태에서 진행되더니 마침내 한 부서의 장이 의견이 맞지 않아 일을 못하겠다며 며칠 동안 학교에 나오지를 않았다. 상대 부서의 장을 경질하던가, 그렇지 않으면 자신이 그만두겠다고 하여 난감했다. 나와 상임이사는 문제의 두 처장을 번갈아 만나 감정을 자제해 줄 것을 부탁했다. 그 후 업무를 보이콧했던 부서장은 임기가 곧 끝나는 상대 부서장을 경질해 줄 것을 요구하며 업무에 복귀했다.

법인쪽에서 문제 부서장의 연임을 제안했지만 나는 많은 숙고를 한 끝에 임기가 끝난 본부의 다른 보직자들과 같이 바꾸기로 결심했다. 무엇보다도 본부의 팀 진작과 순환보직의 원칙을 존중해야겠다는 것이 내 생각이었기 때문이다.

그런데 마침 그때 신라호텔에서 열리는 총동창회 주최의 영전동문 축하연에 함께 초청을 받은 이사장이 의논할 일이 있으니 좀 일찍 나와 로비 커피숍에서 만나자는 연락을 하여 무슨 일인가 궁금했다. 혹시 임기가 끝난 문제의 부서장 변경에 대한 이야기가 아닐까 생각하며 약속장소로 나갔는데, 역시 내 예감대로였다. 나는 많은 고심 끝에 교체를 결심하게 된 정황을 자세히 설명했다. 그리고 본부 조직이 경직되어 구성원의 창발성이 대단히 위축되고 있는 징후가 도처에서 나타나고 있는 상황이기 때문에 만기보직자들을 교체하여 분위기를 바꿈으로써 조직에 활력을 불어넣는 것도 좋을 듯싶다는 말씀을 드렸다.

그러나 이사장은 내 설명에 귀를 기울이기보다는 문제의 부서장을 바꾸면 총장의 연임에도 지장이 있지 않겠느냐고 우려의 말씀을 하셨다. 나를 위해 하신 말씀이라고 생각하면서도 가만히 있을 수가 없어서 나도 정색을 하고 이사장에게 다음과 같이 말씀드렸다.

"저는 연임에 연연하지 않습니다. 마지막까지 소신껏 역량을 다해 성공한 총장으로 남고 싶은 것이 제 소망입니다. 조직에서는 '인사가 만사'라는 것이 평소 저의 신조이기 때문에 구성원들이 납득할 수 있는 인사를 함으로써 그 동안 쌓아올린 실적에 흠집이 남지 않도록 하고 싶습니다." 이 말 속에는 총장으로서의 권위를 지키며 구성원의 화합을 위해 최선을 다하겠다는 나 나름대로의 의지가 녹아 있었다. 내 대답을 묵묵히 듣고 있던 이사장도 좀더 두고 생각해 보자고 말씀하셨다.

영전동문 축하연이 시작된다는 전갈이 와서 식장으로 들어가 내빈자리에 앉아 있는데 옆에 계시던 이사장이 작은 목소리로 나에게 “총장님 생각대로 하세요”라고 말씀하셨다. 이사장에게는 죄송스러웠지만 이렇게 하여 ‘인사가 만사’라는 나의 인사철학과 총장의 권위를 지키면서 구성원들에게 실망을 안겨 주지 않는 마무리 인사를 할 수 있었다고 생각한다.

02

아름다웠던 어린시절

내 고향은 황해도 장연군 용연면 용연리이다. 그러나 8·15 해방 당시 장연군에 소속되었던 이 곳이 1952년 12월 북한의 행정구역 개편에 따라 장연군에서 분리되어 용연군 소재지가 되었다. 황해도를 황해북도와 황해남도로 나누고 용연면·대구면·해안면 등을 묶어 용연군으로 만든 것이다. 따라서 지금은 황해남도 용연군 용연읍이 내 고향인 것이다. 가옥수가 50여 채 정도밖에 안 되던 마을이 군소재지가 되었다니 그렇게 가슴아프게 그리워하며 가고 싶어 하는 옛 고향의 모습은 이제 사라져 버렸을 것이다. 못내 아쉽지만 내 마음 속에는 아직도 옛 고향의 아름다운 모습이 그대로 남아 있어 행복하다.

내 고향 용연은 넓은 평원의 한복판에 위치해 있다. 동네 앞 아득히 먼 들판 끝에는 불타산이 병풍처럼 펼쳐져 있고, 동네 뒤쪽에는 황성개 포구까지 그리고 동네 왼쪽에는 둔둔틀이라는 곳까지 잘 정리된 논들이 넓게 뻗어 있다.

동구 밖에는 '원등'이라고 부르는 꽤나 넓고 크게 돌출되어 솟아 있는 등마루가 있는데, 돌이 많이 섞인 척박한 땅으로 잡풀만 자라고 있어서 소들을 주로 방목했다. 그 옆에는 '원소'라고 부르는 커다란 연못이 있다. 원소는 직경 수십 미터가 넘는 큰 연못으로 1년 내내 아무리 가물어도 수정같이 맑은 물이 솟구쳐 넘친다. 이 물의 근원지는 불타산이다. 수십 리의 지하통로를 거쳐 원소의 암벽을 뚫고 솟아오르기 때문에 여름에는 얼음같이 차고, 아무리 추운 겨울에도 얼지 않고 김이 모락모락 올라오는 신비한 연못이다. 원소 가장자리의 한쪽은 콘크리트둑을 쌓고 시멘트로 발라 여인네들이 물을 뜨기에 편리하게 만들었다. 온 동네 사람들이 이 물을 길어다 먹는데 물맛은 물론 어느 누구 한 번 탈난 적이 없어서 약수라고들 부른다. 그리고 원소 옆에는 물레방앗간이 있어서 우리들이 숨바꼭질을 즐겨하는 장소로 애용하곤 했다.

이 연못이 바로 고등학교 1학년 국어교과서에 「용소와 며느리바위」라는 제목으로 실려 있는 황해도 지방의 전설이다. 그 내용을 간략하게 그대로 소개하면 이렇다.

> "용소(원소)는 황해도 장연읍에서 몽금포로 가는 길옆에 있는데 옛날에 수천 석하는 장자영감의 집터가 있던 자리이다. 그 영감은 아주 깍쟁이라서 모두 돼지라 불렀다. 어느 여름철에 인근 불타산에 사는 도승이, 그 영감이 아주 나쁘다는 소문을 듣고 그 집을 찾아가 목탁을 치며 시주를 달라고 했다. 영감이 쌀 한 톨이라도 줄 수 없으니 가라고 소리 질러도 도승은 독경만 하고 있으니까 성이 나서 두엄더미에서 쇠똥을 퍼서 바랑에다 넣어주었다. 중이 얼굴색도 변하지 않고 나무아미타불만 부르다가 나오는 것을 본 장자가의 며느리는 쌀을 한 바가지 퍼서 바랑에다 넣어 주었다. 중이 며느리에게 당신 집에 큰 재앙이 내릴 테니까, 집으로 가 귀중한 것 몇 가지만 가지고 빨리 불타산으로 도망하라고 했다. 며느리가 급히 아이를 들쳐 업고 명주 도토마리를 끊어서 이고 개를 불러 불타산을 향해 달렸다. 얼마쯤 가는데 명랑하던 하늘이 갑자기 흐리면서 뇌성벽력이 쳤다. 앞서 도승이 가다가 무슨 소리가 나도 절대 뒤돌아보면 안 된다고 주의를 주었지만, 갑자기 뇌성벽력과 벼락 치는 소리가 나므로 깜짝 놀라 뒤를 돌아보았더니 그 자리에서 화석

이 되고 말았다. 불타산 아래에서 조금 내려오면 며느리가 화석이 된 바위가 있는데, 사람이 머리에 무엇을 인 것 같은 모양과 개의 형상을 하고 있다. 그때 벼락이 쳐 장자첨지네 집이 전부 없어지면서 몇백 길이 되는지 모르는 큰 소(못)가 되었다.

웬만한 어린이 놀이터보다 넓은 소에서 콸콸 솟아오르는 물을 가지고 몇만 석 되는 논에 물을 대는데, 그 물은 아무리 비가 와도 느는 법이 없고, 아무리 가물어도 주는 법이 없다. 사람들이 그게 얼마나 깊은지 보기 위해 명주실에 돌을 매어 재어 보니 명주실 몇을 넣어도 도무지 끝을 모를 만큼 깊은 소가 되었다."

이 연못의 깊은 곳에는 잉어가 유유히 헤엄치고 다녔고 가장자리에는 붕어나 '중태'라고 부르는 물고기들이 떼를 지어 몰려다녔다. 이 원소에서 넘쳐 내려가는 물은 원등 밑의 바위를 뚫고 흐르는데, 이 물을 논농사에 이용하기 위하여 황성개 포구까지 둑을 쌓아 큰 수로를 만들었다. 따라서 가뭄에 대한 걱정은 아예 할 필요가 없다.

그리고 마을을 한가운데 두고 그 주위에는 과수원들이 빙 둘러싸고 있었다. 그래서 마을사람들은 논농사와 함께 사과재배를 많이 했다. 마을 뒤편 끝자락의 지대가 높은 곳에는 교회와 인민학교가 있었고, 인민학교 옆의 과수원 건너로 우리 집이 있었다. 우리 집 옆과 뒤쪽에는 다른 집의 과수원과 우리 과수원이 있어서 우리 집은 거의 과수원으로 둘러싸여 있었고, 동네와는 한 10분 가량 떨어진 좀 외딴 곳에 위치해 있었다.

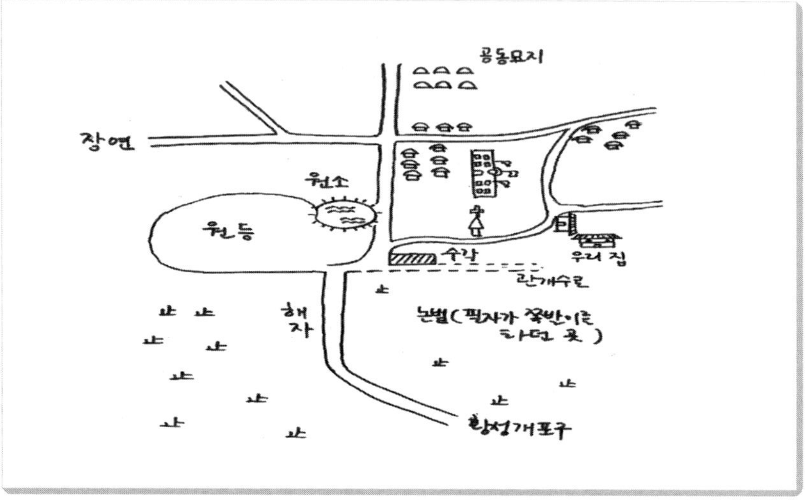

필자의 고향인 황해도 장연군 용연면 용연리의 모습

내가 태어난 곳은 '수각(水閣, 물가에 지은 집)'이라고 불렀는데, 원소의 물이 원등 밑의 바위굴을 통과해서 논으로 흐르기 시작하는 지점에 위치해 있었다. 부친께서는 상당한 사업가적 기질이 있었던 모양이다. 상당한 양의 농토를 소유하고 계시면서 일제시대에는 젖소를 기르는 목장일에도 손을 대었고, 양도 길렀을 뿐만 아니라 정미소도 운영하셨다.

어머님 말씀에 의하면 내가 성장한 새 집을 짓고 이사를 할 계획으로 나를 임신한 상태에서 사과나무 묘목을 심었다고 했다. 몇만 평은 넘을 성싶은 우리 동네에서는 가장 큰 과수원을 새로 만드셨던 것이다. 그리고 과수원 입구에 불타산에서 베어 온 아름드리 나무로 기와집을 새로 짓고, 바로 옆에 2층짜리 큰

다락집을 지었다.

또한 장연읍 읍후리의 인민병원 앞에 너와집으로 된 아담한 일본식 집이 있었는데, 뒤뜰의 우물이 굉장히 깊어서 두레박으로 물을 퍼 올릴 때는 항상 무서웠다. 그리고 우리 동네에는 아직 전깃불이 들어오지 않을 때였는데(나중에는 원소에서 나오는 수력으로 전기를 공급함), 대낮같이 밝은 전등이 매우 신기했다. 이 집은 나보다 두 살 많은 누님이 장연읍에 있는 중학교로 진학하면서 산 집이었다.

원소와 물고기

원소의 풍부한 물을 이용해 논농사를 지었기 때문에 용연논벌의 넓은 지역에 걸쳐 관개용수를 위한 수로가 잘 정리되어 있었다. 양쪽을 큰 둑으로 막은 방수로로 원소의 물이 흘렀고, 논에는 물을 대기에 편리하도록 도랑시설을 잘 만들어 놓았다.

우리가 '해자'라고 불렀던 이 방수로는 임당수의 전설로 유명한 장산곶만의 바닷물이 들어왔다 나가는 황성개 포구까지 쭉 뻗어 있어서 우리 어린이들에게는 더 없는 놀이터였다. 해자의 폭은 족히 5~6m는 되었고, 경사가 완만한 둑의 높이는 2m 이상은 되었다. 해자의 가장자리에는 줄이 무성하게 자랐고, 바닥은 해감으로 되어 있었으며, 수심은 제일 깊은 곳이 우리들의 배꼽 정도였다. 여름이 되면 우리는 그 곳에서 줄을 뽑아 먹으며 미역을 감았고, 소들은 한가롭게 둑의 경사면에서 풀을 뜯었다.

바닷물과 민물이 교차하는 해자뿐만 아니라 원래 물이 풍부한 우리 마을에서는 붕어, 가물치, 뱀장어를 비롯한 각종 민물고기와 참게 등이 많이 잡혔다. 나는 학교공부가 끝나면 가방을 집어던지고 점심을 먹는 둥 마는 둥 하고는 물고기를 잡거나 돌아다니며 노는 데 정신이 없다가 해가 떨어질 저녁 무렵에야 집에 들어가기 일쑤였다.

대나무가 자라지 않는 지역이라 변변한 낚싯대도 없었다. 미루나무 잎새를 훑어 내고 끝에 실을 묶어 낚싯대와 낚싯줄을 만들고는 바늘을 굽혀 낚시를 만들었다. 수수깡과 돌로 찌와 낚싯봉을 만들고 지렁이나 밥알을 낚시밥으로 사용했다. 원소에서 낚시질을 할 때는 낚시찌를 거의 사용하지 않았다. 물이 투명해서 물고기의 움직임을 훤히 볼 수 있었기 때문이다. 그런데 항상 속상했던 것은 낚시에 미늘이 없어서 고기가 낚시밥을 물고 도망가는 것을 지켜보면서 낚싯대를 채어 올렸는데도 고기가 공중에서 떨어져 나가기 일쑤였다는 것이다. 다 잡은 고기를 놓쳤을 때의 그 속상하고 안타까운 마음은 이루 말할 수가 없었다.

가을이 되어 벼를 베어 거두어들일 때는 고기 잡는 재미가 더욱 컸다. 도랑과 도랑 사이를 막고 물을 퍼내면 붕어, 미꾸라지, 새우 등은 물론 재수가 좋으면 뱀장어도 잡을 수가 있었다. 특히, 우리가 즐겨 물고기를 잡던 방법은 해자 둑 밑의 콘크리트 배수관의 양쪽 끝을 막고 물을 퍼내는 방법이었다. 물을 퍼내면 배수관 안에 있던 여러 종류의 물고기들이 흘러나오는데 이때는 흥분이 되어 가슴이 뛴다. 그런데 물을 다 퍼내도 따라 나오지 않는 놈들이 있다. 우리가 제일 잡고 싶어하는 뱀장어와

메기인 것이다. 그래서 마지막 마무리를 누군가가 해야 하는데 상당히 위험한 일이라 선뜻 나서는 애들이 없었다. 만약 잘못되어 배수관 양쪽 끝에 우리가 엉성하게 막은 물 차단 둑이 무너지면 꼼짝없이 배수관 안에서 일을 당할 수밖에 없기 때문이다. 성미 급하고 마무리가 아쉬운 쪽은 나였으니까 그때마다 내가 나섰다. 옷을 홀랑 벗고 배수관 속으로 들어가 물을 따라 나가지 않은 뱀장어, 메기 등을 밀어 내는 기쁨이 이만저만 큰 것이 아니었기 때문이다.

한 번은 어머니가 일이 있어서 나를 찾아 나오셨다. 또래 친구녀석들은 있는데 내가 없어서 의아해 하신 어머니는 "윤종이는 어디 있냐"고 물으셨다. 애들이 가리킨 곳을 보시고 어머니는 기절초풍하셨다. 그도 그럴 것이 길이가 5~6m가 넘는 배수구에서 고기를 몰고 나오느라고 머리에서부터 발끝까지 개흙을 뒤집어쓰고는 추어서 논두렁 위에 쪼그리고 앉아 있는 나를 발견했기 때문이다. 어머니는 그것을 보시고도 무슨 말뚝이려니 하셨단다. 이 일이 있고서는 한동안 물고기를 잡기 위해 밖에 나가는 일을 할 수가 없었다. 어머니께서는 외아들이었던 내가 혹시 잘못될 것을 염려하셨던 것이다.

해자에서 뱀장어나 참게를 잡는 것도 놓칠 수 없는 재미였다. 해자 둑 밑에는 게나 뱀장어가 들어가 사는 구멍이 여기저기 많았었는데 손을 집어 넣어서 이들을 잡아 낼 때의 희열 또한 컸기 때문이다. 특히, 뱀장어의 경우에는 손을 넣어 놈이 있는 것을 손끝으로 확인했다고 해도 이놈을 안전하게 잡아 내는 것이 보통 어려운 일이 아니다. 구멍 안에서부터 중지로 깍지를 만들어 놈의 중간 몸뚱이를 꽉 조여 쥐고 끄집어 내지 않으면 팔뚝과 구멍 가장자리 사이에 아무리 빈틈을 주지 않는다고 해도 기가 막히게 빠져나온다. 팔뚝 옆을 미끄러지듯 빠져나오는 놈을 속수무책으로 놓치면 참으로 분통이 터진다.

가을이 되면 우리는 따사로운 햇살을 받으며 해자의 갯바닥에 배를 대고 앞으로 미끄러져 나가는 놀이를 즐겨했다. 그러면 심심찮게 배에 뜨끔하는 신호가 오는데 십중팔구는 참게다. 밤이 되면 어른들은 해자의 군데군데를 긴 막대로 엮은 발로 막고는 그 위에 호롱불을 걸어 놓는다. 그러면 상류로 올라오다 길이 막혀 발을 타고 기어 올라오는 게를 손쉽게 잡곤 했다. 이렇게 잡은 게들을 뒷뜰의 간장독에 넣어 두었다가 게뚜껑이 노랗게 익으면 꺼내다 먹는데, 특히 게뚜껑에 밥을 넣고 비며 먹는 맛은 최고였다.

우리들의 최고 놀이터 '원등'

원소 다음 가는 마을의 명소는 '원등'이다. 동구 밖 왼편에 원등이 있는데 원소와 붙어 있다. 원등으로 올라가는 길은 양쪽으로 나 있으며 완만한 경사의 언덕으로 되어 있다. 그리고 이 언덕의 초엽 좌우의 끝자락은 절벽으로 되어 있으며 아카시아 나무들이 바위 틈새에 위태롭게 뿌리를 박고 서 있다. 원등의 오른쪽 등마루 뒤편은 그 끝이 자연스럽게 밭과 이어져 있었다. 웬만한 야산보다 큰 푸석돌산인 원등은 나무 한 그루 없는 불모의 땅인데 잡풀이 무성하게 자라서 소나 양을 방목해 풀을 뜯어 먹도록 했다. 이 원등의 중간쯤에는 학교 운동장에 버금가는 꽤나 큰 잔디들판이 있었는데 여기가 우리의 주된 놀이터였다.

초가을이 되면 나는 친구들과 함께 원등에 올라가 거미줄낚시로 고추잠자리를 잡는다고 정신없이 뛰어다니곤 했다. 실을 나뭇가지에 맨 다음 거미줄을 파리만하게 뭉쳐서 실 한쪽 끝에 단단히 고정시킨 후 빙빙 돌리면 잠자리들이 파리인 줄 알고 잡아 먹으려다가 입에 붙어버린다. 그러면 천천히 끌어당겨서 잠자리를 힘 안들이고 잡는 거미줄낚시는 우리에게는 빼놓을 수 없는 원등에서의 인기놀이였다.

그리고 푸르고 높은 가을하늘로 연을 띄워 올리며, 누구 연이 더 높이 뜨는가 겨루는 연놀이나 연싸움을 즐겨했다. 우리들은 연 만드는 실력이 별로였기 때문에 제일 쉬운 가오리연을 주로 만들었다. 사실 가오리연도 우리에게는 간단하지 않았다. 대나무가 없어서 수수깡으로 연을 만들었는데 가장 어려운 것은 연의 중심을 잡는 일이었다. 연살을 붙이는 일에서 실을 매는 위치, 꼬리의 길이 등 모두 연의 중심과 관계가 있는 것이기 때문에 우리는 수많은 시행착오를 거친 후에야 제대로 하늘을 나는 연을 만들 수가 있었다.

원등은 꽤나 높은 지대이기 때문에 연을 띄울 수 있는 바람을 얻기에는 안성맞춤이었다. 바람이 좋은 날 연을 공중 높이 띄워 놓고 연줄을 당겼다 놓았다 하면서 재주를 부리는 연놀이에 심취되곤 했다. 그러다가 좀 지루해지면 연싸움으로 들어갔다. 이것은 연을 날리고 다루는 기술을 총동원해야 하는 싸움으로 승리감과 패배감을 짜릿하게 느낄 수 있는 놀이다. 상대 연의 꼬리를 잘라 그 연이 뱅뱅 돌며 떨어지거나 상대 연의 줄을 잘라 그 연이 아득히 먼 곳으로 날아가는 것을 볼 때 느끼게 되는 승리의 쾌감은 이만저만이 아니다. 그러나 나는 연놀이를 하거나 연싸움을 하는 데는 재주가 별로 없었던 모양이다. 이런 쾌감보다는 패배의 아픔을 가지고 속상해 할 때가 더 많았기 때문이다.

가을이 깊어질 때면 우리는 원등에 거의 매일 모여 '진돌이'라고 부르는 상대방 진따먹기놀이를 하면서 놀다가 저녁밥 먹을 때를 놓쳐 야단을 맞기 일쑤였다. 이 진돌이놀이는 편을 짠 후 상당한 거리를 두고 양쪽에 진을 정한 다음 뛰어다니며 반대편의 몸을 손으로 쳐서 죽이거나, 반대편이 진을 비웠을 때 그것을 점령하는 쪽이 이기는 놀이다. 1 대 1의 경우 진을 나중에 출발한 사람이 상대를 쳐서 죽일 수 있고, 두 사람 이상이 손을 잡고 짝을 이루었을 경우 한 명이라도 더 많은 사람과 짝을 짓고 있는 쪽이 상대를 쳐서 죽일 수 있다. 따라서 이 놀이에서는 달리는 속도가 빨라야 상대편을 따돌리거나 따라잡는 데 유리하다.

나는 비교적 키가 컸던 데다 몸이 말라서 그랬는지는 몰라도 힘쓰는 운동에는 소질이 없었다. 하지만 달리는 운동에는 자신이 있어서 학교 운동회 때도 1등은 맡아 놓고 했다. 원등에서 우리는 가끔 기마전도 했는데 나는 별로였다. 그러나 진돌이는 내 적성에 잘 맞는 놀이로 몇 시간 동안을 펄펄 나는 듯 뛰어다녀도 조금도 힘든 줄 몰랐다.

특히, 대보름날 원둥은 우리에게 너무나 멋진 놀이터가 되었다. 사실 아이들한데 불놀이만큼 재미있는 놀이도 없겠지만, 대보름날 원둥에서 쥐불놓기는 우리 어린이들에게 공식적으로 허용되는 최고의 놀이였다. 휘영청 밝은 달빛 아래에서 철사줄에 달아맨 짚뭉치에 불을 붙여 넓은 잔디밭 위를 질질 끌고 돌아다니며 쥐불을 놓거나, 활활 타는 불덩이를 빙빙 돌리며 원둥의 위아래를 마냥 신이 나서 뛰어다녔다.

이렇게 밤늦게까지 불놀이를 하며 뛰어다니다 자정 무렵이 되어서야 집으로 돌아가 잠자리에 들게 되면 이부자리에 오줌을 싸는 경우가 가끔 있었다. 완전히 곯아떨어져 애들과 신나게 노는 꿈을 꾸는 가운데 오줌이 마려 시원하게 누다 보면 영락없이 이부자리를 흥건히 적시게 되는 것이다. 아침에 일어나면 야단을 맡지만 그래도 키를 쓰고 소금동냥 가는 것은 면하게 해 주시는 어머님이 얼마나 고마웠는지 모른다.

겨울과 쪽발이

내 고향에는 겨울이 일찍 찾아왔다. 11월 초가 되면 벌써 첫 얼음이 얼기 시작하고 12월 초가 되면 첫눈이 내렸다. 본격적인 추위가 몰려오면 어른들은 바깥 출입을 삼가고 집안에서 일거리를 만들며 소일했지만, 동네 개구쟁이들은 밖에서 겨울놀이로 신이 났다.

논벌 위에 시원하게 뻗어 있는 논들은 줄모를 심기 편하도록 경지정리가 잘 되어 있었다. 마을사람들은 가을에 벼를 베고 나면 논에 물을 가득 대어 두었는데, 겨울이 되어 논물이 얼어 버리면서 논두렁의 경계가 없어지곤 했다. 그러면 우리들은 썰매나 '쪽발이'를 타고 넓은 논벌을 종횡무진 누비고 돌아다녔다.

스케이트라고는 구경도 할 수 없었던 우리는 널판때기와 못, 철사를 가지고 썰매나 쪽발이를 직접 만들었다. 썰매를 만드는 것은 그리 어렵지 않았지만 쪽발이 제조는 나름대로 기술을 필요로 한다. 우선 두꺼운 널판때기를 발에 맞게 잘 자른 후 그 밑 한가운데에 또 하나의 좁은 널판때기를 댄다. 그런 후 굵은 철사를 불에 달궈 앞머리에 깊숙이 넣고 구부려서 일직선으로 뺀 다음 직각으로 구부려서 뒷꿈치에 고정시킨다. 마지막으로 널판때기 앞과 양옆에 못들을 박는다. 앞에 박은 못은 얼음을 찍고 나가기 위한 것이고, 양 옆의 못은 쪽발이와 신발을 끈으로 고정시키기 위해 필요하다.

쪽발이는 스케이트와 같이 한 발로 얼음을 찍어 밀치면서 나가야 하기 때문에 처음 배울 때는 균형을 잡는 일이 그리 쉽지 않다. 따라서 처음 배울 때는 수없이 넘어지고 깨지는 희생을 치룬 연후에야 제대로 탈 수 있게 된다. 그러나 일단 배우고 나면 쪽발이를 탈 때의 기분은 썰매를 탈 때의 그것과는 비교도 되지 않는다. 썰매에 앉아서 양손으로 젖 먹던 힘까지 다해가며 얼음을 지치는 꼬마들을 내려다보며 유유히 그 옆을 미끄러져 가는 통쾌감을 한 번 상상해 보라. 쪽발이가 갖는 이런 매력 때문에 동네 꼬마녀석들도 머리가 좀 굵어지면 썰매보다는 쪽발이에 눈길을 돌렸다.

그런데 이 쪽발이가 갖는 단점은 쪽발이와 신발을 단단하게 고정시킬 수가 없다는 것이었다. 쪽발이 널빤때기의 좌우에 박은 못에 끈을 매어 신발이 쪽발이에 꽉 조이도록 단단하게 묶지만 한참을 타고 나면 끈이 느슨해져서 다시 꽉 죄어 매야 하는 번거로움이 있었기 때문이었다. 하지만 그런 것쯤은 전혀 문제되지 않았다.

나와 친구들은 쪽발이를 타고 넓디넓은 빙원을 힘차게 달려나가며 누가 더 빨리, 그리고 누가 더 오래 달릴 수 있는가를 겨루어 보곤 했다. 그러나 누가 1등을 하느냐는 그다지 중요하지 않았다. 정말 중요한 사실은 함께 쪽발이를 타고 달리며 신나게 놀 수 있다는 사실 그 자체였다.

더불어 쪽발이를 타고 하는 진돌이놀이는 원등에서와는 또 다른 재미를 우리에게 제공해 주었다. 얼음 위에서 달리는 것은 땅 위에서 달리는 것과 달리 몸을 마음대로 움직일 수가 없다. 상대에게 잡히지 않기 위해서는 몸을 요리조리 피하며 달리는 기술이 필요한데 우리들 실력으로는 얼음 위에서는 그와 같은 움직임이 불가능했다. 그래서 걸핏하면 도망치다 넘어지고, 그러면 잡겠다고 달려오던 녀석도 넘어진 애에 걸려 또 넘어지고 하며, 순식간에 여러 명이 뒤엉켜서 같이 넘어지기도 했다. 그러니 쪽발이를 타는 날이면, 몸이 성할 리가 없었다. 여기저기 찢어지고, 베이고, 멍들고 ……그래도 우리는 마냥 깔깔대며 오뚝이 같이 다시 일어나 쪽발이를 단단하게 고쳐 매고는 진돌이놀이를 계속하곤 했다.

달리기 시합이나 진돌이놀이를 하다가 그것도 지루하다고

생각될 때면 일렬로 늘어서서 손을 서로 붙잡고 얼음벌판을 신명나게 계속 달렸다. 살을 에는 듯한 겨울의 찬바람을 온몸으로 받아 얼굴이 얼어 말을 제대로 못할 때쯤이면 얼음판놀이를 모두 끝내고 집으로 돌아가야 할 시간이다. 토끼털 귀도리를 했지만 귀까지도 얼은 몸을 녹이기 위해 친구들을 데리고 집으로 돌아와 화롯가에 옹기종기 둘러앉아 화롯불에 구운 감자나 고구마를 꿀처럼 달게 먹으며, 끝도 없는 이야기를 종알대다가 자기도 모르는 사이에 무릎 사이에 코를 박곤 잠들기도 했다.

돼지오줌통과 공차기

운동을 아주 좋아했지만 내가 할 수 있는 운동은 그리 많지 않았다. 당시만 해도 배구나 농구, 야구 같은 운동이 있는 줄은 알지도 못했다. 우리에게 가장 인기 있는 운동은 역시 축구였다. 씨름도 운동회 때나 추석명절 때 빠지지 않는 인기종목이었다. 특히, 축구와 달리기는 내가 제일 좋아했고 자신 있는 운동이었다. 씨름도 꽤 잘했다. 체력이 약했던 터라 힘보다는 기술로 씨름을 했는데, 내가 즐겨 사용했던 기술은 발걸어돌리기나 안다리걸기였다. 그러나 덩치 좋은 애들과 이 기술을 가지고 씨름하는 데는 역시 한계가 있었다.

또 '다이꽁'이라고 부르던 공놀이가 있었는데, 일종의 야구 같은 것이었다. 투수나 포수가 따로 있는 것이 아니고 공을 치는 사람이 한 손으로 공을 살짝 던져 올린 다음 나무막대기를 든 다른 손으로 공을 치고 나가는 운동이다. 베이스도 홈까지 세 개로 역삼각형 모양이었다. 4~6명만 있어도 재미있게 놀 수 있는 운동이었는데, 공은 솜이나 헝겊을 둥글게 뭉쳐 굵은 실로 단단하게 돌려가며 묶어서 사용했다.

앞에서 간단하게 언급했던 축구이야기를 다시 해 보자. 당시 나는 축구라면 정말 자다가도 벌떡 일어날 정도로 좋아했다. 가죽으로 된 축구공은 감히 생각할 수도 없었던 나는 어머니가 시장에서 큰 마음먹고 사다 주신 고무공을 신주 모시듯 하며 볼 차기를 했다. 사실 고무공을 가지고 노는 것도 당시로서는 대단한 일이었다. 그런 고무공이었지만 펑크가 자주 나는 단점이 있었다. 또한 고무풀로 때워서 사용하는 데도 한계가 있게 마련이었다. 그렇다고 어머니에게 또 사달라고 조를 수도 없고 해서 나와 친구들은 주로 볏짚이나 헝겊조각을 새끼줄로 단단하게 감아서 공을 만들어 사용하곤 했다. 그렇지만 이 공도 역시 새끼줄이 쉽게 끊어져 오래도록 가지고 놀 수는 없었다.

우리가 축구공 대용으로 즐겨 사용했던 또 하나의 공은 돼지오줌통이었다. 돼지오줌통은 여러 가지 용도로 사용할 수가 있어서 당시에 인기가 대단했었다. 때문에 동네 어디에선가 '꽥꽥' 하는 돼지의 비명소리가 들리면 아이들은 신이 나서 그리로 우루루 몰려가곤 했다.

현장에 도착해 보면 아니나 다를까 십중팔구는 돼지 멱따는 광경이 펼쳐지고 있었다. 돼지는 젖 먹던 힘을 다해 자기 목을 겨냥한 칼을 피하려고 발버둥치며 마지막 비명을 질러댔지만, 결국 칼을 피하지 못하고 피를 철철 흘리며 죽어갔다. 이 끔찍한 모습을 지켜보면서도 우리는 돼지오줌통을 얻는다는 기쁨에 그저 킬킬댈 뿐이었다. 작업을 끝낸 어른들이 큰 인심이나 쓰듯 "옛다, 너희들 거다" 하며 던져 주는 돼지오줌통을 날쌔게 받아서는 우리는 다음 작업에 착수했다. 오줌통에 붙어 있는 비게 같은 불순물들을 제거하기 위해 흙바닥에 놓고 발로 비비는 과정이 그것이었다. 오줌통의 무게를 어느 정도로 무겁게 할까는 전적으로 이 불순물을 얼마나 제거하는가에 달려 있었다. 다음으로는 오줌통에 바람을 불어 넣는데, 이것을 통해 역시 오줌통의 크기와 무게가 결정되었다. 축구를 하려면 무게가 약간 나갈 정도로만 바람을 조금 불어 넣는 것이 좋았고, 여럿이 빙 둘러서서 차는 제기를 위해서는 좀더 많은 바람을 불어 넣는 것이 중요했다. 마찬가지로 배구 같은 놀이를 위해서는 바람을 좀더 많이 넣어 오줌통을 상대적으로 가볍게 만들어야 했다.

돼지오줌통 역시 가지고 놀기는 그만이었지만, 고무공처럼 수명이 길지 못하다는 약점을 가지고 있다. 공모양으로 만들기 위해 많던 적던 바람을 넣어 팽창시켰기 때문에 조그마한 가시에만 닿아도 펑하고 터져버리기 일쑤였다. 때문에 돼지오줌통은 몇 시간 가지고 놀기가 힘들 정도로 자주 터졌다. 그래서 우리는 이 소중한 오줌통 공을 조금이라도 더 오래 가지고 놀기 위해 발로 차기보다는 땅에 떨어지지 않도록 계속 손으로 쳐올리면서 노는 놀이를 좋아했다. 이렇게 하여 돼지가 죽으면서 남겨준 오줌통은 우리에게 더없이 좋은 놀이를 선사해 주었던 것이다.

소년단과 공차기대회

방과 후 학교 운동장에서 애들이 공을 차는 것만 봐도 가슴이 울렁거릴 정도였던 나는 학교 운동회날 축구시합에 끼지 못해 너무나 속이 상했던 적이 있다.

추석이 돌아올 무렵이면 우리가 손꼽아 기다리던 가을운동회가 열렸다. 대개 달리기, 기마전, 축구 등을 했는데, 역시 내가 제일 가슴 설레며 하고 싶었던 운동은 축구였다. 적어도 축구에서는 나를 따라 올 애들이 없다고 생각했기 때문에 학년대항 축구시합에 당연히 주장으로 뽑힐 줄 알았다. 그런데 지금도 생생히 기억나는 어느 해, 가을운동회날 주장은커녕 선수로도 뛸 수가 없었다. 이유는 간단했다. 내가 인민소년단원이 아니기 때문이라는 것으로 참으로 어이가 없는 일이었다. 억울하고 분한 눈물을 삼키며 단념할 수밖에 없었지만 인민소년단원에 가입할테니 경기에 끼워달라고 사정하고 싶지도 않았다. 자존심이 허락하지 않았다.

한국전쟁이 일어나기 전까지만 해도 초등학생인 우리에게 있어 북한에서의 생활은 퍽이나 자유스러웠다. 아마도 북한 정권이 수립된 지 얼마 되지 않아서 그랬는지 몰라도 체제 자체가 아직은 여러 부문에서 느슨한 면이 많았다. 물론 공산주의를 싫어했던 어른들은 시간이 지나면서 이념적으로나 현실적으로 많은 압박감을 느끼고 있었을 것이다. 그러나 온 동네, 온 들판을 휘젓고 돌아다니며 놀기에 바빴던 내게 공산주의는 그다지 문제될 것이 없었다.

그런데 한 해, 두 해가 갈수록 공산당 세상이 본격적으로 시작되면서 이전에는 경험할 수 없었던 두 가지가 공산당에 대한 저항심을 갈수록 커지게 만든 것 같다. 그 하나는 '소년단'이라는 조직의 탄생이었고, 다른 하나는 교회에 대한 가혹한 탄압의 시작이었다. 그리고 또한 공산당 정권의 등장에 무척 당황해하시며 앞날을 염려하던 집안분위기도 내가 공산당에 대한 막연한 적개심을 가지는 데 복합적으로 작용하기 시작했다.

인민학교 4학년에 올라갔던 어느 날의 일이다. 담임선생님께서 '소년단'을 조직한다고 하시자 몇 명이 손을 높이 들어 가입하겠다고 외쳤다. 담임선생님께서는 그 중 한 명의 머리를 쓰다듬으며 단장에 임명하셨는데 '장만년'이라고 하는 녀석이었다. 좀 둔하게 생긴 학생으로 공부나 운동에서 별 두각을 나타내지 못했던 까닭에 애들과도 잘 어울리지 못해 반에서 그다지 인기가 없었다. 다만 그 녀석의 어머니가 여성동맹위원장이어서 담임선생님께서 귀여워해 주셨기에 우쭐거리고 있는 상태였다.

나는 그 녀석이 체질적으로 싫었다. 우리 학년의 소년단원들은 아침마다 그 녀석의 집 앞에 모여 노래를 부르고 행진하면서 등교했다. 그 녀석의 구령 아래 "아침은 빛나라 이 강산……"으로 시작되는 북조선 애국가나, "장백산 줄기줄기 피어린 자욱……"으로 시작되는 김일성 장군의 노래를 목 터지게 부르며 신나 하는 소년단원들도 보기 싫었지만, 마치 뭐나 되는 것마냥 우쭐대던 장만년의 모습은 정말 역겨웠다. 그리고 소년단원들이 인사를 할 때마다 손바닥을 앞으로 향한 채 엄지를 펴서 머리정수리에 붙이고 "뭉치자" 하고 외치는 꼴이 너무 우스꽝스러워 몇몇 친구들과 킬킬대고 웃었던 기억이 난다. 담임선생님의 회유로 가까운 친구들이 하나 둘 소년단원에 가입했지만 난 오기가 생겨 끝까지 소년단과는 거리를 두었다.

또 하나의 이유는 점점 더 심해지는 종교탄압이었다. 우리 마을에는 기독교가 일찍부터 들어와 있었다. 한국 기독교 사상 최초로 세워진 교회가 바로 우리 용연면의 이웃에 있는 대구면 송천(松川)리의 '소래교회'이다. 그래서 마을주민 대부분이 일요일에는 교회에서 많은 시간을 보내며 예배에 참석하는 신앙심 깊은 신도들이었다. 나의 부모님도 신도였으며, 특히 어머님은 하루도 새벽기도를 거르시지 않을 정도로 신앙심이 깊으셨다. 그래서 우리 남매는 어려서부터 일요일에는 꼭 교회에 나가 찬송가를 부르고 성경말씀을 듣고 배워야 하는 것으로 알고 있었다.

해방 이후에도 우리들은 일요일날 아무런 제재를 받지 않고 교회(당시 우리는 예배당이라고 부름)에 나가 평화스럽게 예배를 볼 수 있었다. 그러나 몇 년이 지나자 일요일날 교회에 나가는 아이들에 대한 학교 선생님들의 감시가 시작되었다. 처음에는 말로 우리를 설득시키려고 했으나 말을 듣지 않자 노골적인 훼방꾼 노릇을 자행했다.

나와 누나는 일요일이 되면 꼭 교회에 나가 유년부 예배를 보곤 했는데, 이때마다 담임선생님들이 문을 박차고 들어와 우리를 막 끌고 나가서는 다시 교회에 못 들어가도록 했다. 그리고 그 다음 날 학교에 가면 심한 꾸지람과 매서운 체벌을 가하곤 했다. 그래서 우리는 선생님들이 교회문을 박차고 들어오시면 잡히지 않기 위해 창문을 열고 밖으로 뛰쳐나가기도 했다. 학교 선생님들과 소년단원들은 예배를 못 보게 하는 압력수단으로 나중에는 교회 유리창문을 모조리 깨부수는 못된 일도 스스럼없이 했다. 그러나 그럴수록 교회는 우리에게 더욱더 가고 싶은 곳이 되어 우리를 강하게 끌어당기는 위력을 발휘했다.

여러 가지 방법을 사용해 보아도 교회에 나가는 의지가 꺾이지 않자, 이것을 매우 못마땅하게 생각하신 담임선생님은 사소한 일에서까지도 나를 괴롭히기 시작했다. 한 번은 수업시간 도중에 소변이 마려워서 변소에 가고 싶다고 했다. 그러나 선생님은 예전과는 달리 노는 시간에 뭐 했느냐고 안 된다고 하셨다. 선생님의 단호함으로 미루어 볼 때 허락을 받는다는 것은 불가능하다고 생각되었다. 더 이상 참을 수 없었던 나는 관솔이 빠져 생긴 마룻바닥 구멍을 겨냥하고 오줌을 쏘았다. 볼 일을 제대로 마쳤을 리가 만무했다. 결국 옆에 앉았던 녀석의 고자질로 방과 후에도 학교에 남아 온종일 벌을 서며 놀림을 받아야만 했다.

그뿐이 아니었다. 담임선생님은 수업시간 도중에도 교회에 나가는 것은 나쁜 짓이며, 있지도 않는 예수를 믿는 것은 더욱 바보 같은 짓이라고 했다. 심지어는 어린 내 가슴에 못을 박는 막말도 서슴없이 해댔다. 어머님께서는 늦게 남동생을 낳았었는데 부모님은 물론 누나와 나도 이 녀석을 무척이나 귀여워했다. 그러나 집안의 총애를 받던 이 녀석은 돌도 치르지 못한 채 세상을 떠나고 말았다. 어머니께서는 너무 슬프셔서 몇 년을 거의 실성한 사람마냥 보내야 했다. 그런데 담임선생님께서는 나에게 "예수쟁이들도 별수 없지 않아. 아무리 기도했어도 네 동생 못 살려냈지" 하며 빈정댔던 것이다.

이처럼 어린 내게도 부정적으로 비추어졌던 공산당 치하에서의 생활 때문에 나는 끝까지 소년단에 들어는 것을 거부했고, 그에 대한 벌로 가을운동회 때 그토록 좋아했던 축구를 포기해야만 하는 가혹한 처벌을 받아야 했던 것이다.

사과나무와 번데기

우리 집에서는 과수원을 크게 운영했다. 용연벌의 한복판에 위치한 우리 동네는 물이 풍부하여 저지대에서는 논농사들을 많이 했지만 지대가 좀 높은 곳에서는 사과나무를 많이 재배했다. 특히, 부친께서는 과수재배를 좋아하셔서 여기저기 과수원을 가지고 계셨다. 그 중에서도 손수 묘목을 심어 키운 학교 근방의 과수원에 제일 애착을 가지고 계셨는데 수만 평이 넘는 상당히 큰 과수원이었던 것으로 기억한다. 사과종류는 주로 국광과 대국광, 홍옥, 왜금이었으며, 많지는 않지만 축, 아사히, 인도, 골덴도 있었다. 아마 추운 지역이라 다른 종류는 잘 되지 않았던 모양이다.

사과재배는 무척이나 일손이 많이 가는 일이다. 초봄이면 가지치기를 시작으로 병충해 방지를 위한 농약도 살포해야 하고, 꽃이 핀 후 열매가 맺기 시작하면 꽃과 열매 솎아주기를 해 준 후 석유가 묻어 있는 신문지나 잡지종이로 만든 봉투를 씌워서 병충해를 방지한다. 부모님은 기술자와 인부를 사서 매년 이와 같은 연례행사를 되풀이하시느라 정신없이 바쁘셨다.

그러나 나는 4월이 되면 활짝 핀 사과꽃이 내뿜는 그윽한 향내를 맡으며 고무총으로 새를 잡는다고 과수원을 누비고 다녔다. 사과나무는 배과에 속하는 교목으로 그 꽃이 흰색이어서 사과꽃이 만발하면 과수원이 온통 설경과 같은 모습으로 변한다. 바람이라도 불라치면 꽃잎이 휘날리며 떨어져 마치 눈이 내리는 것 같은 장관을 연출한다.

여름이 한창인 7월이 되면 축, 아사히 등의 품종을 따기 시작하여, 인도, 골덴, 홍옥, 국광, 대국광, 왜금 등도 뒤이어 수확한다. 나는 일찍부터 점찍어 놓았던 갸름한 축이나 골덴 사과를 제일 먼저 따 먹으며 향기로운 맛에 취하곤 했다. 말이 나왔으니 하는 말이지만 국광의 경우 대국광이나 다른 사과들과 달리 알도 잘고 껍질도 두꺼워서 가을에는 제맛이 나지 않는다. 그러나 겨울동안 반지하인 '움'에 저장해 두면 껍데기가 얇아지고, 노랗게 변한 속살이 부드러워지면서 당도도 많이 높아진다. 봄이 되면 제기차기 같은 바깥놀이를 하면서 겨울을 난 국광 몇 개를 주머니에 가지고 다니며 또래 친구들과 나누어 먹곤 했다.

아버님께서는 가끔 일부러 황주까지 나가셔서 사과를 사오곤 하셨다. 사람들에게 견본으로 보여 줄 생각이셨는데, 과연 북한 최대, 최고의 사과재배지답게 사과가 크고 때깔도 좋았을 뿐만 아니라 맛도 그만이었다. 그래서 나는 가을이 깊어지면 황주에서 사과를 또 사오시지 않나 하고 은근히 기다리곤 했다.

늦가을이 되면 겨울나기를 위해 사과나무 가지치기를 하는데 전정한 나뭇가지들을 묶어서 땔감으로 마당 한구석에 높이 쌓아놓는다. 아버님과 인부들이 이 작업을 할 때면 나도 덩달아 바빠졌다. 늦가을이 되면 사과나무 벌레가 나뭇가지에 강낭콩만하게 딱딱한 고치를 짓고 겨울동면에 들어가는데, 나는 이 고치가 붙어 있는 나뭇가지들을 부지런히 골라 내어 별도의 묶음을 만들었다. 그리고는 친구들을 불러 모닥불을 피워 놓고 고치들을 구어 먹는다. 새까맣게 탄 껍질을 까내면 노랗게 잘 익은 번데기가 나오는데 이 맛 역시 잊을 수 없다.

나는 어렸을 때 누에나 뽕나무를 본 적이 없었다. 그런데 당에서 농가부업으로 양잠을 강조하면서 누에를 치는 사람들이 하나 둘씩 생기기 시작했다. 큰어머님께서도 누에치는 일에 열심이셨는데 큰집에 놀러가 호기심에 누에치는 방을 한 번 들여다본 나는 너무 놀라 그 이후로는 그 방 곁에 얼씬도 하지 않았다. 팥망아지(초록색의 몸통이 큰 애벌레)보다 큰 벌레들이 고개를 휘휘 내저으며 뽕잎을 갉아먹는 모습이 너무나 징그러웠다. 그래서인지 남한으로 피난을 와서도 길거리에서 파는 번데기를 사 먹어 본 적이 없다. 사과나무 번데기는 맛있게 먹으면서도 누에 번데기는 못 먹으니 참으로 우스운 일이다.

겨울과 산새

겨울은 썰매나 쪽발이를 타기에는 더 없이 좋은 계절이지만 온 산하가 꽁꽁 얼어붙어 생명을 이어 가야 하는 뭇 생물들에게는 가혹한 계절이기도 하다. 용연의 겨울추위는 매우 혹독했다. 한 번 눈이 오기 시작하면 그 양이 엄청났을 뿐만 아니라 내린 눈은 매서운 바람과 추위에 녹지 못해 오랫동안 그대로 쌓여 있기 일쑤였다.

우리 과수원집은 동네에서 1km 정도 떨어진 높은 지대에 있었기 때문에 동네나 학교, 교회를 오갈 때는 휘몰아치는 눈보라와 싸워야 했다. 고갯길을 넘어 굽어진 달구지길을 따라 가면 집 앞에 도착하게 되는데, 중간쯤부터는 배수를 하기 위해서 움푹 판 길을 만나게 된다. 한 겨울이 되면 이 곳에는 바람에 날린 눈들이 수북이 쌓여 그 높이가 주변의 밭이나 과수원과 같이 되고, 눈이 굳게 얼어서 밟아도 밑으로 빠지질 않았다. 그래서 비록 내가 제일 싫어하는 길이었지만 추운 겨울 동안만은 이 곳을 지나가는 것이 그렇게 무섭지가 않았다. 오히려 밟아도 빠지지 않는 눈길이 신기하기만 했다.

내가 동네에서 집으로 가는 길 중에서 이 곳을 제일 싫어하는 데는 나름대로 이유가 있었다. 원래 이 곳은 길이 움푹 패여 있을 뿐만 아니라 외지고 인적이 드물어서 낮에도 별로 기분이 좋지 않은 곳이다. 내가 다섯 살이나 여섯 살쯤 되었을 때로 알고 있다. 하늘에 둥근 달이 휘영청 떠 있는 어느 날 밤 할머니의 등에 업혀 동네에 있는 수각에서 과수원으로 오는 도중에 바로 이 곳에서 늑대를 만났다. 할머니께서는 무서워 벌벌 떠는 나를 가슴 쪽으로 돌려 안으시고는 돌팔매질을 하며 큰 소리로 늑대를 쫓고는 종종걸음을 쳐 집으로 오셨다. 그런데 이 늑대란 놈이 고함을 치면 몇 걸음 도망쳤다가는 다시 따라오곤 하면서 우리를 무서움에 떨게 했다. 이전에도 가끔 우리 집 개가 늑대와 싸우는 소리에 이불을 뒤집어쓰고 달달 떨며 잠을 설치던 경험이 있어 당시의 어린 나로서는 늑대가 공포의 대상이었다. 따라서 늑대에게 봉변을 당할 뻔했던 그 날 이후 집으로 오는 그 길은 더욱 싫어졌다.

지상의 모든 생명체가 얼어붙도록 혹독하게 춥다 보니 겨울 철새를 제외한 날짐승들에게는 생명을 이어가는 일이 여간 힘든 일이 아니었다. 기러기나 두루미 같은 철새들은 제철을 만나 떼를 지어 날아와 물이 찰랑대는 논벌에 내려앉아서 먹이를 잡아먹으며 유유히 돌아다녔다. 그러나 그 밖의 날짐승들에게 겨울은 목숨을 건 투쟁의 계절이었다.

참새들에게도 겨울은 살아남기 위해 싸워야 하는 힘든 계절이었다. 그러나 놈들은 인간과 더불어 살아가는 지혜를 워낙 일찍부터 터득한 터라 겨울이 오면 먹이를 찾아 사람과 숨바꼭질을 해 가며 잘 버텨 나갔다. 그 놈들이 먹이를 구하기 위해 즐겨 찾는 곳은 인가의 앞마당에 쌓아 둔 볏짚더미였다. 머리에서 꼬리에 이르기까지 온몸을 까불대며 정신없이 낱알들을 주워 먹으면서도 경계를 게을리하지 않다가 인기척만 나면 잽싸게 날아가 버리는 아주 약삭빠른 놈들이었다.

나는 겨울이 되면 참새를 잡기 위해 온갖 지략과 정성을 다 바쳤다. 예를 들면, 삼태기를 나뭇가지로 받친 다음 그 안에 참새들이 좋아하는 벼를 뿌려 두고 나뭇가지 밑 끝에 가는 끈을 매어 줄을 집안으로 길게 늘인다. 그리고는 끈을 팽팽하게 한 다음 줄 끝을 잡고 숨어서 참새들의 동태를 감시한다. 참새들은 잔뜩 경계하는 모습으로 까불대며 삼태기 밑의 벼들을 열심히 쪼아 먹는다. 이때다 싶어 끈을 확 당겨 채도 워낙 경계심 많고 재빠른 놈들이라 한 놈도 잡히지 않고 모두 날아가 버린다. 꼭 잡을 수 있을 것 같아서 수없는 시도를 해 보았지만 한 번도 성공한 적이 없다.

참새와는 달리 산새들의 처지는 참으로 불쌍하다. 한겨울이 되어 산과 들이 온통 흰 눈으로 덮이면 멀리 불타산에서 먹이를 찾아 우리 동네에까지 날아온다. 그러나 이 녀석들은 겁이 많아서 참새같이 인가 주위를 맴돌며 먹이를 찾는 것이 아니라 동네 양지바른 곳의 덤불 주위를 날아다니며 먹이를 찾아 먹는 것이 고작이다. 그런데 이 산새들은 정말 곱고 아름다운 색깔을 몸에 지닌 녀석들이었다. 파랑, 노랑, 빨강 등의 화려한 색깔들로 이루어진 이 녀석들의 깃털은 눈이 부실 정도로 아름다웠다. 나는 이처럼 아름다운 산새들을 볼 때마다 한 마리를 잡아 길러 보았으면 하는 생각이 간절했다. 하지만 이 녀석들은 워낙 사람들을 무서워하는 터라 가까이 접근할 수가 없었다.

그런데 한 번은 아주 화려한 색깔을 지닌 산새 한 마리가 우리 집 광으로 날아들었다. 광 안에 있는 곡식에 끌려 생사를 건 모험을 한 모양이다. 그토록 갖기를 열망했던 산새인지라 설레는 가슴으로 재빨리 광문을 닫고 한쪽으로 몰아서 잡는 데 성공했다. 그리고는 절대로 놓쳐서는 안 된다는 생각에 이 새를 잡은 손을 꼭 쥐었다.

문제는 다음에 발생했다. 너무 흥분한 나머지 필요 이상으로 손에 힘을 많이 주었던 모양이었다. 빠져 나가려고 격렬하게 몸부림치던 새가 갑자기 조용해지는 바람에 손에 힘을 빼고 살짝 열어 보았더니 새가 더 이상 움직이지를 않아 가슴이 철렁했다. 숨이 막혀 죽었던 것이다. 새의 항문에 바람을 불어 넣으면 살아난다는 말이 떠올라서 열심히 바람을 불어 넣어 보았지만 소용이 없었다. 마지막으로 두 손바닥으로 새를 받쳐 들고 무릎을 꿇은 채 하느님께 절실한 마음으로 기도했다. "전지전능하신 아버지 하느님이시여, 저의 잘못으로 이 예쁜 새가 목숨을 잃었습니다. 저에게 벌을 내려 주시고 이 새에게 다시 생명을 주시옵기를 간절히 기원합니다." 되풀이되는 나의 기도에도 불구하고 아름다움을 뽐내던 산새의 생명은 끝내 돌아오지 않았다.

간절한 기도에도 응답해 주지 않는 하느님을 원망하는 가운데 울면서 이 산새를 사과나무 밑 양지바른 곳에 묻어 주었다. 햇볕이 내리쬐는 곳이라 눈은 녹아서 없었지만 땅은 꽁꽁 얼어붙어 곡괭이로 파야만 했다. 고양이나 개 등의 짐승들이 파헤치지 못하도록 되도록 깊이 파면서 나는 다시는 새들을 잡지 않겠다고 맹세했다. 조금 전까지만 해도 살아서 펄펄 날아다니던 예쁜 생명 하나가 나의 잘못으로 세상에서 영원히 사라졌다는 것을 생각하니 너무나 슬펐고 죄스러웠던 것이다.

교회와 주일학교

우리 동네에는 아담한 목조건물로 지어진 교회가 있었는데 일제시대에 지어졌다고 했다. 목사님 관사까지 있는 제법 큼직한 교회였다. 교회는 동네 뒤쪽의 지대가 좀 높은 곳에 학교와 함께 있었고 주위에는 과수원들이 펼쳐져 있었다. 우리 과수원 집에서 학교나 교회에 가려면 과수원 사이 길을 따라 에둘러 가던가, 아니면 다른 집 과수원을 질러 바로 가야 했는데 채 5분도 걸리지 않는 가까운 거리였다.

우리 가족은 아버님을 빼고 모두 열성 교인이었다. 특히, 어머님께서는 하루의 일과를 기도로 시작해서 기도로 끝낼 정도로 신앙심이 돈독하신 분이었다. 나는 일요일날 교회 유년부에서 어린이들을 위해 실시하고 있는 주일학교에 단 한 번도 빠지지 않고 열심히 다녔다. 주일학교 선생님이 들려 주시는 예수님에 관한 이야기, 특히 예수님이 행하신 수많은 기적에 관한 이야기들과 예수님의 부활에 관한 이야기는 듣고 또 들어도 언제나 신기하고 재미가 있었다.

교회에서 하는 행사 중에 우리를 제일 들뜨게 만드는 것은 추수감사절 예배와 성탄예배였다. 가을 곡식을 다 거두고 난 다음 11월 셋째 주 일요일 저녁예배시간이 되면 마을의 교인들이 모두 모여 경건한 마음으로 추수감사절 예배를 드렸다. 예배를 마치고 나면 곧이어 유년반 학생들이 준비한 추수감사절 연극이 있었다. 이 연극을 위해 우리는 몇 달간을 준비하곤 했다. 한 번은 내가 맡은 역이 호박이었는데, 집에서 어머님이 정성껏 기른 호박 가운데서도 제일 큰 것을 가지고 연기를 하게 되었다. "나는 호박입니다……"라고 시작해서 호박의 일생을 하나님의 섭리에 따라 재미있게 그려내는 내용이었다.

어머님께서는 약골인 내가 한아름 이상의 큰 호박을 가지고 연기를 해 내기 힘들 것이라고 생각하여 적당한 크기의 호박을 나에게 권했지만 나는 제일 큰 것으로 고집했다. 한 번 들어보니 할 만할 것 같았기 때문이다. 그러나 막상 무대 위에 서서 이 무지막지하게 큰 호박을 안고 대사를 외우려니 그 무게를 도저히 감당할 수가 없었다. 그래서 호박을 안은 채 "아이고 무거워서 못하겠다"고 하며 무대바닥 위에 털썩 주저앉았던 기억이 난다. 물론 교회 안은 웃음바다가 되었다.

예수 성탄일은 기독교인에게 최대의 명절날이다. 유년부에서는 물론 청년부나 장년부에서도 이러저러한 준비들을 다채롭게 했다. 그러나 내가 예수 성탄일을 특히 좋아했던 데는 두 가지 이유가 있었다. 하나는 성탄 전야제를 할 때만 볼 수 있었던 예수님 일생에 대한 그림 때문이었고, 다른 하나는 새벽에 찬송가를 부르며 마을을 돌 때 갖게 되는 환희의 기쁨과 어른들이 내주시는 맛있는 군것질거리 때문이었다.

예수님 일생에 대한 그림은 목사님께서 매우 소중하게 보관하시는 우리 교회의 귀중한 보물 중의 보물이었다. 예수님의 탄생, 예수님이 행하신 여러 기적, 최후의 만찬, 십자가에 못 박히는 장면, 예수님의 부활과 승천 등을 묘사한 화려한 색채의 그림들을 볼 때마다 우리는 탄성을 올렸다. 집에 두고 매일 봐도 싫증나지 않을 것 같은 이 그림들은 우리의 어린 영혼들을 예수님 찬양에 쏙빠지도록 하기에 충분했다.

흰 눈이 펑펑 쏟아지는 성탄 전야에 무거워지는 눈꺼풀을 비벼대면서 교회 안 난로가에 옹기종기 모여앉아 예수님 이야기를 들으며 새벽을 기다리는 일 또한 즐거웠다. 그러나 우리를 더욱 설레게 만든 것은 이른 새벽 매서운 추위에 오들오들 떨면서도 환희에 찬 목소리로 '기쁘다 구주 오셨네……'를 힘차게 부르며 마을을 도는 일이었다. 모두가 잠들어 정적에 쌓인 새벽길, 수북이 쌓인 눈 위에 첫 발자국을 찍으며 성탄가를 부를 때면 진정 우리 모두가 예수님의 탄생을 기뻐하며 알리는 천상의 나팔수들이 된 기분이었다. 신도들의 집 앞에서 성탄가를 부르면 어른들이 기다렸다는 듯이 나와서 꽁꽁 언 우리들 손을 잡아주며 준비한 먹을거리들을 쥐어 주셨다. 지금도 그때의 기쁨이 생생하게 기억난다.

국군의 북진과 민중봉기

1950년 내가 인민학교의 마지막 학년인 5학년으로 진학한 지 얼마 안 되었을 때다. 갑자기 마을이 뒤숭숭해졌다. 전쟁이 터졌다는 것이다. 남한에서 먼저 38선을 넘어 쳐들어왔기 때문에 세계 최강의 우리 인민군대가 이들을 물리치고 지금 서울을 점령하고 계속 남쪽으로 진군하고 있다는 것이었다.

마을의 세포위원장을 비롯한 공산당 요원들은 물론 학교 담임선생님도 기세가 등등하여 남한을 해방시킬 날도 멀지 않았다며 흥분하고 있었다. 아버님을 비롯한 친척들과 아버님 친구들은 은밀하게 만나면서 세상 돌아가는 판세를 어림잡아 보려고 애쓰는 모습이었다. 그러나 누구도 전쟁상황이 어떻게 되어 가고 있는지 알 수 없는 형편이었기 때문에 공산당원들이 신이 나서 떠드는 말에 가슴을 조이고 있는 것 같았다.

우리 마을사람들은 대부분 기독교 교인이었고 생활이 안정되어 있어서 공산당을 싫어했다. 그래서 세포위원장을 비롯한 핵심 공상당원들은 대부분 타지에서 온 사람들이었다. 해방 직후에는 종교에 대해서도 비교적 관대했고, 개인이 소유하고 있는 토지에 대해서도 기득권을 인정해 주었다. 그러나 시간이 지나면서 종교에 대한 탄압이 점차 심해졌고, 토지개혁 이후에는 땅을 몰수당한 사람들이 많이 생기면서 공산당에 대한 감정이 흉흉해지고 있었다. 더욱이 사상적으로 위험인물이라고 분류되던 마을의 몇 분이 아오지탄광으로 끌려간 후로는 공산당을 싫어하는 사람들이 더욱 늘어났다.

북조선 당국에서는 전쟁이 일어난 후 계속 이기고 있다고 선전하면서도 징집대상인 젊은이들은 물론 나이 어린 16~17세의 청소년들까지도 마구 끌어갔다. 그런데 시간이 지나면서 마을에 조금씩 입소문이 돌기 시작했다. "전쟁에 나가면 죽는다. 그러니 살기 위해서는 끌려가더라도 도중에 도망을 쳐야 한다. 미국과 유엔군이 남한국군을 도와 주기 위해 전쟁에 참가하면서 인민군이 계속 밀려 후퇴하고 있다. 전쟁은 오래가지 못한다"는 것이다.

10월 중순경으로 짐작된다. 국군이 38선을 넘어 계속 북진함에 따라 인민군은 패주하여 두만강 쪽으로 도주하고 있다는 소식이 들려왔다. 그래서 우리가 사는 곳에도 곧 국군이 들어올 것이라는 풍문이 온 마을에 돌았다. 그러자 공산당원들의 움직임도 심상치가 않아졌다. 도망갈 준비들을 하고 있는 것 같았다. 더욱이 장연읍에서 공산당 간부들과 인민군들이 구월산으로 후퇴하면서 이른바 '반동분자'들로 분류된 사람들을 교회 안에 가두어 놓고 불을 질렀다는 소문이 돌면서 마을에는 금방이라도 폭발할 것 같은 격한 분위기가 감돌기 시작했다.

결국 어느 날 마을에 올 것이 오고야 말았다. 민중봉기가 일어난 것이다. 그 동안 숨죽인 채 당하기만 했던 마을사람들이 몽둥이를 들고 나와 공산당원 색출에 나선 것이다. 동네사람들이 악질 핵심당원으로 낙인찍었던 세포위원장이 도망치다 이들에게 붙잡혀 몰매를 맞아 죽으면서 동네에는 살기가 감돌았다. 혈기왕성한 젊은이들은 앞장서서 치안대를 조직한 후 밤에는 요소마다 모닥불을 피워 놓고 불침번을 서면서 마을을 지켰다. 젊은이들은 대단히 흥분해 있었다. 특히, 이들은 인민군에 끌려가던 도중에 탈출하여 뒷마당의 토굴이나 장독 안 등에서 숨어 지내다 세상이 바뀌었다는 소식을 듣고 밖으로 나온 터라 매우 과격했다.

동네 유지들은 젊은이들이 과격해지는 것이 염려했으나 그들을 달랠 수는 없었다. 그 동안 마을사람들을 못살게 굴었던 세포위원장 가족과 여성동맹위원장 가족, 그리고 핵심당원들과 그 가족들이 붙잡혀서 현물세 징수를 위해서 사용되던 창고에 감금되었다. 치안사무소는 어머니가 여성동맹위원장이었고 아버지가 핵심당원이었던 장만년의 집이 임시로 사용되었다. 우리 학교의 소년단 단장이었던 장만년은 여성동맹위원장으로서 지나칠 정도로 위세를 부리던 어머니 때문에 5~6세 위인 누나, 그리고 두 살 밑인 동생과 함께 온 가족이 제일 먼저 붙잡혀 감금되는 신세가 되었다.

우리는 어른들이 세상이 달라졌다고 좋아하시기 때문에 덩달아 신이 나서 마을을 휘젓고 돌아다녔다. 하루는 치안사무소로 사용하는 장만년의 집에 구경을 갔다. 그런데 우리 5학년 담임선생님이 머리카락을 상투같이 묶여 받침대도 없이 대들보에 대롱대롱 매달려 있는 것이다.

생전 처음 보는 모습이라 신기하기도 했지만 얼마나 머리가 죽이 아플까 하는 생각이 들었다. 선생님은 며칠을 못 주무셔서 그런지 그런 상황에서도 잠을 잘 생각만 하는 것 같았다. 눈을 감으려고 애를 쓰는데도 잘 되지가 않는 듯했다. 한 녀석이 수수깡 껍질로 눈꺼풀을 버텨 놓았던 것이다. 우리도 잘 아는 아이가 그랬다고 친구들이 귀띔해 주었다. 장난기 많은 그 녀석은 우리 반 학생이다. 청소당번을 할 때 김일성 초상화에 덧그림을 그린 것이 발각되어 담임선생님한테 엄청난 체벌을 받고 퇴학당했는데, 분명 그것에 대한 보복이었던 셈이다. 하기야 나도 소년단문제로 선생님에 대한 불만이 많았지만 그 순간에는 너무 불쌍하게 느껴졌다.

그러나 나는 선생님을 위해 감히 그 수수깡을 떼어 낼 용기가 없었다. 어른들의 말로는 선생님을 비롯해 창고에 감금되어 있는 당원들과 그 가족들은 국군이 들어오면 넘겨 줄 계획이라고 했다. 동네사람들과 우리 어린이들은 국군이 마을에 들어오기만을 목 빼고 기다렸다.

민중봉기가 일어난 후 우리 식구는 집에서 잠을 자지 못하고 밤마다 동네로 내려와서 이 집 저 집을 돌며 잠을 잤다. 시국이 급박하게 돌아가는 상황에서 아버님께서는 만삭의 어머님과 우리 어린 남매를 데리고 동네에서 떨어진 외딴 곳에서 자는 것이 불안하셨던 모양이다. 실제로 언젠가는 우리 식구가 동네에서 자고 집으로 돌아왔을 때 수십 발의 총알자국을 발견했다. 곡간의 쌀독들이 깨어지고 쌀이 바닥에 쌓여 있었다.

이런 일이 있고 난 후로는 아버지께서 불타산 밑의 '대경골'이라는 아주 작은 마을에 살고 계시는 작은아버님댁으로 우리 식구를 피신시켰다. 작은아버님께서는 그 곳에서 밭농사와 양봉을 주업으로 하고 계셨다. 우리 세 식구가 대경골로 피나간 다음 날이었다. 점심을 먹고 난 한참 후, 우리 동네 쪽에서 마치 전쟁이 일어난 것처럼 쉴 새 없이 총소리가 들려 왔다. 틀림없이 무슨 큰 일이 일어난 것처럼 보였다. 우리는 안절부절 못하며 애를 태우고 있는데 얼마 후 몇 사람이 숨이 목에 닿게 뛰어오며 말했다. 용연에 인민군들이 쳐들어와 보는 사람마다 다 쏘아 죽이고 있는데, 여기도 올지 모르니 빨리 동네를 떠나 숨어야 한다는 것이었다.

우리는 우선 몸을 피하는 것이 좋겠다는 작은아버님 말씀대로 동네사람들과 함께 불타산 쪽으로 올라갔다. 산에 숨어서도 아버님과 큰집 식구들이 걱정되어 가슴 졸이고 있는 동안 해가 떨어지고 날이 어두워지기 시작했다. 그러나 아버지께서는 나타나지 않으셨다. 그때까지도 간간이 총소리가 들리더니 갑자기 우리 동네에서 불길이 솟아올랐다. 온 마을이 다 불타는 듯 우리 동네 쪽의 하늘이 벌겋게 보였다. 참으로 불안해 죽을 지경이었다. 어머니께서는 눈물로 기도하시며 아버님과 큰집 식구, 동네 분들이 무사하시기를 기원하셨다.

어머님의 간곡하신 기도 때문이었을까. 아버님께서 자정무렵이 되었을 때 사촌누나와 형을 데리고 우리가 숨어 있는 곳으로 황급히 올라오셨다. 우리는 마치 죽은 줄 알았던 사람들이 살아 돌아온 것 같은 감격을 맛보았다. 그러나 우리에게는 무사함의 감격을 마냥 나눌 만한 여유가 없었다. 아버님께서는 이곳도 안전하지 않으니 다른 곳으로 피해야 한다고 하시면서 우리를 데리고 산에서 내려와 대경골 동네에서도 멀리 떨어져 있는 어떤 하천둑 밑의 좀더 안전한 곳으로 가셨다. 그 날 밤 우리는 낮에 벌어진 상황을 낮은 목소리로 이야기하시는 아버님의 말씀에 몸을 떨면서 밤을 꼬박 새웠다. 아버님의 이야기는 대략 다음과 같았다.

아버님께서는 점심을 드신 후 동네 어른들과 함께 전쟁상황과 치안문제를 비롯한 여러 가지 일들을 이야기하고 계셨단다. 그런데 이때 몽금포로 가는 길에 있는 석교리 쪽에서 군인들을 가득 실은 트럭들이 우리 동네 앞의 신작로 언덕을 넘어오고 있었다는 것이다. 트럭에는 태극기가 꽂혀 있고 군인들도 빨간 견장이 없는 군복을 입고 있어서 동네 꼬마들과 일부 젊은이들은 학수고대하던 국군이 들어오는 줄 알았다고 한다.

그래서 태극기를 높이 흔들며 국방군 만세를 외치면서 그들을 맞이했는데 차에서 내린 군인들이 환영하는 사람들을 향해 무조건 따발총을 쏘아댔다는 것이다. 다행히 총에 맞지 않은 사람들이 혼비백산하여 동네 안으로 뛰어오며 간단히 상황전달을 한 후 빨리 도망가야 산다고 해서 사력을 다해 인민군이 들어오는 반대방향인 둔둔털 논벌로 뛰었다고 한다.

인민군들은 마치 적군을 소탕하듯 도망가는 사람들을 향해 무차별 사격을 가하면서 뒤쫓아 왔는데, 같이 도망치던 사람들이 옆에서 픽픽 쓰러져 나가더라는 것이다. 이것을 본 아버님은 온몸에 힘이 빠져 더 이상 뛸 수가 없어서 총소리와 함께 푹 쓰러져 죽은 체했다는 것이다. 그리고는 인민군들이 더 이상 쫓아오지 않는다고 생각될 때 아직 벼를 베지 않은 논으로 기어들어가 납작 엎드려 숨어 있다가 어둠이 깔릴 무렵 그 곳을 빠져나오는 중에 같은 곳에 숨어 있던 사촌누나와 형을 만나 우리가 있는 대경골로 달려오셨다는 것이다.

다음 날 아침 인민군들이 감금당했던 당원들을 데리고 새벽녘에 장연읍 쪽으로 떠났다는 전갈을 받고 우리는 부랴부랴 우리 동네로 돌아왔다. 애태우며 걱정했던 큰아버님의 다른 가족들도 무사했다. 그러나 동네의 모습은 처참했다. 인민군들은 동네로 들어와서 사람사냥을 한 후 당원들의 사주에 따라 반동이라고 생각되는 사람들의 집에 불을 놓아 마음껏 복수를 했던 것이다. 그런 다음 저녁을 거창하게 지어 먹고 갇혀 있던 당원들을 데리고 떠났던 것이다. 목숨을 잃은 사람이 수십 명이었고 여러 채의 집이 잿더미가 되었다. 특히, 젊은이들의 희생이 컸다. 그 동안 바깥세상을 등지고 숨어서 살다가 좋은 세상이 돌아왔다고 기뻐서 어쩔 줄 몰라 하던 꽃다운 나이의 젊은이들이 미처 피어 보지도 못한 채 낙화했던 것이다.

동네는 통곡의 바다가 되었다. '설마 내 아들, 내 남편은 아니겠지' 하며 떨리는 손으로 시신을 덮은 가마니를 제치는 순간 자기 식구임을 확인하고 실신한 여인들이 한두 명이 아니었단다. 멀리 비석포에 살고 계시던 외할머님께서도 소문을 들으시고 날이 밝자마자 달려와 혹시 아버님께서 일을 당하지 않았는가 하여 일일이 시신을 확인하셨다고 했다.

그런데 여러 채의 집이 불에 타는 와중에서도 우리 집은 불행 중 다행으로 온전했다. 동네와 꽤나 떨어져 있었다는 점도 이유가 되었겠지만 들리는 말로는 세포위원장 어머니께서 불을 못 놓게 말렸다고 했다. 나의 어머님께서 공산당원들이 현물세 창고에 갇혀 굶주리고 있을 때 먹을 것을 넉넉히 만들어 몰래 들여 보내 주신 적이 있는데 그에 대한 보은이었다고 한다.

동네를 쑥대밭으로 만든 인민군들의 만행이 있은 지 열흘쯤 지나서다. 인민군들과 함께 트럭을 타고 장연읍 쪽으로 떠났던 당원들이 고스란히 우리 마을로 다시 돌아오는 놀라운 일이 벌어졌다.

국군이 원산을 점령한 후 워낙 빠른 속도로 두만강 쪽으로 진격해 나갔기 때문에 후방의 인민군들은 퇴로가 막혀 버린 것이다. 그래서 이들은 모두 구월산으로 들어가 유격전을 준비하도록 명령을 받았다고 한다. 우리 동네에 들이닥쳤던 인민군들은 원래 서해 도서의 방어를 위해 백령도에 주둔하고 있었던 부대였는데, 이들도 후퇴하는 도중이었으며 목적지도 구월산이었다고 한다. 국군으로 위장한 덕분에 장연읍까지는 무사히 빠져나갔지만 이들의 만행과 정체가 알려지면서 결국 신천읍에서 치안대에 의해 붙잡히고 말았던 것이다.

가족을 학살당한 유가족들과 집을 방화로 잃은 사람들의 통곡과 원한이 아직 마을 전체를 휘감고 있는 상태에서 이들을 다시 만나게 된 마을사람들은 완전히 이성을 잃어버렸다. 그리하여 당원들을 조리돌리자는 결정이 내려졌다. 남녀노소 할 것 없이 거의 벌거벗은 채 밧줄에 줄줄이 묶이고, 발뒤꿈치에는 양철통 같은 소리 나는 물건들이 매달려졌다. 그리고는 맨 앞에 가는 사람으로 하여금 북을 두드려 주위의 이목을 끌도록 했는데, 장만년의 누나가 이 일을 했다. 동네를 한 바퀴 도는 이들 일행을 보기 위해 많은 사람들이 길거리로 나왔다.

이들 가운데는 당원들에게 달려들며 "내 아들 살려내"라거나 "내 집 내놔"라고 울부짖는 사람, "지 년놈들을 당장 쳐죽여야 한다"는 등의 온갖 욕설을 퍼부으며 침을 뱉는 사람, 돌멩이를 던지는 사람도 있었다. 조리돌림을 당하는 당원과 그 가족들은 고개를 떨군 채, 행렬의 움직임에 끌려 건성으로 발을 옮겼다.

특히, 북을 치는 장만년의 누나는 몽유병자처럼 멍한 얼굴로 모든 것을 체념한 듯 시키는 대로 행렬을 끌고 나갔다. 애들은 무슨 큰 구경거리라도 난 듯이 이들의 뒤를 바싹 쫓아가며 킥킥 대었다. 나는 장만년의 누나가 불쌍해 보였다. 우리 집 앞마당에 누나가 심어 놓은 함박꽃같이 동그란 얼굴에 복스럽게 피어나는 순진하고 착한 소녀가 엄마, 아빠 때문에 저 고통을 받아야 한다고 생각하니 마음이 아팠다.

더군다나 인민군이 동네 남자들을 찾아다니며 마구잡이로 총살을 할 때 큰아버님께서 수각에 있는 우리 집 아궁이 속에 숨어 있는 것을 보고도 인민군들에게 알리지 않아서 큰아버님께서 목숨을 구할 수 있었다는 이야기를 들었기 때문에 더욱 동정이 갔다. 이들은 온갖 수모를 받으며 조리돌림을 당한 후 극도로 흥분해 있던 유가족과 방화로 집을 잃은 사람들에 의해 모두 처형을 당했다. 나중에 들으니 장만년 형제는 처형장으로 끌려가지 않겠다고 반항하다가 도중에 학교 방공호 속에 생매장되었다는 이야기를 들었다. 방공호를 다 메운 뒤에도 이 두 형제의 외침소리가 들렸다는 것이 이들에 대한 마지막 이야기였다.

백령도로의 피난

마을에서 민중봉기가 일어난 후 많은 희생을 치루면서 국군의 출현을 간절하게 기다렸건만 좀처럼 국군의 모습은 보이지 않았다. 그런데 연말이 가까워지면서 이상한 소문이 돌기 시작했다. 엄청난 수의 중공군이 인민군을 지원하기 위해 두만강을 건너 쳐들어오는 바람에 국군이 후퇴하고 있다는 이야기였다. 아버지께서는 큰외삼촌을 오시라고 해서 전쟁상황에 대해 상세하게 물어보셨다.

큰외삼촌은 '김형보'라는 분이었는데 곱슬머리와 후리후리한 키에 얼굴도 남자답게 잘 생겼을 뿐만 아니라 성격도 자유분방하셨다. 악기를 좋아하셨는데, 특히 트럼펫을 잘 부셨다. 종종 집에 오셔서 트럼펫을 불 때면 외삼촌이 그렇게 멋져 보일 수가 없었다. 이런 분에게 공산주의는 체질적으로 맞지 않는 듯했다. 그래서인지 전쟁이 일어나기 전에 장산곶 쪽의 해로를 이용하여 남쪽으로 월남을 하셨다. 자신의 장기를 살리려고 국군 군악대에 들어갔는데 곧 전쟁이 일어났던 것이다. 미처 서울을 빠져나가지 못하고 숨어 지내다가 북진하는 국군을 따라 사리원을 거쳐 혼자서 고향으로 돌아왔다.

당시 외삼촌은 장연읍 일대에서는 유일한 국군으로 상당한 영향력을 행사하고 계셨다. 외삼촌은 국군 복장에 카빈총을 멘 채 오토바이를 타고 가끔 우리 동네에 들리곤 했는데, 나는 그때마다 외삼촌이 얼마나 멋있고 자랑스러워 보였는지 모른다. 그래서 외삼촌이 오실 때마다 애들 앞에서 괜히 으시대며 뽐내곤 했다.

큰외삼촌으로부터 선황을 들으신 후 아버지께서는 아무래도 정세가 심상찮게 돌아간다고 여기셨는지 잠시 피난을 가야겠다고 하셨다. 동네 유지분들한테는 양해를 구했지만 그래도 다른 사람들의 눈이 있으니까 밤에 조용히 빠져 나가야 한다고 하셨다. 부모님께서는 한두 달 정도 피해 있는 동안 꼭 필요한 물건만을 챙기셨다. 어머님께서 매우 소중히 여기셨던 싱거 재봉틀과 아버지께서 애지중지하셨던 RCA Victor 축음기는 잘 포장하여 뒷뜰에 파놓은 방공호에 넣은 다음 입구를 메워버렸다.

달구지에 당분간 먹을 양식과 식기, 이부자리와 옷가지 등을 싣고 갓 태어난 여동생을 포함한 우리 식구 5명과, 외삼촌네 식구 5명이 피난길에 올랐다. 달구지 옆을 걸어서 쫓아오는 어른들은 별로 말씀이 없으셨다. 그러나 아직 초등학교 학생이었던 나는 마냥 신이 났다. 아버님이나 큰외삼촌으로부터 남한에 대해 좋은 이야기만 들었기 때문에 드디어 남한 땅으로 간다는 기쁨이 나를 흥분시켰다. 흥이 나서 콧노래를 부르다 누나한테 야단을 맞기도 했다.

다음 날 새벽에 우리가 도착한 곳은 '덕등포'라고 하는 장산곶 근방의 포구였다. 선창가 특유의 비릿한 냄새가 싫었지만 넓은 바다와 큰 배들을 처음 보는 나에게는 모든 것이 마냥 신기하기만 했다. 바닷물이 빠진 항구에는 높이 치솟은 돛대와 선체를 드러낸 대형 선박들이 정박해 있었는데 우리가 타고 갈 배도 그 중에 하나일거라 생각했다.

덕등포에서 우리는 며칠을 묵었다. 아버님께서는 아마 우리가 타고 갈 배를 교섭하는 모양이었다. 하루는 소리가 별로 크지 않은 작은 비행기 한 대가 포구 상공을 낮게 몇 바퀴 돌더니 종이뭉치를 하나 떨어뜨리고 갔다. 큰외삼촌 말씀에 따르면 그 비행기는 유엔군 정찰기인데 내일 잠자리비행기를 보낼테니 그 비행기를 타고 항공모함으로 몸을 피하라는 내용의 문서였다는 것이다.

다음 날 잠자리비행기가 날아와 굉장히 큰 소리를 내며 포구의 넓은 벌판에 내려앉자 외삼촌께서는 비행기로 달려갔다. 잠자리비행기를 처음 보는 나는 외삼촌이 비행기 안에 있는 사람들과 한참을 이야기하는 동안 요란한 소리를 내며 돌아가는 프로펠러에 혹시라도 외삼촌의 머리가 잘려나가지 않나 해서 가슴을 졸이며 바라보았다. 외삼촌은 그들에게 가족을 놔두고 혼자만 갈 수는 없다고 말씀하셨단다.

마침내 우리가 떠나야 하는 날이 왔다. 해가 진 저녁 무렵에 설레는 마음으로 부모님을 따라 선창가로 나갔다. 그러나 나는 크게 실망했다. 우리를 기다리고 있던 배는 선창가에 위풍스럽게 정박해 있던 높은 돛대의 그 배들이 아니라 나룻배 정도의 작은 고기잡이배였기 때문이다. 완전이 망쳐버린 내 기분 따위는 알 필요도 없다는 듯이 배는 우리를 태우자마자 곧 돛을 올리고 출발했다. 배를 타본 경험이라곤 비석포리에 사시던 외할머님댁에 갈 때 강을 건너기 위해 나룻배를 타 본 것이 고작인 나로서는 죽을 것만 같은 항해였다. 배를 타는 순간부터 특유의 배냄새가 비위를 거슬려 속이 메스껍더니, 먼 바다의 높은 파도에 출렁이게 되자 결국 토하기 시작했다. 처음에는 갑판 밑의 작은 선실에 앉았다가 나중에는 누웠는데도 배멀미는 여전했다. 계속 속이 뒤틀리고 메스꺼워서 위에 든 것을 모두 토해 냈는데, 나중에는 더 이상 나올 것이 없자 위에서 신물만 나왔다. 나만 아니라 거의 모두 그랬지만 어머님과 내가 특히 심했다. 밤새도록 죽을 것만 같은 배 멀미로 고생을 한 후 다음 날 아침에 백령도의 용기포라고 하는 곳에 도착했다. 집이 몇 채밖에 없는 아주 작은 포구였다.

나는 또 한 번 크게 실망했다. 남한으로 피난을 간다고 해서 집들도 크고 거리도 으리으리한 큰 도회지를 상상하고 좋아했는데 우리 동네와는 비교가 되지 않는 황량하다 못해 을씨년스럽기까지 한 곳이었다. 그런데 신기한 것은 육지에 내리자마자 언제 그랬느냐는 듯이 배멀미가 싹 사라졌다. 짐은 나중에 실어 가기로 하고 안내하는 사람을 따라 해송(海松)이 울창한 해안을 지나 안쪽으로 들어갔더니 '사곶'이라고 하는 동네가 나왔다. 우리의 고달픈 피난생활이 시작된 곳이었다.

고향 잃은 청소년시절

얼마 동안의 피난생활이 될지 모르지만 당장 거처할 곳이 필요했던 우리는 군불을 때는 아궁이가 붙어 있는 사랑채 하나를 얻었다. 다행히 주인집 아저씨와 아주머니는 어촌 주민답게 순박하고 어진 분이었다. 고향 떠나 객지에서 얼마나 고생이 많겠느냐면서 우리 걱정을 많이 해 주었다.

우리 식구와 외삼촌네 식구는 너댓 평이나 될까말까한 사랑채 방과 주인집 안방에 붙어 있는 작은 윗방에 나뉘어서 잠을 자고, 식사는 사랑방에서 함께 하는 옹색하기 짝이 없는 생활을 해야 했다. 그러나 우리는 이 고생이 얼마 가지 않을 거라고 굳게 믿고 있었기 때문에 별 불평 없이 새로운 생활에 적응하려고 노력했다.

우리가 처음 도착했을 때 사곶은 전형적인 어촌으로 10여 채에 불과한 초가집들이 옹기종기 모여 있는 매우 초라한 마을이었다. 밭이나 논 같은 농지는 보잘것 없었고, 주로 까나리나 해삼, 전복, 갈치, 홍어, 꽃게 등을 잡아 파는 어업으로 주민들은 생계를 이어가는 형편이었다.

해안을 따라 뻗어 있는 모래밭에는 우거진 해송들이 병풍같이 동네 앞을 가로막고 있었지만, 거센 해풍과 모래바람에 집 주변은 온통 모래투성이였다. 조금만 문을 열어 두어도 집안으로 모래가 날아 들어 이를 처리해야 하는 여자들의 손길은 쉴 틈이 없었다.

외로웠다. 막연하나마 남한에 대한 호기심이 컸던 만큼 백령도에 대한 실망 역시 대단했다. 그러나 몇 개월만 참고 기다리면 고향으로 다시 돌아갈 수 있다는 생각에 꾹 참았다. 또래들을 만나 새로운 친구를 사귀려고 했던 나는 다시 한 번 실망하지 않을 수 없었다. 사실상 사곶 아이들에게는 변변한 놀이 같은 것들조차 없었기 때문이었다.

남자애들이 하는 일이란 것이 용연에서 여자애들이 매일 하는 일과 별로 다르지 않았다. 포대기를 둘러 아기를 등에 업은 채, 뜨개질을 하는 모습이 어색하면서도 신기해 보이기만 했다.

친구는 물론 마땅한 놀이조차 없어 할 일이 없어진 나는 많은 시간을 바닷가에 나가 조개껍질을 줍거나 양지바른 모래둔덕에 누워 고향 친구들을 그리워하면서 보냈다. '지금쯤 고향의 친구들은 원둥에서 연날리기를 하거나 공차기를 하면서 신나게 놀텐데' 하고 생각할 때면 가슴이 답답했다.

가을은 점점 깊어 갔고, 늦가을의 섬은 무척 을씨년스러웠다. 점차 강해지는 해풍으로 사나워진 바다는 흰 거품을 바람에 날리며 거친 파도를 해안으로 밀어내고 있었다. 활 모양으로 굽어 있는 까마득히 먼 모래사장 어디에도 사람들의 모습은 찾아

보기 힘들었다. 나는 속절없이 바닷가를 거닐며 다시 고향으로 돌아가게 되는 날 친구들에게 주겠다고 조개껍질을 주워 모으며 지루하게 남아도는 시간을 보내야 했다.

목숨 건 피난인파

우리가 거처할 방을 마련해 주신 후 아버님께서는 다시 고향 용연으로 들어가셨다. 집에 혼자 남아 계신 할머님과 다른 친척들의 문제, 그리고 우리가 백령도에 있는 동안 먹을 식량을 해결하기 위해서였다. 사람들이 주로 어업으로 생계를 유지해 가는 백령도에서는 우리가 먹을 양식을 구하는 것이 쉽지 않았을뿐더러, 막 추수를 해 쌓아 놓고 온 고향땅의 곡식에 대한 애착과 미련 때문이셨다.

얼마 후 아버님께서는 큰아버님 가족 다섯 명과 상당량의 식량을 가지고 다시 백령도로 나오셨다. 할머님께서는 추운 겨울에 객지에서 고생하느니 고향에 남아 집을 지키시겠다고 고집하셔서 못 모시고 나오셨단다. 어렸을 때 할머님과 함께 자면서 어리광을 부리며 자랐는데, 할머님이 우리와 함께 계실 수 없어서 슬펐다.

주인집 아저씨의 호의로 큰아버님 가족은 우리가 살고 있는 집의 광을 방으로 고쳐서 살기로 했다. 낯선 타향이지만 친척이 함께 모여 산다는 것은 위로가 되었고, 백령도로의 피난을 그저 잠시 피해 있는 기간으로 생각했기 때문에 큰 불만 없이 하루하루를 버텨 가고 있었다. 그리고 그때까지만 해도 피난 온 사람이 거의 없었기 때문에 순박한 섬주민들과 평화스러운 일상생활을 해 나갈 수 있었다.

그러나 그 해가 끝날 무렵인 12월이 되자 상황이 완전히 달라졌다. 처음에는 수백 명의 피난민들이 몰려들더니 연말부터 이듬해 중순까지는 수천 수만 명의 피난인파가 목숨을 건 항해를 감행해 백령도로 도피했다. 유엔군이 중공군에 밀려 북한지역을 포기하고 38선 이남으로 후퇴하자 황해도의 맨 서쪽 끝에 있고, 대부분이 바다와 인접한 장연은 국군으로부터 완전히 고립되고 말았다. 자유를 위해 봉기했던 무장치안대원들은 유엔군의 재반격과 북진을 고대하면서 구월산 남쪽 산맥과 신천 방면에서 공격해 오는 공산군을 맞아 눈보라치는 설원과 산악에서 치열한 전투를 벌이고 있었다. 그러나 인민군의 대대적인 공격을 더 이상 막을 수가 없어서 1951년 1월 결국 통한의 분루를 삼키며 육지를 포기하고 말았던 것이다.

1950년 말부터 이듬해 1월 중순에 이르는 기간에 백령도에는 장연지역에서뿐만 아니라 황해도 각 지역에서 피난 온 수만 명의 인파와 고향에서 반공활동을 하던 수천 명의 무장치안대원들이 한꺼번에 몰려들었다. 그러다 보니 새우잠이라도 잘 수 있는 곳을 민가에 마련한 사람들은 정말 행복한 사람들이었다.

따라서 대부분의 사람들은 한겨울의 혹독한 추위를 피할 수 있는 거처와 땔감이 필요했다. 해안가에 병풍같이 아름답게 우거져 있던 수십 년생의 해송들은 움막용 재목이나 땔감으로 이용되었다. 대낮에는 사람들의 눈을 의식해서 맘대로 나무에 손을 대지 못했지만 밤만 되면 나무들은 사정 없이 잘려 나갔다. 참으로 안타까운 일이었지만 우선 사람이 살고 보아야 한다는 절실함 때문에 아무도 말리는 이가 없었다. 그리하여 동네에는 빈터가 없을 정도로 피난민들의 움막이 가득했다.

용연 고향동네에서도 많은 사람들이 백령도로 피난을 나왔다. 워낙 다급한 상황에서 고향을 떠나야 했기 때문에 부부나 가족이 모두 나온 사람은 하나도 없었다. 대경골에 사시던 작은 아버님도 가족을 동반하지 못하고 혼자 나오셨다. 대부분이 단신으로 20대의 젊은이들이었으나, 우리 아버님같이 30대 중반의 분들도 더러 계셨다.

이제 백령도는 공산주의의 굴레에서 벗어나 자유를 찾고자 했던 수많은 피난민들이 그들의 목숨을 구할 수 있었던 가장 소중한 '자유의 땅'이 된 것이다.

동키부대

섬 자체에서 나오는 양곡으로는 원주민도 자급자족할 수 없는 것이 백령도의 식량사정이었는데, 엄청난 수의 피난민들이 갑작스럽게 들이닥치다 보니 먹는 문제의 해결이 가장 심각했다. 결국 이른 봄부터 영양부족으로 목숨을 잃는 사람들이 생기기 시작했다. 민간인들에게서뿐만 아니라 치안무장대원들에게서도 마찬가지였다. 인간답고 자유롭게 살고 싶어 죽을 고생을 하며 자유의 땅을 찾아왔건만 정작 먹을 것이 없어 굶어 죽는 참담한 상황이 벌어지고 있었던 것이다.

남한 정부는 백령도에서 일어나는 피난민들의 아사문제를 알아차린 모양이었다. 날씨가 풀리자 LST수송선을 동원하여 피난민들을 거제도로 옮기기 시작했다. 거제도에는 피난민을 위한 수용소가 있어서 그리로 가면 최소한 굶어 죽지는 않는다고 했다. 당장 끓여 먹을 끼니가 없어 살 길이 막막했을 뿐만 아니라 북한군의 공격을 두려워했던 대부분의 피난민들이 LST수송선을 탔다. 고향땅 가까이에 있다가 전략적 후퇴를 한 국군이 다시 북진을 하게 되면 제일 먼저 돌아가 그리운 부모형제나 처자식을 만나겠다는 간절한 희망도 우선 살아 남고 난 후의 이야기였던 것이다. 고향 마을에서 피난 온 대부분의 사람들도 거제도행 후송선을 탔다. 같은 고향 마을분들 중 백령도에 남은 사람은 우리와 큰아버님 가족 그리고 또 한 가족뿐이었다.

무장치안대원들에게도 변화가 생겼다. 유엔군의 이름으로 참전하면서 한국전쟁의 지휘권을 가지고 있었던 미군의 수뇌부가 북한의 내륙과 지척의 거리에 있는 백령도의 중요성을 알고, 이 곳을 전략기지로 삼고자 했기 때문이다. 즉, 미 극동사령부 정보장교들은 황해도 연안에 흩어져 있는 크고 작은 30여 개의 섬(백령도, 월내도, 육도, 기린도, 순위도 등)에 집결하고 있는 반공무장대의 존재와 성격을 인지하고 이들을 대공작전 수행의 일익으로 활용할 것을 상부에 건의했다. 그 결과 미 극동사령부는 백령도를 중심으로 북한 출신 반공청년들로 구성되는 유엔한국유격대를 조직하기로 했던 것이다.

미군은 또 1951년 이른 봄에는 백령도 진촌리에 미 육군

기지를 세워 이미 그 곳에 주둔해 있던 한국군 해병대와 함께 튼튼한 방어진지를 구축했다. 이와 함께 북한 지역은 물론 압록강 너머 중국 본토의 일부까지 감시할 수 있다는 레이더 기지가 진촌리와 북포리에 세워져 이 지역에 수백 명의 미 공군부대가 주둔하게 되었다.

이처럼 미군을 주둔시켜 백령도를 대북 서해지구 군사작전 전초기지로 만든 다음 유격대를 조직했다. 이 유격대는 출신 고향 군단위로 분류되어 '동키연대'라고 호칭되었다. 일명 장연백호부대로 불리는 장연군 출신의 무장치안대원들은 '동키 3연대'와 '동키 4연대'로 편성되었으며, 그 수는 1,000명에 가까웠다.

이들은 백령도에서 유격전 훈련은 물론 낙하산 훈련 등 여러 유형의 전투방법을 실전적 상황에서 교육받았다. 그리고 그 일부는 백령도에서 바로 적진으로 투입되었다. 다른 일부는 주변의 여러 섬기지로 수송되어 작전에 투입되었다. 또한 미군은 이들 이외에도 '에치 아이 디'라고 하는 특수부대 요원을 양성하여 적진에 투입시켰다. 그러나 이들의 훈련이나 임무에 관해서는 철저하게 비밀로 붙여졌다. 그래서 이들은 우리 같은 아이들에게는 신비로운 존재였으며, 항상 목숨을 내놓고 살기 때문에 무서운 것이 없는 사람들로 엄청난 대우를 받는다고 들었다.

동키부대원이든 에치 아이 디 요원이든 간에 이들의 주요 임무는, 북한 내륙을 기습하여 인민군과 전투를 벌이며 주요 시설을 파괴하는 등의 유격전이나 요인의 암살 내지 납치 또는 첩보공작 등을 벌여 북한 내부를 교란시키는 것이었다. 실제로 이들은 1951년 2월부터 1953년 7월 휴전이 이루어지기까지 황해도 연안 서해지역의 여러 섬을 활동무대로 하여 수많은 전과들을 세웠다. 이들 유격대가 주전선의 후방에 대한 기습·파괴·교란작전 등을 끊임없이 감행함으로써 공산군은 황해도 연안과 그 인근의 해안지역에 이르는 넓은 지역에 엄청난 수의 병력과 장비를 투입해야 했다. 뿐만 아니라 이들 유격대는 300여 명에 달하는 인민군과 중공군 군관을 생포했고, 30여 명의 유엔 공군기 추락조종사를 구출했으며, 수십만 명의 북한 피난민들을 남한으로 인도했다.

당시 미8군 사령관이었던 밴플리트 대장은 1952년 유엔에 제출한 보고서에서 "백령도 기지는 정규군 1개 사단에 맞먹는 역할을 수행하고 있다"고 기술한 바 있다. 이것은 백령도를 중심으로 한 서해지구 반공유격대가 유엔군의 전쟁수행에 있어서 얼마나 큰 전략적 의의를 지니고 있는가를 단적으로 표현하는 말이었다.

그러나 휴전회담이 무르익으면서 주전선이 교착상태에 빠지자 공산군은 이 틈을 이용하여 서해지구 유격대에 대한 공격을 한층 강화시켜 갔다. 그러던 차에 1953년 7월 27일 한국전쟁이 승패 없는 휴전으로 종결되자 서해지구 유격대는 휴전선 이북의 여러 섬들을 포기하고 휴전선 이남의 섬들로 철수해야만 했다.

그 이후 서해지구 반공유격대는 동해지구 유격대 및 공수부대와 함께 1953년 늦가을에 국방부 제8250부대로 통합·개편되면서 한국군 군적을 가지게 되었으며, 1954년 봄에는 이 통합부대도 해체되면서 한국군 육군 여러 부대에 분산·배치되었다.

사곶 천연비행장

백령도는 수만 명에 이르는 피난민과 무장유격대들의 목숨을 구해 준 고마운 섬일 뿐만 아니라 군사적으로도 절대 양보할 수 없는 요충지였다. 특히, 사곶해안의 모래사장은 쌍발수송기가 뜨고 내리는 데도 아무 문제가 없을 정도로 단단한 특성을 가지고 있다. 나폴리해안과 함께 세계에서 두 곳밖에 없다는 이 천연비행장을 미군이 군사적으로 이용할 것을 결정함으로써 백령도의 전략적 가치는 더욱 높아지게 되었다

사곶 천연비행장은 참으로 아름답고 신기하다. 밀물 때가 되면 거의 모래둔덕까지 바닷물이 밀고 올라와 길게 굽어진 모래사장을 삼켜버린다. 그러나 썰물 때가 되어 바닷물이 깊숙이 빠지게 되면 약 4km에 이르는 경사가 아주 완만하면서도 넓고 긴 활모양의 모래벌판이 그 멋진 모습을 드러낸다. 모래는 바닷물을 잔뜩 머금고 있어서 콘크리트같이 아주 단단할 뿐만 아니라 굴이나 조개껍질 또는 자갈 따위가 전혀 섞여 있지 않는 순수한 모래벌판을 내 놓는다.

미군은 1953년 7월 정전협정이 체결될 때까지 이 천연의 비행장을 아군의 서해 최전방 전초기지로 마음껏 이용했다. 아마 백령도를 아군의 영토로 부속시키지 못했더라면 미군과 한국군은 전쟁에서 상당한 전략·전술상의 차질과 인명상의 손해를 보았을 것이다.

한국전쟁 당시에 찍은 백령도 사곶의 천연비행장. 전 세계적으로 이탈리아의 나폴리해안과 함께 단 두 곳에서만 비행기가 모래사장 위로 이·착륙할 수 있다고 함.

그런데 이 천연비행장 위에서 몇 바퀴를 돌던 육중한 미 군용수송기가 처음으로 굉장한 소리를 내며 내려앉았을 때 우리는 너무 놀랍고 신기하여 모두 구경을 나갔다. 공중에 떠다니는 비행기는 보았어도 땅 위에 있는 비행기를 본 적이 없기 때문에 그 크고 육중한 비행기가 미군 보급물자를 가득 싣고 모래사장 위에 내려앉는다는 것이 도저히 믿어지지 않았다. 키가 2m는 될 성싶은 미군 비행사들이 멋진 제복에 검은 색안경을 쓰고 비행기에서 내렸을 때의 그 당당한 모습은 황홀할 정도로 멋있었다. 그 이후 우리는 수송기 소리가 들리면 멋진 제복의 미군 비행사들을 보기 위해 모래사장으로 달려 나가곤 했다.

미군 수송기는 비행기가 착륙할 수 있는 썰물 때가 되면 하루에도 몇 번씩 미군과 필요한 물자들을 실어 왔다. 그러면 대기하고 있던 미군 트럭들이 군인들과 보급품들을 실어 갔는데, 처음에는 아이들이 가까이 가는 것을 막았다. 그러나 비행기가 자주 오면서 우리와 친해진 후로는 어느 정도 가까이에서 비행기를 구경할 수 있도록 허락했을 뿐만 아니라 시레이션 깡통이나 껌, 초콜릿 같은 것도 나누어 주었다. 그러나 이 소문이 퍼지면서 많은 사람들이 몰려들자 먹을 것들을 던져 주며 재미있어 하기도 했다.

사곶비행장에는 수송기뿐만 아니라 비행선도 자주 내렸으며, 북한 상공에서 임무를 수행하다 적군의 대공포에 맞아 추락 위기에 있는 전투기나 대형 폭격기들도 착륙을 시도했다. 그러나 정상적인 비행상태가 아니어서 그런지 거의 실패했다. 한 번은 전투기가 내리다 뒤집혔는데, 그때가 마침 밀물 때여서 빠른 속도로 밀려오는 바닷물에 잠겨버렸다. 미군들이 요란한 앰뷸런스 소리와 함께 달려왔지만 이미 질식해 죽은 비행사를 비행기에서 끄집어 내었을 뿐이었다.

대형 폭격기의 비상착륙이 실패한 경우로 또 하나가 기억난다. 해질 무렵이었는데 프로펠러 소리가 일정치 못한 대형 폭격기 한 대가 백령도 상공을 몇 바퀴 돌면서 비행대원들을 낙하산으로 탈출시킨 뒤 고도를 낮게 잡는다 싶더니 건너편으로 사라졌다. 나중에 알았지만 그 폭격기는 백령중학교 앞 신화동의 야산에 동체착륙을 했는데 다행히 산의 경사가 완만해 비행기가 크게 파손되기는 했지만 폭발하지는 않았다고 한다.

북한 상공에서 임무를 수행하다가 적군의 대공포에 맞아 추락위기에 있는 전투기들도 일단 백령도 근해로 탈출하는 데 성공하면 비행사는 살 수 있었다. 사이렌이 울리고 수십 대의 헬리콥터가 떠서 해상 쪽으로 날아가면 거의 동시에 전투기가 나타나 비행사는 낙하산을 타고 해상으로 비상탈출을 했다. 그러면 헬리콥터와 쾌속경비정들이 비행사를 구하기 위해 번개같이 빠른 속도로 몰려드는 극적인 장면들을 수도 없이 보았다.

사곶비행장에는 백령도에 주둔하고 있는 미군뿐만 아니라 황해도 연안의 서해바다를 돌아다니며 감시하던 순양함의 영국 해군들도 수십 명씩 와서 자기들 끼리 자주 축구를 했다. 축구를 좋아했던 나는 이들이 축구를 하면 꼭 해수욕장으로 나가서 아웃되는 공을 집어 주며 함께 즐거워했다. 하프타임이 되어 쉴 때는 물 대신에 큰 통에 준비해 온 오렌지주스를 마셨는데 우리 아이들에게도 한 잔씩 주었다. 난생 처음 먹어 보는 음료수였지만 엄청나게 맛있었다. 마음 같아서는 한 번이라도 실컷 먹어 보면 원이 없을 것 같았다.

이들과 달리 미군들은 두 사람이 앞으로 달려가면서 타원형으로 된 가죽볼을 상대방에게 던져 주거나, 서로 편을 짜서 상대편과 몸을 부딪치면서 이 길쭉한 볼을 자기편에게 던져 주어서 상대편 문에 볼을 찍게 하는 운동을 많이 했다. '참 이상하게 생긴 공과 경기도 다 있다'고 생각했는데 이 운동을 미국식 축구라고 한다는 것을 나중에 알게 되었다.

미군이나 영국 해군들은 운동뿐만이 아니라 해수욕도 마음껏 즐겼다. 준비해 온 대형 수건 위에 옷가지와 카메라나 선글

라스 등의 개인 소유물들을 놓아 두고 바다로 뛰어 들어가 파도를 타거나 매트리스를 타며 천진난만하게 놀았다.

이들은 호기심에 찬 우리가 가까이에서 자기들을 바라보며 좋아하는 것을 보고 같이 즐거워했다. 때로는 우리가 이들과 같이 모래성을 쌓거나 이들 옆에서 같이 모래찜질을 해도 다정하게 함께 놀아 주었다. 그러나 얼마 후에는 미군들이나 영국 해군들이 해수욕을 하기 위해 비행장에 나타나는 일이 별로 없었고, 간혹 이들이 놀러 나와도 우리 아이들을 몹시 경계하는 눈치였다. 친구들 말이 어떤 애 한두 명이 카메라나 선글라스 등의 물건이 탐이 나 이들이 자리를 비운 사이에 그것들을 모래에 묻었다 나중에 가져가는 수법으로 물건들을 계속 훔쳤다는 것이었다. 그 말을 듣고 너무나 부끄러웠고 친절했던 서양 사람들에게 미안한 마음이 들었다.

사곶 모래사장은 이처럼 나에게 여름 한철을 신나게 보낼 수 있는 해수욕장이었고, 또한 땅에 내린 비행기를 볼 수 있었던 천연비행장이었지만 죽은 사람의 시체를 난생 처음으로 가까이에서 본 곳이기도 하다.

초가을의 어느 날 늦은 저녁이었다. 막 잠이 들었던 우리는 요란하게 울려대는 총소리에 깜작 놀라 밖으로 뛰어나왔다. 사곶비행장 앞바다가 훤히 보일 정도로 기관포사격이 가해졌다. 산봉우리 여기저기에 설치되었던 기관포대가 무섭게 불을 뿜어냈던 것이다. 사격은 상당히 오랫동안 계속되었고 인민군이 백령도를 기습공격하여 전쟁이 일어난 것으로 생각했던 우리는 불안에 떨며 밤을 꼬박 새웠다.

날이 밝자 집 밖으로 나와 웅성대며 떠드는 사람들의 말을 듣고, 아군이 고기잡이 나간 어선들을 적선으로 잘못 알고 사격했다는 것을 알게 되었다. 다른 지역 어민들이 출항허가를 받지 않고 몰래 사곶 앞바다에서 고기를 잡고 있었는데 군관계자들은 이 배들을 적선으로 착각하고 총공격을 가했다는 것이다. 어선들은 모두 파괴되고 수십 명의 어부들이 죽었다고 했다.

모래사장에 시체들이 떠밀려 왔다고 해서 친구들과 함께 나가 보았다. 물을 먹어 배가 아주 빵빵하고 온몸이 퉁퉁 부은 것 같이 부풀어 있는 남자 시체들이 파도에 떠밀려 올라와 모래사장 위에 누워 있었다. 나는 죽은 사람 시체를 본 적이 없었기 때문에 무서웠지만 애들과 함께 가까이 가 보았다. 시체 주위에는 해수욕을 할 때 가끔 몸을 따끔따끔 쏘는 작은 물벌레들이 붙어 있었다. 그 이후 한참동안 이 시체들의 끔찍한 모습이 종종 떠올라 나를 무섭게 만들었다.

본격적인 피난생활의 시작

미군 LST수송선은 동키부대원들에게 줄 엄청난 양의 안남미와 보급품, 중장비 등을 실어 날라야 했다. 때문에 백령도에 남아 있던 피난민들은 오랜만에 일거리를 갖게 되었고, 그럼으로써 굶주림으로부터 벗어날 수 있는 길이 열리게 되었다. 하역작업에서 날품을 팔면 일당으로 몇 끼니분의 안남미를 받아올 수 있었을 뿐만 아니라 수송선 밑바닥에 떨어져 있는 안남미도

쓸어 담아올 수 있는 혜택이 주어졌기 때문이다. 그래서 LST가 도착하는 날이면 수많은 사람들이 하역일을 얻기 위해 용기포 선창가에 줄을 서서 기다렸다.

우리는 천만다행으로 고향에서 가지고 온 식량이 조금은 남아 있어서 그렇게 심각한 상황은 아니었지만 식량은 점점 바닥나고 있었다. 그래서 작은아버님과 작은외삼촌은 일거리를 찾아 용기포 부둣가로 나가야 했다. 나도 무엇인가를 일을 해서 집안에 도움을 주고 싶었으나 마땅한 일을 찾을 수가 없었다.

그러던 중 어느 날 용기포 부둣가에 나갔다가 해 볼 만한 일거리를 발견하게 되었다. 각 섬에 주둔해 있는 동키부대에게 보내는 안남미 포대를 목선에 싣는 일이었는데, 덩치 좋은 친구 몇 명이 이미 이 일을 하고 있었다. 나도 충분히 할 수 있다고 생각하여 감독으로부터 허락을 받고 어깨를 들여 밀었더니 어른 인부 2명이 좀 불안하다는 눈초리로 포대 하나를 맞들어 올려놓았다. 생각보다 많이 무거워 다리가 꼬였으나 이를 악물고 걸었다. 부두에서 배까지는 겨우 한 사람이 걸어 다닐 수 있을 정도의 폭을 가진 널빤지가 놓여 있었다. 이 위를 아슬아슬하게 걸어가다 중간쯤에서 결국 사고를 내고 말았다. 도저히 무거운 쌀포대를 메고 중심을 잡을 수가 없었던 나는 쌀포대를 바닷물 속에 처넣고 말았다. 감독으로부터 호되게 야단을 맞고 쫓겨 난 것은 물론 친구들의 놀림감이 되는 수모를 겪어야 했다.

그 후 나는 힘을 필요로 하는 일은 포기하고 작은아버님을 도와 군고구마를 구어 파는 일을 했다. 백령도에는 원주민들이 지과라고 부르는 고구마가 많이 생산되었는데, 토질이 고구마재

배에 잘 맞는다고 했다. 드럼통을 잘라 엉성하게 만든 것이지만 고구마가 제법 잘 구어졌다. 부둣가는 언제나 동키부대원들과 노동자들로 붐볐기 때문에 군고구마 장사는 비교적 잘 되는 편이었다. 그러나 나중에는 경쟁이 심해져서 별로 재미를 볼 수가 없었다.

나는 무슨 일이든 집안을 도와 주어야 한다고 생각했지만 제일 하기 싫었던 일이 있었다. 그것은 땔감을 해 오는 일이었다. 처음 백령도로 피난 왔을 때만 하더라도 땔감을 마련하는 일은 그리 어려운 일이 아니었다. 바닷가 쪽으로 조금만 나가면 모래밭의 우거진 소나무 숲 속에서 손쉽게 소나무 삭정이와 솔잎을 모아 올 수가 있었기 때문이다. 그러나 피난민 인파가 섬을 휩쓸고 간 후로는 모래밭이나 산이나 할 것 없이 땅 위로 나온 나무를 발견하기 힘들 정도로 모든 곳이 헐벗겨져 버렸다. 그래서 땔감을 구하기 위해서는 산에서 나무 등걸을 파오는 수밖에 없었다. 죽은 나무도 아닌 생나무 밑동을 파온다는 것은 정말로 힘든 일이었다. 곡괭이로 돌 섞인 땅을 파낸 다음 깊숙이 박힌 뿌리를 찍어 자른 후 등걸을 뽑아 낸다는 것을 생각해 보라. 처음에는 손바닥에 물집이 잡혀 쓰렸으나 나중에는 굳은살이 박혔다. 아버님과 함께 갈 때는 힘든 일을 대부분 아버님이 하셔서 그렇게 어렵지 않았지만 다른 사람을 따라갈 때는 눈물이 나올 정도로 힘들었다. 난생 처음 져보는 지게도 힘에 부치기는 마찬가지였다. 평지도 아닌 가파른 돌산길을 익숙하지도 못한 지게를 지고 내려오는 일은 여간 힘든 일이 아니었다. 처음에는 다리가 꼬여 도중에 쉬기를 밥 먹듯이 했다. 어깨가 벗겨져 피가 날 정도였지만 꾹 참아야 했다.

반대로 내가 제일 즐겁게 했던 일은 여름에 갯벌에 나가 그물로 망둥이나 새우 등을 잡는 일과 겨울에 갯벌을 삽으로 파서 잠자는 칠게를 손쉽게 잡는 일이었다. 나는 고향에서도 물고기 잡는 일을 아주 좋아했는데 백령도에서도 이것을 할 수 있다는 것이 무척 기뻤다.

우리가 살던 사곶의 해안 끝자락과 화동이라고 부르는 마을 사이에 넓은 수로가 있어서 바닷물이 그 곳을 통해 섬의 내륙으로 들어와 광활한 만을 형성하고 있었다. 썰물이 되어 물이 빠져 나가면 그 넓은 지역이 거의 갯벌로 변하는데, 칠게들이 새까맣게 나와 햇볕을 쬐면서 긴 눈을 안테나같이 곧추세우고 망을 보다가 사람이 다가가면 자기 구멍을 찾아 한순간에 사라졌다. 아무리 잽싸게 움직여도 밖에 나온 게를 잡는다는 것은 불가능하다. 그런 칠게도 겨울에는 동작이 아주 굼떠졌다. 그래서 삽으로 갯벌을 파헤치면 겨울잠을 자던 게들은 제대로 도망도 못 가고 엉금엉금 기다가 초롱에 담겨졌다.

누나는 사촌누나와 함께 동네에서 꽤 떨어진 곳에 있는 산벼랑 해안가에서 해물들을 채취해 왔다. 상당히 험준한 산벼랑을 타고 내려가면 크고 작은 바위들이 즐비하게 널려 있는 갯바위 밭이 나오는데, 물이 빠져 나가면 온몸을 드러낸 바위에서 굴과 가시리, 미역 등을 채취해 왔다. 처음에는 낯선 일이라 채취량이 얼마 되지 않았으나 나중에는 이력이 나서 섬처녀 못지않는 실력을 발휘했다. 나는 이 싱싱한 굴과 가시리를 넣고 끓인 국을 무척이나 좋아했다.

여름이면 신나는 일이 또 하나 있었다. 사곶 모래사장에서 그물을 끌어올려 까나리를 잡는 일이었다. 어부들이 배를 타고 나가 그물을 치면 온 동네사람들이 나와 영차영차 하며 그물을 모래사장 위로 끌어올린다. 그물 안에 가득한 까나리는 반짝이는 은빛 배를 드러내며 파닥파닥 뛰어올라 일대 장관을 연출한다. 어부들은 곧바로 까나리를 펄펄 끓는 대형 가마솥에 넣어 삶은 다음, 멍석에 널어 햇빛에 말린다. 이 삶은 까나리는 맛도 괜찮을 뿐만 아니라 마음대로 먹어도 뭐라고 말하는 사람이 없어서 처음에는 호기심에서 많이 먹어 보지만 곧 물려버린다. 그래서 우리 아이들은 삶은 까나리보다 훨씬 맛있는 꼴뚜기를 찾아 이 멍석 저 멍석으로 신명나게 돌아다녔다. 까나리 그물 속에는 많지는 않지만 은갈치도 있었는데, 이 싱싱한 갈치로 국을 끓이면 너무나 맛이 있었다.

백령초등학교 입학

1951년 봄에 백령초등학교에 입학했는데 6학년에 들어갈 수도 있었으나 그 동안 공부를 못하고 많이 놀았기 때문에 5학년에 들어갔다. 북한에서 5학년에 다니다 피난 나와 다시 5학년에 들어갔으므로 1년을 꿇은 셈이다.

학교는 진촌이라고 하는 곳에 있었는데, 진촌은 면사무소와 시장이 있는 백령도의 중심지로 우리 집이 있는 사곶에서는 걸어서 반 시간 가량 걸리는 거리였다. 학교는 목조로 된 길쭉한

1층짜리 건물이었는데 큰 산을 등지고 정남향으로 자리잡고 있었고, 건물 앞에는 화단이 잘 정리되어 있어서 아담한 분위기를 자아냈다.

학년마다 한 반씩밖에 없었지만 피난 온 학생들이 많아서 교실은 꽉 찼다. 고향에서는 친구들하고 어울려 노는 데 정신이 팔려 공부하고는 담을 쌓고 살았으나 어려운 상황에서 나를 학교에 보내는 식구들을 생각해 더 이상 철없이 굴 수가 없었다. 틈틈이 집안일들을 도우면서 열심히 공부했다. 그 결과 5학년을 마칠 때는 반에서 1등을 하게 되었다.

6학년에 올라가면서 나는 반장에 임명되었다. 6학년 반장은 아침조회 때 전체 학생을 상대로 "열중 쉬어, 차렷, 교장선생님께 경례"라고 큰 목소리로 외쳐야 하는데 처음에는 목소리도 크게 되지 않을뿐더러 발음도 제대로 나오지 않아 친구들로부터 놀림을 많이 받았다.

우리 6학년 반에는 황해도 장연읍에서 피난 온 최영희라고 하는 키는 작지만 얼굴이 동그랗고 예쁜 여학생이 있었는데, 공부도 잘 해서 나와 1, 2등을 다투었다. 영희와 나는 가끔 진촌에 주둔하고 있는 해병대 사령부에 가서 군인아저씨들에게 위문편지를 낭독했다. 학교공부가 끝난 후 우리 둘은 담임선생님 앞에서 편지낭독 연습도 종종했다. 그런데도 나는 영희를 무척이나 괴롭혔다. 조회 때 여학생들은 줄을 따로 섰고, 영희는 키가 작아 맨 앞에 섰다. 그런데도 난 줄을 똑바로 서라고 영희의 엉덩이를 발로 걷어차곤 했다. 그러면 영희는 눈을 흘기면서 "내가 왜 줄을 잘못 섰단 말야" 하며 대들었고, 난 그것이 재미있어서 또 괴롭히곤 했다.

남학생들은 영희를 연대장이라고 불렀는데, 여학생 대장이라는 의미였다. 당시 백령도에서 가장 힘 있고 무서운 사람은 해병대 연대장이었기 때문에 그렇게 불렀다. 키는 작지만 당차고 똘똘해서 여학생들은 영희를 졸졸 따라다니며 하자는 대로 했다. 짓궂은 남학생들이 공기놀이나 줄넘기를 하며 노는 여학생들에게 다가가 훼방을 놓아도 다른 여학생들은 화난 표정으로 자리를 옮기는 것으로 끝이 났지만, 영희가 그 속에 끼어 있을 때는 그렇지 않았다. 영희의 이러한 모습이 남학생들을 자극하여 영희는 남학생 사이에서도 인기가 높았다. 나도 가끔은 영희가 다른 여학생들과 놀 때 훼방을 놓아 나한테 대들도록 했고, 그 날은 하루 종일 기분이 좋았다.

집에서 학교까지 가는 데는 레이더 기지가 있는 큰 산이 가로 막혀 있어서 우리들은 산기슭을 따라 나 있는 좁은 길로 다녔다. 그러나 이 길은 사람이 겨우 비켜 갈 정도로 좁았을 뿐만 아니라 밀물 때가 되어 바닷물이 갯벌 안으로 들어찰 때는 일부가 물에 잠겨 버리곤 했다. 하지만 학교공부를 끝내고 돌아올 때가 마침 썰물이어서 물이 싹 빠지면 우리는 신발을 벗어 책보에 넣고 바지를 걷어 올린 다음 갯벌로 들어가 게를 잡는다고 쫓아다니며 장난을 쳤다.

또한 우리는 가끔 학교 가는 길에 산등성이에 군인들이 파놓은 벙커에 들어가 놀기도 했다. 이럴 때에는 김충남이라고 하는 같은 반 친구가 먹을 것을 가지고 온 때였다. 우리는 벙커에 웅크리고 앉아서 작고 납작한 시레이션 캔을 딴 후 그 안에 있는 노랗고 둥근 과자에 빨간 잼을 발라 게 눈 감추듯 맛있게 먹었다. 충남이네 아버지께서는 구장일을 보셨는데 미국에서 보낸 구호물자가 면을 경유하여 구장 집으로 보내졌던 것이다. 주로 옷가지였지만 그 중에는 시레이션과 같은 먹을 것들도 있었던 모양이다. 옷가지들은 제비뽑기를 하여 나누어 주었지만 마음에 드는 것들이 별로 없었다. 대개 너무 크거나 모양과 색깔이 요란하여 고쳐 입던가, 염색을 해 입어야 했다. 소문에 의하면 쓸만한 것들은 이미 중간에서 증발해 버렸기 때문이라고 했지만 찬 밥 더운 밥 가릴 처지가 아닌 때였다.

사실 구호물자 가운데 먹을 것들도 있었다는 것은 충남이 녀석을 통해서 처음 알았다. 학교에서도 한두 번 미국 친구들이 보내 준 것이라고 하면서 제비뽑기를 해 연필이나 지우개 등을 나누어 주었다. 나는 워낙 제비뽑기에는 재주가 없어서인지 지우개든 연필이든 어느 것도 받은 적이 없었다. 옆에 앉은 친구 녀석이 끝에 지우개를 단 예쁜 노란색 연필을 탔는데, 연필에 지우개가 달려 있다는 것이 신기하기만 했다. 그리고 지우개가 잘 지워질 뿐만 아니라 공책에 검은 자국도 나지 않아서 너무 좋아보였다. 모든 아이들이 자주 부러지는 심에 침을 발라 꾹꾹 눌러써야만 제대로 써지는 연필과 헌 고무신 조각을 석유에 담가 불린 것을 지우개를 사용할 때라 미국에서 보낸 연필이나 지우개를 탄 아이들은 이것들을 보물처럼 아꼈다.

이처럼 미국 사람들은 듣도 보도 못하던 신기한 물건들과 먹을 것들을 보내 주어 놀라게 했을 뿐만 아니라 때로는 무서운 전투기들을 보내서 기절할 정도로 무섭게 만들기도 했다. 특히,

그르먼비행기가 그랬다. 피난 나오기 전에는 이 비행기의 이름도 몰랐다. 귀청이 떨어질 것 같은 굉장한 소리로 사람의 혼을 빼는 이 시꺼먼 비행기는 우리에게 말 그대로 공포의 대상이었다.

한 번은 우리 고향 동네에서 멀지 않은 신작로에서 현물세를 싣고 가던 달구지가 이 비행기의 공격을 받은 적이 있다. 몇 대가 번갈아 가며 공격을 하는데 아카시아나무 숲 속에 숨어서 "하느님 살려 주세요"를 연발하던 나는 꼭 죽는 줄만 알았다. 공격을 끝내고 비행기가 사라진 후에도 한참 동안 정신을 차릴 수가 없었다.

고향에서 인민학교에 다닐 때는 바로 학교 건물 옆에 방공호를 일자로 길게 파서 학생들을 대피시켰다. 선생님이 비행기 소리를 듣고 공습종을 요란하게 치면 우리는 겁에 질려 방공호로 내달렸는데 그때는 이미 비행기가 엄청나게 요란한 소리를 내며 우리 머리 위를 지나갔다. 그렇지만 일단 공습종소리가 들리면 우리는 앞을 다투어 교실을 박차고 나가 방공호로 들어가야 했는데 공습대피 훈련 때도 마찬가지였다.

이처럼 항상 공습에 대한 두려움 속에 살아왔기 때문에 이것이 나의 의식 속에 잠재해 있었던 모양이다. 여름방학이 가까워 오던 어느 날 한 번은 백령초등학교 교실에서 한가롭게 공부를 하고 있는데 느닷없이 그르먼비행기가 특유의 요란한 소리를 내며 학교건물 상공을 날아갔다. 창가에 앉았던 나는 용수철 같은 반사작용으로 열려 있던 창문을 뛰어넘었다. 조용히 공부하던 학생들이나 선생님도 번갯불 같은 내 동작에 놀라 어안이 벙벙해졌다. 나중에 선생님에게 불려간 나는 머리를 긁적이며 비행기소리를 듣고 공습인 줄 알았다고 하자 반 학생들이 배를 잡고 웃었고, 선생님도 기가 차신지 함께 웃으셨다. 그 다음부터 그르먼전투기 소리만 나면 애들은 나를 바라보며 싱긋 웃었다.

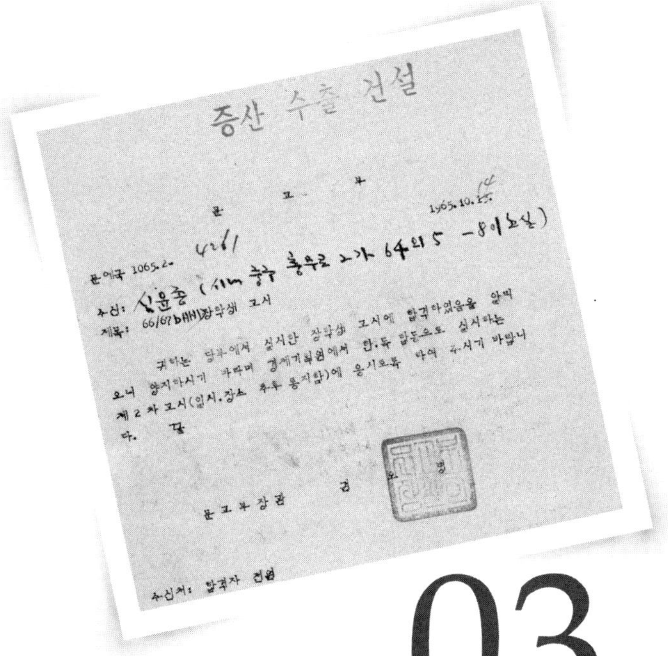
증산 수출 건설

문 교 부

1965.10.14

문예국 1065.2- 4261

수신: 신윤종 (서울 중구 충무로 2가 64의5 -8이호실)

제목: 66/67 DAAD장학생 고시

귀하는 당부에서 실시한 장학생 고시에 합격하였음을 알리오니 양지하시기 바라며 경제기획원에서 한.독 합동으로 실시하는 제2차 고시(일시.장소 추후 통지함)에 응시토록 하여 주시기 바랍니다. 끝

문교부장관 권오병

수신처: 합격자 전원

03

서울 유학시절

한성고등학교 입학

백령초등학교 이후 백령중학교까지 무사히 마친 나는 서울로 유학을 나오기로 결심하고 아버님의 허락을 받았다. 그리하여 큰어머님의 친척분이신 박창돈 선생님이 교사로 계시던 한성고등학교에 입학하게 되었다. 백령도와 인천을 왕래하는 선박들 중 제일 빠르다는 에치 아이 디 배를 탔는데 15시간이 넘게 걸렸다. 경유로 다니는 이 배는 통통 소리가 나서 우리는 통통선이라 불렀다. 워낙 배멀미가 심하였던 나는 초죽음이 되었지만 인천항의 화려한 전기 불빛에 입을 다물지 못하면서 그 지긋지긋한 멀미로부터 벗어날 수 있었다.

동인천에서 기차를 타고 서울역까지 왔는데, 난생 처음 기차를 타 보는 나로서는 기차 자체도 신기하였지만 창가에 스쳐 지나가는 인천, 영등포, 용산 등의 대도시 모습이 무척 인상적이었다. 내가 북한에서 동경하였던 남한의 도시가 바로 이런 것이었다는 생각에 감격하면서 서울역에 도착했다.

그러나 역광장에서 본 서울의 첫 모습은 나의 기대와는 거리가 멀었다. 기차에서 내린 사람들이 광장으로 나가자 여기저기서 지게꾼들이 몰려와 짐을 운반해 주겠다며 따라다녔고, 어떤 지게꾼들은 바닥에 있는 지게 위에 등을 붙이고 낮잠을 자고 있었다. 뿐만 아니라 남루한 옷차림의 어린애들이 새까만 손을 내밀며 구걸하기도 했다. 그리고 폭격을 맞아 빨간벽돌 벽만 앙상하게 남아 있는 건물 잔해의 모습도 군데군데 많이 보였다. 전쟁의 상흔은 여기에도 그대로 남아 있었던 것이다.

서울에 있는 학교들에 대해서 전혀 아는 바가 없던 나는 한성고등학교에 입학한 것을 기쁘게 생각했다. 학교 건물들은 물론 운동장도 컸고, 체육관 건물도 따로 있었을 뿐만 아니라 교정에는 잘 다듬어진 큰 나무들도 많았다. 내가 지금까지 다녀본 학교들과는 비교가 되지 않았다. 이런 좋은 환경에서 공부할 수 있도록 배려해 준 부모님께 진심으로 감사하게 생각했다.

입학이 늦어져서 진도를 따라가기가 쉽지 않았다. 특히, 기초지식이 필요한 수학, 물리, 화학 같은 과목에서 어려움이 많았다. 나는 암기에는 어느 정도 자신이 있어서 이들 과목도 원리보다는 암기 위주로 공부를 했다. 학기가 시작된 지 한참 뒤에 입학한 나는 친구를 사귈 시간이 별로 없었기 때문에 방과 후 함께 돌아다닐 친구도 없었다. 그래서 수업이 끝나면 바로 집으로 와서 밥상을 책상삼아 공부에 매달렸다. 그 결과 2학년에 올라갈 때는 반에서 상위권에 속하는 성적을 얻을 수 있었다.

2학년이 되었을 때는 나의 판에 박힌 듯한 생활에도 조금 변화가 왔다. 그 동안 가까운 친구가 몇 명 생기게 되어 수업이 끝나면 종종 어울려서 서대문 로터리에 있는 동양극장으로 영화 구경도 가고, 한강이나 뚝섬유원지로 놀러가기도 했다. 그렇다고 공부를 게을리하지는 않았다. 그런데 이러한 생활을 상당 기간 중단시킬 수밖에 없는 뜻밖의 사건이 벌어졌다.

2학년 1학기가 거의 끝나 갈 무렵에 학교에서 운동회가 열렸는데 반대항 축구시합이 있었다. 평소 체육시간에 내 축구실력을 본 우리 반 아이들이 나를 반대표로 적극 추천하는 것이었다. 나는 워낙 축구를 좋아했기 때문에 선뜻 그 제안을 받아들이고 싶었지만 일단 거절했다. 그 이유는 나에게 눈독을 들이고 있던 럭비부 애들 때문이었다. 그 당시 한성고등학교는 럭비를 아주 잘 해서 럭비의 명문인 양정고등학교와 전국대회에서 우승다툼이 치열했다. 때문에 내가 축구를 잘할 뿐만 아니라 잘 뛴다는 것을 알고 있던 럭비부에서는 그 동안 줄기차게 럭비부로 들어올 것을 강력히 권하고 있었다. 그러나 나는 입학이 늦어져서 열심히 공부해야 내가 원하는 대학에 갈 수 있다는 말로 그들의 요구를 피해 가고 있었다. 그들은 운동을 잘하면 육사에 들어가는 것도 문제 없다는 말로 나를 유혹했지만 끝내 말을 듣지 않았다. 그러던 차였기 때문에 반대항 축구선수로 나가달라는 급우들의 요청을 선뜻 받아들일 수가 없었던 것이다. 하지만 마음 밑바닥에서 끓어오르는 축구에 대한 나의 열정을 억제할 수가 없어서 급우들의 거듭된 요청을 못 이기는 체하며 받아들이고 말았다. 축구공만 보아도 가슴이 울렁거릴 정도로 공차기를 좋아했던 나의 포지션은 항상 그랬던 것처럼 레프트 윙이었다. 그러나 나는 위치에 관계없이 운동장을 종횡무진으로 누비고 다녔다. 그러기를 얼마나 했을까. 공중으로 높이 뜬 공이 나를 향해 날아왔다. 나는 그 공이 땅에 닿기 전에 먼저 차야겠다는 생각에 왼발로 땅을 박차고 공중으로 뜨며 양발지기로 멋지게 그 공을 차냈다. 그리고는 땅 위에 사뿐히 내려서야 하는데, 어찌된 영문인지 그렇게 되지 못한 채 털썩 주저앉고 말았다. 일어서려고 하는데 오른발 정강이 가운데가 꺾이면서 발이 밑으로 축 늘어지는 것이다. 공 차던 아이들이 내 쪽으로 모여들었다. 내 오른쪽 다리가 부러진 것이다. 순식간에 일어난 일이라 나는 말 그대로 어안이 벙벙해서 내가 어떤 상황에 있는지를 제대로 인식하지 못했다. 아이들 이야기로는 내 다리가 부러질 때 '딱' 하는 소리가 났다는 것이다. 내가 공을 차려고 높이 떴을 때 상대팀의 다른 애도 그 공을 보고 같이 떴는데, 그 녀석은 좀 늦어서 내 다리를 세게 찬 격이 되었다는 것이다.

나는 친구 등에 업혀 학교 근처에 있는 접골병원으로 갔다. 사촌동생이 소식을 듣고 울면서 쫓아오는데 그때서야 좀 정신이 드는 듯했다. 다리가 부러져 운동장 위에 누워 있을 때만 해도 아픈 것을 느끼지 못하고 멍한 정신상태에서 내 일같이 느껴지지 않았는데, 나를 업은 친구의 발걸음이 옮겨질 때마다 부러진 다리 쪽에서 고통이 왔다.

병원에서 엑스레이 사진을 찍어 보니 정강이뼈 두 개, 큰 뼈와 작은 뼈가 모두 부러진 것이 선명하게 보였다. 의사는 나를 반듯하게 눕게 한 후 조수와 함께 시정없이 다리를 당겨 맞추었는데 살을 헤집는 듯한 아픔이 밀려왔다. 의사는 내 다리를 압박붕대로 감은 후 탈골되지 않도록 나무를 대고 다시 붕대로 감고 나서 완치될 때까지 4개월 정도 걸리는데 입원을 하겠느냐고 물었다. 그러나 병원비가 만만치 않을 것 같아 집에서 통원치료를 하겠다고 했다. 의사는 다시 탈골되지 않도록 극히 조심해야 한다는 경고를 나에게 주었다. 부축을 받으며 택시를 타고 자취방으로 와서 곰곰이 생각해 보니 병원비도 만만치 않겠지만 당장 신변처리와 식사 등의 문제를 어떻게 해결하느냐가 큰 걱정거리였다. 그래서 집으로 전보를 쳤다. 그런데 나의 이러한 사정을 김성구 교장선생님께서 아신 모양이었다. 며칠 후 교장선생님께서 군의관으로 있던 사위와 함께 나의 자취방으로 오셨다. 교장선생님 말씀이 아무래도 정상적인 수업을 받기 힘든 상황이고 곧 여름방학이 시작되니 여기 있으면서 고생하기보다는 집으로 돌아가서 완치될 때까지 기다리는 것이 어떻겠느냐고 하셨다. 저도 그러고 싶다고 말씀드렸더니 군의관 사위가 기다렸다는 듯이 부러진 내 다리에서 부목을 떼고 발끝에서부터 무릎위까지 깁스붕대를 칭칭 감아 석고다리를 만들어 주었다.

내 전보를 받고 배편이 되는 대로 황급히 달려오신 부모님과 함께 백령도로 들어갔다. 부모님께서는 내가 다리를 못 쓰도록 많이 다친 것으로 생각했다가 내용을 아시고는 하느님이 도우셨다고 하시며 안도하셨다. 이렇게 하여 백령도에서 6개월간 부러진 다리가 완치될 때까지 기다렸다가 그 이듬해 봄이 되어서 새 학기가 시작될 때에야 서울로 나와 학교에 다시 나가게 되었던 것이다.

성균관대학교 입학

다리 골절상을 치료한 후 다시 복학하는 문제에 대해서 고민을 많이 해야 했다. 다른 급우들과 함께 3학년 1학기에서 시작하느냐, 아니면 학교 수업을 정상적으로 받지 못했으니 2학년 1학기에서 다시 시작하느냐의 문제였다. 학교에서는 2학년에서 다시 시작하기를 권했으나 피난 나와서 다시 5학년에 입학했기 때문에 1년을 꿇었는데 다시 1년을 손해 볼 수는 없다는 생각이 앞섰다. 더욱이나 백령도에서 상업과 농업으로 생계를 꾸려 가며 나에게 적지 않은 돈을 보내 주시는 부모님께 더 이상 부담을 드릴 수는 없다는 생각에서 3학년으로 진학하기로 결심했다.

마음을 다잡고 3학년 한 해 동안 영·수학원을 다니면서 열심히 공부했으나 1학년도 늦게 들어가고 2학년 2학기도 학교에 다니지 못한 터라 성적을 끌어올리는 데는 한계가 있었다. 지리적으로 가까운 거리에 있어서 그랬는지는 몰라도 한성에서는 학생들이 Y대를 많이 선호했고 합격률도 높았다. 그 당시 Y대는 무시험전형으로 고등학교 성적만을 가지고 학생들을 선발했기 때문에 나 같은 경우는 좀 불리했다. 그러나 3학년 때 열심히 한 성적이 있었기 때문에 일부 인기학과를 제외한 학과에는 합격할 가능성이 꽤 있었지만 나는 다른 대학에 지원을 했다. 결과는 낙방이었다.

전기대학 시험에서 고배를 마신 나는 후기대학인 성균관대학교 독어독문과에 들어갔다. 내가 독문학과를 택한 것은 나름대로 이유가 있었다.

백령도에서 중학교에 다닐 때였다. 우리에게 책을 많이 읽을 것을 권유하셨던 국어선생님은 학생들을 위한 문고를 만드셨는데, 여기에는 세계아동명작선집과 영웅전들을 비롯해서 한국명작선집 등 좋은 책들이 많았다. 나는 닥치는 대로 책을 빌려다 보았다. 『알프스의 소녀』를 밤새워 읽고 느꼈던 그 진한 감동은 알프스산의 아름다운 대자연을 무한하게 동경하도록 만들기도 했다. 너무나 감동적인 명작들을 읽으면서 나도 커서 많은 사람들의 가슴을 사로잡는 소설가가 되겠다는 결심을 했다. 언젠가 이러한 내 생각을 아버님께 말씀을 드렸더니 웃으시면서 다음과 같은 조언을 해 주셨다. 우리 고향인 황해도 일대에서 천재로 소문난 양주동 교수도 훌륭한 소설가가 되는 것이 소망이었지만 그 꿈을 이루지 못했다는 것이다. 그러시면서 소설가는 타고 나야 되는 것이라고 하셨다. 나는 소설가에 대한 꿈은 접었지만 문학에 대한 애정은 여전히 가지고 있었다. 그리하여 고등학교 교지에 「향수」라는 제목의 수필을 발표해 문학을 사랑하는 학생들에게 잔잔한 읽을거리를 제공하기도 했다.

큰 기대를 걸고 도전했다가 실패한 후 심적 좌절감을 느끼면서 나는 대학에서의 전공에 대해 많은 생각을 했다. 그 결과 대학에서는 뭔가 좀 색다르면서도 내가 좋아하는 문학공부를 해야겠다는 결심을 하게 되었다. 그래서 내가 좋아했던 독일어와 관련 있고 또 새로 생긴 학과라는 매력에서 성대 독문학과를 선택하여 합격하게 되었던 것이다. 대학에 독문학과나 독어독문학과가 있는 대학은 그 당시 서울대학 문리대와 서울사대, 외국어대학뿐이었다.

당시에는 나와 같이 신생학과에 대해 큰 매력을 가졌던 학생들이 꽤나 있었던 듯싶다. 후기대학의 신생학과라는 조건 때문이었는지는 몰라도 생각 외로 우수한 학생들이 많이 들어와서 놀랐다.

나는 내가 선택한 학과에 만족하면서 말로만 듣고 부러워했던 대학생활의 자유로움을 만끽하는 데 여념이 없었다. 고등학교 때와 비교해서 수업시간이 절대적으로 적었을 뿐만 아니라 교수님들의 휴강도 많았고, 수업시간도 제대로 지켜지지 않았다. 독문학과는 새로 만들어진 학과라 전임선생님은 한 분밖에 계시지 않았고, 강사선생님들이 많은 과목을 맡았다. 강사선생님들은 대부분 다른 대학에 전임으로 계신 분들로서 두 대학을 번갈아가며 강의하는 것이 힘드셔서 그랬는지는 몰라도 휴강을 밥 먹듯 하셨다. 또한 90분인 강의시간도 양쪽에서 토막을 내고 한 시간 좀 넘게 하는 것이 보통이었다. 즉, 10분 내지 15분쯤 늦게 들어오셔서 10분 내지 15분 일찍 나가시는 것이 관행처럼 되어 있었다. 그런데 친구들과 이에 대해 이야기 하다 보니 휴강이나 수업시간을 토막내는 것은 정도의 차이는 있을망정 다른 대학에서도 비슷하다는 것이었다.

대학 1학년은 정말 어떻게 시간이 가는 줄 모르게 신나게 놀며 보냈다. 학과공부는 다른 학생들에게 너무 뒤쳐지지 않을 정도로 따라가면서 많은 시간을 친구들과 어울려 돌아다녔다. 휴강이 되면 학교 바로 앞에 있는 비원 담을 몰래 넘어 들어가 숲 속을 배회하며 재미있게 놀았고, 강의가 없는 날은 조조할인 영화관에서 두 편의 영화를 연속해서 보는 즐거움을 누렸다. 또한 '디 쇠네'나 '돌체' 같은 음악감상실에서 클래식을 들으면서 낭만적인 시간을 보내기도 했다. 이렇게 하여 대학 1년은 눈 깜짝할 사이에 지나가고 말았다.

4·19혁명

2학년으로 올라간 지 얼마 되지 않은 때였다. 아침수업이 있어서 학교에 갔더니 교실분위기가 심상치 않았다. 여기저기 학생들이 모여 아침신문에 대서특필된 기사의 내용을 이야기하면서 흥분하고 있었다. 어제 국회의사당 앞에서 3·15부정선거를 규탄하며 연좌데모를 하다가 귀교하던 고대 학생들이 종로4가에서 자유당의 사주를 받은 정치깡패들의 습격을 받아 많은 학생이 부상을 당했다는 기사내용이었다. 사실 나도 이 글을 보고 많이 흥분하고 있었던 참이었다.

잠시 후 현관에서 "나가자" 하는 목소리가 들려왔다. 우리는 누가 먼저라고 할 것도 없이 운동장으로 뛰쳐나갔다. 벌써 많은 학생들이 운동장에 모여 있었다. 잠시 후 우리는 마치 수로를 따라 흐르는 물처럼 앞서 스크럼을 짜고 뛰어가는 학생들의 대열에 빨려들어 정문 밖으로 나갔다. 학교 입구에서 가게를 하는 아저씨와 아주머니들이 우리를 보자 잘한다고 박수를 치며 가방을 맡아 주겠다고 받아 갔다. 순간 눈물이 핑 돌았다. 큰 길로 나가서는 창경궁 쪽으로 뛰어가면서 부패한 자유당 정권을 규탄하는 구호를 외쳐댔다. 원남동 사거리에 경찰들이 있었으나 우리를 막지 못했다. 우리들은 계속 앞으로 달려 종로4가를 거쳐 을지로4가에서 우측으로 돌아 을지로 입구에 있는 내무부 본부 앞으로 갔다. 내무부 앞의 경계는 삼엄했다. 완전무장한 경찰들이 이중 삼중으로 방어선을 구축하고 있었고, 우리는 돌을 던지며 공격을 하다가 태평로에 있는 국회의사당 쪽으로 갔다. 그러나 국회의사당 앞에는 이미 여러 대학에서 나온 학생들이 연좌를 하고 구호를 외치고 있었다. 그래서 성대생들은 청와대로 가자는 구호에 따라 광화문 사거리를 지나 중앙청 앞으로 갔다. 청와대로 가기 위해 중앙청 앞을 돌아가는데 갑자기 청와대 쪽에서 총소리가 콩 볶듯이 요란하게 들려왔다. 순간 우리는 혼비백산하여 다시 광화문 쪽으로 도망쳐 나오다가 정신을 차리고 대열을 정비하고 있는데 청와대 쪽에서 학생들이 탄 트럭이 과속으로 달려왔다. 학생들은 피에 젖은 흰옷을 흔들며 몹시 흥분한 상태에서 구호를 외쳐댔다. 우리도 극도로 흥분한 상태가 되어 청와대 쪽으로 가려고 하는데, 연도에 있던 시민들이 우리에게 매달리며 가면 죽는다고 제발 가지 말라고 했다. 우리는 할 수 없이 광화문을 거쳐 서대문 적십자병원 뒤에 있는 이기붕 씨 집 앞으로 갔다. 역시 이기붕 씨 집 앞은 물론 서대문 사거리에도 경찰들의 경계가 삼엄했다. 우리는 이기붕 씨 집 맞은편에서 한참 동안을 경찰들과 대치한 상태에서 돌을 던지며 시위를 했다. 한참을 그러다가 다시 국회의사당 앞으로 왔는데 도로까지 학생과 시민들로 꽉 차 있었다. 구호를 외치며 시위를 하고 있는데 갑자기 국회의사당 맞은편에 있던 서울신문사 사옥에서 검은 연기가 솟아올랐다. 그때가 오후 3시경이었다. 극도로 흥분한 시위군중 속에서 누군가가 자유당 정권의 나팔수 역할을 하던 서울신문에 불을 냈던 것이다. 운집해 있던 사람들은 "와" 하는 환호성을 보냈지만 '저래서는 안 되는데' 하는 안타까운 생각이 들었다. 오후 늦게까지 우리들은 시민들과 함께 태평로에 모여 시위를 계속했다.

대학생과 시민은 물론 중·고등학생까지 가세한 대대적인 연합시위가 서울시내 곳곳에서 열리자 다급해진 정부는 계엄령을 선포하고 장갑차를 동원하여 무차별적인 진압을 감행했다. 그러나 일부 학생과 시민들은 이에 굴하지 않고 경찰에 맞서 용감하게 싸우는 것을 보며 집으로 돌아왔다. 다음 날 아침 신문에는 어젯밤에 계엄군이 서울시내로 진주하여 시위를 진압했고, 학생시위대에 대한 경찰의 발포로 수백 명의 학생이 목숨을 잃었다는 기사가 대문짝만하게 났다. 참으로 가슴이 아팠다. 함께 싸우던 전우가 죽어 갔을 때가 바로 이런 심정일 거란 생각이 들었다. 살아 있다는 것 자체가 죄스러웠다. 진정으로 용감했던 동지들은 이 나라 민주주의의 수호를 위해 반독재 투쟁에서 꽃같은 나이에 산화해 갔는데, 나는 비겁하게 목숨을 붙이고 있는 것이 아닌가 하는 굴욕감과 죄스러움이 들었다.

나는 그 이후에도 이 같은 동지들의 죽음에 대하여 많은 것을 빚지고 있다는 감정에서 벗어날 수가 없었다. 그래서 이들의 죽음을 헛되지 않게 하기 위해서는 이 나라 민주주의의 발전을 위해 나름대로의 몫을 해야 한다는 결심을 굳혀 왔다.

학보병으로 군에 가다

대한민국의 남자라면 군대문제에 대해서 고민하지 않을 수 없는 것이 우리의 현실이다. 나도 대학에 들어가면서부터 언제 군에 입대하는 것이 가장 좋을까 하는 생각을 해야 했다. 그런데 우리 59학번부터 ROTC제도가 만들어졌고, 성대는 전국에서 3번째로 많은 인원을 할당받았기 때문에 독문학과에서도 많은 학생들이 지원을 했다.

나도 ROTC에 지원을 해 볼까 하는 생각도 가졌지만 두 가지 문제가 마음에 걸려서 포기했다. 첫째는 장교로 임관이 되면 복무기간이 상대적으로 길다는 것이었고, 둘째는 백령도에서 해병대 장교들이 사병에게 가하는 잔인한 가혹행위들을 본 후로 장교에 대한 인상을 별로 좋게 갖고 있지 않았다.

나는 ROTC 대신 18개월만 복무하는 학보병으로 군생활을 최단 시일에 마치고 학업을 계속해야겠다는 마음을 먹었다. 그리하여 3학년 학기말시험을 끝내자마자 곧바로 군에 자원입대를 했다. 그 이유는 병역문제에 있어서 대학생에게 큰 혜택이었던 학보병제가 곧 없어진다는 소문이 돌았기 때문이다.

12월 중순에 논산훈련소에 도착했는데 첫 날부터 호된 기합을 받았다. 훈련조교라는 사병들이 함께 입소한 서울 출신의 학보병 몇백 명을 광장에 세우더니 이유 불문하고 다짜고짜로 주먹을 쥐고 엎드려뻗쳐를 하라고 했다. 마침 눈이 펄펄 날리는 매섭게 추운 날이었는데 돌 섞인 맨땅에 주먹을 쥐고 엎드린다는 것은 그야말로 고문이었다. 너무나 고통스러워 조교의 눈을 피해 잠깐이라도 주먹을 펼라치면 어느새 알고 와서는 무지막지한 군화발로 사정없이 엉덩이를 짓밟았다. 처음에는 주먹마디가 말 못할 정도로 아프더니 얼마 후에는 마비가 되었는지 아픈 감각이 많이 무뎌졌다. 한참 동안을 그렇게 기합을 준 후 우리를 세워 부동자세로 정렬을 시켰다. 그러자 온몸이 권위로 잔득 굳어져 있는 중대장이란 사람이 거만한 걸음걸이로 나와서는 일장 연설을 했다.

그 날부터 고달프고 힘든 훈련병 생활이 시작된 것이다. 이른 새벽에 기상나팔 소리와 함께 별을 보며 일어나서 다시 별을 보며 잠자리에 들 때까지 자유시간이 거의 없었다. 훈련과 저녁 식사를 끝낸 후에도 청소와 관물정리, 총 소제 등 잠시도 사람을 가만두지 않았다.

또한 항상 배가 고팠다. 당번이 식당에서 밥과 국 등의 식사를 큰 통에 받아 내무반으로 가져오면 배식당번이 각자 소지하고 있는 납작한 반합에 밥을 나누어 주었는데 누구에게 한술이라도 더 가는가 싶어 눈초리들이 심상치 않게 돌아갔다. 식사 시작이라는 구호와 함께 게 눈 감추듯 후딱 해치워 버리는 식사량은 항상 걸신들린 사람마냥 배고픔을 느끼게 했다.

그리고 나를 괴롭히고 분노케 한 것은 훈련병을 상대로 교묘한 방법으로 돈을 빼앗는 기관병들(분대장)의 파렴치한 행동이었다. 훈련병들에게 직접 금전을 요구할 수 없었던 그들은 훈련병의 필수품들을 숨겨 놓은 후 그것들을 구해다 준다는 구실로 돈을 갈취했다.

한 번은 사격훈련을 나갔을 때 일이다. 논산벌의 한겨울이라 눈이 군데군데 쌓여 있는 사격장은 매섭게 추웠다. 방한복을 입고 훈련을 받았는데 M1 소총의 긴 개머리판을 쉽게 어깨 안에 집어 넣기 위해서는 방한복을 벗어 놓고 사격장으로 가야 한다고 했다. 훈련을 끝내고 벗어 놓은 방한복을 찾아 입으려고 하니 옷이 감쪽같이 없어졌다. 나뿐 아니라 몇 사람의 방한복이 사라진 것이다. 기가 찼지만 할 수 없이 기관병을 통해 방한복을 다시 구입할 수밖에 없었다.

고된 전반기 훈련을 끝내고 후반기 훈련을 받으러 가기 직전이었다. 전체 훈련병들을 강당에 불러 놓고는 소원수리를 한다는 것이다. 훈련소에서는 본 적이 없는 하사관들 몇 명이 앞에 서더니 상부의 지시에 따라 소원수리를 하겠다는 것이다. 비밀은 절대로 보장되니 그 동안 훈련생활에서 부당했다고 생각했거나 개선되어야 할 문제들이 있으면 후배 훈련병들을 위해 솔직하게 적어 달라는 것이었다.

익명으로 하는 소원수리가 아니라 망설여졌지만 훈련병들로부터 부당한 방법으로 돈을 뜯어 내는 기관병들의 잘못된 행동은 없어져야 한다고 생각하여 내무반에서 일어났던 일들과 사격장에서 일어났던 일들을 적어서 냈다. 그런데 그날 밤 깊은 잠에 빠져 있는데 중대장 전령병이 나를 깨웠다. 중대장이 나를 보자고 한다는 것이다. 왜 나를 부르는지 전혀 감이 오지 않았지만, 비몽사몽하면서 옷을 입고 수북이 쌓인 눈길을 걸어 중대장실로 갔다. 우리 내무반 기관병도 불려와 있었는데 순간 그림이 그려졌다. 시간을 보니 12시가 넘었다. 중대장은 잔뜩 얼어 있는 나에게 어제 내가 쓴 소원수리 내용을 말하면서 "네가 쓴 게 맞느냐"고 물어서 "맞다"고 대답했다. 순간 중대장의 얼굴이 무섭게 일그러지더니 벌떡 일어나면서 주먹으로 기관병의 뺨을 사정없이 후려쳤다. 기관병은 간신히 몸을 가누면서 다시 부동자세를 취했다. 깜작 놀란 나는 무슨 말을 해야 할지 몰라 떨리는 가슴으로 부동자세 속에서 중대장실의 벽을 응시할 뿐이었다. 그 날 밤 이후 후반기 교육장으로 떠날 때까지 며칠간을 매일 밤 자정 무렵에 중대장실로 불려가 부동자세로 1시간 가량을 서 있어야 하는 고통을 받아야 했다.

박격포와 무반동포 발사훈련을 주로 하는 후반기 교육을 마치고 내가 최종적으로 배치를 받은 곳은 강원도 인제군 서화면 천도리에 있는 6사단 19연대 9중대였다. 연대본부가 있는 서화면 서화리까지에는 민간인의 거주가 허용되었으나 천도리는 일반인이 들어갈 수 없는 통제구역이었다. 내가 소속한 9중대는 향로봉 바로 밑에 있었는데 어쩌다 한 번 연대에 나가야 할 일이 생길 때만 민간인을 구경할 수 있는 최전방이었다.

우리의 임무는 적군의 침투에 대비해 요소요소에 만들어진 벙커에서 보초경계를 서는 일이었다. 사역도 거의 없고 식사도 배부르게 할 수 있을 뿐만 아니라 비교적 자유시간도 많아서 이만하면 군대생활도 할 만하다고 생각했으나, 딱 하나 밤에 보초를 설 때 밀려드는 잠만은 정말 참기 어려운 고역이었다. 한 번은 한밤중에 비상이 걸렸는데, 간첩이 군사분계선을 넘어 온 것이 포착되었다는 것이다. 나는 우리 분대원들과 함께 간첩들의 침투루트라고 지목된 지점에서 매복을 했다. 북한군들이 가끔 넘어와서 아군들의 목을 베고 간다는 말을 들은 터라 바짝 긴장을 하고 전방을 응시했으나 천근만근의 무게로 눌려오는 눈꺼풀의 무게를 견딜 수 없어 결국 깜박하고 말았나 보다. 분대장의 발길에 차여 눈을 떠 보니 하얗게 눈이 쌓인 골짜기에는 햇살이 눈부시게 빛나고 있었다. 나뿐만 아니라 다른 분대원들도 세상모르고 자고 있었던 것이다. 만약 소문대로 아군을 살해할 목적을 가진 북한군이 넘어와서 우리를 보았다면 어떻게 되었을까 하고 생각하니 등골이 오싹했다. 이북 고향에서 나의 인민학교 담임선생님이 치안대원들에게 머리를 묶여 대들보에 대롱대롱 매달려 있으면서도 왜 그렇게 눈을 감고 자고 싶어 했는지를 비로소 이해할 수 있었다.

군대에 가기 전에는 18개월이라는 복무기간이 별로 길게 느껴지지 않았지만 막상 군대생활을 하는 입장이 되고 보니 '하루가 여삼추'라는 말이 실감났다. 마치 세월의 흐름이 정지되어 있는 것같이 느껴졌다. 사방을 첩첩이 에워싼 산들이 단풍으로 곱게 물들면, '아, 가을이구나' 했고, 산천이 온통 흰 눈으로 덮여 눈 나라가 되면 '겨울이구나' 했다. 그리고 앙상했던 나뭇가지들이 파릇한 새싹들을 힘겹게 밀어 내면 '아 마침내 봄이 시작되는구나' 하며, 그래도 세월이 흐르고 있음을 기뻐했다.

제대를 6개월쯤 앞두고 대대본부가 있는 훈련부대로 발령을 받아 좀 후방 쪽으로 나왔다. 그러나 여기도 역시 민간인이 통제되기는 마찬가지였다. 이 곳에서는 주로 전방에서 교대되는 사병들에게 재훈련을 시켰는데 훈련의 강도가 상당히 높았다.

나는 다행히 중대 서무병으로 발탁되어 훈련을 면했다. 제대를 앞둔 선임자로부터 약 1개월간 일을 배운 후 중대의 서무일을 맡게 되었다. 내가 하는 업무 가운데 제일 중요한 것은 중대의 인원현황을 파악하여 상부에 일일보고를 하는 일이었다. 그러기 위해서는 중대의 총재적인원에서 휴가 등으로 부재하는 인원을 제외한 현재의 인원을 정확히 파악해야 한다. 부대의 규모가 작기 때문에 이 일을 하는 데는 별 어려움이 없었다. 그런데 하루는 공연히 마음이 설레면서 일이 손에 잡히지 않아 일보를 작성하는 데 애를 먹었다. 계속 숫자가 맞지 않아 결국 함께 근무하는 동료사병의 도움을 받아서야 보고서 작성을 끝낼 수 있었다. 마음이 불안하고 뒤숭숭한 것은 잠자리에서도 마찬가지였다. 다음 날 아침에도 마음이 가라앉지 않고 여전히 심란해서 혹시 집에 무슨 일이 있는 것은 아닌가 하고 걱정을 하며 행정실로 나가 일을 시작하는데, 잠시 후 집에서 나에게 전보가 왔다는 말에 가슴이 철렁했다. 떨리는 손으로 전보봉투를 받아 열어보니 '어젯밤 모친 사망'이란 글씨가 적혀 있었다. 순간 머리를 무엇에 맞은 듯한 아찔함을 느꼈다. 잠시 후 정신을 차리고는 몇 번이나 전보를 보았다. 어머님이 돌아가셨다는 사실을 현실로 받아들일 수밖에 없었다. 나는 전보를 움켜쥐고 내무반으로 들어가 침낭을 뒤집어쓴 채 실컷 울었다. 피난살이·타향살이에 지쳐서 간질환을 앓아 오시던 어머님께서 끝내 고향땅을 다시 밟아 보지 못하고 43세라는 너무나 젊은 나이에 하느님 곁으로 가신 것이다. 마지막 눈을 감으시는 순간까지 '멀리에 있는 이 외아들을 얼마나 보고 싶어 하셨을까' 생각하니 한없이 눈물이 나왔다. 그리고 어머님의 임종도 맞을 수 없는 군대생활이 너무나 원망스러웠다.

전혜린 교수

비록 짧다고 하는 18개월이지만 나에게는 길고 지루했던 군생활을 마침내 끝내고 학교에 복학했다. 그 사이 이것저것 변한 것들이 꽤 있었다. 우선 후배들이 많이 생겼다. 나하고 같이 입학했던 1회들이 졸업해 나갔기 때문에 이제는 전체 학년이 꽉 차서 비로소 학과로서의 면모가 갖춰지기 시작했다. 전임교수님도 몇 분 더 오셨다. 내가 군에 가기 전까지만 해도 세 분밖에 안 계셨는데 세 분이 더 오신 것이다.

이 세 분 가운데 한 분이 전혜린 교수님인데 유일한 여교수로 홍일점이셨다. 전 교수님은 내가 2학년 때부터 우리 학교에 강사로 나오기 시작하셨는데, 화려한 이력 못지않은 자유분방한 성격과 열정적인 강의로 학생들을 사로잡으셨다. 서울대 법대에 다니시다가 독일로 건너가 뮌헨대학에서 독문학을 전공한 후 귀국해 서울대 법대와 이대에서 강사로 계시면서 성대에도 출강하셨던 것이다. 대학에서 독일어나 독문학을 강의하던 교·강사 선생님들 중 거의 모두가 일본 아니면 한국에서 공부를 한 데 반해, 전 교수님은 비록 강사였지만 독일에서 문학을 전공한 분이어서 학생들의 관심이 높았다.

당시 독일의 인기작가였던 루이제 린저의 소설 『생의 한가

여학생들의 '역할모델'이었던 전혜린 교수

운데』를 번역하셨는데, 이 책은 독문학도들에게는 물론 일반인에게도 대단한 인기를 끌었다. 교수님은 우리에게 강의를 하시는 입장이었지만 나이는 우리와 큰 차이가 나지 않아서 우리들을 잘 이해해 주셨다. 학생들과 어울리기를 좋아하셨던 교수님은 권위와 격식을 혐오할 정도로 싫어하셨다. 우리는 함께 커피는 물론 막걸리도 자주 마셨는데 이때 우리가 교수님에 대한 격식을 갖출라치면 질색을 하시고 손을 절레절레 흔드셨다.

나는 전혜린 교수님이 우리 학교에 전임이 되신 것이 정말 기뻤다. 전 교수님도 나를 비롯한 제대파 학생들을 반갑게 대해 주셨다. 그 동안 교수님은 W. 막시모후의 『그래도 인간은 산다』

를 비롯한 많은 독일 근대작가들의 작품을 번역했을 뿐만 아니라 적극적인 사회활동으로 명사가 되어 가고 있었다. 우리는 이런 교수님으로부터 배울 수 있다는 것을 큰 자랑으로 생각했다.

교수님은 성대 독문학과가 이미 졸업생을 내보낼 정도로 성장했으니 우리의 모습을 내외에 과시하기 위해 원어로 된 연극을 한 번 무대에 올려보자는 제안을 하셨다. 사실 말이 그렇지 원어로 된 연극을 무대에서 공연한다는 것은 당시 우리의 상황에 비추어 보아 지난(至難)해 보였다. 잘못하다간 망신당하기 십상이었다.

그러나 전 교수님과 함께라면 틀림없이 성공할 수 있을 것이라는 믿음을 가졌던 우리는 한 번 도전해 보기로 했다. 우리는 교수님이 정해 주신 대로 대문호, 실러의 『빌헬름 텔』을 선택해서 연습에 들어갔다. 나는 나이가 좀 많던 복학생이라 빌헬름 텔의 아버지 역을 맡게 되었다.

우리는 우선 대사를 외우는 작업에 들어갔다. 한국어도 아닌 독일어 대사를 외운다는 것은 여간 힘든 일이 아니었다. 교수님은 놀라운 열정과 헌신으로 각자의 대사 내용과 발음은 물론 연기동작 하나하나까지도 고쳐 주셨다. 그 자그마한 체구에서 어떻게 그런 박력과 카리스마가 솟구쳐 오르는지 모를 정도였다.

그런데 여기에서 우리는 교수님의 비범한 기억력에 놀라지 않을 수 없었다. 텍스트를 보지도 않은 채 우리 각자가 맡은 역할의 내용을 정확히 교정해 주셨기 때문이다. 참으로 놀라운 암기력이었다. 그래서 우리가 교수님께 "그것이 어떻게 가능하냐?"

고 물었더니 대답하시기를 "암기력 하나는 타고 났다"는 것이었다. 고등학교에 다닐 때 제일 어려운 과목이 수학이었는데, 원리고 뭐고 따지지 않고 문제에서부터 푸는 방법과 답까지 몽땅 외웠다는 것이다. 유복한 가정에서 자라 경기여중·고를 졸업하고, 서울대 법대에 진학하여 천재소리를 듣던 교수님이었지만 다시 한 번 놀라지 않을 수 없었다.

그로부터 몇 달 뒤 법정대학 3층 대강당에서 열린 공연은 대성공을 거두었다. 우리의 공연을 여러 면에서 후원해 준 주한 독일대사 내외와 학장님을 비롯한 많은 내빈, 그리고 각 대학 독문학과 학생들로 강당은 꽉 찼다. 공연이 끝난 다음 전 교수님을 앞세우고 무대에 나간 우리는 많은 박수를 받았다. 나는 난생 처음 여학생으로부터 꽃다발을 받고 가슴 설레는 밤을 보내기도 했다.

연극공연 이후 우리는 전 교수님을 더욱 더 존경하고 좋아하게 되었다. 무엇보다도 교수님의 진취적인 사고와 자유분방함은 우리들, 그 중에서도 여학생들에게는 하나의 역할모델이 되고 있었다. 그리하여 나는 어느 과목보다도 교수님의 수업에 애착을 가지고 몰두했으며, 그 결과 시험에서 100점 만점을 받아 칭찬을 받기도 했다.

졸업반이 되었을 때다. 지금까지 멋진 삶의 교본을 보여 주신다고 생각했던 교수님에게 어딘가 모를 슬픔의 그림자가 드리워져 있는 것 같았다. 그것은 특히 교수님의 트레이드 마크처럼 되어 버린 검정색에 대한 유별난 취향에서 짙게 묻어나는 듯 했다. 검정 치마정장에 검정 삼각스카프로 머리를 두른 교수님이 짙은 검정색 안경을 쓰고 강의실 문을 들어설 때면 나는 가끔 섬뜩함을 느낄 때도 있었다. 때로는 숙취상태에서 강의실 문고리를 잡고 휘청거리기도 하셨다. 이런 교수님의 모습을 매우 못마땅하게 생각하는 교수님들과 학생들도 있었다. 서울대 법대에 재직하시는 사부님과의 관계가 어긋나고 있다는 말도 들렸다. 아마도 유교적 권위와 질서에 찌든 한국 사회에 자유와 열정이 가득 한 페미니스트가 적응해 나가기에는 너무나 힘들었던 것 같다.

졸업을 앞둔 1965년 1월의 어느 일요일이었다. 우리가 그토록 아끼고 존경했던 교수님께서 우이동의 어느 산 속에 들어가 스스로 목숨을 끊었다는 청천벽력 같은 소식을 접해야 했다. 삶의 순간순간을 불꽃같이 치열하게 살아가시던 교수님이 31살의 나이로 요절한 것이다. 천재는 오래 살지 못한다는 속설이 있지만 우리에게, 특히 여학생들에게는 그 충격은 엄청났다. 그러나 그 분이 남기고 간 삶에 대한 당당함, 치열함은 그 분을 사랑한 또는 사랑하게 될 모든 이에게 영원히 꺼지지 않는 역할모델로 이상화될 것이라고 확신하면서 그 분이 가는 마지막 길에 명복을 빌었다.

DAAD(데아아데) 시험에 합격하다

인생의 황금기를 시간의 정지상태에서 보내는 것 같아 억울하다는 생각까지도 들었던 군생활이었지만 아주 귀중한 교훈을 얻기도 했다. 그것은 내가 누렸던 대학생이라는 신분의 진가를 비로소 알게 되었다는 사실이다. 그래서 사람들은 군대를 갔다 와야 철이 든다고들 하는 모양이었다.

복학 후 남은 1년 동안 공부와의 전쟁을 결심한 나는 학교 도서관을 최대한으로 이용하기 위하여 방도 아예 도서관 뒤쪽에다 얻었다. 금잔디광장을 내려다보며 우뚝 서 있는 성대 도서관은 규모도 웅장했지만 준공한 지가 얼마 되지 않아서 깨끗하고 좋았다. 원주형 계단과 넓은 창, 알루미늄 돔형의 옥상 천체망원경 지붕 등으로 사랑을 받던 이 흰색의 5층 건물은 우리들의 자랑거리였다.

처음에는 도서관에 자리를 잡는 것이 그렇게 힘들지 않았다. 그러나 시간이 가면서 점점 어려워지기 시작하더니 새벽 4시에 일어나 도서관 앞에서 장사진을 치고 기다려야 마땅한 자리를 잡을 수 있었다. 약대와 법정대 학생들이 제일 극성으로 도서관을 이용했는데, 그들에게는 국가고시라는 절실한 당면목표가 있었다. 하지만 나에게는 명백한 목표는 없었다. 따라서 학과공부에 대한 회의와 갈등도 느꼈지만 열심히 하면 어떤 형태로든 활용할 수 있는 기회가 오겠지 하는 막연한 신념으로 최선을 다할 뿐이었다.

그러나 막상 졸업을 하고 보니 앞날이 막막했다. 어디 한 군데도 이력서를 내볼 만한 곳이 없었다. 독일어 교사가 될 수 있는 고등학교 2급 정교사 자격증이 있어도 기회가 주어지지 않았다. 그래도 좀 낫다는 경상대나 법정대 출신들도 대부분 졸업하는 날이 바로 실업자가 되는 날이었으니 우리 같은 문과생에게는 더 말할 나위가 없었다. 막상 실업자로 하루하루를 보내려니 아침에 일어나 어딘가 갈 수 있는 직업을 가진 사람들이 그렇게 부러울 수가 없었다.

그럭저럭 몇 개월을 지내다가 다행히 독일대사관에서 운영하는 도서실에 자리를 얻게 되었다. 독일 정부에서 문화사업의 일환으로 보내는 문학 등 각 분야의 서적들을 분류·보관하면서 학생들과 일반에게 개방하는 곳이었는데, 일종의 사서 같은 일이었다. 지금의 '괴테 인스티튜트' 전신으로 보수는 꽤 좋은 편이었다. 그러나 몇 개월 있어 보니 아무런 비전도 없는 곳에 오래 눌러앉아 있어서는 안 되겠다는 생각이 들었다. 그래서 열심히 이곳저곳 알아보다가 한국일보 기자선발시험에서 독일어를 외국으로 선택할 수 있다는 것을 알게 되었다. 낙타가 바늘구멍에 들어가는 것만큼이나 어렵다는 시험이었지만 한 번 도전해 보아야겠다는 생각에서 상식공부를 위해 신문을 열심히 보던 중 눈이 번쩍 뜨이는 짧은 기사 하나를 발견했다. 문교부에서 내년도 DAAD(데아아데: 독일 학술교류처) 장학생을 선발하는데 시험과목은 전공과 국사라는 내용이었다. 시험날짜를 보니 3개월도 채 남지 않았다. 내 일생일대 주어진 최대의 기회라고 생각되어 그 날부터 시험준비에 들어갔다. 독일어는 평소의 실력을 믿고 국사공부에만 전념했다. 대학입시를 위해 많이 공부했던 과목이지만 거의 6년이 지난 후 다시 공부하니 힘들었다. 그래서 고등학교 때와 같이 개념이나 문제 중심이 아닌 왕조와 시대를 중심으로 한 큰 흐름을 파악해 나가는 식으로 공부했다. 동숭동에 있는 서울대 문리대 건물에서 시험을 보았는데 지원자가 수백

명은 될 성싶었다. 독일어와 국사 모두 별로 어렵지 않았다고 생각할 정도로 만족한 시험을 보았다. 특히, 국사는 큰 주제를 논문형식으로 써 내는 문제여서 내가 한 공부방식이 큰 도움이 되었다.

그러나 합격자 발표를 기다리는 심정은 역시 초조했다. 각 전공을 합해서 모두 10명 이내를 선발하게 될 거고, 독문학 쪽으로는 잘 해야 2~3명이 될 거라는 말을 들은 터라 더욱 불안했다. 이렇게 하루하루를 불안하게 보내던 어느 날 근무하는 도서실로 등기 속달우편이 날아들었다. 너무 떨려 봉투를 열기가 힘들 정도였다. 두근거리는 가슴을 간신히 억제하고 내용물을 뜯어보았다.

'축, 합격!'

'문교부 장관 권오병'이라는 이름으로 된 합격통지서였다. 위쪽 중앙에 '증산 수출 건설'이라는 큰 글씨의 정책구호가 빨간 인주로 선명하게 찍혀 있는 통지서의 내용은 다음과 같았다.

> "제목: 66/67 DAAD 장학생 고시, 귀하는 당부에서 실시한 장학생 고시에 합격했음을 알리오니 양지하시기 바라며 경제기획원에서 한·독 합동으로 실시하는 제2차 고시에 응시토록 하여주시기 바랍니다"(문교부 장관 권오병).

순간 주체할 수 없을 정도의 기쁨으로 앉은 자리에서 위로 1m는 펄쩍 뛰며 환희의 소리를 질렀다. 도서실에 있던 학생들이 왜 그러느냐고 물어서 통지서를 보여 주었더니 "와!" 하고

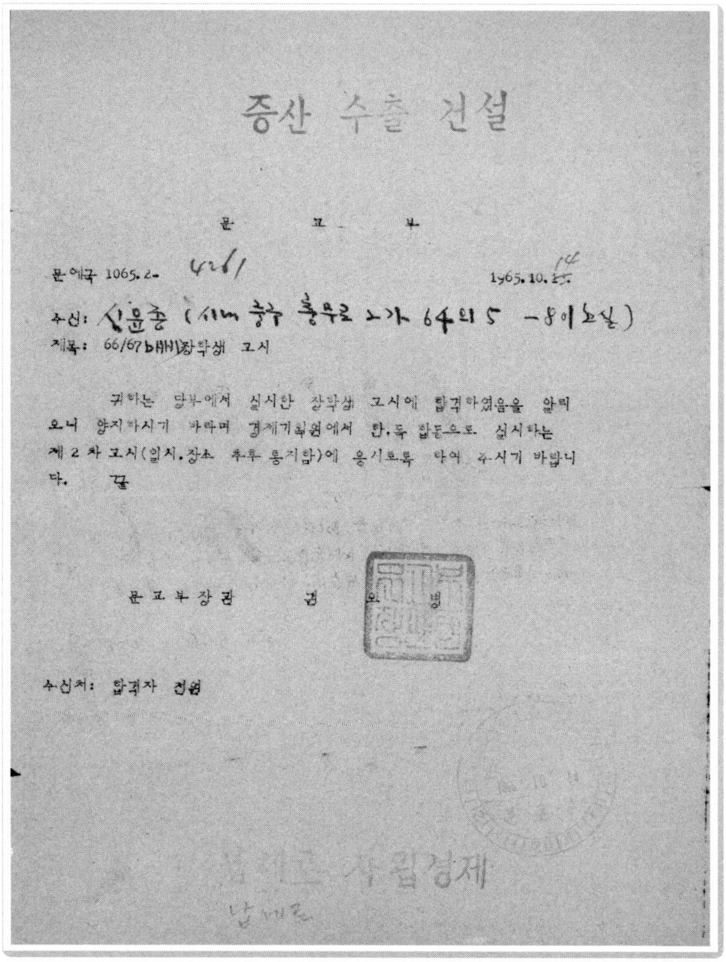

증산 수출 건설

문 교 부

문예국 1065.2- 4261　　　　　　1965.10.14

수신: 신윤종 (서울 중구 충무로 2가 64의5 - 8이오실)

제목: 66/67 DAAD 장학생 고시

귀하는 당부에서 실시한 장학생 고시에 합격하였음을 알리오니 양지하시기 바라며 경제기획원에서 한.독 합동으로 실시하는 제 2 차 고시(일시.장소 추후 통지함)에 응시토록 하여 주시기 바랍니다. 끝

문교부장관　　권 오 병

수신처: 합격자 전원

내 인생의 커다란 전환점을 만들어 주었던 DAAD(데아아데) 장학생 합격통지서

박수치며 함께 기뻐해 주었다. DAAD는 'Deutscher Akademischer Austausch Dienst'의 약자로 우리말로는 '독일 학술교류처'라고 번역된다. 미국의 풀브라이트재단과 비슷한 기관으로서 독일 정부가 매년 세계 각국으로부터 일정 수의 학생이나 학자들을 선발하여 이들에게 풀 스칼라십을 제공하는 재단이다. 워낙 파격적인 지원을 받으며 공부할 수 있기 때문에 독일에 관심을 갖는 사람들에게는 선망의 대상이었다. 그런데 이 대망의 DAAD시험에 합격한 것이다. 경제기획원과 독일대사관이 합동으로 보는 제2차 고시는 면접시험이었다. 시험장소에 나갔더니 모두 10명이 합격되었다고 하는데 독문학 전공에서는 나까지 2명이 합격했다는 것이다. 서울대학교에 교환교수로 있으면서 성대에 강사로 나오시던 노이만 교수가 경제기획원 직원과 함께 시험관으로 앉아서 독일어로 우리를 면접했다. 우리의 독일어 실력이 어느 정도인가를 테스트하는 것 같았다. 전체 10명 중 결국 3명이 탈락하고 7명이 최종 시험에 통과했는데, 독문학 전공으로는 2명 모두 합격했다. 서울대 독문학과를 졸업한 후 동양방송국에서 PD로 근무하던 정종운 씨가 나와 함께 합격되었다. 그런데 독문학 쪽에는 외국어대학 대학원 출신인 이인웅 씨가 추가되었다. 이유는 DAAD가 외국어대학에 대하여 1명을 별도로 선발해 추천할 수 있는 특혜를 주었기 때문이라고 한다.

세상이 내 것 같은 가슴 벅찬 감격의 순간이었다. 내 인생에 큰 획을 긋는 계기가 이렇게 시작되었던 것이었다.

나는 그 당시 대학에서 알게 된 친구의 여동생과 가깝게 사귀고 있었다. 그런데 내가 독일로 유학을 간다는 소문이 퍼지게 되자 모 대학 교수의 딸과 그때 꽤 이름이 알려져 있던 모 검사의 딸을 억지로 소개받게 되었다. 결혼을 해서 함께 유학을 가면 외롭지 않아서 안정된 생활을 할 수 있다는 것이 만남을 주선했던 주변의 이유였다. 그러나 나는 이런 만남에 대해 관심이 없었다. 결국 독일로 떠나기 몇 주 전 사귀던 친구의 여동생과 양가식구 및 친구들의 축복 속에 약혼을 했다.

04

독일 유학시절

루프트한자를 타다

1966년 7월 3일 김포공항에 송별 나온 가족, 친구, 교수님 등 많은 분들과 작별인사를 하고 대망의 독일 유학을 위해 설레는 마음으로 비행기에 올랐다. 우리 유학생 일행은 독일 국적기인 루프트한자를 타고 프랑크푸르트까지 가기로 되어 있었으나 비행기가 김포에는 취항하지 않기 때문에 하네다까지는 노스웨스트를 이용해야 했다.

난생 처음 타 보는 비행기 안에서 헐벗은 고국의 산들을 보니 가슴이 아팠다. 동해의 푸른 바다와 뭉게구름 사이를 넘나들며 언제 이 그리운 내 조국에 다시 돌아올까 하고 가슴 저려하는 사이에 벌써 일본 땅에 들어왔다는 기내방송이 울렸다. 얼마 안 있어 비행기가 동경만 위를 낮게 날더니 곧바로 하네다공항에 착륙했다. 일본은 우리에게 가까우면서도 너무나 먼 나라였기에 일본에 도착했다는 사실만으로도 가슴이 울렁거렸다.

입국수속을 마치고 예약된 공항근처의 호텔로 갔다. 프랑크푸르트로 가는 루프트한자를 타기 위해서는 하룻밤을 동경에서 묵어야 했기 때문이다. 호텔에서 피망 안에 쇠고기를 다져 넣은 양식요리를 게 눈 감추듯 맛있게 먹고 시간이 많이 남아서 동경 시내를 구경나가기로 했다. 일본어를 어느 정도 할 줄 아는 일행 중의 한 명이 동경에서는 긴자의 야경을 꼭 한 번 보아야 한다고 해서 몇 번을 물어 그 곳으로 갔다. 널찍한 길 양쪽에 늘어선 상점들과 백화점들이 번쩍이는 네온사인을 받아 마치 거리 전체가 쇼윈도우 같았다. 일본 최대의 번화가답게 화려하기 그지 없는 거리를 구경하며 돌아다니다가 어느 백화점으로 들어갔다. 아이쇼핑을 한참 한 후 남성용 크림 한 병을 샀는데 무척 비쌌다. 하지만 점원들이 어리둥절할 정도로 친절한 것이 매우 인상적이었다.

호텔로 돌아오는 모노레일 속에서 많은 것을 생각해야 했다. 무엇보다도 우리가 그 동안 일본에 대해서 너무나 무지했다는 자성(自省)이 앞섰다. 일본하면 쪽발이 놈들이 사는 못 된 섬나라 정도로 무조건 무시해 왔던 것이 사실이다. 그러나 하네다공항에서부터 시작된 나의 놀라움은 거대도시 동경시내를 보면서 우리가 얼마나 우물 안 개구리였던가를 새삼 깊이 느끼도록 해 주었다.

다음 날 오전 하네다공항에서 루프트한자를 타고 일본을 떠나 홍콩을 경유하여 방콕에서 몇 시간 쉬었다가 카이로와 로마를 거쳐 독일까지 갔다. 비행기를 탄 시간만도 17시간이 넘는 장거리 비행이었다. 그러나 지루하지가 않았다. 경유하는 곳마다 새로운 것을 볼 수가 있어서 놀랍고 신기할 뿐이었다. 고층빌딩 숲의 홍콩, 방콕 상공의 끝없는 평원, 나일강과 카이로공항 면세점에서의 반짝이는 보석들, 알프스 산을 넘을 때 아름답게 전개되는 풍경 등 볼거리가 너무나 많았다. 그리고 또한 좀 무료하다 싶으면 식사 때가 되어 기내식이 계속 나왔는데, 양도 많았지만 맛도 그만이었다. 워낙 식성이 좋은 나는 내 몫은 물론 양식을 잘 못 먹는 옆 친구들의 음식까지도 남김없이 먹어치웠다. 나의 이 놀라운 식성에 대해 친구들이 “너는 끝도 없니?” 하며 놀려댔지만 개의치 않았다.

프랑크푸르트 공항에서 뮌헨까지는 국내선을 타고 가야 했다. 뮌헨으로 가는 비행기를 기다리는 동안 화장실에 갔는데 소변 보고 손 한 번 닦는데 30페니히(당시 한국 돈 약 20원)를 내란다. 돈 없으면 꼼짝 못하는 나라에 왔다는 인상을 지울 수가 없었다. 뮌헨으로 가는 소형 비행기에서 내려다 본 독일의 농촌풍경은 한 폭의 그림 같았다. 바둑판같이 잘 정리된 밭들, 그 사이에 군락을 이루고 있는 넓고 무성한 숲, 굽이쳐 흐르는 강 등을 보며 감탄사를 연발했다. 그리고 채 한 시간도 못 걸려서 뮌헨공항에 도착했다.

최종 목적지인 바드 아이브링으로 가기 위해 뮌헨역으로 가는 버스를 타고 시내 한가운데로 들어가던 우리는 벌어지는 입을 다물 수가 없었다. 시내가 온통 잿빛을 띤 거대한 규모의 석조빌딩들로 꽉 차 있었고, 광장처럼 넓은 차로 위에는 전차 외에도 굴절 무궤도 버스와 자동차들이 질서정연하게 달리고 있었다. 그리고 확 트인 인도 위에는 자전거도로가 따로 있어서 남녀노소가 자전거를 타고 달리는 모습이 참으로 이색적이었다. 일본과는 또 다른 모습인데다 훨씬 풍요로운 삶을 누리는 것 같은 모습이었다.

바드 아이브링행 기차의 창가를 스쳐가는 독일 농촌의 풍경은 비행기에서 본 모습 그대로였다. 독일은 광활한 평야와 나무가 엄청나게 많은 나라라는 것을 다시 한 번 실감하게 되었다. 프랑크푸르트 공항에서도 느꼈던 사실이지만 깊은 산 속도 아닌

들판이나 야산에도 최소한 백 년은 되었을 성싶은 전나무들이 하늘 높이 빽빽이 들어차 있다. 일본 상공을 날아갈 때도 산 속의 우거진 숲들을 보고 부러워했지만 비교가 되지 않았다.

바드 아이브링에서의 생활

뮌헨 근교에 있는 바드 아이브링(Bad Aibling)은 바드라고 하는 이름에서 알 수 있듯이 오랜 온천휴양지로 유명하며, 깨끗하고 조용한 시골도시이다. 이 곳에 도착한 다음 날 괴테 인스티튜트에서 반편성을 위해 등급시험을 보았다. 세계 39개국에서 온 60여 명의 학생이 시험을 치렀는데 나는 제일 높은 반이라고 하는 미텔스투페 츠바이(중급반)에 편성되었다. 앞으로 두 달 동안 함께 공부하게 될 우리 반의 12명은 거의 절반이 미국인이었고 나머지는 일본, 이태리, 한국과 스웨덴 출신들이었다. 이들 미국인 중에는 한국전쟁 때 오산에 있는 K56부대에서 낙하산부대를 수송했다는 중년의 남자도 있었다. 백령도에 대해서도 잘 알고 있었기 때문에 우리는 오랜 친구를 만난 것 같이 기쁘게 인사를 나누었다.

수업은 오전과 오후 각 3시간씩, 월요일부터 토요일까지 매일 받아야 했는데 금요일과 토요일만 오후 수업이 없었다. 수업은 독일어에 역점을 두고 있었는데, 특히 받아쓰기는 거의 들리지 않아 따라가기가 무척 힘들었다. 12시 30분부터 오후 수업이 시작되는 3시까지는 쉬는 시간이었는데 이때는 대개 낮잠들을 자기 때문에 상점들도 모두 문을 닫았다. 오전 8시 30분에 문을 연 상점들이 점심때는 2시간 30분이나 쉬고는 오후에는 정확하게 6시에 문을 닫아 물건 사는 일이 여간 불편한 것이 아니었다. 이러고도 잘들 살고 있으니 불가사의한 일이었다.

아침식사는 괴테 인스티튜트 식당에서 했는데, 우유와 하드롤이나 식빵에 햄과 잼을 기호에 따라 곁들여 먹는 것이 주 메뉴였다. 가끔 통감자도 함께 나왔는데 하드롤과 통감자는 익숙하지 않아서 별로였다. 한국에서는 구경도 못하던 따끈하게 데운 우유를 큰 통에 담아 놓고 마음대로 마시도록 해, 첫 날은 체면상 두 잔만 마셨으나, 다음 날 아침에는 다섯 잔을 마셨더니 배탈이 나기도 했다. 점심과 저녁은 린드너(Lindner)라고 하는 작고 아담한 호텔에서 먹었는데 나에게는 제일 행복한 시간이었다. 붉은 카펫이 우아하게 깔려 있는 호텔식당으로 들어서면 흰색의 식탁보와 빨간 장미로 산듯하게 세팅된 테이블들이 우리를 기다리고 있었다. 여기에 느긋이 앉아 음미하는 따끈한 수프와 그 날의 요리, 과일 디저트는 자주 내리는 비와 음산한 날씨로 울적해진 내 마음을 상쾌하게 해 주었다. 내가 제일 좋아하는 요리는 슈바이네 코테레트(돼지갈비 고기찜)이었다. 이 요리에는 꼭 사우워 크라우트(발효시켜 신맛이 나는 양배추 채절임)가 곁들여졌는데 마치 신김치에 돼지고기를 넣고 끓인 김치찌개 같아서 냄새만 맡아도 군침이 돌았다. 식사를 하는 동안 백인과 황인, 흑인 등 피부색이 다른 여러 인종들이 자기 나라 말로 떠들거나 엉터리 독일어로 손·발짓 해 가며 깔깔대는 모습이 영화의 한 장면같이 신기했다.

괴테 인스티튜트에서 멀지 않은 곳에 내가 기숙하는 집이 있었는데, 50대 후반의 시청 공무원인 집주인은 취미가 집가꾸기인 것 같았다. 직장에서 돌아오기가 무섭게 옷을 갈아 입고는 정원과 집 손질로 시간을 보냈고, 주말인 토요일과 일요일에는 정원에서 가족들과 일광욕을 즐기거나 2대의 자가용을 번갈아 몰고 다니며 삶을 즐기고 있었다. 사람 살아가는 차원이 이렇게 다를 수 있나 싶어 질투가 날 정도였다.

집에서 괴테 인스티튜트까지는 약 5분이 걸렸는데 도중에 자전거를 타고 등교하는 나이 어린 초등학교 학생들을 많이 만났다. 대부분의 학생들이 손잡이가 붙은 큰 가죽가방에 끈을 달아 메고 다녔는데 나중에 상급학교에 가게 되면 끈을 떼고 들고 다닌다고 했다. 절약정신이 투철한 독일인다운 경제적 발상이라고 생각되었다. 지나칠 때마다 큰 소리로 "그리스 곧(grüß Gott)" 하고 바이에른식의 인사를 하는 것이 무척 귀여웠다.

괴테 인스티튜트 주위에는 큰 사과나무들이 많이 있었는데 비가 오고 바람 부는 날이 많다보니 잘 익은 주먹만한 사과들이 수두룩하게 떨어져 있었다. 그러나 누구하나 손대는 사람이 없었다. 이북의 고향생각이 났다. 비가 많이 오고 바람이 세게 불어 낙과가 많이 생기면 상한 것들은 돼지 차지였는데, 놈들은 아주 게걸스럽게 잘 먹었다. 사과를 좋아하는 내가 주워 가도 되냐고 물었더니 마음대로 가져가란다. 이게 무슨 횡재냐 싶어 옷주머니와 가방에 잔뜩 넣어 와서는 공부하다가 배가 출출해지면 맛있게 먹곤 했다.

우리에게는 주말이 별로였다. 토요일 저녁부터 일요일까지 먹는 것을 직접 챙겨야 했고, 딱히 어디 갈 데도 없었기 때문이다. 일요일 아침은 빵으로 간단하게 때웠는데, 한 번은 룸메이트가 버터를 준비하지 못했다고 같이 먹자고 하여 나누어 먹는데 갑자기 고추장 생각이 간절했다. 가지고 온 고추장을 버터와 함께 빵에 발라 먹어 보았더니 그 맛이 기가 막혔다. 인사차 룸메이트에게 매우니까 조금만 먹어 보라고 했다. 그랬더니 이 친구 맛이 아주 좋다고 사정없이 푹푹 떠서 발라 먹었다. 아끼고 아꼈던 고추장인데 말이다. 고추장병으로 스푼이 들어갈 때마다 가슴이 내려앉았다. 영문을 모르는 이 친구는 과테말라에도 이와 비슷하게 매운 식품이 있는데 한국 사람들도 매운 것을 좋아하는 모양이라고 하며 즐거운 표정을 지었다.

너나 할 것 없이 즐길 줄 모르는 우리 한국인들과는 달리 같이 공부하는 서양 사람들은 주말을 위해 사는 사람들 같았다. 집에서 준비해 온 테니스 라켓을 들고 코트를 찾아다닌다거나 괴테 인스티튜트 지하실에 비치되어 있는 자전거를 타고 자전거 하이킹을 간다고 야단들이었다. 그러나 우리 한국인 3명은 각자 집에 나홀로 남아 숙제를 하거나 모처럼 의기투합해 모일 때면 1페니히짜리 나이롱뻥(카드놀이의 일종)을 하며 객지에서의 외로움을 달래는 것이 고작이었다.

7월 초에 시작된 독일어 수업은 8월 말에 끝이 났다. 이것은 그 동안 정들었던 반 친구들과의 이별을 뜻하는 것이기도 했다. 연령이나 사회적 지위에 관계없이 독일어를 함께 배운다는 점 하나에서 친구가 되었던 정든 사람들과 작별을 할 때가 되었던 것이다. 모든 헤어짐이 슬픈 것이지만 다시는 만나볼 수 없는 사람들이라고 생각하니 그들과의 이별이 무척 아쉬웠다.

바드 아이브링을 떠나는 것도 아쉬웠다. 경제대국인 독일 땅에 떨어져서 제일 먼저 뿌리를 내려 본 곳이었다. 많은 시간은 아니지만 전쟁으로 피폐해진 우리 나라의 생활과 너무나 다른 삶의 현장을 목격하면서 조국에 대한 애증을 지니게 했던 곳이기도 했다.

독일의 어느 한적한 시골도시가 지금까지 한국이란 소우주에 갇혀 자기 만족의 세계관에서 깨어나지 못하고 있던 나를 새로운 각성으로 거듭나도록 독려했던 것이다. 게다가 뮌헨이라는 거대도시가 나를 기다리고 있다는 사실은 미지의 세계에 대한 새로운 기대감을 불러일으켰다.

블라우보이렌에서의 생활

9월 초부터는 다른 두 명의 친구와 함께 뮌헨 시내 카울바하스트라세(Kaulbachstraße) 91번지에 있는 괴테 인스티튜트에서 공부를 시작했다. 이 곳에서의 수업은 뮌헨대학에서 강의를 듣기 위한 준비과정으로 한층 강화된 수업이 기다리고 있었다. 독일어 청취와 쓰기능력을 중심으로 독문학사와 미술사 같은 수업도 있었다. 수업이 어찌나 강도 높고 빠르게 진행되는지 정신차릴 수가 없을 지경이었다. 밤을 새우고 코피를 쏟아 가며 공부해도 따라가기가 힘들었다. 모두 8명이 같은 반에서 공부를 했는데, 우리 3명 외에 다른 학생들은 이미 독일 대학에서 1~2

학기 정도 다니다가 쫓아가기가 어려워 다시 이 곳으로 온 사람들이었다. 어느 날 우리 반 선생은 독문학을 전공하려면 탄탄한 독일어 실력이 요구되는데 이 반의 수준이 높아서 따라가기 힘든 사람은 말하라고 했다. 그래서 나와 한국 친구 한 명 그리고 이라크 출신 여학생이 고충을 이야기했다. 그랬더니 앞으로 점점 더 어려워질 것이고 대학강의는 이보다 훨씬 더 어렵다고 했다. 그러니 자기가 소개해 주는 괴테 인스티튜트에 가서 좀더 어학훈련을 받고 오는 것이 좋겠다고 하면서 나에게는 블라우보이렌에 있는 괴테 인스티튜트를 소개해 주었다.

블라우보이렌(Blaubeuren)은 뮌헨에서 북동쪽으로 160km 정도 떨어져 있었는데, 대성당과 아인슈타인의 출생지로 유명한 울름(Ulum)에서 자동차로 30분 정도 걸리는 조용한 시골 도시이었다. 사방이 거의 산으로 둘러싸인 일종의 분지 같은 곳으로 바드 아이브링보다 훨씬 더 아름다운 곳이었다. 독일에는 주로 하늘로 곧게 치솟아 올라가는 침엽수과의 전나무들이 우거진 숲을 이루고 있었는데, 이 곳 산에는 단풍나무와 떡갈나무(참나무)들이 주종을 이루는 활엽수가 우거져 있었다. 다홍색과 노란색 등으로 화려하게 물들어 가는 10월의 단풍은 무르익어 가는 가을의 정취를 물씬 풍겨 주었다. 설악산의 단풍에 버금가는 듯한 이 아름다운 경관을 바라보면서 나는 고국의 산하와 헤어져 있는 모든 그리운 이들의 모습을 떠올리며 가슴을 저렸다.

도시 한쪽 끝의 산기슭 높은 지대에는 상당히 큰 연못이 있었는데, 이 연못 밑바닥에서 맑은 샘물이 솟구쳐 올라와 넘쳐흘렀다. 연못 가장자리에는 옛날에 사용하던 물레방아가 아직도 잘 보존되어 있었고, 시내 한쪽으로 흘러가는 맑은 물 속에서는 잉어같이 큰 붕어들이 유유히 헤엄쳐 다니고 있었다. 이 냇물을 따라 난 도로를 한참 가면 괴테 인스티튜트가 있었는데, 경사가 급한 빨간 지붕이 인상적인 꽤나 오래된 듯싶은 건물이었다. 맑은 물이 넘쳐 흐르는 연못, 물레방아, 냇물 등이 북한의 내 고향과 너무나 닮은 꼴이어서 상당한 친근감을 갖게 하는 곳이었다. 나는 괴테 인스티튜트와 그리 멀지 않은 곳에 있는 새 주택단지의 크고 깨끗한 집에 살게 되었다. 키가 크고 건장하게 생긴 40대 초반의 집주인은 건축업에 종사하고 있었는데 꽤 연로한 어머니를 모시고 살았다. 이전에 의학을 공부하는 한국 학생이 살았다고 했는데, 집주인 부부와 할머니 모두 동양인에 대해 호감을 가지고 있었다. 특히, 할머니는 매우 자상한 분이셨다. 감기에 걸려 고생하는 나에게 따끈한 꿀물을 타 주기도 했고, 방구석에 아무렇게나 처박아 둔 양말을 깨끗이 빨아서 터진 곳을 꿰매 주었는가 하면, 선물로 받은 인삼주를 마시라고 갖다 주기도 했다. 서양인에게도 이런 인정이 있는가 싶을 정도로 따뜻한 할머니의 마음씨에 깊이 고마워하면서 돌아가신 어머님이 그리워 가슴 아린 밤을 보내기도 했다.

내가 사는 집 앞의 넓은 들에는 초등학교가 있어서 오고 가는 길에 학생들이 신나게 축구를 하며 즐거워하는 모습을 부러운 눈으로 지켜보곤 했다. 오후 2~3시가 넘으면 수업이 없는지 한가한 교정의 잘 다듬어진 잔디 축구장에는 볼을 차며 신나게 떠들어 대는 학생들의 목소리만이 가득했다. 학생들은 날이 어두워지면 조명등으로 대낮같이 불을 밝히고 축구를 계속하다가 끝이 나면 자전거를 타고 쏜살같이 집으로 달려곤는 했다. 누구보다도 축구를 좋아하는 나에게 참으로 부러운 장면이었고, 한국의 현실과는 너무나 대조되는 독일인들의 삶의 질에 자괴감마저 느꼈다.

블라우보이렌에서 공부를 시작한 지 몇 주가 지난 어느 날, 같이 공부하던 한국인으로부터 호기심을 끄는 이야기를 들었다. 이 곳에는 일본인과 한국인을 매우 좋아하는 초등학교 여선생 한 분이 계신데 매주 토요일 저녁마다 사람들이 그 곳에 모여 재미있는 시간을 보낸다는 것이다. 나는 주말을 외롭지 않게 보낼 수 있는 좋은 기회라고 생각하고 다른 한국인들과 함께 포도주와 꽃을 사 들고 그 분 댁을 방문했다. 우리를 반갑게 맞아준 여선생은 나에게 자기 이름을 도라 페더(Dora Feder)라고 소개하며 이미 자리하고 있던 일본인들과 두 자녀를 소개해 주었다. 여선생은 크지 않은 키에 귀티가 나는 깔끔한 얼굴을 한 40대 중반의 여성이었다. 우리는 빵과 햄, 치즈 등에다 포도주를 곁들인 저녁을 맛있게 먹으면서 시간 가는 줄 모르게 즐거운 시간을 보냈다. 페더 선생이 보여 준 방명록에는 한우근 선생 같은 낯익은 분의 이름도 있었는데, 나도 방명록에다 몇 자 쓰고 내 이름을 남겼다. 우리는 블라우보이렌을 떠날 때까지 거의 매주 토요일 마다 페더 선생댁에 모여서 서로 친밀한 사이가 되었으며, 선생이 남편과 사별한 후 혼자 외롭게 남매를 키우고 있다는 것도 알게 되었다. 그녀의 희망은 돈을 저축해서 소련과 일본을 여행하는 것이었다. 그녀는 또 일본과 한국 문학에도 관심이 많았다. 그런데 일본 소설들은 독일어로 번역된 것들이 꽤 있는데 한국 소설은 거의 없다며, 이미륵의 『압록강은 흐른다』와 김용익의 『꽃신』이 유일하게 읽은 소설이라고 했다. 그러면서 소설에 나오는 것과 꼭 같은 '꽃신'을 갖고 싶다고 해서 서울에 부탁해 사다 주었더니 너무나 기뻐했다.

괴테 인스티튜트의 2개월 과정이 거의 끝나가는 11월 말이었다. 같은 반에 있는 클레어(Claire)라는 여학생이 수업을 마칠 날도 이제 얼마 남지 않았으니 주말에 기념으로 스위스 여행을 다녀오자고 했다. 할아버지가 독일계인 클레어는 키가 훌쩍 큰 금발의 미인으로 캘리포니아대학의 학생이었다. 첫 날 등급시험을 볼 때 내 옆에 앉았던 이 여학생이 잘 모르는 단어가 있어서 나한테 살짝 물어 보는 것을, 마침 아는 단어여서 가볍게 알려주었더니 그 후부터는 나에게 많은 호감을 갖는 듯했다. 자기 룸메이트인 일본 여학생과 그녀의 남자친구인 스페인 학생 그리고 나 네 명이 같이 가자는 것이었다. 나는 비자가 없어서 국경 통과가 안 될 거라고 걱정을 했더니 스위스는 잠깐 들어갔다 나올 계획이므로 사정하면 통과시켜 줄 거라고 했다.

주말이 되자 스페인 학생이, 한국인들이 딱정벌레차라고 부르던 폴크스바겐을 가지고 왔다. 울름을 지나 보덴호수(Boden See)를 향해 가는데 안개가 어찌나 짙게 꼈는지 앞 차가 보이지 않을 정도였다. 도로변에 있는 형광말뚝을 따라 아주 어렵게 보덴호수에 도착하니 조금 있다 안개가 걷히고 거대한 보덴호수의 위용이 한눈에 들어왔다. 넓이가 539km²로 여의도 면적의 63배가 넘는 이 바다 같은 호수는 독일-스위스-오스트리아 3개국에 걸쳐 있는데, 유럽에서 스위스의 레만호 다음으로 큰 내륙호로도 유명했다. 나는 멀리 호수 건너편에서 그 웅장한 자태를 드러내고 있는 알프스의 준봉들을 바라보며 가슴을 울렁거렸다. 중학교 때 밤새워 읽고 또 읽었던 『알프스의 소녀』의 주인공인 '하이디'가 빨리 건너오라고 손짓을 하는 듯했다.

우리는 보덴호수의 독일 쪽 도시인 콘스탄츠(Konstanz)에 호텔을 정한 후 페리보트를 타고 스위스로 건너갔다. 국경감시소에서 경찰의 요구에 따라 여권들을 제시했는데 다른 사람은 통과해도 되지만 나는 안 된다는 것이다. 다급해진 클레어가 영어로 스위스 지역의 도시를 한 번 구경만 하고 돌아올 거라고 하며 통사정도 하고 막 화를 내며 따져도 보았지만 막무가내였다. 예상은 했지만 막상 당하고 보니 민망하고 창피스러웠는데, 특히 일본 여학생 앞이라서 자존심이 크게 상했다. 가난하고 힘없는 나라의 서러움을 톡톡히 당한 것이다. 크게 실망했지만 더 이상 어쩔 수가 없어 세 사람만 다녀오라고 했더니 클레어가 의리 있게 나와 함께 남겠단다. 그래서 우리 둘은 다시 페리보트를 타고 콘스탄츠로 돌아와 점심을 먹은 후, 두 사람이 돌아오기로 한 저녁시간까지 시내구경도 하고 흰 갈매기들이 저녁먹이를 찾아 낮게 나르는 호숫가를 거닐며 낭만적인 시간을 보냈다.

다음 날 울름으로 돌아올 때는 비가 무척 많이 내렸다. 점심 때가 되어 울름시내의 한 카페에서 간단한 식사를 했다. 비가 계속 세차게 내려 좀더 쉬었다 가기로 하고 레몬티를 주문했다. 혀 끝과 입 안을 따끈하게 자극해 오는 그 새큼함이 아쉬웠던 여행길과 스산한 늦가을 비에 우울해졌던 나의 기분을 한결 상쾌하게 만들어 주었다.

뮌헨에서의 첫 성탄

블라우보이렌에 있는 괴테 인스티튜트에서 2개월간 독일어 공부를 더하고 12월 초에 다시 뮌헨으로 돌아왔다. 독일 대학은 10월과 4월에 학기가 시작되는데 10월 학기가 신학기이다. 블라우보이렌에 있는 동안, 뮌헨대학 독문학과에 등록을 해 놨기 때문에 서류상으로는 이미 뮌헨대학 학생이 되어 있었다. 좀 특이하지만 독일 대학은 학년제가 아닐뿐더러 등록제한제도도 없기 때문에 등록만 하면 대학에서 공부를 하지 않더라도 학생신분을 계속 유지할 수가 있었다.

나는 다시 카울바하스트라세에 있는 괴테 인스티튜트에서 수업을 들으면서 동시에 대학 강의를 듣는 일정으로 뮌헨에서의 바쁜 생활을 시작했다. 미리 신청한 덕분에 가톨릭에서 운영하는 요하네스 콜레크라고 부르는 기숙사에 들어가는 행운도 얻었다.

나에게 배정된 방은 꽤 컸지만 3명이 같이 써야 한다는 약점이 있었다. 한 학생은 의대에 다니는 나이가 어린 독일인이었고, 다른 학생은 경제학을 공부하는 아랍 학생이었다. 독일 학생은 잠을 거의 자지 않는 것 같았다. 초저녁은 물론이고 가끔 새벽에 잠을 깨어 보면 여전히 공부를 하고 있었다. 그런데도 아침에는 제일 먼저 학교에 나갔는데 그 체력이 정말 부러웠다. 아랍 학생은 정반대였다. 공부하고는 거의 담을 쌓고 사는 것 같았다. 종종 독일 여성을 방까지 데려왔는데, 그 여자와 밤낮

없이 붙어 다니다가 새벽녘에 돌아와서는 해가 중천이 되어야 일어나곤 했다.

뮌헨은 인구 100만 명이 넘는 남부독일의 최대 중심도시이다. 12세기 이래 700년 동안 독일에서 가장 화려한 궁정문화를 꽃피웠던 바이에른왕국의 수도였으며, 16세기 이후에 번성했던 르네상스와 바로코, 로코코 양식의 문화유산이 시내 곳곳에 풍부하게 남아 있다. 나는 대학을 오가는 길에 종종 이들 명소를 찾아, 거대한 건물들을 바라보며 중세 장인들의 빛나는 예술성에 감탄하곤 했다.

시내 정중앙에 있는 마리엔광장 주변에는 훌륭한 볼거리들이 많다. 여기서 멀지 않은 곳에 뮌헨을 대표하는 가장 큰 성당인 성모교회(Frauen Kirche)가 있다. 1400년에 세워졌으며 두 개의 탑이 나란히 서 있는데, 돔형태의 첨탑이 아주 멋있으며 높이는 100m나 된다. 탑의 가장 꼭대기까지 걸어서 올라갈 수 있으며, 여름 시즌에는 여기서 바라보는 바이에른의 산들이 장관이다. 우리 유학생들은 이 탑을 쌍둥이탑이라고 불렀다.

또한 마리엔광장에서 볼 수 있는 신고딕양식의 신청사와 그로켄쉬필도 뮌헨을 대표하는 볼거리였다. 신청사(Neues Rathaus)는 1867년에서 1909년에 건축된 네오 고딕양식의 건물로서, 꼭대기에는 동상이 있고 벽면 곳곳에는 천사와 사람들 조각으로 장식되어 있다. 중앙의 종루에는 독일 최대의 인형시계인 글로켄슈필(Glockenspiel)이 있다. 매일 11시가 되면 10분간 사람 크기의 인형들이 나와 종소리에 맞춰 춤을 추며 돌아가는데 이 모습을 보기 위해 광장에는 사람들이 가득 찬다.

님펜부르크성(Schloss Nymphenburg)은 시가지 북서쪽에 있는 아름다운 궁전으로, 건물의 폭이 700m나 되는 독일 바로크 건물로는 가장 큰 성이다. 1664~1748년에 건축되었으며, 그 후에 정원과 연못, 분수 등이 차례로 설치되면서 20세기에 와서야 완공되었다. 200헥타르의 넓은 정원과 궁전 내부, 마차박물관 등 볼거리들이 많다.

뮌헨의 또 하나의 명소는 역시 마리엔광장 근처에 있는 호프브로이 하우스다. 엄청나게 큰 홀, 아주 긴 테이블과 중년의 웨이트리스, 흥겨운 음악을 연주하는 블라스 밴드, 그리고 정통 독일 맥주가 이 곳의 트레이드마크이자 전통이다. 독일어 회화 연습도 해 볼 겸해서 나는 가끔 이 곳에 들려 맥주를 마시곤 했는데, 한 번은 마음먹고 돼지 넙적다리(Schweine Hachse)를 안주로 시켰다. 진한 브라운 색으로 맛깔나게 구워진 넙적다리는 말 그대로 일품이었는데 나 같은 식도락가가 남길 정도로 양이 많았다. 이 곳에서는 아무데나 합석할 수 있고 쉽게 사람들과 어울릴 수가 있어서 좋다. 저녁나절이면 세계 각지에서 수천 명의 여행자들이 몰려 들어 흥겨운 시간을 보낸다. 특히, 밤 9시경에 이 술집의 분위기는 최고조에 달한다. 밴드연주자들의 연주도 뜨겁게 달아오르고, 각국에서 몰려든 술꾼들은 테이블을 치며 미친 듯이 노래를 불러대거나 때로는 테이블 위까지 올라가 춤을 추기도 한다. 그런 흥겨운 시간은 한밤중까지 계속된다.

대학이 있는 레오폴드쉬트라세와 유럽 최대의 도시공원이라는 엥글리쉬 가르텐(영국 공원)이 만나는 아주 가까운 곳에 전혜린 교수께서 그토록 찬미하고 동경했던 슈바빙거리가 있다.

나는 종종 이 슈바빙거리를 걸으며 10년 전 교수님이 이 길을 걸었을 당시를 떠올리곤 했다. 누구보다도 예민하고 섬세한 감수성의 소유자인 그녀에게 이 거리는 얼마나 많은 영감을 가져다 주었을까. 전쟁의 폐허가 고스란히 남아 있던 1950년대의 모국과는 너무나 달라 생경하기까지 한 이 슈바빙거리의 모든 것에 완전히 매료되었을 법하다. 예술가와 학생 그리고 젊은이들로 붐비는 예술과 낭만의 거리, 출렁대는 이들의 문화, 가치관, 사고방식, 그 분의 말대로 가슴이 저미도록 이 곳에서 살고 싶었을 것이다. 슈바빙거리를 걷다 널찍하게 자리잡은 노천 카페를 만나면 그 분이 그랬을 성싶게 진한 커피 한 잔으로 노곤해진 몸을 추스리며 오후의 햇살을 즐기곤 했다.

뮌헨대학에 정식으로 등록한 학생이 되면서 DAAD로부터 월 400마르크씩 풀 스칼라십을 받았다. 괴테 인스티튜트에서 공부하는 동안 식대와 방값을 제하고 용돈으로 월 150마르크를 받던 것에 비하면 큰 돈이었다. 기실 이 400마르크는 일반노동자들이 순수하게 받는 월급에 가까운 액수로 적은 돈이 아니었다. 아껴 쓰면 200마르크를 가지고도 살 수가 있는데다 살림준비물 구입비와 학기마다 주는 전공서적 구입비를 합해서 300여 마르크를 더 받으니 당장 부자가 된 듯싶었다. 나는 꼭 갖고 싶었던 이태리제 올림피아 타자기를 샀는데 재산목록 1호가 되었다.

주말이 되면 먼저 온 DAAD 선배들의 집에 놀러가 여러 가지 정보를 제공받으며 함께 음식을 만들어 먹는 재미가 큰 즐거움이었다. 선배들은 상당히 여유 있는 생활을 하는 듯했다. 고급스런 두알(Dual) 전축에다 독일 음반협회(Deutsche Grammophon

Gesellschaft)에서 만든 클래식 판도 수십 장씩 가지고 있었던 것은 물론이거니와 고성능 녹음기, 타자기 등도 소유하고 있어 부럽기 짝이 없었다. 또한 선배들의 집에는 북한에서 보낸 고급양지의 선전화보들이 수북이 쌓여 있었는데, 그네들이 아무 거리낌 없이 이 책자들을 보고 있는 것도 놀랍고 신기했다. 호기심으로 책자를 들여다 본 나는 설레는 가슴을 주체할 수가 없었다. 대동강변의 우거진 숲을 끼고 들어선 아파트단지, 널찍널찍하게 잘 배치된 평양시내의 대형 건물들과 도로들, 그 위를 달리는 무궤도 버스 등의 사진들이 해설과 함께 화려한 모습으로 실려 있었다. 뿐만 아니라 바둑판같이 경지정리가 잘 된 농촌의 황금들녘에서는 트랙터로 벼를 베며 행복에 넘치는 웃음을 환하게 짓는 농부의 사진이 클로즈업되어 실려 있었다. 나는 큰 충격을 받았다. 아무리 선전책자에 불과한 것이라고 생각하며 그 의미를 축소해도 남한과 너무나 차이가 나는 북한의 모습을 보았기 때문이다. 북한에 대한 나의 생각이 잘못된 것 아닌가 하여 혼란스러웠다.

12월이 되면서 서양인들의 최대 명절인 크리스마스 분위기가 점차 무르익기 시작했다. 시내가 온통 크리스마스를 좀더 멋지게 맞이하려는 사람들로 들떠 있었다. 12월에는 크리스마스 특수 때문에 좋은 아르바이트 자리가 많다는 이야기를 선배들로부터 듣고 경험삼아 대학에서 운영하는 아르바이트 소개소에 나갔다. 창구에 이름을 써 내고 기다리면 필요한 인력에 대한 요청을 받는 대로 일의 내용과 시간당 받는 돈의 액수를 직원이 말한다. 그런 다음 신청순서대로 이름을 부른 후 해당 일을 하겠느냐고 물으면 호출된 사람들이 결정을 하는 시스템이다. 신청을 하고 한 30분 기다렸더니 열 명 정도의 이름을 부르는데 내 이름도 있었다. 직원의 빠른 말을 제대로 이해할 수 없어서 멍하고 서 있었더니 같이 호명된 독일 학생이 좋은 일이니까 같이 가자고 했다.

다음 날 우리가 찾아간 곳은 교외에 있는 어마어마하게 큰 창고형 매장이었다. 내가 담당해야 할 일은 스포츠 코너의 자전거 진열대에 새로 도착하는 여러 종류의 자전거들을 운반하여 정리하는 일이었다. 자전거를 사 가는 사람은 그렇게 많지 않아서 비교적 한가한 일이었다. 그래서 일이 없을 때는 여기저기 돌아다니며 구경을 하느라고 바빴다. 난생 처음 보는 것들도 많았다. 천정에 닿을 정도로 높은 다단계 진열대에는 물건들이 꽉 차 있었는데, 물건을 옮기는 일은 지게차로 했다. 내가 일하는 2층의 스포츠 코너에는 깜짝 놀랄 정도로 비싼 스키와 스키복 등이 진열되어 있었는데 그 중에서 제일 탐나는 것이 스키장갑이었다. 그것만 끼면 겨울 추위를 모르고 지낼 수 있을 것 같았다. 8시간을 일했는데 10% 세금 떼고 20마르크를 받았다. 이 대형 매장에서 15일을 일했는데 300마르크를 벌었다. 참으로 신바람 나는 크리스마스 아르바이트였다.

그런데 이상했다. 한국 같으면 분위기가 절정에 달할 크리스마스 이브인데도 시내는 조용하다 못해 적막했다. 백화점을 비롯한 모든 상점과 업소들이 하루 종일 문을 닫았기 때문에 거리는 사람의 모습을 찾아볼 수 없을 정도로 한산했고 썰렁했다. 마찬가지로 크리스마스날도 조용했다. 독일 사람들은 크리스마스를 철저하게 가족들과 함께 집에서 경건하게 보내기 때문이라는 것이다.

나는 공교롭게 성탄절 아침에 기숙사 현관 안내소에서 당번을 서게 되었다. 여기서 주로 하는 일은 외부의 전화를 각 방으로 연결하는 일과 방문객을 안내하는 일이었다. 찾아오는 사람도 전화를 하는 사람도 없었다. 창 밖에는 함박꽃처럼 굵고 탐스러운 눈이 펑펑 내렸는데 눈송이가 어찌나 굵은지 시야를 가릴 정도였다. 앙상하던 가로수와 정원의 나무들이 두껍게 올라앉은 함박눈 덕분에 금세 멋진 겨울풍경을 연출해 내어 완벽한 화이트 크리스마스였다. 나는 마냥 행복했던 어린시절의 고향을 떠올렸다. 그때도 겨울이 되면 저처럼 굵고 탐스러운 함박눈이 쏟아졌다. 다음 날 아침 눈부신 햇살을 받으며 새덫을 가지고 머리가 노랗고 깃털이 화려한 산새들을 잡으러 새하얀 눈 들판을 헤맸다. 저녁 늦게야 집에 돌아왔을 땐 버선에서부터 바지까지 온통 젖어 어머님으로부터 야단을 맞곤 했다.

바깥에 계속 내리는 눈을 바라보며 눈 속을 달려오는 그리운 사람들의 모습을 그려보았다. 약혼녀, 가족, 친구들 ……그들은 지금 어디서 무엇을 하고 있을까. 참으로 보고 싶었다.

함박눈을 흠뻑 뒤집어 쓴 부부가 애들을 태운 산타클로스 썰매를 마냥 내리는 눈 때문에 쩔쩔 매며 끌고 가는 모습이 갑자기 눈 안으로 들어오면서 나는 이 아름다운 상념에서 깨어나 현실의 세계로 돌아왔다.

가슴 벅찬 희망과 기대를 안고 독일 땅에 첫발을 밟은 지 벌써 6개월이 지났다. 그러나 나는 아직 무엇을 해야겠다는 미래에 대한 확실한 계획을 세우지 못한 채 방황하고 있었다. 독문학에 대한 회의는 점점 나를 혼란스럽게 만들었다. 별로 어렵게 생각되지 않은 독일어 글짓기 숙제도 초등학교 학생으로부터 교정을 받아야 할 정도였는데, 하물며 이들의 문학을 공부하고 연구한다는 것이 얼마나 힘들고, 무모한 일인가 하는 생각이 들었다. 또한 우리와는 너무나 대조적인 삶을 살아가는 이들의 모습을 보면서 독문학 전공에 대한 나의 결정이 과연 옳았던 것일까 하는 고민을 해야 했다. 새하얗게 내리는 함박눈, 어린시절의 고향에 대한 추억, 애타게 그리운 얼굴들, 나 자신에 대한 정체성의 문제 등으로 독일에서 처음으로 맞이한 크리스마스는 무척 외롭고 고독한 하루가 되었다.

파 싱

해가 바뀐 1월 중순경이었다. 기숙사에서 같이 생활하는 한국인 친구 몇 명과 함께 근방에 있는 호프집으로 맥주를 마시러 갔다. 우리는 평소와 다른 맥주집 분위기에 깜짝 놀랐다. 손님들이 한덩어리가 되어 어깨를 서로 걸치고 노래를 부르는가 하면 파트너를 가리지 않고 닥치는 대로 붙잡고 경쾌한 독일 민속음악에 맞추어 춤을 추는 것이었다. 우리는 평소처럼 점잖게 앉아 맥주를 마시고 있는데, 홀 앞을 가득 메우고 춤을 추던 사람들이 나오라고 막 손짓을 했다. 춤을 출 줄 모르는 우리가 당황하며 망설이고 있으니까, 종마같이 덩치 좋은 독일 여자들이 우리를 막 잡아 끌었다. 좁은 홀에서 여러 사람이 함께 뒤엉키다 보니 스텝 같은 것도 필요 없는 막춤이 되어 버려 그냥 리듬에 맞춰 함께 움직여 주면 되었다. 춤을 출 줄 모르는 우리에게는 차라리 잘된 일이었다. 얼큰한 술기운도 있었고, 평소에는 감히 생각도 못하였던 젊은 독일 여자들과 어울리다 보니 정말 시간 가는 줄 모르고 신나게 놀다 새벽에야 집으로 돌아왔다. 다음 날 같은 방을 쓰는 독일 학생에게 물었더니 그 유명한 뮌헨의 파싱이 벌써 시작되었단다.

파싱이 시작되면서 밤새워 공부하던 의대생 룸메이트의 생활패턴이 완전히 달라졌다. 온 밤을 밖에서 진탕 놀다가 새벽녘에야 귀가해서 잠깐 눈을 붙인 후 학교로 가는 놀자판 생활로 변신한 것이다. 그것도 하루 이틀이 아닌 몇 주간을 그렇게 하는 철인 같은 그의 체력이 놀라웠고 부러웠다.

하루 저녁은 이 친구가 홀로 방지킴이를 하고 있는 내가 안쓰러워 보였던지 같이 놀러 가자고 했다. 그렇지 않아도 지난번 맥주집에서 참으로 신나는 밤을 보낸 후 은근히 그런 기회를 기다렸던 참이라 잘 되었다 싶어 얼른 쫓아 나섰다. 우리가 도착한 곳은 무슨 회관 같은 곳이었다. 1층 중앙에는 맥주와 식사를 할 수 있는 큰 홀이 있고, 2층에는 1층의 홀을 내려다 볼 수 있는 널찍한 베란다와 홀들이 있었다. 우리가 1층 홀로 들어섰을 때 안에서는 이미 축제분위기가 무르익어 가고 있었다. 우렁찬 블라스 밴드의 신명나는 음악, 여기에 맞추어 몸을 출렁이는 남녀노소들, 대형 생맥주 잔을 맞부딪치며 “프로지트”(건배)를 외치는 주당들 속에서 나도 모르게 분위기에 빨려 들어가는 흥분을 느꼈다. 우리는 축제 때 독일인들이 즐겨 먹는 메뉴인 으깬 감자와 사우어 크라우트를 곁들인 소시지에다 생맥주를 시켜 먹고는 더 이상 앉아 있을 수 없는 조바심을 느끼며 곧바로 2층으로 올라갔다. 우리가 들어올 때만 해도 2층에는 사람이 그렇게 많아 보이지 않았는데 저녁을 먹고 올라와 보니 그 사이에 베란다와 홀에는 사람이 꽉 차 버렸다. 우리는 마침 거나하게 취해서 파트너를 기다리고 있는 여자들을 만나서 자연스럽게 사람들의 물결 속으로 빨려 들어갔다. 블라스 밴드에서는 멈추는 것을 잊어버린듯 계속해서 민속음악이 연주되었는데, 신나게 몸을 흔들어대다가 어쩌다 곡이 끝나면 여자 파트너가 뭐라고 큰소리로 외치며 키스 세례를 퍼부었다. 모두가 내 파트너 네 파트너 상관없이 서로 닥치는 대로 키스를 해 대는 것이었다. 놀라운 것은 여자들이 남자들보다 훨씬 적극적이어서 마치 갑자기 여자들의 세상이 된 듯싶었다. 우리는 어깨동무를 한 채 밴드음악에 맞춰 빙빙 돌기도 하고, 엉덩이에 손을 얹고 쭉 늘어서서 기차놀이도 하며 마음껏 즐기다가 새벽녘이 되어서야 집으로 돌아왔다. 말로만 들었던 뮌헨 파싱의 진수를 참으로 멋지게 느껴 본 즐거운 밤이었다.

우리 말로 사육제라고 부르는 이 파싱은 독일에서도 지역에 따라 축제명칭이 다르다. 뮌헨이 속해 있는 바이에른 지방에서는 '파싱'이라 부르고, 쾰른과 라인란트 지방에서는 '카르네발'로 부른다. 우리 한국에서뿐만 아니라 세계적 명성을 가지고 있는 카니발은 브라질의 리우 카니발이다. 그러나 독일의 라인 카니발을 비롯한 뮌헨의 파싱도 여기에 못지않은 국민적 축제의 성격을 가지고 있다.

원래 카니발은 기독교문화에서 유래된 것으로서, 특히 예수의 수난 및 부활시기와 관련된 것이지만, 카니발(carneval)이란 말은 로마시대부터 있었다고 한다. 이 말은 라틴어의 'carne=고기'와 'val=격리'의 합성어로서 '고기를 멀리 한다'는 뜻이라고 한다. 그래서 사람들은 카니발을 사육제(謝肉祭)라고 하여 '고기를 사양하는 잔치'로 부르고 있는데, 이미 로마시대부터 일정기간 종교적인 이유로 고기를 먹지 않는 의식이 있었다는 것이다. 이런 전통이 기독교로 이어져 중세부터 예수가 못 박혀 죽은 다음 사흘 뒤 부활했다는 수난기간, 곧 부활을 정점으로 40일 전부터 고기를 먹지 않고 근신을 하게 된다. 이처럼 금욕기간에 들어가기 전 실컷 고기도 먹고 양껏 마셔 두자는 주지육림의 대 파티가 바로 카니발이라는 것이다. 이 카니발의 절정은 사순절이 시작되기 직전 기상천외의 온갖 아이디어를 살린 가장행렬로 대미를 장식하는데, 이 날은 가게도 회사도 오전만 문을 열고 오후에는 남녀노소 할 것 없이 모두 거리로 쏟아져 나와 가장행렬에 참여하거나 구경한다. 이 날 독일 사람들은 완전히 술독에 빠진다. 가정마다 직장마다 변장한 사람들이 밤새도록 파티를 하며 술을 마시는데 1년 중 이 날이 가장 폭음하는 날이며 자연탈선도 폭증하여 이때 생긴 이른바 '카니발 베이비'는 사회적 문제가 되곤 한다. 이처럼 실컷 먹고 마시고 노는 사육제도 '참회의 수요일'로 마감되는데, 이 날은 사육제기간 동안 지은 죄를 참회하고 고기를 먹지 않으며 근신하는 날이다. 참으로 신기한 것은 언제 그랬더냐 싶게 축제의 분위기는 완전히 가시고 온 나라가 쥐죽은 듯 고요해지며 일상으로 돌아가는 것이다.

이처럼 사육제는 사순절 앞에 오는 독일인들의 전통적인 축제이기도 하지만, 근엄한 일상생활의 규율과 질서에서 잠시나마 벗어나 자유인이 되어 보는 기간이기도 하다. 그 동안 쌓였던 스트레스를 말끔히 발산해 버리고 새로운 활력으로 일상의 업무에 복귀하여 몰입하는 좋은 계기가 되는 것이다. 유난히 준법정신이 강하고, 우직하며 일에 대한 완벽주의와 몰입도가 강한 독일인들이기에 한 번쯤 일상에서 완전히 벗어나 탈선(?)을 해 보는 것도 삶의 역동성을 지속시킬 수 있는 지혜일 것이다.

사회학으로 전공을 바꾸다

내가 독문학에 호감을 갖게 된 계기는 아마도 중학교 때 읽은 문학전집들로부터 깊은 감명을 받은 후, 문학에 대한 강한 매력을 느꼈기 때문일 것이다. 그래서 나는 독일로 유학을 올 때만 해도 세계적인 문호들을 배출한 이 곳에서 문학을 제대로 공부하고 귀국하여 대학에서 강의를 하며 소설도 써 보겠다는 큰 꿈을 가지고 있었다.

그러나 이 곳에 도착하는 순간부터 시작된 나의 충격은 괴테 인스티튜트에서 독일어 공부를 하는 동안에도 가시지를 않았다. 우리와는 너무나 다른 이들의 생활환경과 삶의 질을 보면서 '우리는 왜 그렇게 살아야 하나' 하는 고민을 해야 했다. 한국이라는 작은 우물 안에 갇혀 더 넓은 세상의 삶을 몰랐던 나에게 조국은 너무나 처참한 모습으로 비쳤던 것이다. 한 지구상에서 같이 사는 인간이라 하기에는 너무나 차이가 나는 비참한 생활이 우리의 현실이었기 때문이다. 일자리가 남아돌아 이태리, 스페인, 터키, 유고슬라비아 등 여러 나라에서 외국인노동자들(Gastarbeiter)을 데려오지만 그래도 사람이 모자라 노동력 쟁탈전이 벌어지는 이들에 비하면 우리의 현실은 그저 암담할 뿐이었다. 대학을 졸업해도 취직은 하늘의 별따기여서 이른바 고등 룸펜의 신세를 벗어날 수 없는 것이 우리의 현실 아닌가. 냉장고, 세탁기 등의 모든 가전제품과 편의시설들을 갖추고 아담한 현대식 건물에서 자가용을 굴리며 사는 것이 이들의 농촌생활이다. 그러나 우리의 농촌은 어떤가? 흙담과 짚으로 이엉을 한 초가집에다 뒷간은 큰 돌 두 개를 놓고 그 위에 쪼그리고 앉아 일을 보아야 한다. 생각하면 정말 소름이 끼칠 정도로 참담했다.

또한 뮌헨에서 독문학 전공자를 위한 예비교육을 받으면서 그리고 대학에서 전공과목을 수강하면서 외국인이 독문학을 전공한다는 것이 얼마나 어렵고 경우에 따라서는 무모하기까지 하다는 것을 절감해야만 했다. 사람에 따라 다르겠지만 나 같은 사람은 아무리 열심히 공부한다고 해도 섬세한 문학적 표현이나 언어의 뉘앙스 등을 제대로 전달한다는 것은 거의 불가능할 것이라고 생각되었다.

이와 같이 우리 삶의 현실에 대한 나름대로의 고민과 독문학 전공에 대한 회의가 중첩되면서 점점 내 마음에서 멀어지는 전공에 억지로 매달리는 것은 내 젊음과 시간의 낭비라는 생각이 들었다. 그리고 이렇게 생각한 이상, 이것을 실행에 옮기는 것은 빠를수록 좋을 것으로 생각되었다. 그리하여 나는 전공을 '사회학'으로 과감히 바꾸는 중대결단을 내렸다. 사회학은 내가 대학에 들어갈 때 독문학 못지않게 매력을 느꼈던 학문이다.

이 같은 나의 결심을 DAAD에 알렸더니 대답은 간단했다. 전공을 바꾸면 장학금을 더 이상 줄 수 없다는 것이다. 그러나 나의 결심도 단호했고, 또 충분히 예상했던 바였기 때문에 DAAD의 대답에 흔들리지 않았다. 독문학으로부터는 이미 마음이 떠나버린 터라 장학금은 더 이상 나를 유인할 수 없었다. 그러나 내가 DAAD 장학금을 받을 수 있는 기간이 겨울학기가 끝나는 3월까지이므로, 그 이후 최소한 1년 정도는 외부의 도움 없이 공부할 수 있는 돈을 비축해 두어야겠다고 생각했다.

그리하여 1967년 1월 말경부터 시간당 3마르크씩 받기로 하고 옷감천을 파는 회사에서 일을 하게 되었다. 주로 중년의 여성들이 일을 하는 곳으로 남자는 몇 사람 없었다. 내가 하는 일은 주문카드의 내용에 따라 천을 자로 재어 가위로 자르거나, 천묶음을 선반에서 내려 작업대로 날라다 주는 일이었다. 아침 8시에 출근해서 오후 5시에 퇴근하는데, 점심시간 30분을 빼고 8시간 반을 일했다. 아침 7시에는 집에서 출발해야 하기 때문에 늦어도 6시 30분에는 일어나야 했고 겨울이라 온 천지가 아직 깜깜했다. 일은 고되지 않았지만 항상 서서 움직여야 하기 때문에 굉장히 피곤했다. 이렇게 열심히 일해서 한 달 봉급으로 탄 액수가 세금을 제하고 470마르크였다. 이 회사에서 3월 말까지 2개월 동안 일을 하고, 그 동안 저축한 돈이 꽤 모여서 수천 마르크가 되었다. 이제는 자신감이 생겼다.

전공을 사회학으로 바꾸기로 결심하면서 차제에 항상 동경해 왔던 하이델베르크대학으로 학교를 옮기기로 마음먹었는데, 이미 필요한 전학절차를 밟은 터라 홀가분한 마음으로 하이델베르크로 떠나게 되었다. 더욱이나 하이델베르크에서 그토록 애타게 그리워하며 기다렸던 약혼녀를 만나도록 되어 있으니 이미 내 마음은 벌써 하이델베르크에 가 있었다. 마침내 4월 17일 설레는 가슴으로 미지의 도시 하이델베르크행 기차에 몸을 실었다.

하이델베르크대학

하이델베르크는 말 그대로 한 폭의 그림같이 아름다운 도시이다. 오덴발트의 울창한 숲과 산줄기를 타고 유유히 흐르는 네카강, 네카강변의 야트막한 언덕에 주황색 지붕과 흰 벽의 건물들이 완벽한 조화를 이루는 고도 하이델베르크가 아늑하게 자리잡고 있었다. 도시 전체가 고딕, 르네상스 그리고 바로크 양식의 건물로 가득 차, 마치 중세의 박물관 같은 이 고색창연한 도시에 유럽에서 가장 오래된 대학 중의 하나인 명문 하이델베르크대학이 도시 전체에 산재해 있어 시가지와 함께 호흡하고 있었다. 하이델베르크는 당시 인구가 10여만 명밖에 안 되는 중소도시지만 그 중 대학생이 2만 명이 넘을 정도로 대학인의 정열과 낭만이 살아 숨쉬는 전형적인 대학도시였다.

이처럼 하이델베르크는 도시의 규모에 비해 대학생이 너무 많은 관계로 방값이 아주 비쌀 뿐만 아니라 방을 구한다는 것도

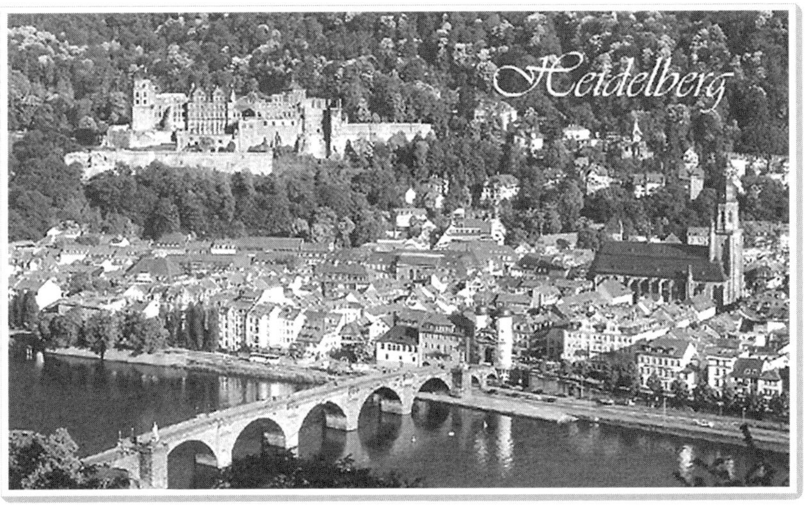

하이델베르크성과 구시가지의 고색창연한 건물, 옛 다리가 멋스럽게 어우러진 하이델베르크시의 전경

여간 어려운 일이 아니었다. 그러나 나는 다행스럽게 노인하이머 펠트(Neunheimer Feld)에 있는 고층학생기숙사에 방을 얻게 되었다. 이 지역은 시내와는 좀 떨어진 네카강 왼편에 광활하게 펼쳐 있는데, 여기에는 의과대학과 자연과학부, 대규모의 남아시아 연구소가 들어서 있었다.

학교와 기숙사 건물들을 둘러싸고 있는 벌판에는 과수원들이 많은데, 주로 배나무 밭이다. 그래서 나는 생각지도 못했던 4월의 배꽃 향연을 만끽할 수 있었다. 세상은 온통 하얀 배꽃 천지였는데, 눈보다 하얀 순백의 꽃들이 한없이 펼쳐져 있는 배꽃 과수원들이 장관을 이루었다. 문득 소설과 영화 『황태자의 첫사랑』에 나오는 한 장면이 머리를 스쳐갔다. 바로 이 곳, 이처럼 새하얀 꽃이 만발한 어느 배나무 밑에서 하이델베르크대학에 유학 온 황태자 칼이 하숙집 딸인 케티와 애틋한 사랑의 밀회를 나누는 장면이었다.

기숙사에서 학교로 가기 위해서는 버스와 전철을 타야 했는데 30분이 채 걸리지 않는 거리였다. 하이델베르크대학은 시 전역에 걸쳐 대학건물과 연구소 그리고 병원 등의 부속건물들을 가지고 있는데, 그 중에서도 하우프트 쉬트라세(중앙로)를 중심으로 해서 제일 많이 몰려 있었다. 법과대학, 통역관대학, 경제·사회대학, 중앙도서관, 대학본부, 학생식당, 인문대학 등이 모두 여기에 자리잡고 있다.

1967년 4월 하순 등록을 하기 위해 대학본관의 육중한 적색 아취문의 호랑이문양 문고리를 잡았을 때의 그 감격은 참으로 벅찬 것이었다. 고등학교시절부터 소설 『황태자의 첫사랑』을 통해 무한히 동경했던 하이델베르크대학의 학생이 되는 순간이었기 때문이다.

나는 이미 결심한 대로 사회학을 주전공으로 그리고 교육학과 농업정책을 부전공으로 선택했다. 사실 우리 같은 외국학생에게는 전공 하나만도 힘에 겨운 것이었지만 모든 학생은 반드시 부전공을 두 개 선택하도록 되어 있었기 때문에 어렵지 않으면서도 관심을 끄는 과목으로 선택을 했다.

신입생 오리엔테이션 때 아주 인상적이었던 곳은 대학본관과 도서관이었다. 강당은 본관 2층에 있는데 문을 여는 순간, 어느 화려한 성당 못지않게 꾸며진 실내장식과 그 엄숙한 분위기에 기가 죽었다. 규모는 그렇게 크지 않지만, 짙은 갈색의 목

하이델베르크대학 본관 적색 아취문 앞에 선 필자. 아취문의 육중한 문고리를 잡던 당시의 느낌과 감동이 아직도 생생하다.

재로 우아하고 장엄하게 단장되어 있었다. 우선 의자의 배열이 특이하다. 홀의 중앙통로를 사이에 두고 양쪽으로 대여섯 줄만이 의자들을 단상으로 향해 배열하고, 양 창가 쪽의 나머지 공간에는 각각 한 단씩 높게 만든 두 줄의 긴 의자들이 서로 마주보게 배치되어 있다. 단상의 벽과 천정에는 크고 화려한 사진과 그림들이 그려져 있는데, 벽에 걸린 사진들은 이 대학의 교수 출신으로서 노벨상을 받은 학자들이고, 천정의 그림들은 대학의 발전사를 상징하는 것들이다. 강당의 전체 분위기는 천정에서 밑으로 길게 늘어뜨린 조명등의 불빛으로 더욱 우아하고 장엄한 분위기를 연출하고 있었다. 헤겔, 야스퍼스, 베버 등 기라성 같은 세계적 석학들이 바로 이 곳에서 지적 욕구에 목말라 하는 수많은 청중 앞에서 취임강연을 했으리라고 생각하니 가슴이 벅차올랐다.

대학 신관 옆 플뢱가에 위치하고 있는 중앙도서관은 하이델베르크에서 나오는 붉은 황토색의 돌(붉은 사암)로 지어진 건물로 예술성이 돋보이는 아름다운 건물이다. 수백만 권이 넘는 장서를 소장하고 있으며, 특히 고독일어의 필적 원본과 12세기 말부터 14세기 초에 걸쳐 작성된, 기사들의 세계를 칭송한 필사본을 보유하고 있는 것으로도 유명하다. 이 신고딕양식의 우아한 건물은 건축가 요제프 두룸의 설계로 1901~1905년 사이에 지어졌다고 한다. 이 건물은 전면에 많은 조각과 장식을 달고 있다. 특히, 현관 입구의 두 기둥에 있는 조각이 특별한 의미를 지니고 있는데, 왼쪽에는 프로메테우스, 오른쪽에는 여인상이 있다. 지혜의 신인 프로메테우스 조각상이 의미하는 바는 윤리적으로 허용되지 않은 지식습득이나 연구를 하지 말라는 뜻이라고 한다. 오른쪽의 여인상은 아이를 데리고 있는데, 이것은 인식이 한 세대에서 다음 세대로 계속 전달됨을 상징한다는 것이다. 그리고 벽에는 웃는 얼굴과 우는 얼굴상이 새겨져 있다. 이것은 인간 삶의 희극과 비극을 상징한다고 한다. 건물 중앙의 큰 홀은 독서실로 사면의 벽에는 사다리를 놓고 올라 다닐 정도의 높은 서가들이 꽉 차 있고, 거기에는 모든 분야의 사전들이 빼곡히 준비되어 있었다. 역시 이 대학을 거쳐 간 수많은 탁월한 지식인들이 여기 어딘가에 앉아서 공부를 했으리라고 생각하니 감회가 새로웠다.

대학 초년병

하이델베르크대학에서의 첫 수업이 시작되자 시간이 황금 같은 초년병의 고된 시련기가 시작되었다. 우리 나라 대학과 비교해 볼 때 독일 대학의 특징은 수업내용이 강의 중심이 아니라 세미나 중심으로 짜여 있다는 것이다. 한 학기에 강의는 1~2강좌 정도이고, 나머지 강좌는 전부 프로세미나 아니면 세미나 또는 연습으로 구성되어 있다. 하룻강아지 범 무서운 줄 모른다고 학점취득을 어렵게 생각하지 않았다가 그야말로 큰 코 다치고 말았다. 초보자들을 위한 프로세미나의 제목과 내용들이 너무나 좋아서 분수에 넘게 몇 과목을 동시에 신청했다. 그러나 과욕의 결과는 대단히 실망스러운 것이었다. 즉, 나의 그 알량한 독일어 실력을 가지고는 토론내용의 윤곽도 잡을 수가 없어서 시간이 끝날 때까지 헤매야만 했다. 결국 처음 두 학기는 참가하는데 의의가 있는 것으로 끝났다. 그래서 3번째 학기부터는 전략을 바꾸어 강의와 연습, 프로세미나를 한 과목씩만 선택하여 그 과목만을 집중적으로 공부했다. 그 결과 사회학 공부에 대한 자신감을 되찾게 되었다.

당시 나에게 제일 난해하면서도 인상 깊었던 과목은 토피츠 교수의 '막스 베버의 생애와 사회학이론'에 관한 강의였다. 사실 막스 베버는 책을 통해서도 이해하기가 매우 어려운 사회학자이다. 그런데 그의 이론을 독일어로 전해 들으려니 머리에 들어올리가 없었다. 더구나 사회학에 관해서는 한국에서 보내 준 개론 서적 몇 권을 읽었을 정도의 초보 지식밖에 없으니 막연할 수밖에 없었다. 도대체 무슨 이야기를 하고 있는지 알 수가 없었다. 특히, 괴로웠던 것은 다른 학생들이 웃을 때 같이 웃지 못하고 진지하고 심각한 얼굴을 하고 있어야만 했던 때이다.

그저 머리에 들어오는 내용은 베버가 매우 병약했다는 것과 제1차 세계대전 때는 민족주의적 확신에 따라 군복무를 자원하여 하이델베르크 지방에 9개의 야전병원을 세우고 감독했다는 것이었다. 그리고 그의 지적 산출량은 대단하여 짧은 생애동안 엄청나게 많은 저서들을 발표했다는 것 등이다.

토피츠 교수의 강의는 명강의인 듯싶었다. 대강의실은 언제나 학생들로 입추의 여지가 없었다. 결국 궁여지책으로 생각해 낸 방법은 강의가 끝난 후 옆자리에 앉았던 독일 학생의 노트를 빌려서 강의내용을 옮겨 적는 것이었다. 그러나 그것도 결코 쉬운 일은 아니었다. 하이델베르크 같이 외국인의 희소가치가 없는 곳에서는 외국인이라고 해서 동정해 주는 학생도 별로 없었다. 많은 학생들이 자기도 나중에 복습을 해야 한다고 나의 정중한 요청을 거절했기 때문이다. 그래서 시골출신인 듯싶은 좀 어수룩해 보이는 여학생을 찾아 그 옆에 앉았다. 그런데 독일 학생들로부터 노트를 빌리는 것도 문제였지만 그들 특유의 필체를 판독하는 것도 또한 문제였다. 그러다 보니 도서관이든 학생 휴게소든 안면몰수하고 독일 학생들을 괴롭힐 수밖에 없었다.

항상 나를 감탄시킨 것은 독일 학생들의 짜임새 있고 요령 있는 노트정리 기술이었다. 세미나와는 달리 강의는 교수가 준비해 온 노트를 학생들 앞에서 그대로 죽죽 읽어 내려간다. 그래서 강의를 Vorlesung(앞에서 읽음)이라고 한다. 그럼에도 불구하고 어느 학생의 노트를 빌려도 한결같이 강의내용이 요점 중심으로 잘 정리되어 있었다.

이렇게 몇 학기를 동분서주하면서 고생을 하고 나니 공부에 대한 재미와 자신감이 생겼다. 세미나에서는 물론 강의에서도 독일어가 상당 정도 귀에 들어오기 시작했다. 독일 학생들과 팀이 되어 발표준비를 하며 함께 토론도 했고, 강의시간에 아직은 많이 서툴지만 노트를 해 나가는 대견한 발전도 했다. 이처럼 대학생활에 만족하며 공부에 열정을 쏟는 나에게 심상치 않게 전개되는 독일의 학생운동은 신경쓰이는 걱정거리였다.

성격은 다르지만 한국에서 4·19와 한·일회담 반대투쟁에 함께 나섰던 나로서는 학생운동의 폭발성을 잘 알고 있었기 때문에 점차 고조되어 가는 독일의 학생운동을 불안한 마음으로 지켜보아야 했다.

독일의 학생운동

독일의 학생운동은 1960년대 중반까지는 별로 과격하지 않았다. 그들은 평화적이고 민주적인 방법으로 문제를 제기하고 해결하려고 했으며, 반핵운동이나 군복무 거부운동 등이 그들의 주된 관심사였다. 그러나 '사회주의 독일 학생연합(SDS)'이 학생운동의 주도권을 잡으면서 학생운동은 보편화·본격화되기 시작했고 관심사도 달라졌다. 투쟁의 주요 목표는 새로 도입되는 시험제도와 대학의 기존체계 질서, 월남전, 제3세계에 대한 자본주의적 착취 등의 문제였다.

전쟁의 상흔을 치유하고 라인강의 기적을 구가하던 복지사회의 청년들이 기존의 가치질서에 대하여 항거하기 시작한 것이다. 학생들은 이제 대학과 사회의 권위주의적 체계를 더 이상 용인하지 않으려는 강렬한 움직임을 보였다.

생각해 보면 독일 대학은 훔볼트적 교육이념에 영향을 받아 18세기 이래로 절대적인 상아탑 속의 자유를 누려 왔다. 대학은 성역화되었고, 학생들은 낭만적인 분위기 속에서 경쟁적 실적산출의 부추김을 받지 않고 느긋한 마음으로 공부할 수 있었다. 심지어는 등록만 하면 만년 학생으로 행세할 수도 있었다. 이러한 독일 대학의 전통은 나치스의 등장으로 일시적인 중단을 경험했으나 제2차 세계대전이 끝난 후에는 다시 계속되었다.

그런데 등록금 없이 국가의 지원으로 운영되는 독일 대학의 특성상 점증하는 학생낭인이나 만만디의 대학문화는 업적 지향적이고 기능주의적인 산업사회의 요구에는 맞지 않는 것이었다. 이러한 문제점을 인식한 연방정부는 입학정원제도와 중간시험제도를 골자로 하는 대학제도 개혁안을 발표했다. 이것이 자극제가 된 것이다. 학생들은 개혁안의 철회를 주장하면서 이 기회에 교수들에게 절대적 권한을 부여해 주는 독일 대학의 권위주의적 학사제도를 혁신시키고자 했다. 그리하여 급기야는 대학의 민주화를 위한 제도적 장치로서 대학운영에 교수·학생·직원의 공동참여제도를 요구하는 비판대학의 기치를 내세웠다. 또한 그

하이델베르크대학의 본관 전경. 오른쪽에 있는 조그마한 빌딩들은 필자가 세미나와 강의에 참석하던 건물들이다.

들은 미국의 월남전 개입을 하나의 범죄로 규정하면서 월남에서의 철수를 강력하게 요구했다.

1967년이 되자 베를린자유대학의 루디 두취케와 프랑크푸르트대학의 한스-위르겐 크날이 학생운동의 양대 리더로 부각되었다. 크날은 아도르노와 하버마스의 제자였다. 젊은 하버마스는 베트남전쟁에 반대하는 학생들의 항의에 동참했지만, 원로교수이며 프랑크푸르트학파의 창시자인 호르크하이머와 아도르노는 이 같은 항의를 단순한 반미주의로 격하시켜 학생들을 분노하게 하기도 했다.

급진주의 과격분자인 두취케와 크날이 주도권을 잡으면서 독일의 학생운동은 점차 통제불능의 상태로 발전해 갔다. 토론은 연좌농성과 점거로 바뀌었고, 졸지에 정치적 항거의 보루가 된 대학의 건물과 강의실은 붉은 사인펜과 스프레이로 휘둘러 댄 선전·선동적인 구호로 가득 찼다.

그 결과 학생운동이 절정에 달했던 1968년과 1969년에는 독일의 이름 있는 큰 대학에서 정상적인 수업이 거의 불가능할 정도로 학생들의 시위가 조직적이고 격렬해졌다. 세미나의 제목은 학생들의 관심과 입맛에 맞게 재단되었고, 생각을 달리하는 교수들의 강의는 조직적으로 방해를 받았다. 세계적 명성을 지닌 아도르노 교수는 강의 도중 젖가슴을 내놓고 달려드는 여학생으로부터 테러를 당했다. 심장이 좋지 않았던 그는 그 후 얼마 안 되어 세상을 떠났다. 이제는 하버마스도 더 이상 학생들과 생각을 같이 하지 않았다. 그는 기존 질서와 권위에 대한 학생들의 끝없는 막가파식의 도전을 '좌익파시즘'이란 치명적인 언어로 비판한 후 학생들과 결별했다.

학생운동이 이같이 과격 일변도로 치닫게 된 데는 두취케와 크날 같은 좌파 과격분자들이 주도권을 장악하고 있었다는 것 외에도 몇 가지 사태들이 상승작용에 동력을 불어넣었기 때문이었다. 1967년 6월 2일 비상조치법 반대데모에서 오네조르크라는 기독교 평화주의자 학생이 경찰의 총격에 희생되었다. 또한 1968년은 칼 마르크스의 탄생 150주년을 맞는 해로서 동년 프랑크푸르트에서 개최된 사회학대회는 마치 자본주의의 성토장 같았다. 주제는 '후기자본주의인가 또는 산업사회인가'이었으며, 초대장에는 다음과 같은 글귀가 적혀 있었다. "사회학은 성숙한 비판적 대중의 형성을 위하여 시민을 계몽할 필요성을 절감한다."

1968년과 1969년은 하이델베르크대학도 베를린자유대학이나 프랑크푸르트대학 못지않게 학생운동으로 많은 수난을 겪었다. 새로 문을 연 학생식당 근방의 허술한 서점에는 동독에서 펴낸 『마르크스전집』을 비롯해서 온통 사회주의 서적으로 가득 차 있었고, 항상 학생들로 붐볐다. 학생들은 대강당이나 신관 앞 광장에 모여 연좌농성을 벌이는 것이 거의 일상화되었고, 때로는 하우프트쉬트라세(중앙로) 등의 시내 중심가로 뛰쳐나가 반자본주의·반권위주의적 메시지를 전하는 격렬한 데모를 벌였다. 이들 학생 혁명주의자들은 전후 부모세대가 피땀 흘려 이룩해 놓은 모범적인 자본주의의 가치질서를 모두 부정하면서 체제 전복의 환상을 뒤쫓는 몽상가들이었다.

그러나 학생운동이 이렇게 극한을 치달으며 격렬해지자 많은 양식 있는 지식인들의 지지가 철회되고 경찰의 개입도 노골화되었다. 그리고 많은 자유주의적인 교수들도 학생들의 대학점거사태를 종식시키기 위해 경찰을 불러들이는 데 적극적이었다. 또한 학생운동의 구심점이었던 두취케가 한 우익분자에 의해 권총저격을 받아 치명상을 입었고, 크날도 교통사고로 사망했으며, 월남전도 끝이 났다. 그리하여 1960년대 후반 독일을 뒤흔들었던 학생운동은 역사의 한 장 속으로 사라지게 되었던 것이다.

약혼녀와 만나다

1967년 5월 10일 이른 아침 나는 프랑크푸르트행 기차를 탔다. 하이델베르크에서 프랑크푸르트까지는 1시간 정도밖에 걸리지 않는 거리였지만 마음이 앞서 가서 그런지 무척 멀게 느껴졌다. 역에서 내려 서둘러 공항행 버스를 탔는데, 출근시간이라 교통이 매우 복잡해 초조한 마음을 달래며 앞서 가는 마음을 억제해야 했다. 공항대합실에 도착해 시계를 보니 워낙 집에서 일찍 떠나서인지 아침 8시가 좀 넘었을 뿐이었다. 우선 비행기 도착시간 전에 왔기 때문에 안심이 되었다.

오늘은 지난 1년간 수십 통의 편지를 주고받으며 서로 애틋한 그리움을 나누었던 약혼녀가 마침내 내 곁으로 오는 날이다. Swiss-Air 530편으로 오전 9시 5분에 도착예정이었나. 그토록 보고 싶었던 약혼녀를 드디어 오늘 만난다는 들뜬 기쁨에 어젯밤은 제대로 잠을 자지 못했다. 그래서 날이 밝자마자 서둘러 기차를 탔던 것이다.

비행기가 도착할 때까지는 아직 시간이 꽤나 남아서 대합실 이곳저곳을 다니며 구경을 하다가 같이 학교를 다닌 영문과 출신의 조웅기 동문을 만났다. 체격도 좋고 음성도 우렁찬 아주 남자다웠던 옛날의 모습 그대로였다. 졸업 후 수만 리 떨어진 외국의 비행장에서 처음으로 만나니 정말 반가웠다. 누구를 마중나왔느냐고 물었더니, 오늘 일본에서 애인이 온다고 한다. 나도 약혼녀를 마중나왔다고 하면서 서로 굳은 축하의 악수를 나누었다.

비행기 도착시간을 알리는 전광판에 Swiss-Air 530편이 도착했다는 글씨가 나타났다. 하이델베르크역에서 산 장미꽃 한 다발을 들고 뛰는 가슴으로 언제나 나오나 하고 목을 빼고 기다리는데 마침내 약혼녀가 나타났다. 가냘픈 보통 키에 갸름한 얼굴을 한 내 약혼녀의 모습이 보이는 순간 장미다발을 높이 흔들어 신호를 보냈다. 그녀도 나를 발견하고 손을 흔들었다. 지난 1년간 얼마나 자주, 때로는 가슴시리게, 때로는 가슴 가득찬 행복감으로 그려 본 모습인가. 내가 환하게 웃으며 다가오는 그녀에게 꽃다발을 안겨 주었을 때, 우리는 벅찬 재회의 감격으로 한동안 말을 잊었다. 너무 까다롭고 어려운 출국여건과 절차로 오늘이 있기까지 실로 많은 난관이 있었기에 우리의 만남은 더욱 감격적이었다.

하이델베르크행 기차를 타고 오는 동안 창밖을 스쳐 지나가는 더 넓은 평원과 아름다운 숲들을 바라보며 우리는 달콤한 행복감에 젖었다. 그 동안 수많은 편지로 독일의 아름다운 전원풍경을 소개했기 때문에 크게 새삼스러울 것이 없으련만 약혼녀는 역시 감탄사를 연발했다. 이 행복감에 젖어 끝없이 달려가고 싶었던 마음에서였는지 하이델베르크로 돌아올 때는 시간이 너무 빨리 갔다.

하이델베르크에 도착해서는 곧바로 국제어학원(Internationales Studien-Zentrum)으로 갔다. 이 ISZ는 하이델베르크성 바로 뒤에 있는 하얀 건물로 시설도 좋았지만 시내를 한눈에 볼 수 있는 전망이 일품이었다. 옛날에는 꽤 명성이 있는 호텔이었다고 한다. 그러나 당시에는 외국인 학생들에게 독일어를 가르치는 어학학교로 활용되고 있었다. 등록비가 만만치 않았지만 숙식을 제공받으며 체계적으로 독일어를 배울 수 있다는 장점 때문에 각국에서 온 많은 외국학생들이 이 ISZ를 이용하고 있었다.

사실 하이델베르크 같이 방을 구하는 것이 매우 어려운 대학도시에서 숙식을 해결할 수 있다는 것은 큰 매력이었다. 거기에다 이 ISZ에서 정해진 과정을 성공적으로 마치면 하이델베르크대학은 물론 주위의 대학에서도 어학시험을 면제받을 수 있는 특전이 있었으니 금상첨화였다.

수속을 하는 동안 한국에서 독문학을 전공한 여학생 2명도 그 곳에서 독일어 공부를 하고 있다는 것을 알게 되었다. 식당으로 사용되는 큰 홀에서는 네카강과 하이델베르크 구시가지가 한눈에 들어왔다. 주말에는 학생들이 각자 먹는 것을 해결해야 한다고 했다. 그래서인지 주방기구는 물론 식기까지도 학생들이 마음대로 사용할 수 있도록 개방되어 있었다. 또한 지하에 있는 탁구장과 세탁기들도 24시간 개방되어 원하는 때에 마음대로 이용할 수 있었다. 방들도 크고 여유가 있었다. 다만 침대들이 구식 스프링침대여서 딱딱한 바닥취침문화에 익숙한 우리 한국인들로서는 잠자리가 편치 않을 것이라는 걱정이 들었다. 어쨌든 새로운 시작을 위한 보금자리로서는 훌륭하다고 생각하며 장시간 여행과 시차로 피로해 있는 약혼녀를 푹 쉬도록 하고 가벼운 발걸음으로 콧노래를 부르며 시내로 내려왔다.

CA에서 생긴 일

약혼녀가 하이델베르크에 온 지 얼마 되지 않아서 나는 노인하이머 펠트에 있는 기숙사에서 대학신관 바로 뒤에 있는 CA (Collegium Akademicum)라고 부르는 기숙사로 이사를 했다. 교외인 노인하이머 펠트에 있는 기숙사와는 달리 CA는 시내, 그것도 대학 구내에 있었기 때문에 여러 면에서 편리했다. 우선 대학 건물들과 매우 가까워서 시간절약을 많이 할 수 있는 것이 큰 장점이었고, 약혼녀가 있는 국제어학원(ISZ)과도 가까워서 안성맞춤이었다. 다만 붉은 사암으로 지은 육중한 석조건물로 지은 지가 오래되어서 시설들이 낙후되어 있다는 것이 단점이었다.

내가 사는 방은 3층에 있었는데 옛날 건물이라 꽤 높은 편이었다. 나보다 먼저 그 방에 살고 있던 학생은 수학을 전공하는 모로코 출신으로 상당한 수재였던 모양이었다. 모로코 정부 장학생으로 선발되어 처음 2년 동안은 독일 정부로부터 DAAD 장학금을 받고, 그 이후에는 모로코 정부가 그의 독일 유학을 지원하기로 되어 있었다고 했다. 지난 2년 동안은 DAAD 장학금으로 제대로 공부를 했지만 그 후 자기 나라 정부로부터 약속 받았던 장학금이 오지 않아 고생을 하고 있다고 했다. 내가 그 학생의 룸메이트로 들어갔을 때 자기 나라 정부로부터 돈을 받지 못한 지가 수개월 되었다고 한다. 편지도 여러 번 하고 전화도 했지만 그때마다 항상 곧 보내 준다고 하면서 아직 소식이 없다는 것이다. 참으로 사정이 딱해 보였다.

아침은 독일식으로 간단하게 부뢰첸(하드롤)이나 호밀빵에다 잼 또는 햄 등을 곁들여 먹었는데 처음 며칠간은 혼자 먹기가 미안해서 같이 먹자고 했더니 고마워했다. 그러나 나도 매번 아침을 같이 먹자고 할 수 없는 형편이었다. 본인도 나에게 폐를 끼친다고 생각해서인지 아침에 일어나 보면 벌써 밖에 나가고 없거나 늦잠을 잤다. 예삿일이 아닌 것 같아서 왜 아르바이트를 하지 않느냐고 물어보았더니 몸이 약해서 못한다는 것이다.

한방에서 같이 생활하고 있는 사람이 그러한 상황에 있으니 신경이 많이 쓰였다. 어느 날 우연히 멘자(대학식당)에서 룸메이트인 이 친구가 배식하는 아줌마에게 사정해서 수프만을 몇 그릇 얻어 먹는 것을 보았다. 불쌍한 생각이 들어서 그 날 저녁 무렵에 10마르크를 주었다. 10마르크면 멘자에서 식권을 10개 살 수 있는 액수여서 나로서도 큰 마음먹고 준 돈이었다.

이제 적어도 며칠 동안은 멘자에서 제대로 된 식사를 좀 할 것으로 기대했으나 저녁 늦게 들어온 이 친구의 말을 듣고 적지 않게 실망했다. 말인즉, 멘자에서 저녁을 먹고 나머지 돈으로는 담배를 샀다는 것이다. 이 친구가 담배를 굉장히 좋아하는 골초라는 것을 진작 눈치채기는 했다. 책상 위에 놓여 있는 큰 재떨이 안에는 담배꽁초들이 수두룩했을 뿐만 아니라 연거푸 피어대는 담배연기가 싫어 자리를 피한 적이 여러 번 있었다. 그러나 굶주림보다 담배를 더 중요하게 생각한다는 것은 나 같은 비흡연자로서는 도저히 이해가 가지 않는 일이었다.

나로서는 기가 찬 노릇이어서 옆방의 독일 학생에게 내 룸메이트의 사정이야기를 하고, 우리가 좀 도와 주워야 하지 않겠느냐고 의논을 했다. 그랬더니 이 학생 대답인즉, 자기뿐만 아니라 몇몇 학생들도 이 모로코 학생의 사정을 알고 있다는 것이다. 처음에는 불쌍해서 이 사람 저 사람이 멘자 식권을 주었는데, 식권을 팔아 담배를 사 피운다는 것을 알고 이제는 별로 관심을 보이지 않는다고 했다.

그런 일이 있고 나서부터는 이 친구와 같은 방을 사용하는 것이 부담스럽고 좀 불안했다. 그러나 금방 방을 바꾸어 달라고 할 수도 없어서 한 학기만 참기로 했다. 그러던 차 나를 더욱 불안스럽게 만드는 일들이 일어났다. 초저녁 잠이 많은 내가 한 잠을 자고 얼핏 깨었을 때였다. 그는 자기 책상 앞에 꼿꼿이 앉아 허공의 한 지점을 뚫어지게 바라보며 담배연기를 날리고 있었다. 시간을 보니 12시가 넘은 한밤중이었다. 그 모습을 보는 순간 왠지 섬뜩함을 느껴야 했다. 그뿐만이 아니었다. 내 책상 정면 위에 놓아 둔 약혼녀의 사진이 아침이 되면 그 친구 책상 방향으로 돌려져 있어서 매우 불안했다. 그래서 나는 빵을 먹을 때 사용하는 나이프와 포크를 깊숙한 곳에 감추어 두기까지 했다.

그러던 어느 날이었다. ISZ에 약혼녀와 같이 있다가 밤 9시경 기숙사로 돌아와 방에 들어가려는데 문 앞에 줄이 처져 있고, 경찰 한 명이 그 앞을 지키고 있었다. 놀라서 무슨 일이냐고 물었더니 내 신분을 확인한 후 같이 있던 학생이 오늘 오후에 유리창문 아래로 투신자살을 했다고 말했다. 다리가 후들거렸다. 경찰이 들여보내 줄 것 같지도 않거니와 나도 방에 들어가고 싶은 생각이 나지 않아 곧바로 돌아서서 친구 집으로 가 그

날 밤을 보냈다.

다음 날 기숙사에 있는 내 방으로 가 보니 문 앞을 막았던 줄도 지키던 경찰도 없었다. 방에 들어가 혹시나 해서 한 바퀴 둘러보았지만 모든 것이 평소와 다름없었다. 옆방에 사는 독일 친구에게 자초지종을 들어 보았다. 그 친구의 말에 따르면 어제 오후 3시경에 투신을 했는데 목욕을 하고 옷도 깨끗이 갈아 입었다는 것이다. 거꾸로 떨어지면서 머리를 돌바닥에 부딪쳐 즉사했다고 한다.

기숙사 책임자에게 방을 옮기고 싶다고 요청했더니 받아주어서 다른 방으로 이사를 했다. 그러나 얼마 동안은 한밤중에 골똘한 생각에 잠겨 허공을 응시하며 담배연기를 날려 보내던 그 친구의 모습이 떠올라 나를 오싹하게 만들고는 했다.

결혼식 해프닝

독일 대학의 여름방학은 상당히 길다. 7월 중순부터 10월 중순까지 장장 3개월간이다. 방학이 긴 만큼 대부분의 학생들은 이 기간을 학자금 마련을 위한 절호의 기회로 생각한다. 특히, 독일 사람들은 여름이 되면 거의 한 달 동안은 휴가를 떠나는 것이 생활화되어 있기 때문에 이때 좋은 일자리를 구하는 것도 그리 힘들지 않다. 따라서 이 기간을 효율적으로 투자하면 다음 학기 동안은 돈에 대한 큰 걱정 없이 공부하는 데 전념할 수 있다. 나도 여름방학 동안 힘은 좀 들지만 임금이 좋은 일자리를 골라 열심히 일을 했더니 꽤 많은 돈이 모였다. 그리하여 그 동안 약혼녀와 세웠던 계획들을 실천해 나갔다.

우선 약혼녀가 ISZ에서의 독어회화 초급반과정을 끝내고 가을학기에 맞춰서 하이델베르크대학 통역관학교에 입학했다. 이 학교는 번역이나 통역인력을 양성하는 전문학교인데, 대학의 일반코스와 마찬가지로 일정한 과정을 끝내면 디플롬학위를 준다.

약혼녀가 독일에 온 지 약 5개월이 지난 1967년 10월 17일에 우리는 마침내 하이델베르크 시청 결혼등록소에서 혼인식을 갖게 되었다. 오랫동안 꿈꾸어 왔던 결혼이지만 막상 날짜를 정하고 식을 앞두고 나니 우리의 마음 한구석을 매우 허전하게 만드는 것이 있었다. 그것은 양가 부모님과 친지들이 함께 지켜볼 수 있다면 얼마나 좋았을까 하는 것이었고, 그런 의미에서 약혼녀에게 많이 미안했다. 그리고 또한 이역만리 독일 땅에서 생소한 이들의 풍습에 따라 결혼식을 올려야 한다는 것도 우리에게 조금은 부담스러운 일이었다.

독일인들의 결혼풍습은 우리와 좀 색다른 특징이 있다. 일반적으로 세 단계로 나누어 진행된다. 그 첫 번째 단계는 결혼식 전날 열리는 파티다. 이 날 파티에 초대된 사람들은 특별히 자기 집에서 오래된 접시들을 한두 개 가져와 신혼부부가 살게 될 집 앞에 던져 깨뜨린다. 신혼부부에게 행운을 가져다 준다는 풍습 때문이다. 그 다음 사람들은 파티장으로 이동하여 샐러드나 소시지, 케이크, 음료 등을 먹으며 게임이나 춤 같은 여흥을 즐긴다. 신랑·신부는 이때 하객들의 선물을 공개하면서 고맙다는 말을 전한다. 두 번째 단계는 다음 날 결혼등록소에서 올리는 결혼식이다. 신랑·신부가 부부가 되었음을 처음 공식적으로 알리는 행사다. 신혼부부의 가족들과 친척, 그리고 특별히 이들의 결혼이 합법적으로 이루어졌음을 서명해야 하는 증인 몇 명이 참석하는 가운데 식이 진행된다. 종교인이 아닌 경우에는 결혼등록소에서 결혼식을 올리는 것으로 끝난다. 그러나 종교인일 경우에는 또 한 단계를 거치는데, 결혼식을 마친 그 날 오후나 그 다음 날에 치르게 되며, 그 내용은 우리의 것과 유사하다.

그런데 결혼식 날짜가 점점 가까워 오면서 걱정거리가 하나 생겼다. 우리 결혼의 합법성을 인정해 주어야 할 증인들을 구하는 문제가 생긴 것이다. 신랑측과 신부측에서 각각 한 명씩 증인을 내세워야 하는데 우리 두 사람 다 하이델베르크에 온 지가 얼마 되지 않기 때문에 그런 것을 부탁할 만큼 잘 아는 사람이 없다는 것이 문제였다.

생각 끝에 나하고 같이 사회학을 공부하는 도모코 타노라는 교토 출신의 일본 여학생을 신부측 증인으로 하고, 신랑측 증인으로는 내 약혼녀와 같은 반에서 독일어를 공부하던 연세가 꽤 드신 재일교포 한 분을 모시기로 했다. 사실 나는 증인의 역할이 별거 아닐 거라고 생각해서 재일교포분에게 부탁했고, 그 분도 그렇게 믿고 쾌히 승낙을 했던 것이다. 그러나 그런 것이 아니었다. 독일인 주례가 낭독하는 결혼규약의 내용을 신랑과 신부 두 사람에게 정확하게 통역을 해 주어야 하는 아주 중대한 역할이었다. 독일에 온 지 얼마 되지 않는 신부의 독일어 실력이 매우 짧다는 것을 알고 있는 등록소측에서 신부에게 결혼규약 내용을 전달해 줄 통역이 필요했던 것이다.

이런 사정을 모르는 우리 네 사람은 결혼등록소에 있는 아담한 예식장으로 들어가 단상 위에 근엄하게 서 있는 장대한 체구의 주례 앞에 나란히 섰다. 주례는 결혼규약을 낭독하기 전에 증인 두 사람 중에 누구 하나가 신부를 위해 통역을 해야 한다고 했다. 신랑은 자격이 없다는 말도 해 난감했다. 사실 네 사람 중에 독일어를 제대로 이해할 수 있는 사람은 일본 여학생과 나였는데, 나는 자격이 없고 일본 여학생은 한국말을 못했다. 별 도리 없이 재일교포분에게 그 역할이 돌아갈 수밖에 없었다.

결혼규약 내용은 신랑·신부 상호간의 의무와 권리에 관한 것으로서 6~7조 정도로 구성되어 있었다. 주례가 1조에서부터 차례로 읽어 내려가며 통역을 기다렸는데 도무지 무슨 뜻인지 알 수가 없었던 재일교포분은 몹시 당황한 가운데 그저 "아들·딸 많이 낳고 잘 살랍니다"라는 말만 연발했다. 처음 1~2조까지는 애써 엄숙한 표정을 하며 들었지만 그 다음부터는 아무리 배에 힘을 주어도 터져 나오는 웃음을 참기 어려웠다. 자기는 한참 길게 이야기했는데도 불과 몇 마디로 끝내 버리는 통역이 수상쩍다고 생각하던 주례가 엄숙해야 할 신랑의 태도마저 엉망이자 큰 눈을 부라리며 무서운 얼굴로 나를 노려보았다.

가까스로 식을 끝내고 밖으로 나와 요절복통하는 나를 보고 일본 여학생이 어안이 벙벙해서 이유를 물었다. 그래서 설명을 해 주었더니 그녀도 역시 배꼽을 잡고 웃었다. 난생 처음 정말 땀나는 일을 당해 보았다는 재일교포분도 자기가 한 일이 터무니 없는지 우리와 함께 크게 웃었다. 그리하여 자칫 쓸쓸해질 수 있었던 우리의 결혼식이 웃음으로 가득 찬 기억에 남을 만한 결혼식이 되었던 것이다.

지하실방에서 신혼살림을 차리다

결혼 후 우리는 하이델베르크 시내에서 꽤 떨어져 있는 키르히하임(Kirchheim)이라는 곳으로 이사를 했다. 신문광고를 열심히 뒤적거리며 우리 형편에 맞는 방을 구하다 발견한 방이었다. 교외의 새로운 주택단지에 들어선 깨끗하고 아담한 2층짜리 집이었는데 우리가 사용할 방은 지하실에 있었다. 지하실이지만 카펫이 깔려 있고 난방이 잘 되어서 조용하고 아늑한 분위기마저 있었다. 방의 한 모퉁이에 작은 부엌이 있었는데 우리같이 가끔 김치찌개를 먹어야 살 맛이 나는 사람들에게는 오히려 지하실인 것이 다행으로 여겨졌다.

새로 보금자리를 튼 곳에서 학교까지는 전차를 두 번 갈아타야 하는 먼 거리였지만 아내와 함께 학교에 가는 즐거움은 이것을 보상하고도 남았다. 다만 경제적인 문제는 우리를 불안하게 하는 요소로 여전히 남아 있었다. 그러나 다행히 내가 학기중에도 큰 부담 없이 할 수 있는 아르바이트를 구하게 되어 늘 상 우리를 따라다니던 불안감으로부터 해방될 수가 있었다.

새로 구한 아르바이트는 하이델베르크대학 물리학연구소에서 하는 일이었는데 일의 내용도 깨끗했고 보수도 좋았다. 하이델베르크대학은 자연과학계열에서 의학과 물리학이 유명했고, 물리학에서도 핵물리학이 특히 강했다. 아르바이트생들이 하는 일은 핵분열과정을 찍은 필름통을 환등기에 넣은 후 이것을 책상 위에 투사시켜 특이한 분열모양을 지침에 따라 골라 내는 것이었다.

우리는 물리학연구소 지하실에 있는 큰 암실방에서 일을 했는데 하루 4시간씩 4번을 교대로 하는 일이었다. 오전 8시부터 밤 12시까지 계속되는 일은 물리적으로 힘들지는 않았지만 눈의 피로도가 많고 까다로운 일이었다. 그래서 연속해서 8시간 일하는 것은 금지되어 있었다. 독일 학생과는 달리 외국학생은 학기 동안에는 파트타임으로만 일을 할 수 있었다. 그래서 마땅한 일자리를 구하느라고 무척 애를 먹고 있었는데 구세주 같은 이 일자리가 나타났던 것이다.

강의실과 세미나실 그리고 도서관과 물리학연구소를 부지런히 오가며 하루 일정을 모두 끝내고 서둘러 집으로 돌아가면, 먼저 온 아내가 따뜻한 저녁상을 준비하고 나를 반갑게 맞아 주었다. 그러면 다소 피로했던 몸과 머리도 언제 그랬느냐는 듯이 새로운 활력으로 넘쳤다. 참으로 행복한 나날들이었다.

그러던 어느 날 물리학연구소에서 일을 마치고 저녁에 귀가했더니 아내가 잔뜩 겁먹은 얼굴로 자기 몸이 왜 이런지 모르겠다며 팔을 보여 주었다. 아내가 내민 팔을 보고 나는 깜짝 놀랐다. 오른쪽 팔목이 자꾸만 바깥으로 돌아가는 것이다. 그래서 아내는 다른 손으로 오른손 바닥을 붙잡고 있었다. 두근거리는 가슴으로 아내의 오른손 바닥을 붙잡아 보았는데 역시 놓으면 바로 또 돌아가 겁이 왈칵 났다. 더욱이나 그때 아내는 임신을 하고 있었기 때문에 예삿일이 아니라고 생각되어 주인집 아저씨에게 화급히 뛰어 올라갔다. 내 말을 들은 아저씨는 황급히 내려와 확인을 한 후 우리를 자기 차에 태워 가까운 동네병원으로 데리고 갔다. 아내의 상태를 살펴본 의사는 주사를 한 대 놓아주면서 곧 괜찮아질테니까 걱정하지 말라고 했다. 영양결핍 상태로 인해 나타나는 현상인데, 특히 임신 초기에 종종 있는 일이라고 하면서 임산부의 영양에 신경을 쓰라고 했다. 사실 아내는 몸도 약했을 뿐만 아니라 채식을 좋아해서 육식 위주로 되어있는 독일 음식에 잘 적응을 못하고 있었다. 아내의 건강상태가 그 정도에서 별문제 없이 끝난 것이 천만다행이었다.

임산부인 아내에게는 특히 지루했던 겨울이 가고 자연의 생명력이 넘쳐나는 봄이 왔다. 아내는 달이 지날수록 몸이 무거워져 갔다. 그래서 부지런히 산부인과에 다니며 임산부를 위한 체조를 받았고, 의사의 지시대로 철분제 등 필요한 영양소를 복용했다. 그 결과 아내의 몸은 많이 좋아졌으나 날씨가 더워지면서 걱정거리가 생겼다. 그것은 방에 습기가 차는 문제였다. 원래 독일의 날씨는 습기가 많은데다 지하실방이다 보니 피할 수 없는 어려움에 처하게 된 것이다. 결국 별다른 뾰족한 수가 없어서 이사를 하기로 결심했다. 이번에는 교통이 좀더 편리하고 시내와 가까운 곳으로 가기로 했다. 우리 부부에게 무척 친절했던 주인집 유태인 부부와 석별의 정을 나눈 우리는 얼마 안 되는 살림살이를 챙겨 아는 분의 차에 싣고 새로운 보금자리를 향해 떠났다.

장남 훈, 태어나다

우리가 새로 얻은 방은 로르바하(Rohrbach)란 곳에 있었다. 구시가지에 있는 이 곳은 시내는 물론 하이델베르크역과도 가까운 거리여서 교통뿐만이 아니라 여러 면에서 편리했다. 혼자 사는 60세가 넘은 할머니가 집 전체를 세 내어 독일 학생과 우리에게 침실방 하나씩을 다시 세를 놓았는데 부엌을 공동으로 사용하는 것이 불편했다.

할머니는 대부분의 독일 여성들이 그렇듯이 적극적인 성격의 소유자였다. 엄청나게 부지런해서 항상 집안을 쓸고 닦았는데, 특히 공동으로 사용하는 현관과 부엌에 신경을 많이 썼다. 그래서 우리는 김치나 된장찌개는 물론 냄새가 짙은 그 밖의 다른 음식들도 먹는 것을 가급적이면 삼가하기로 했다. 그러다 보니 자연히 집사람의 고민이 커질 수밖에 없었다. 사실 우리 한국인의 식탁 위에 김치가 빠지면 그 식사는 그야말로 속빈 강정이 되는 것이 아닌가. 궁리 끝에 아내는 오이소박이 김치를 만들어 먹기로 했다. 물론 아내는 이 오이소박이 김치를 만들 때도 독일 사람들이 질겁하는 마늘은 넣지 않았다. 우리가 생각할 때는 독일 사람들이 먹는 샐러드와 별로 다를 것이 없다고 생각했다. 그래서 한 번은 할머니에게 먹어 보라고 한 접시를 주었다. 그랬더니 할머니는 조심스럽게 한 입 먹어 보더니 아주 맛있다(wunderbar)고 했다. 우리는 이제야 제대로 된 식사를 할 수 있게 되었다고 기뻐했다. 그러나 그 기쁨도 오래가지 못했다. 그 다음 날 아내가 아까운 오이소박이 김치가 무참하게 부엌쓰레기 통에 버려져 있는 것을 발견했기 때문 이다.

우리 옆방에 사는 젊은이는 물리학을 전공하는 학생으로 조용히 자기 할 일만 하는 아주 성실하고 착한 청년이었다. 어딜 가나 걸어다녔다. 나도 이 학생의 영향을 받아서 급한 경우가 아니면 걸어다녔고 이것이 생활화되었다. 사실 하이델베르크는 교외가 아니면 30분 안에 어디든 갈 수 있는 작은 도시다. 그러다 보니 구두 뒤축이 쉽게 달 수밖에 없었다. 겉은 아직 멀쩡한데 아까웠다. 그래서 하루는 보기 흉하게 한쪽으로 닳아 버린 구두 뒤축을 갈기 위해서 구두수선공을 찾았다. 한국에서 하던 대로 구두 뒤축을 서로 바꾸어서 달라고 했다. 내 이야기를 제대로 알아 듣지 못한 듯 나이 지긋한 수선공 아저씨는 양쪽 구두에서 뒤축을 빼 내어 쓰레기통으로 휙 던졌다. 이것을 본 나는 깜짝 놀라서 뒤축을 버리지 말고 양쪽을 바꾸어 달라고 다시 요구했다. 이 말이 처음에는 무슨 뜻인지 몰라 멍하니 있다가 내가 또 한 번 설명을 하자 그는 황당해 하면서 어디서 왔느냐고 물었다. 한국에서 왔고, 우리 나라에서는 많이들 그렇게 한다고 했더니 한국 사람은 독일 사람보다 더 지독한 모양이라고 중얼거렸다. 그러나 양쪽을 서로 바꾸는 것이나 새 것으로 가는 것이나 돈은 마찬가지라고 하여 이번에는 내가 당황해야 했다.

아내는 산달이 가까워지면서 몸이 점점 더 무거워졌다. 그래도 열심히 학교에 나갔고, 부인과병원에 다니며 임산부를 위한 체조를 받는 것도 게을리하지 않았다. 부인과병원은 옛날 살던 곳과는 달리 아주 가까운 거리에 있어서 만삭의 임산부에게는 더 없이 편리했다. 무리가 되지 않는 한 많이 걷고 햇볕을 많이 쪼이는 것이 임산부에게 좋다는 의사의 충고대로 집 근처에 있는 작은 공원으로 산보도 거의 매일 갔다. 그리고 때마침 상영되던 아서 힐러 감독의 「러브 스토리」를 관람하며 우리도 아기를 낳으면 하버드 같은 세계적 명문대학으로 유학을 보내자는 약속을 손깍지 걸고 하기도 했다.

마침내 출산의 징조가 나타나 의사가 소개해 준 대로 하이델베르크성 바로 밑에 있는 가톨릭계 출산전문병원인 엘리자베스병원에 입원했다. 오전에 입원해서 그 날 밤 자정이 될 때까지도 아이는 태어나지 않았다. 아내는 탈진한 상태에서 점점 빨라지는 진통주기로 고통스러워했고, 이런 아내의 모습을 지켜보는 나는 안절부절해야만 했다. 의사는 초산이라 시간이 좀 걸릴 것 같다면서 집에 가서 한잠 자고 아침에 오라고 해 나를 난감하게 만들었다. 내가 머뭇거리자 의사는 간호사들이 당직으로 남아 있고 긴급연락망도 잘 되어 있으니 걱정말라고 했다. 아내도 그러는 것이 좋겠다고 하여 병원문을 나섰지만 밤새도록 고생할 아내를 혼자 두는 것이 안쓰러워 발걸음이 잘 떨어지지 않았다.

아침에 일어나자마자 황급히 병원으로 가 아내가 누워 있던 병실로 갔는데 아내가 없었다. 깜짝 놀라 어찌된 일이냐고 간호사에게 물었더니 활짝 웃으며 축하한다고 했다. 그러면서 옆에 있는 인도 간호사를 같이 따라가 보라고 하여 같이 갔더니 인도 간호사가 안에서 눈을 꼭 감고 자고 있는 갓난아이를 안고 나왔다. 남자아이였는데 색색거리며 깊이 잠들어 있는 모습이 너무나 귀여웠다. 오늘 아침 8시 경에 태어났다고 했다. 그러니까 1968년 9월 19일 아침 8시, 3.9kg의 건강한 우리의 첫아기가 우렁찬 울음소리를 내며 이 세상에 모습을 보인 것이다.

너무나 기뻤다. 온 세상이 다 내 것 같은 벅찬 가슴을 안고 아내가 누워 있는 회복실로 갔다. 기운이 소진되어 침대에 축 늘어져 누워 있던 아내는 내가 온 것을 보고 가벼운 미소를 지었다. 나는 아내의 손을 꼭 쥐어 주며 "고생했어"라고 낮은 목소리로 말했다. 아내가 너무나 고마웠다.

침대에 누워 기운을 못 차리고 있는 아내를 안쓰러운 마음으로 지켜보고 있는데 담당의사가 나를 잠깐 보자고 했다. 나를 보자 의사는 우리 아이에게 황달이 있는 것 같다고 했다. 대학병원에 가서 자세히 검사를 해 보고 황달이 맞다면 혈액을 갈아주어야 한다는 것이다. 기뻐했던 것도 잠시고 혹시 잘못되는 것 아닌가 하여 가슴이 철렁 내려앉았다. 우리 아기를 데리고 대학병원에 갔던 간호사가 오후 늦게 돌아왔다. 초조하게 기다리던 내가 의사에게 쫓아갔더니 웃으면서 걱정하지 않아도 되겠다고 했다. 애기의 피부가 노란색을 많이 띠어서 황달로 의심을 했는데 동양 사람이기 때문에 그렇다는 것을 경험이 없어서 몰랐다는 것이다. 우리는 놀란 가슴을 쓸어내렸다.

아내는 규정에 따라 1주일 동안 병원에 입원해 있다 퇴원했다. 독일 여자들이 하는 대로 애를 낳은 후 일어나서 회복실로 가려고 했는데 일어섰다 쓰러져서 간이침대에 실려 회복실로 왔다고 했다. 그렇게 난산으로 고생했던 아내의 건강이 완전히 회복되어 귀여운 아기와 함께 병원문을 나서는 우리 세 식구는 마냥 행복했다.

다시 이사하다

우리는 아기 이름을 훈(薰)이라고 지었다. 꿈 많은 청소년 시절에 읽은 많은 책 가운데 심훈의 『상록수』는 나를 크게 감동시킨 책 중에 하나였다. 그래서 한때는 나도 다른 사람에게 감동을 주는 소설가가 되는 것을 인생의 목표로 삼은 적도 있다. 항렬에 따르면 앞에 재(載)가 들어가야 하지만 외자 이름으로 짓기로 하고 아내와 상의를 했더니 기꺼이 찬성했다.

훈이는 건강하게 잘 자랐다. 그러나 그 동안 루틴하게 돌아가던 우리의 일상은 큰 변화를 겪어야만 했다. 하나에서 열까지 옆에서 지켜보며 도와 주어야 하는 갓난아기의 특성상 모든 일과 계획이 훈이 중심으로 돌아가야 했다. 아내와 나는 서로 교대하면서 훈이를 돌볼 수 있도록 수업시간을 짜는 데 골몰해야 했고, 내가 하는 아르바이트 시간도 여기에 맞추어야 했다.

그런데 문제는 이것뿐만이 아니었다. 별로 크지 않은 방에 훈이 침대까지 들여놓았더니 방이 꽉 찼다. 그런데다 같은 방을 사용하다 보니 아무리 조심한다고 해도 잠든 훈이를 깨우기 일쑤였다. 그러면 녀석은 인정사정 없이 크게 울어댔고, 우리는 옆방의 학생이나 할머니에게 미안해 어쩔 줄 몰라 해야 했다. 특히, 한밤중에 깨어 목청껏 울어댈 때는 우리도 힘들었지만 같이 사는 사람들에게 너무나 미안한 생각이 들었다. 마음씨 고운 옆방의 학생은 아무 내색이 없었지만 할머니는 못마땅한 듯 눈치를 주었다. 겨울이 멀지 않은 것이 부담스러웠지만 다른 곳으로 이사를 가는 것이 모두를 위해 좋겠다고 생각되어 이사를 하기로 결정했다.

이번에 우리가 이사를 간 곳은 누스로크(Nussloch)라고 부르는 지역이었는데, 시내에서는 지난번에 살던 곳보다 더 먼 거리에 있었다. 전철을 타고 교외를 벗어나 농토로 된 들판을 한참 달려야 나타나는 아주 작은 지방도시였다. 그 곳에는 일본으로부터 수입한 1회용 주사기를 인근 지역병원에 팔아서 돈을 많이 벌고 있던 재일교포 한 분이 살고 있었는데, 이 분의 소개로 그 곳으로 가게 되었다.

전철과 자동차들이 다니는 큰 길가의 2층집이었는데 1층은 상가였고, 2층에는 두 가구가 살 수 있는 주상복합건물이었다. 다행히 우리가 살 방은 길가가 아닌 안쪽이어서 큰 길에서 올라오는 소음이 심하지 않았다. 침실방은 상당히 커서 훈이 침대를 놓고도 남는 공간이 많았고, 부엌시설이 갖추어진 거실도 제법 커서 여유가 있었다. 우리의 형편으로서는 만족해야 할 조건이기 때문에 방을 얻기로 했지만 오래된 건물이라 난방이 제대로 되지 않는 문제가 마음에 걸렸다. 침실에는 난방시설이 아예 없고 거실에만 벽돌 모양의 브리케트탄을 때는 큰 난로가 있었다. 독일 사람들은 겨울에도 침실에 난방을 하지 않고 두터운 오리털 이불을 덮고 자는데 그것이 건강에 좋다고 믿기 때문이다. 그러나 온기가 없는 냉방에서 자는 것이 습관화되지 않은 우리에게는 힘든 일이어서 응접실 문을 열어 놓고 자야 했다.

훈이는 거실에서 재웠다. 몇 개월 밖에 되지 않은 아기가 우리와 함께 추운 방에서 잔다는 것은 너무 무리였기 때문이다. 아내는 처음부터 훈이에게 젖을 주는 시간을 독일식으로 엄격하게 통제했다. 일정한 간격을 두고 젖을 주었으며 아직 젖 먹을 시간이 되지 않았는데도 아기가 울 때는 수유를 하지 않았다. 여기에 적응하지 못한 훈이가 악을 쓰고 울 때는 너무 안쓰러워 지켜보는 우리의 마음을 아프게 했지만 이를 악물고 반응을 보이지 않았다.

호된 훈련덕분에 훈이는 배가 고프지 않을 때도 울어 우리를 괴롭히는 일은 하지 않았다. 그러나 자다가 한밤중이나 새벽에 일어나 훈이에게 젖을 먹여야 하는 일은 고역이었다. 이 일의 대부분은 아내가 했지만 나도 가끔은 도왔는데 참으로 힘든 일이라고 생각되었다. 그래서 당번을 정했지만 내 차례인 것을 알면서도 대신 좀 해 주었으면 하는 이기적인 생각을 하곤 했다.

다음 해 여름학기가 시작되자 아내는 다시 학교에 나갔다. 그래서 훈이는 오전 한나절 동안은 독일 아줌마에게 맡겼다. 다행히 아기를 좋아하는 착한 아줌마를 만났지만 두터운 겨울옷으로 온몸을 이중 삼중으로 감싼 어린 것을 큰 유모차에 뉘어 남에게 맡겨야 할 때는 항상 가슴이 아팠다. 그러나 아내가 어렵게 다시 시작한 공부를 얼마 되지도 않아 중단하라고 할 수도 없는 일이었다.

우리 세 식구에게는 무척 춥고 길었던 겨울이 가고 마침내 봄이 순백의 목련 꽃망울을 앞세우며 찾아왔다. 우리는 주말이 되면 유모차에 훈이를 태우고 들로 산보를 나갔다. 사방이 들판으로 둘러싸인 전형적인 시골도시라 큰 길을 벗어나서 조금만 밖으로 걸어가면 밭들이 나왔고, 그 사이로 한적한 아스팔트길이 길게 뻗어 있었다. 새싹을 움틔우는 따스한 햇살과 부드러운 바람결 속에서 풋풋한 봄냄새를 맡으며 걸어가노라면 말쑥한 정장차림으로 산보를 하는 독일인들과 마주치곤 했다. 그들은 어김없이 "굿텐 탁(안녕)"하고 인사를 하면서 곤히 잠자고 있는 훈이를 들여다보고는 "골디히(귀엽다)" 하며 환하게 웃어 주었다. 그럴 때마다 화창한 봄길 따라 유모차를 밀고 가는 우리의 가슴은 넘치는 행복감으로 가득 찼다.

여름이 지나가면서 앞으로 다가올 문제들에 대한 걱정으로 우리의 마음은 심란해지기 시작했다. 다가오는 추운 겨울을 나는 문제와 훈이를 맡기는 문제, 왕복 2시간 이상이 소요되는 통학거리 등을 어떻게 해결할 것인가가 큰 걱정거리였다. 결국 우리는 이 같은 문제들을 동시에 풀어 나가기 위해서는 다시 시내 근방으로 집을 옮기는 방법밖에 없다는 결론에 도달하게 되었다.

한츄스하임에 뿌리내리다

가을이 문턱에 다가오면서 초조한 마음으로 신문광고를 뒤적이던 우리는 마침 한츄스하임(Handschusheim)에 마땅한 방이 있는 것을 보고 곧바로 계약하고 이사를 했다. 한츄스하임은 그 유명한 철학자의 길이 있는 노이엔하임과 이웃해 있는 곳으로 시내는 물론 대학과도 가까웠고, 내가 아르바이트를 하는 물리학연구소와 훈이가 다니게 될 탁아소와도 불과 10분 안팎의 거리에 있었다.

집은 반지하방이 있는 미니 2층집이었고 마당이 상당히 넓어서 좋았다. 2층은 두 세대가 살도록 되어 있었는데 안쪽은 주인집이, 바깥쪽은 우리가 사용했다. 우리가 사는 데는 거실을 중심으로 부엌과 침실이 기역자로 붙어 있었고 난로는 역시 거실에만 있었다. 그러나 방들이 크지 않고 보온이 잘 되어서 그전 집처럼 춥지는 않았다. 그리고 반지하방들은 독일 여자와 사는 이집트 학생과 젊은 독일인 부부가 살고 있었다.

아펠(Apfel)이란 성을 가진 주인집 내외는 50대 중반쯤 되어 보이는 아주 순박한 사람들이었는데 직업학교에 다니는 남매를 데리고 살고 있었다. 제2차 세계대전 때 군에서 몸을 다친 남편은 거동이 불편하여 집에서 간단한 농사일을 거들어 주었을 뿐 모든 일은 부인이 해 나가고 있었다. 부인은 오전에는 근처에 있는 만년필공장에서 일하고, 오후가 되면 점심을 먹기가 무섭게 자전거를 타고 밭으로 나가서는 저녁에야 집으로 돌아오는 엄청나게 부지런한 아줌마였다.

한츄스하임은 시내와 그렇게 멀리 않은 변두리 지역으로 시외의 경계가 시작되는 곳이어서 주택들이 많지 않았지만 새로운 집들이 계속 들어서고 있었다. 양지바른 뒤쪽의 야산에는 전나무 숲이 우거져 있었고, 그 사이에 군데군데 검은 산딸기밭들이 자리잡고 있었다. 그리고 동네 너머 그 맞은편에 광활하게 펼쳐져 있는 넓은 평야에서는 농부들이 여러 가지 작물들을 재배하고 있었는데, 주로 코프 살라드라고 부르는 양상추와 딸기를 가꾸고 있었다. 주인집 아줌마도 그 곳에 그리 크지 않은 밭을 가지고 있었는데 역시 딸기와 채소를 재배했다.

우리가 사는 집은 전철이 다니는 큰 길에 인접해 있어서 전철역도 가까웠지만 슈퍼, 정육점, 빵집 등이 아주 가까워서 생활하기가 무척 편리했다. 특히, 빵집과 정육점이 지근거리에 있다는 것은 독일식 아침식사에 익숙해진 우리에게는 행운이었다. 주말 아침 막 구어낸 따끈따끈한 부뢰첸(하드롤)을 사다 각종 잼이나 살라미 등의 햄과 새큼한 새끼오이 피클을 곁들여서 먹을 때 느끼는 그 감미로움은 말 그대로 일품이었다.

훈이는 대학에서 운영하는 학생탁아소(Studenten-Grippe)에 보내게 되었다. 이 탁아소에서는 한 살부터 세 살까지의 어린이들을 돌보아 주었다. 시간은 아침 7시 30분부터 오후 4시 30분까지였는데, 아침과 점심은 물론 목욕과 간식(주스도 생과일이나 생야채로 만듦) 등 모든 것을 빈틈없이 챙겨 주었다. 아기를 키우는 학생들에게는 더없이 좋은 복지시설이었다. 그러나 이른 아침 세상 모르고 자고 있는 한 살짜리 아기를 깨워 데리고 가면 울며 유치원 보모에게 안겨 가는 훈이의 모습이 무척 안쓰러웠다. 그리고 오후에 데려올 때도 어쩌다 좀 늦게 가면 외롭게 혼자 남아 이제나 저제나 하고 우리를 목을 빼고 기다리는 모습이 애처로웠다. 우리는 그렇게 하는 것이 훈이나 우리를 위해 최상의 선택이라는 믿음으로 우리 스스로를 위로하고 합리화시켰다.

나는 여전히 물리학연구소에서 아르바이트를 했다. 같이 일하는 사람들이 대부분 대학생들이어서 분위기도 좋았고 일도 익숙해져 연구소로 일하러 간다는 것이 전혀 부담스럽지 않았다. 무엇보다도 다행인 것은 훈이가 다니는 학생탁아소가 물리학연구소에서 걸어서 10분도 걸리지 않는 가까운 거리에 있다는 것이었다. 아내도 오전 수업을 마친 다음에는 틈틈이 이런 저런 아르바이트를 했는데, 일이 늦게 끝날 때는 내가 훈이를 데리고 가야 했다. 따라서 훈이를 집으로 데리고 가는 당번은 빨리 귀가하는 사람의 몫이었다. 유모차와 함께 전철을 기다리면 운전수가 내려 친절하게 타는 것을 도와 주었다.

우리가 사는 지역에는 동양인이 우리밖에 없는 것 같았다. 그러한 희소가치 때문인지는 몰라도 우리가 훈이를 유모차에 태워 데리고 나가면 지나가던 동네 사람들이 호기심어린 눈으로 우리 세 사람을 바라보며 아주 친절하게 인사를 했다. 특히, 할머니들은 훈이를 보면 귀엽다고 핸드백에서 사탕이나 초콜릿을 꺼내 주곤 했다. 어떤 때는 사람들이 너무 친절하게 해 주어서 혹시 우리를 그들이 좋아하는 일본 사람으로 착각하고 있는 것이 아닌가 하는 생각도 들었다.

그 동안 벌써 몇 해를 이 곳에서 살면서 독일 문화에 익숙해지다 보니 독일 사람들과 어울려 함께 산다는 것이 더 이상 어색하고 불편하게 느껴지지 않았다. 생각해 보면 하이델베르크로 옮긴 후 나의 신상에는 여러 가지 변화가 일어났다. 그리고 그때마다 여기저기 옮겨 다니며 떠돌다가 마침내 여기 한츄스하임에서 우리 세 식구가 정박하고 닻을 내릴 수 있는 곳을 발견했던 것이다.

전 독일 교포 축구대회에서 MVP 되다

1968년 4월 초의 어느 날이었다. 하이델베르크 한인회로부터 한 장의 엽서가 날아왔다. 사실 한인회라고는 하지만 거의 학생으로 이루어져 있었던 작은 모임이었다. 1년에 두 번 정도 여름과 연말에 모여 친목을 다지는 행사가 한인회가 하는 일의 전부였다. 엽서의 내용은 4월 20일 주독 한국대사관 주최로 재독 한인친선축구대회가 프랑크푸르트에서 열린다는 것이었다. 우리 하이델베르크 한인회에서도 꼭 참석하려고 하니까 모여서 구체적인 이야기를 나누자고 했다. 축구에 대한 열정이 어릴 때만큼은 아니었지만 그래도 내 가슴이 뛰었다. 더욱이나 하이델베르크 한인들끼리 하는 동네축구도 아니고 전 독일 교포들이 한 자리에 모이는 큰 대회라고 하니 마음이 설렜다.

조금은 들뜬 마음으로 한인회가 열리는 장소로 나갔다. 남자들만 10여 명이 모였는데, 한인회의 총인원이 20여 명에 불과했던 것을 생각하면 비교적 많은 숫자였다. 회장의 말에 따르면 이번 프랑크푸르트 축구대회는 한국대사관이 주최하면서 경비 일체를 부담하는 최초의 한인체육대회이기 때문에 대사관에서 꼭 참석해 달라는 연락이 왔다는 것이다. 우리는 참석하기로 결정하고 팀을 짜서 시합 전에 한두 번 모여 발을 맞추기로 했다. 회장이 팀을 짜면서 심형도 한 번 같이 뛰자고 해서 기다렸다는 듯이 그러겠다고 대답했다. 그 후 우리는 클아우젠 파드에 있는 대학 축구장에서 편을 갈라 한두 번 발을 맞추어 보았다.

기다리던 4월 20일이 왔다. 우리 하이델베르크 한인회는 거의 모두가 가족까지 데리고 시합에 늦지 않도록 서둘러 프랑크푸르트 대회장으로 갔다. 큰 대학들이 있는 도시에서는 거의 다 참가했기 때문에 사람들이 제법 많이 모였다. 한국대사관에서도 대사를 비롯해서 여러 분이 참석했다. 대회장소를 프랑크푸르트로 정한 것도 가능한 한 많은 사람이 모이도록 하기 위해 중간 지역을 택했다는 것이다.

오전에는 대회장 주변에 있는 축구장들을 빌려서 1차 토너먼트를 하고 오후에 본대회장에서 결승전을 갖기로 되어 있었다. 우리 팀은 내가 센터포드를 하고 석태진 씨라는 분이 중앙수비수를 맡았다. 석태진 씨는 유도 8단으로 하이델베르크에서 유도를 가르치고 있었는데, 삶은 계란을 한 번에 10개는 먹어야 직성이 풀린다고 할 정도로 체구가 장대한 사람이었다. 운동신경이 좋아서 축구에도 일가견이 있었다. 상대방 공격수들이 막 몰려와도 조금도 위축되거나 밀리지 않고 볼을 빼앗아 아군 공격수에게 시원한 긴 패스를 해 주었다. 이런 중앙수비가 문전에 딱 버티고 서 있으니 상대방 공격수들은 기가 죽을 수밖에 없었다. 반면에 우리 공격수들은 사기가 충천했을 뿐만 아니라 호흡도 잘 맞아 상대방 문전을 밀고 들어가 골을 몇 개나 넣었다.

결국 우리는 오후에 본대회장에서 열린 대망의 결승에 올라가게 되었다. 결승까지 올라온 만큼 상대방 팀도 만만치 않았다. 그러나 사기가 넘치는 우리 팀을 만나 고전을 면치 못했다. 나는 마치 고기가 물을 만난 듯 그라운드를 종횡무진으로 누비고 다녔다. 다행히 오전에 한 게임만을 뛰었기 때문에 피로하지도 않았다. 온몸에서 힘이 솟구쳐 올라 오히려 더욱 신바람이 나서 내가 가지고 있던 재주를 다 부리며 상대방 문전을 휘젓고 다녔다. 한국에서 딱딱한 맨 땅 위에서만 축구를 해 본 내가 부드러운 잔디구장에서 볼을 차다보니 처음에는 적응이 잘 되지 않아 좀 헤맸다. 그러나 앞서 한 게임을 하면서 곧 익숙하게 된 후에는 유감 없이 왕년의 실력을 발휘하면서 멋진 골잔치를 벌였던 것이다. 나는 등 뒤에서 심윤종 파이팅을 외치는 하이델베르크 한인회의 함성을 들으며 나의 축구실력이 아직 녹슬지 않았음을 확인하고 가슴이 벅차올랐다.

우리 하이델베르크팀은 그 날의 자랑스러운 우승자가 되어 대사관에서 주는 금일봉과 함께 푸짐한 부상도 탔다. 또한 나는 우리 팀과 응원단의 열띤 박수 속에서 대회의 MVP로 뽑혀 김영주 대사가 주는 개인표창장(URKUNDE)을 받았다. 이 표창장은 내가 하이델베르크대학에서 받은 박사학위증과 함께 가장 소중하고 자랑스럽게 보관하고 있는 증서 중의 하나가 되었다.

하이델베르크로 돌아온 우리는 세계적 명성을 가지고 있는 학사주점 로트옥센(붉은 황소)으로 가서 장화술잔을 돌려가며 문을 닫을 때까지 맥주파티를 했다. 사람들 말이 심형이 그렇게 축구를 잘하는지 몰랐다며 펄펄 날더라고 했다. 자연히 그 날의 주인공인 나에게 술잔이 제일 많이 돌아왔고, 그 날따라 술맛이 입에 짝짝 붙도록 당겼다. 술에 취한 우리는 그 날만은 모든 것을 잊고 낭만을 즐기는 하이델베르크대학의 학생으로만 존재하고 싶었다. 그래서 우리는 '마셔라 마시자, 또 마시자'라는 「축배의 노래」를 어설프게 흉내내어 부르면서, 맥주를 마시고 또 마셨다. 그러면서 우리는 낭만의 도시 하이델베르크의 밤이 깊어 감을 아쉬워했다.

하이델베르크 근교에 한국 간호사 오다

1969년 여름의 어느 날이었다. 멘자에서 점심식사를 하고 나오다가 평소 가깝게 지내던 슈나이더 씨를 만났다. 당시 그 분은 대학의 외국인 학생부서 담당관으로 있으면서 외국 학생들에게 여러 면에서 많은 도움을 주고 있었다. 그는 나를 만나려고 했는데 마침 잘 되었다고 하면서 자기 사무실로 가자고 했다. 궁금증을 가지고 사무실로 따라 갔더니 뜻밖의 말을 했다.

며칠 전 비스로크(Wiesloch)에 있는 정신병원에 한국 간호사 42명이 왔는데 이들에게 독일어를 가르칠 선생을 구해 달라는 전화가 병원장으로부터 왔다는 것이다. 독문학을 전공한 적이 있으니 당신이 적임자 같아 추천하고 싶다면서, 병원측에서는 현재 말이 전연 통하지 않아 애로가 많은 모양인데 도와 주었으면 좋겠다고 했다.

다음 날 병원으로 가기 위해 비스로크로 가는 전철을 탔다. 한 번도 가 본 적이 없는 곳이지만 내가 전에 이용하던 전철의 종점이 비스로크여서 찾아가는 데는 별 어려움이 없을 것으로 생각되었다. 우리가 살았던 누스로크를 지나 보리밭 들판을 한참 달리다 보니 종점을 한 정거장 앞둔 지점에 내가 내려야 할

'병원 앞'이라는 팻말이 보였다. 인가가 없어 조금은 황량해 보이는 정거장을 뒤로 하고 병원 정문을 지나 말끔하게 단장된 아스팔트길을 따라 올라갔더니 꽤 높아 보이는 병원 본관건물이 나왔다. 그리고 이 건물 앞쪽에 시원스럽게 펼쳐져 있는 넓은 초원에는 병동 같아 보이는 흰 건물들이 여기저기에 들어서 있었다. 약속한 대로 원장실로 갔더니 원장을 비롯해서 사무장, 수간호사 등 여러 사람들이 모여 있었다. 모두들 나를 무척 반갑게 맞아 주었다.

원장에 따르면 그 동안 독일에 온 한국 간호사들이 일을 아주 열심히 잘 하고 있다는 이야기를 듣고 독일병원협회에 신청을 해서 이번에 약 42명의 비교적 많은 간호사를 한꺼번에 받게 되었다는 것이다. 지난번에는 인도 간호사들을 고용했는데 실패했다고 하면서 이번에는 꼭 성공했으면 좋겠다는 말도 했다. 그런데 예상은 했지만 언어소통문제가 생각 외로 심각하다고 하면서 앞으로 독일어 강습을 잘 부탁한다는 말을 했다. 나는 간단한 사무적인 일을 끝낸 후 병원의 주요 간부들을 따라 식당으로 가서 한국 간호사들과 함께 식사를 했다.

식사를 마친 다음 우리는 모두 식당 옆에 있는 회의장으로 갔다. 한국 간호사들은 마치 어디 수학여행이라도 온 듯한 기분으로 한국말로 발랄하게 웃고 떠들며 삼삼오오 짝을 지어 안내를 따라 회의실로 들어갔다. 원장은 나에게 통역을 부탁한 후 여러분을 환영하며 우리 병원은 여러분에 대한 기대가 큰데 열심히 일해 달라는 요지의 말을 했다. 이어서 앞으로 여러분에게 독일어를 가르칠 선생이라고 하면서 나를 소개했다.

원장이 나가고 난 다음 수간호사가 일어나서 병원일과 기숙사 생활을 하면서 지켜야 할 규칙들에 관해 설명했다. 그리고 난 후 수간호사는 특별히 강조하듯 힘을 주어 말했다. "여러분들이 오늘까지는 일이 없는 자유로운 생활을 누렸지만 내일부터는 병동에 투입될 것입니다." 그러면서 포크 하나를 높이 들고 계속 말했다. "조금 전에 보니까 바닥에 떨어진 이 포크를 보고도 줍는 사람이 한 명도 없이 모두 들뜬 기분으로 그냥 넘어갔습니다. 여러분은 여기 일하러 왔다는 것을 명심해 주기 바랍니다." 나는 이 말을 여과 없이 그대로 한국어로 통역을 해 주었다. 한국 간호사들은 독일 수간호사의 진지한 표정을 보고는 숙연한 자세를 가졌다.

한국 간호사들의 독일어 수업은 일과 도중에 병동일이 좀 한가한 오후 시간에 있었다. 교재로는 당시 괴테 인스티튜트 등 많은 기관에서 호평을 받고 있던 초보자용의 『외국인을 위한 독일어(*Deutsch für Ausländer*)』를 사용했다. 그리고 간호사들의 병동일과 관계되는 간단한 표현들과 일상생활에서 꼭 필요한 쉬운 말들도 함께 가르쳤다. 독일어 교육은 한국에 있는 해외개발공사에서 고작 6주간 받은 것이 전부인 이들은 간단한 인사말 밖에는 독일말을 전혀 하지 못했다.

간호사들은 대부분 시골 출신으로 일반고등학교를 졸업한 후 간호조무사 양성학원에서 일정 기간 교육을 받은 다음 선발시험에 합격하여 이 곳으로 온 20대의 젊은 여성들이었다. 따라서 엄격히 말하면 이들은 간호사가 아니라 간호조무사였다. 아마도 이 병원의 환자가 일반병원과 달리 대부분이 노인들이란 특수성을 갖고 있었기 때문에 다목적인 활용을 위해 정식 간호사보다는 간호조무사를 선호했던 것 같았다.

실제로 한국 간호사들은 환자를 돌보는 일보다는 침대정리나 복도청소, 환자목욕 등의 일들을 주로 해야 했다. 물론 언어장애 때문에 이들이 할 수 있는 일에는 한계가 있을 수밖에 없었겠지만 힘들고 궂은 일을 도맡아 해야 했다. 한국의 경우 항상 보호자가 환자 곁에 있으면서 수발을 들어 주는 것이 일반적이다. 그러나 이와는 달리 독일에서는 보호자가 잠깐 다녀가고 나면 모든 일을 간호사가 해야 하는데, 업무 중에는 체구가 작은 한국 여성들에게 너무나 힘든 일들이 많았다. 특히, 환자목욕은 한국 간호사들이 가장 피하고 싶어 하는 일상업무 중의 하나였다. 몸을 제대로 가누지 못하는 거대한 체구의 환자들을 목욕시키고 나면 온 몸의 힘이 쭉 빠지는 것은 물론 계속 하다 보면 팔에 힘줄이 늘어나서 아프다는 호소를 많이 들어야 했다.

나는 한국 간호사들에게 독일어를 가르치는 일 외에도 이들을 위해 여러 가지 잔심부름들도 해 주어야 했다. 우선 지역 사정에 어두웠을 뿐만 아니라 하루 종일 병원일에 묶여 있다 보니 필요한 물건들을 살 시간이 없었다. 더구나 주말에는 대형 백화점을 비롯해서 가게들이 모두 문을 닫다 보니 나에게 부탁하는 수밖에 없었던 것이다. 작게는 우표와 봉함엽서, 일기장에서부터 크게는 손목시계와 카세트 플레이어 등에 이르기까지 다양한 주문을 했으며 심지어는 쌀까지 사다 주어야 했다.

어느덧 가을이 왔고 한국 간호사들도 간단한 의사표현이나 병동일과 관계되는 기본적인 말들을 할 수 있을 정도가 되었다.

그러나 나는 조금은 불안했다. 인도 간호사들이 뿌리를 내리지 못하고 돌아간 이 자리에서 한국 간호사들이 과연 성공의 팡파르를 울릴 수 있을 것이지 확신이 없었기 때문이었다. 그리하여 아직 자기 표현도 제대로 못하는 이 동양의 젊은 여성들이 서양의 이질적인 문화적 환경을 극복하고 적응하는 데 성공할 수 있을까 하는 회의를 가질 때도 많았다.

한 번은 같은 병동에서 근무하는 한국 간호사 몇 명이 나에게 도움을 청했다. 자기들이 말을 못하기 때문에 너무 억울하게 일방적으로 당하는 일들이 한두 가지가 아니라면서 꼭 원장에게 하고 싶은 말이 있다고 했다. 원장과 수간호사가 함께 한 자리에서 이들은 병동에서 자기들에게 부당하게 가해지는 일들을 하나하나 열거하다가 감정이 격해져 울먹이며 말을 이어나갔다. 이런 경우 우리 한국 사람 같으면 필시 자기들이 당하는 일이 얼마나 억울하면 저럴까 싶어 그들에게 동정과 믿음을 주었을 것이다. 그러나 독일 사람들의 태도는 전연 달랐다. 내가 한국 간호사들이 억울해 하는 내용을 독일어로 말하자 원장은 내용에 대한 관심보다도 매우 의아한 표정으로 나에게 되물었다. "왜 울면서 그런 말을 하느냐"고 했다. 내가 "병동에서 독일 사람들이 말 못하는 한국 간호사들을 깔보고 부당하게 혹사시키는 것이 서러워서 그런다"고 했더니 "그렇다면 더욱 냉철한 태도로 말해야 되는 것 아니냐"고 했다. 원장의 이 말을 들으면서 나는 '아하 이것이 바로 문화적 차이의 큰 벽이구나' 하고 생각했다.

이러저러한 우여곡절들이 있었지만 이들은 참으로 놀랍도록 강인한 적응력을 보여 주었다. 이역만리 낯선 땅에서 나홀로

네카강변 잔디 위에서 야유회를 즐기는 비스로크병원의 한국 간호사들

생존게임을 벌이며 차별과 과중업무, 그리고 향수에 지쳐 베갯잇을 적셔 가면서도 잡초같이 굳건한 생명력을 발휘했던 것이다. 그것은 아마도 너무나 가난했던 조국과 고향의 부모형제들을 생각할 때 이 천재일우의 기회를 절대 놓칠 수 없다는 절체절명의 사명감 때문이었는지도 모른다. 실제로 이들은 매달 받는 월급에서 생필품 구입비를 제외한 전부를 꼬박꼬박 고향에 부치고 있었다. 애국을 말이 아닌 실천으로 보여 주는 진정한 애국자였고, 부모님과 형제에 대한 사랑을 자기 희생으로 보여 주는 착하디 착한 효녀들이었던 것이다.

세월이 지나면서 이들의 활동영역도 넓어졌다. 하루 24시간을 병동 안에서만 맴돌던 이들이 한복을 곱게 차려 입고 네카강변을 한가롭게 거닐며 백조들의 유영을 즐기는 모습도 간간히 보였다. 그리고 주변 도시에서 근무하는 한국 간호사들과 배구 시합도 했으며, 병원의 가을 축제에서 지게 진 도령과 도라지나물 캐는 처녀의 연기를 노래와 함께 보여 주어 열렬한 갈채를 받기도 했다.

이제 그들은 독일 생활에 점차 뿌리를 내리기 시작한 것이다. 인도 다음으로 세계에서 가장 가난하다는 한국에서 태어난 죄로 그들은 먼 이국의 땅 독일까지 와서 돈을 벌어야 했다. 하지만 조국에 대한 조금의 원망도 없이 주어진 삶에 최선을 다하는 대한민국의 자랑스러운 딸들이었던 것이다.

둘째 일, 태어나다

우리가 하이델베르크 생활에 완전히 적응하고 훈이가 어느새 미운 3살로 온갖 말썽을 다 피우면서도 우리의 귀여움을 독차지 할 무렵 아내는 둘째 아이를 가졌다. 아내는 나와 달리 독일 음식에 적응을 못해 처음에는 고생을 많이 했지만 몇 년이 지나면서 차츰 적응하게 되어 건강한 상태에 있었다.

나는 그 동안 장학금을 신청하려고 여러 재단에 문의해 보았지만 박사과정에 들어간 사람에 한해서만 신청자격을 준다는 대답이어서 석사과정에 있던 나로서는 좀더 기다리는 수밖에 없었다. 아내의 배가 점차 불러오면서 우리는 앞으로 부딪치게 될 문제들에 미리 대비하기 위해 중대한 결정을 해야 했다. 참으로 미안했지만 아내가 통역관학교에 다니는 것을 포기하는 방법이 최선이라고 생각되었다. 사실 둘째를 낳게 되면 우리 두 사람 중 한 사람은 학업을 포기하는 것이 현실적이었다. 애 둘을 키우면서 둘이 다 학교에 나간다는 것은 시간상으로나 경제적으로나 매우 어려운 상황이었기 때문에 결국 우리는 아내가 나를 위해 희생하는 길을 택하기로 했다.

그리하여 아내는 그렇게 애착하던 공부를 중단하고 에펠하임이에 있는 글레저란 양말공장에서 일을 하게 되었다. 임신 초기에는 여름방학이라 풀타임으로 일을 할 수 있었지만 학기 동안에는 파트타임으로만 일을 해야 했고, 만삭이 되었을 때는 양말을 가져다 집에서 부업으로 했다. 아내가 하는 작업은 여자들의 겨울용 팬티스타킹에 고무줄을 넣고, 허리둘레를 조절하는 버튼을 다는 일이었다. 한 번에 대여섯 상자씩 가져다 작업을 했기 때문에 자동차 없이는 불가능한 부업이었다.

사실 훈이가 애기였을 때만 해도 차가 없어도 큰 불편을 못 느꼈었다. 그러나 이 녀석이 점점 커 가면서 자동차의 필요성이 더욱 높아졌다. 그래서 아무리 저렴한 가격이라고 해도 우리에게는 결코 적은 돈이 아니었던 1,200마르크를 주고 중고 폴크스바겐을 샀다. 그런데 이 차를 구입하기까지는 에피소드가 좀 있었다.

내가 중고차에 관심을 가지고 있다는 것을 알고 있던 한 파키스탄 친구가 어느 날 나에게 다음과 같은 말을 했다. 즉, 자기가 살고 있는 클라우젠 파트의 학생기숙사에 중고 폴크스바겐을 팔아달라고 부탁한 학생이 있는데 차와 가격이 괜찮은 것 같다는 것이다. 호기심이 생겨 그 곳으로 가 기숙사 지하실에 있는 차를 살펴보았다. 상태는 괜찮은 듯했는데 웬일인지 차에 번호판이 부착되어 있지 않았다. 번호판이 없는 것이 좀 마음에 걸렸지만 중고차라 시운전을 해 보아야겠기에 친구에게서 열쇠를 받아 함께 밖으로 몰고 나갔다. 이 클라우젠 파트는 고층학생기숙사 몇 동 외에는 인가가 없고 배나무 같은 과수나무나, 딸기, 양상추 등을 재배하는 넓은 벌판만 있는 곳이었다. 나는 마음 놓고 쭉 뻗어 있는 아스팔트 길을 따라 한 바퀴 돌고 오는데 갑자기 나타난 경찰차가 사이렌을 요란하게 울리며 우리 앞을 가로막는 것이다. 무슨 일인지 몰라 몹시 당황해 하는 우리에게 다가와 지금 신고를 받았는데 "누가 차를 몰았냐"고 물었다. "나"라고 했더니 신원을 파악하고 나서는 내일 일과시간 안에 경찰서로 나오라는 것이다.

다음 날 불안한 마음을 달래며 한츄스하임 경찰서로 갔다. 담당경찰관은 이미 나에 대한 기록을 다 읽어 본 모양으로 학생이고 다른 범법사실이 없기 때문에 이번만은 특별히 용서한다면서 한 장의 서류를 내놓았다. 내용을 읽어 보니 다음에 다시 한 번 더 범법행위를 하면 추방시켜도 좋다는 것이었다. 사정을 해보았자 통할 사람들이 아닌 것 같아서 사인을 하고 나오며 다시 한 번 독일인들의 투철한 신고정신에 놀라워하지 않을 수 없었다. 흔히 독일에서는 어디를 가나 보이지 않는 신고자들이 있으니까 조심해야 한다는 말을 많이 들었지만 그처럼 철저하리라고는 생각지 못했다. 특히, 할 일 없이 방안에 앉아 밖을 내다 보는 것이 유일한 소일거리인 노인들을 조심해야 한다고 했다. 망사커튼 때문에 이들의 존재가 보이지 않는다고 오판해 허튼 일을 했다가는 큰 코 다친다는 이야기를 종종 들었다.

그런 일이 있은 후에는 중고차 판매소에서 정식으로 차를 구입했다. 그러나 이 1,200마르크짜리 폴크스바겐도 나 대신 차를 잠깐 몰아 보겠다던 한국 유학생이 사고를 내는 바람에 고철값에 팔아 버렸다. 이래저래 중고차와 폴크스바겐하고는 인연이 없는 것 같아 그 당시 학생들에게 가장 인기가 있던 프랑스제 자동차 르노 4를 샀다. 주황색의 이 차는 지붕이 높고 4각이어서 볼품은 없었지만 짐을 많이 실을 수 있는데다 차체가 아주 가벼워 연비가 탁월했고, 또한 신차의 가격도 4,000마르크대로 저렴하여 여러 면에서 실용적이었다.

아내는 몸도 건강하고 첫 출산의 경험도 있고 해서 예정된 날짜가 다가와도 별로 걱정이 없는 듯했다. 그러던 중 산기가 나타나서 병원에 가려고 했더니 초산 때 고생한 것을 알고 있는 주인집 아줌마가 좀더 있다가 가는 것이 좋겠다고 해서 저녁을 먹고 8시쯤 첫째가 태어난 엘리자베스병원으로 들어갔다. 몇 시간 진통으로 고생을 했지만 3.8kg의 건강한 아기를 낳았다. 1971년 4월 9일 밤 11시 20분이었다. 초조하게 기다리던 나는 사내아이란 이야기를 듣고 "야호" 소리를 외쳤다. 대대로 우리 집안에 남자가 귀한데다가 나도 남자 형제 없이 외로움을 타며 자라서 그런지 어렸을 때는 쌍둥이 형제들이 아주 부러웠다. 그 녀석들은 항상 붙어 다녔고 서로 뭉치는 힘이 강해 누구도 이들을 건드릴 생각을 하지 못했다. 그런 어릴 적의 기억 때문인지 훈이에게도 남동생이 생겼으면 하고 은근히 기대를 가졌던 것이

사실이다.

다음 날 아침 병원으로 달려갔더니 지난번과 마찬가지로 인도 간호사가 우리 둘째를 안고 나왔다. 유리벽을 통해 보이는 녀석은 얼굴이 부어 있는 상태였지만 이목구비가 반듯하게 잘 생긴 얼굴이었다. 다시 한 번 온 세상이 내 것 같은 가슴 벅찬 기쁨을 맛보았다. 아내가 쉬고 있는 방으로 갔더니 환한 웃음으로 맞아 주며 "우리 아기 예쁘죠"라고 말하는 아내의 얼굴이 더욱 고맙고 아름답게 다가왔다. 우리는 마음 속으로 예쁜 아기를 우리에게 주신 하느님께 진심으로 감사했다. 둘째의 이름은 한국에 계신 아버님의 뜻대로 일(日)이라고 지었다.

나는 아내를 부축하여 창가로 데리고 갔다. 너무나 아름다운 4월의 아침 전경을 바라보도록 하기 위해서였다. 하이델베르크성 바로 밑에 있는 이 병원 담장에는 노란 개나리꽃이 만발해 있었고, 그 너머로 화사한 벚꽃군락들이 짙은 녹색의 숲과 어우러져 한 폭의 수채화를 보는 듯했다. 그리고 멀리 굽어보이는 고풍스러운 시가지의 주황색 지붕들 위에는 우리 둘째의 출생을 축하하는 듯 찬란한 4월의 아침 햇살이 별처럼 빛나고 있었다.

두 아이 학생아빠의 고달픔

아내가 퇴원하여 둘째를 데리고 집으로 돌아온 날부터 우리는 그야말로 비상체제에 들어가야만 했다. 어린아이가 하나 더 생기면 많이 힘들 거라고는 예상했지만 하나일 때와 둘일 때의 차이는 하늘과 땅의 차이와 같다는 말이 실감났다. 우선 훈이의 출생 이후 새로운 방향에서 어느 정도 안정된 궤도를 찾았던 우리의 생활리듬이 또 다른 질서로 재편되어야 했다. 하루하루를 무슨 특수훈련이라도 받는 것 같은 긴장과 간단없는 움직임 속에서 시간에 쫓기는 생활을 해야 했다.

둘째가 태어났을 때 훈이는 채 세 살도 안 된 나이였기 때문에 아직 애기였다. 그러니 이 녀석이 갑자기 동생을 샘내며 응석꾸러기 어린 애기로 되돌아가려고 하는 것도 무리는 아니었다. 엄마의 젖을 빨고 있는 동생의 머리를 사정없이 때린다거나 침실에서 같이 자던 동생의 울음소리가 시끄럽다고 응접실로 침대를 밀어내는 등 동생에 대한 시샘이 점점 커졌다. 그러자 아내는 아직 어린 애기인 훈이에게 야단을 치곤 했다. 그런데 문제는 그럴수록 이 녀석이 나에게 애착하는 정도가 점점 심해 갔다는 것이다. 집 안팎에서 항상 내 꽁무니를 졸졸 쫓아다녔다. 이 같은 훈이의 집착은 시간을 쪼개 쓰며 책을 보아야 했던 나에게 큰 부담이 아닐 수 없었다.

또한 경제적 문제도 큰 중압감으로 대두되기 시작했다. 둘째가 태어나기 전에는 아내가 일을 할 수 있었기 때문에 우리 세 식구가 살아가는 데 큰 어려움은 없었다. 그러나 둘째가 태어나고 난 후는 사정이 완전히 달라졌다. 우선 아내가 갓난아기 때문에 일을 할 수가 없다는 것이 당장 우리의 가계부에 심각한 적자요인을 만들었다. 비록 학기 동안에는 시간제 아르바이트밖에 할 수 없다고 하더라도 둘이 일을 해서 같이 벌 때는 싸구려 차라도 구입할 수 있는 여유가 있었다. 그렇지만 한 사람이 그

장남 '훈', 차남 '일'과 함께 한 필자

것도 나보다 수입이 좋았던 아내가 집에 들어 앉아 있게 되니 문제가 보통 심각해지는 것이 아니었다. 생각 끝에 아내가 글레저공장에서 양말을 받아다 부업으로 하던 일을 다시 시작하기로 했다. 그러나 이 일도 갓난아기를 돌보며 해야 했으므로 예전보다 효율이 훨씬 떨어졌다.

이 난관을 극복하기 위해서는 좀더 근본적인 계획을 세워야겠다고 생각한 나는 마침 대학을 졸업하고 집에 있던 여동생을 오도록 했다. 이렇게 하여 여동생은 그 해 여름에 하이델베르크로와 신학기가 시작되는 겨울학기부터 아내가 다니던 돌메처 인스티튜트에서 독일어 공부를 시작했다. 여동생이 같이 있으면서 아내와 교대로 애들을 돌보아 주자 시간과 싸우던 우리에게 숨

돌릴 여유가 생겼고, 아내는 다시 일을 할 수 있는 시간을 갖게 되었다.

하루 빨리 석사학위를 끝마치고 박사과정을 시작해야 장학금을 신청할 수 있다는 현실이 이제는 하나의 절박감으로 나의 등을 떠밀었다. 그리하여 내가 아르바이트로 하던 물리학연구소 일을 아내에게 물려 주고 나는 석사논문을 작성하는 데만 전념하기로 했다. 아내는 학기 동안에도 자기 이름으로는 물론 연구소의 양해하에 내 이름으로도 일을 할 수 있게 되어 심각했던 우리 가계부의 주름살도 점차 펴지기 시작했다. 그러나 아르바이트가 4시간씩 하는 교대근무제였고, 두 교대 즉 8시간을 연속으로 할 수 없다는 규정을 지켜야 했기 때문에 어려운 점이 많았다.

어느덧 훈이가 만 3살이 되었다. 이제는 더 이상 학생탁아소에 있을 수 없는 나이가 된 것이다. 그 동안 훈이를 많이 귀여워해 주었던 바우어 아줌마가 상당히 시운해 했다. 붙임성이 있고 말하기를 좋아해서 유치원 선생들로부터 귀여움을 많이 받았는데, 특히 바우어 아줌마를 좋아했다. 아줌마는 영리하고 말하기를 좋아하는 것은 물론, 지적 호기심이 강하다고 해서 훈이에게 클라이너 푸로페소 심(꼬마 심 교수)이라는 별명을 붙여주었다. 그래서 내가 데리러 가면 "클라이너 프로페소 심, 아빠가 데리러 왔다"고 장난을 치곤했다. 훈이는 그 나이 또래의 아이들처럼 많은 것을 알고 싶어했다. 한 번은 훈이와 같이 전철을 타고 네카강 위의 다리를 건너가는데 나를 보면서 원어민의 유창한 독일어로 "아빠 배들은 왜 물에 뜨는 거야?" 하고 큰 목소리로 물었다. 주위에 있던 독일 사람들이 호기심 어린 눈으로 우리를 바라보며 내 대답을 기다렸다. 당황한 나는 시원치 못한 독일어로 그것을 설명하느라고 진땀을 빼야 했다.

훈이가 새로 들어간 유치원은 시에서 운영하는 시설이었는데 시청과 멀지 않은 하이델베르크성 근처에 있었다. 건물이 오래되어 우중충해 보였지만 내부는 수리를 해서 깨끗했고, 1층에는 큰 놀이방과 식당 그리고 2층에는 애들이 낮잠을 자는 침실과 사무실이 있었다. 정원이 상당히 넓었는데 아름드리 너도밤나무들이 많았다.

일이도 무럭무럭 잘 자라 돌이 넘어 이제 아장아장 걷는 나이가 되었다. 훈이가 다니던 탁아소에 맡기고 싶었지만 돈이 많이 들어 집에서 데리고 있었는데, 레고와 퍼즐을 아주 좋아해서 혼자서도 잘 놀았다. 녀석은 어디를 데리고 가든 "그놈 참 잘생겼네!" 하는 칭찬을 받아서 우리를 기분 좋게 만들었다. 그러나 숫기가 없어서 엄마 꽁무니에서 떨어지려고 하질 않았다. 사람들이 노래를 시키면 숫기 좋은 훈이는 신이 나서 큰 소리로 연속해서 불러댔지만 일이는 수줍어서 엄마 무릎 위에 앉아 모기 소리만한 목소리로 부르곤 했다. 훈이는 외향적인 성격과는 달리 입이 짧아 식사 때면 항상 우리를 힘들게 했고 또한 병원에서 주사 맞는 것을 엄청나게 무서워해서 그것을 피하거나 지연시키려고 온갖 말을 쏟아내곤 했다. 그러나 일이는 정반대로 어떤 음식이든 가리지 않고 잘 먹었고, 병원에서 주사를 맞아도 얼굴 한 번 찡그리면 그만이었다.

일이가 세 살이 되는 해에 훈이가 가는 시립유치원에 보내

하이델베르크 시립유치원에서
축제옷을 입은 '훈'이와 '일'

게 되었다. 그런데 그 동안 집에서 엄마, 고모와만 같이 있어서 그런지 낯선 환경에 잘 적응을 못했다. 두 애를 차에 싣고 유치원에 가면 훈이는 신이 나서 자기 반으로 뛰어 들어갔는데, 일이는 어떻게 하든 안으로 들어가지 않기 위해 꾀를 부렸다. 가을이 되어 유치원 정원에는 탐스러운 너도밤들이 많이 떨어져 있었는데 일이는 밤을 하나 더 줍고 들어가겠다고 하며 안으로 들어가는 시간을 끌곤 했다. 잘 달래서 현관까지 데리고 가 교실로 들여보내려면 한사코 떨어지질 않으려고 했다. 선생까지 나와 온갖 좋은 말을 다하며 구슬러도 소용 없었다. 하는 수 없이 같이 들어가 녀석이 다른 애들처럼 장난감을 가지고 노는 것을 지켜보다가 이제는 되겠다 싶어 살짝 빠져 나올라 치면 어느새 눈치를 채고 "와~" 하고 울음을 터뜨리곤 했다. 그럴 때면 데리고 나오는 수밖에 없었고, 강의를 빼 먹어야 하는 나한테 차 안에서 꿀밤을 맞으며 야단을 맞아야 했다.

그러나 일이도 차츰 유치원생활에 적응을 해 갔고, 나도 석사학위를 끝낸 다음 가톨릭재단(KAAD)으로부터 기대했던 장학금을 받게 되어 박사학위를 계속하는 데 큰 도움이 되었다. 그리고 우리 애들을 돌보느라고 많은 고생을 했던 여동생도 애들이 어느 정도 커 감에 따라 이사를 나가 돌메처 인스티투트에서 학업에만 전념하게 되었고, 우리도 다시 안정된 생활리듬 속에서 평상심을 되찾게 되었던 것이다.

학생식당과 안남미 밥

우리같이 경제적으로 넉넉지 못한 생활을 하던 유학생들에게 학생식당은 점심을 제대로 챙겨 먹을 수 있는 곳이어서 인기가 높았다. 독일어로 '멘자'라고 부르는 학생식당은 시중의 음식점들에 비해 가격이 절반 이하로 저렴하면서도 식사내용도 무척이나 알찼다. 1마르크짜리 식권을 내면 수프와 주식, 그리고 오렌지나 바나나, 사과 등의 과일 또는 요플레를 디저트로 먹을 수 있었으니 썩 괜찮은 편이었다. 특히, 하이델베르크대학 학생식당은 고풍스러운 대학의 분위기에 걸맞게 운치가 있는 역사적인 건물 안에 있어서 학생들로부터 많은 사랑을 받았다.

본관 건물에서 중앙로인 하우프트 쉬트라세를 건너 네카강 쪽으로 가다보면 왼쪽에 덩치 큰 건물이 보인다. 바로 학생식당인데 채 5분도 안 되는 가까운 거리이다. 학생들은 이 식당을 '마르쉬탈 멘자'라고 불렀는데, 그 이유는 이 건물이 옛날에 외양간으로 사용되었기 때문이라고 한다. 그러나 실은 멘자가 있는 건물은 마르쉬탈(Marstal, 외양간)이 아니라 조이그하우스(Zeughaus, 무기고)였는데 사람들이 잘못 알고 그렇게 부른다는 것이 문헌의 설명이다. 원래 외양간 건물은 무기고 앞에 있었으나 30년전쟁으로 파괴되었다고 한다. 그런데 후에 사람들이 무기고를 포함해서 모두를 마르쉬탈이라고 불렀다는 것이다. 어쨌든 무기고를 개조한 이 학생식당은 음식값이 싸고 맛있기로 정평이 나 있었다.

학생식당은 구시가지에 있는 여러 단과대학들과도 멀지 않은 거리에 있어서 점심때가 되면 항상 긴 줄이 생겼다. 학생들이 가장 좋아하는 식사는 1주일에 한 번씩 나오는 닭다리찜이었다. 그래서 이 음식이 나오는 날은 식당 밖에까지 꼬리가 이어진 긴 줄에서 오랫동안 기다려야 했다. 재수가 없으면 준비한 양이 다 떨어져 허탕을 치는 경우도 있었다. 이와는 반대로 시금치가루만으로 만든 죽이나 으깬 감자는 한국인의 식성에는 맞지 않아 배를 채우기 위해 먹어야 하는 아주 인기 없는 음식이었다.

닭다리가 나올 때는 꼭 쌀밥이 곁들여 나왔다. 그러나 말이 좋아 쌀밥이지 기름에 볶은 듯, 풀기라고는 하나도 없이 밥알들이 따로 노는 노란색의 안남미였다. 이 밥을 먹을 때마다 찰지고 쫀득쫀득해서 씹을수록 맛이 나는 한국의 쌀밥 생각이 간절했지만 꿩 대신 닭이라 생각하고 먹었다. 식사 후에는 보통 식당 2층에 있는 휴게실로 올라가 한국 잡지나 한국 신문을 읽었다. 그러나 날씨가 좋을 때는 식당 앞의 널찍한 잔디밭에서 한담을 하며 쉬거나 식당 뒤편에 있는 네카강변에서 시원한 강바람을 쐬며 머리를 식히기도 했다.

한 번은 닭다리가 나오는 날이라 기분 좋게 식사를 한 후 식당 앞 잔디밭에서 한국 유학생 몇 명과 한담을 나누고 있는데, 평소 안면이 있는 식당 주방장이 흰 가운을 입은 채 우리에게 다가왔다. 중간 키에 얼굴이 유난히 희고 마음씨 좋아 보이는 50대 중반의 이 아저씨는 동양인에게 호감을 가지고 있는 듯했다. 그는 오늘 식사 어땠느냐고 묻기에 우리는 당연히 매우 좋았다고 대답했다. 아주 기분이 좋아진 그는 밥이 나오는 날은 특별히 신경을 쓴다면서 밥 짓는 방법을 소개했다. 밥을 하기 전에 먼저 가마솥에 마가린을 한 번 쭉 돌린 다음 쌀과 적당량의 마가린을 넣고 잘 섞은 후 찌면 오늘 같이 맛있는 밥이 된다고 자랑했다. 아마 우리가 대단히 훌륭했다고 대답한 것을 쌀밥에 대한 평가로 오해를 한 모양이었다. 우리의 평가는 닭다리였는데 말이다.

또 한 번은 이런 일도 있었다. 대학식당에서 식사를 끝내고 보통 때처럼 신문을 보기 위해서 2층 휴게실로 올라갔다. 신문이라고 하지만 사실은 시간이 많이 지난 구문이었다. 한국대사관에서 충분히 보고 난 후에 보낸다는 소문도 있었지만 어쨌든 상당한 시간이 지난 후에 들어왔다. 그러나 우리에게는 고국의 소식을 알 수 있는 유일한 수단이어서 반가운 손님처럼 귀한 대접을 받았다.

항상 하던 대로 신문을 읽고 난 후 『오늘의 한국』이란 홍보 책자를 꺼내 가지고 자리로 오는데 휴게실에서 아르바이트를 하는 독일 학생이 나를 힐끔 힐끔 쳐다보았다. 다른 날과 달리 녀석이 왜 저러는가 싶어 좀 언짢은 기분으로 잡지를 펴는 순간 겉표지의 사진을 보고 기절하는 줄 알았다. 표지에는 월남에 파병된 전투복 차림의 맹호부대 용사 두 명이 엄청나게 큰 뱀을 양 손으로 움켜쥐고 머리부터 먹어 들어가는 끔찍한 모습이 클로즈업되어 실려 있었다. 한 명은 뱀을 반쯤 먹었는데 움켜쥔 한 손을 뱀의 남은 부분이 칭칭 감고 있었고, 다른 한 명은 뱀을 지금 막 먹기 시작한 모양으로 머리 부분만이 입 속으로 들어가 있었는데 발등까지 축 늘어져 꿈틀대는 모습을 하고 있었다.

나는 그제서야 독일 학생이 왜 내 표정을 살폈는기를 알았다. 얼굴이 화끈 달아올랐다. 순간 독일 학생을 쳐다보았더니 나를 보고 있다가 씩 웃었다. 무엇을 의미하는 웃음일까. 얼굴을 들 수 없도록 창피스럽기도 했지만 화도 났다. 도대체 이런 몬도가네 같은 흉측한 사진을 표지에 담아 홍보할 발상을 하는 사람은 누구이고, 값진 외화를 낭비하며 여기까지 보내는 사람은 또 어떤 사람이며 한국대사관은 뭘 하고 있는가? 참으로 한심하다는 생각이 들었다. 그 이후로는 휴게실에 가는 것이 그렇게 즐겁지가 않았다.

하이델베르크의 볼거리

하이델베르크는 12세기부터 발달하기 시작해서 19세기에는 독일 낭만주의의 최절정을 이루었던 철학과 문화의 도시이다. 이러한 역사적 깊이와 전통에 걸맞게 고딕, 바로크, 르네상스 등의 다양한 양식이 복합되어 있는 이 도시는 수많은 예술가와 철학자들의 사랑을 받아 왔다. 그냥 스쳐 가는 여행자가 아니라면 오랫동안 기억에 남을 만한 볼거리들을 많이 제공하고 있다. 먼저 하이델베르크성으로 가 보자.

하이델베르크 하면 우선 이 고성을 떠올릴 정도로 하이델베르크성은 이 도시의 상징이자 자랑거리이다. 하이델베르크성은 굽이쳐 흐르는 아름다운 네카강과 옛다리 그리고 시가지를 한눈에 굽어볼 수 있는 언덕 위에 웅장한 모습으로 우뚝 서 있다. 붉은 사암으로 축조된 고성은 13세기에 처음 건축된 이래 계속 증축되어 고딕과 바로크, 르네상스 양식이 혼합된 지금의 아름다운 모습으로 완성되었다. 독일 낭만주의의 상징이라고 할 수 있는 이 성은 30년전쟁 때 프랑스 군에 의해 파괴된 모습을 그대로 유지하고 있어서 더욱 흥미롭다. 성 안의 아름다운 볼거리는 프리드리히 5세가 영국 출신 아내 엘리자베스에게 하루 만에 지어 선물했다는 엘리자베스문, 프리드리히궁전, 페르케오술통 등이 있다. 지하에 있는 페르케오술통은 22만*l*의 술을 저장할 수 있는 세계 최대의 포도주통이다. 난쟁이 페르케오는 궁정의 어릿광대이자 술통지기였는데 술을 엄청 좋아해서 사람들이 술을 권할 때마다 이탈리아어로 "페르케노(percheno, 왜 아니겠어)"라고 대답했다고 한다. 또한 성의 뜰에는 만년에 이 곳에서 사랑에 빠진 괴테가 그의 불타는 연정을 읊은 시의 한 구절인 "여기서 나는 사랑을 하고, 그리하여 사랑을 받으며 행복했노라"라는 글이 비석에 새겨져 있다.

성에서 내려다보는 시가지의 모습은 절로 감탄사가 나오는 절경이다. 고풍스런 집들의 흰 벽과 주황색 지붕, 초록빛의 나무는 보색 대비로 너무나 선명하고, 네카강과 옛다리, 강 건너 산의 울창한 숲 등은 한 폭의 그림 그 자체이다. 하이델베르크성을 방문하는 사람들은 성 자체를 보기 위해서라기보다는 성에서 내려다보는 이 풍경을 즐기고자 성을 찾는다고 해도 지나친 표현은 아닐 것이다. 다음은 고성에서 저만치 굽어보이는 옛다리(Alte Brücke)로 가 보자.

공식 명칭은 칼 테오도르 다리이지만 시민들은 그냥 알테 부뤼케(옛다리)라는 애칭으로 부른다. 네카강에서 가장 오래된 이 다리는 원래 목조다리였는데 1786~1788년에 칼 테오도르에 의해 개축되었다. 네카강의 명물인 이 주황색의 옛다리는 중세 성벽을 이루었던 흰색의 쌍둥이 탑문을 중심으로 세워져 있고, 다리 밑 부분은 아치형으로 되어 있어 고풍스러운 도시의 건물 및 하이델베르크성과 아름다운 조화를 이룬다. 다리 위에는 이 다리를 만든 테오도르상과 아테네 여신상이 있으며, 입구 양쪽에는 옛날 네카강 주변에서 많이 서식했다는 하이델베르크 원숭이 동상이 있다. 여기서 바라보는 하이델베르크성의 경관과 웅

하이델베르크 시민들의 사랑을 듬뿍 받는 산책로, '철학자의 길'

장한 모습은 참으로 일품이며 아름답기 그지없다.

이 고풍스럽고 운치 있는 옛 다리를 건너 강기슭에 늘어선 고급주택들 사이의 좁고 가파른 계단길, 슐랑겐베크(Schlangen-weg)를 따라 올라가면 바로 그 유명한 '철학자의 길(Philosophen-weg)'로 들어서게 된다.

'하이델베르크의 산책길'로 불리울 정도로 시민들의 사랑을 받는 이 길은 노이엔하임에 있는 베르크거리에서 출발하여 힘들지 않게 기슭으로 올라갈 수도 있다. 내가 시간제 아르바이트를 하던 물리학연구소가 바로 이 길과 가까운 곳에 있어서 나는 공부에 지치고 힘들 때면 이 철학자의 길을 걸으며 마음을 정화시키곤 했다.

철학자의 길 정상에 서면 발 밑으로 흐르는 네카강 너머로 멀리 하이델베르크 시내의 전경과 건너편에 우뚝 서 있는 웅장한 하이델베르크성이 보인다. 그리고 이 곳에서 동쪽을 보면 네카강 상류인 오덴 발트(숲) 계곡의 장엄한 경관이 파노라마 같이 펼쳐진다. 하이델베르크의 모든 것을 한눈에 조망할 수 있는 최적의 장소이다. 헤겔, 야스파스, 하이데거 등 여러 철학자들이 이 길을 산책하며 명상에 잠기고 영감을 얻었다고 해서 더욱 유명해진 곳이다. 철학자의 길에는 수많은 종류의 식물이 자라고 있고, 또 온난한 기후 때문에 일찍 꽃이 핀다. 1972년 여름 성대 유학대학 유승국 교수님이 하이델베르크에 들러 철학자의 길을 찾으셨다. 때마침 장미를 비롯한 온갖 꽃이 화려하게 만발한 이 길을 걸으면서 깊은 사색에 잠기셨던 교수님의 모습이 퍽이나 인상적이었다.

18세기 독일 대학의 고고한 아카데미즘의 상아탑 속에서 학생들이 누려 온 낭만적 생활을 엿보려면 하이델베르크대학의 학생감옥(Studentencratzer)을 찾으면 된다. 이 시대(1712~1914년)의 대학은 치외법권 지역으로서 대학 스스로가 재판권을 가지고 있었기 때문에 학생들에게 죄에 따라 3일에서 4주 동안의 감옥생활을 명할 수 있었다. 대학본관 뒤편의 아우구스티너가세(Augustinergasse)에 위치하고 있는 학생감옥은 격렬한 결투, 소란, 싸움 등과 같은 경범죄를 저지른 학생들을 가두기 위한 곳이었다. 이 곳에 수감된 학생들은 처음 3일째까지는 빵과 물밖에 먹을 수 없었고 밖으로도 나갈 수 없었으나, 그 이후에는 식사도 허용되고 수업도 받을 수 있었다. 당시의 학생들은 이 처벌을 부끄럽게 생각하지 않고 오히려 자랑스럽게 여겼으며, 밤에 감옥 안으로 술과 음식들을 반입하는 등 낭만을 즐기기도 했다. 감옥 안으로 들어가면 침대와 책상만이 놓여 있고 천정과 벽에는 그때 학생들이 흔적을 남기기 위해서 쓴 낙서나 그림이 가득하다. 생각 없는 방문객들에 의해 그 원형이 많이 훼손되고 있지만 하이델베르크대학의 전통과 낭만이 그대로 묻어나는 곳이다.

도시 중심의 비스마르크광장에서 마르크트광장까지 동서로 1.5km 정도 뻗은 중앙거리(Hauptstrasse)는 하이델베르크의 볼거리가 시작되는 곳이다. 거리 양 옆에는 오래된 건물들과 상점, 레스토랑, 백화점, 술집, 박물관, 관공서, 갤러리, 극장 등이 빼곡히 들어차 있다. 거리를 따라 가다 보면 선제후박물관, 대학광장, 학생감옥소, 성령교회, 마르크트광장, 옛다리, 학생주점 '붉은 황소', 하이델베르크성 등으로 자연스럽게 접근하게 된다.

선제후박물관(Kurpfälzisches Museum)은 바로크양식의 궁전 팔레모라스를 1905년에 개조해서 사용하고 있는 박물관이다. 이곳에는 1907년에 하이델베르크 근처 마을에서 발굴된 기원전 50만 년 전의 원시 하이델베르크인의 턱뼈 등 선사시대 유물과 로마시대의 돌비석 등 역사적인 자료가 많이 전시되어 있다. 그 밖에 미술품 컬렉션도 많이 있으며, 1509년에 제작된 틸만 리멘슈나이더의 조각인 '12사도 제단'이 유명하다.

중앙거리의 끝자락에서는 마르크트광장을 만나게 되는데 여기에는 선제후 일가의 묘로 쓰이는 성령교회가 자리하고 있고, 또한 노천 카페도 있어 지나는 방문객을 유혹한다. 그러나 조금만 더 가면 희곡 『알트 하이델베르크』의 무대인 학생주점 '붉은 황소(Zum Roten Ochsen)'가 나온다. 하이델베르크대학에 유학 온 황태자 칼과 하숙집 딸인 케티와의 애틋한 사랑이야기를 그린 마이어 푀르스트의 이 희극은 1954년 영화로도 만들어져 아름다운 고도 하이델베르크를 세계에 알렸다. 황태자와 사랑에 빠졌던 소녀 케티가 일하던 곳이 바로 이 곳 붉은 황소이다. 1703년 개업한 이 학생주점은 비스마르크, 마크 트웨인 등이 들러 목을 축였던 곳으로도 유명하다. 오래된 테이블의 낙서와 벽에 다닥다닥 붙은 액자, 상패들이 그 당시의 분위기를 그대로 간직하고 있어 청춘과 낭만이 살아 숨쉬며, 젊음을 노래했던 학생들의 모습이 생생하다. 맥주잔을 높이 들며 목청껏 부르던 '드링 드링~~ 내게 반짝이는 두 눈동자, 별같이 빛나는 그대 눈동자, 마셔라 마시자, 또 마시자'라는 「축배의 노래(Drinking Song)」가 들리는 듯하다. 영화 「황태자의 첫사랑」에서 주인공인 칼이 대학 신입생으로서 평민대학생들의 합창단인 '웨스트 벨리언스'에 가입을 한 날, 녹색모자를 쓰고 그들의 전통의식대로 1,000cc가 넘어 보이는 맥주를 단숨에 마시며 부르던 노래이다.

학위 마치고 강단에 서다

드디어 고대하던 순간이 왔다. 1973년 12월 20일이었다. 우체부로부터 받은 노란색의 학위기에는 하이델베르크대학 문장과 '마그나 쿰 라우데(Magna Cum Laude)'라는 종합성적이 선명하게 찍혀 있었다.

이 학위기를 보는 순간 지난 7년 반 동안의 세월이 파노라마가 되어 내 머리를 스쳐 지나갔다. 1966년 6월 DAAD 장학생으로서 설레는 가슴을 안고 독일 땅을 밟은 후 독문학이 적성에 맞지 않아 사회학으로 전공을 바꾸고, 하이델베르크대학에서 석사와 박사학위를 받기까지의 세월이 기억 속에서 반추되었다.

특히, 장학금을 받지 못해 시간제 일을 하며 아이 둘을 둔 가장으로서 항상 시간에 쫓기며 논문에 매달려야 했던 하이델베르크에서의 어려웠던 생활이 클로즈업되어 떠올랐다. 사실 외국에서 아이 둘을 둔 가장이 박사학위 논문을 쓴다는 것은 결코 쉽지 않았다. 그래서 때로는 내가 이 힘겨운 학위과정을 마치고 박사학위를 취득하는 날이 정말 올까 하는 의문에 빠지기기도 했다. 이럴 때면 '철학자의 길'이나 네카강변을 걸으며 흩어진 마음을 추스르곤 했다. 나 하나만 믿고 모든 희생을 감수하며 고생을 떠맡고 있는 아내와 천진난만한 귀염둥이들, 고향의 부모형제들을 생각하면서 반드시 유종의 미를 거두고 돌아가야 한다는 각오를 다시 한 번 굳히곤 했던 것이다.

이렇게 하여 논문과 구두시험에 모두 통과되어 박사학위를 최종적으로 끝냈을 때는 얼마 동안을 병원에 입원해야 할 정도로 심신이 지쳐 있었다.

논문의 막바지 단계에서 감기에 걸렸는데, 시간이 지나면 나을 거라고 생각하며 몇 개월을 방치한 것이 문제가 되었다. 감기가 계속되어 학위논문을 끝낸 다음 대학병원엘 갔더니 폐문이 부었다고 하며 전문병원에 입원하는 것이 좋겠다고 했다. 그

하이델베르크의 명물, 옛다리와 하이델베르크성, 그리고 하이델베르크의 노래 「내 마음 하이델베르크에서 잃었네」를 함께 인쇄한 엽서

래서 시내에서 가까운 로르바하에 있는 결핵병원에 입원해 1개월간 치료를 받아야 했다. 그때 마침 한국 간호사들이 이 병원에도 수십 명이 와 있어서 아주 친절한 대우를 받았다.

이처럼 때로는 좌절의 시간을 가지며 정말 어렵사리 취득한 학위였지만 성대한 수여식도 하나 없는 것이 못내 아쉬웠다. 마지막 구두시험에 합격한 뒤 교수들로부터 축하의 악수를 받은 것이 전부였다. 졸업식도, 가운도, 가까운 사람들의 꽃다발도 없었다. 내가 우체부로부터 학위증을 받은 것이 대학이 공식적으로 밟는 절차의 끝이었다. 참으로 싱겁기 짝이 없는 학위수여식

학위를 마치고 입원해 있는 동안, 병문안 온 아내와 함께 병원 뒤뜰 벤치에 앉아 있던 당시의 모습

이라고 생각되었다.

학위를 끝낸 후 나는 다행히 하이델베르크대학 사회학과에서 프로세미나를 맡아 학생들을 가르칠 수 있었는데, 이 세미나는 외국인노동자에 관한 문제를 다루는 것이었다. 내가 공부를 하던 시기에는 독일에 외국인노동자(Gastarbeiter)의 수가 수백만 명에 이를 정도여서 이들의 문제가 사회적으로 큰 이슈로 떠오르고 있었다. 하이델베르크대학 사회학과에서도 이 같은 시대적 관심사에 따라 외국인노동자의 문제를 다루는 프로세미나를 새로 개설했던 것이다. 학과에서 이 과목을 담당할 강사 한 명을

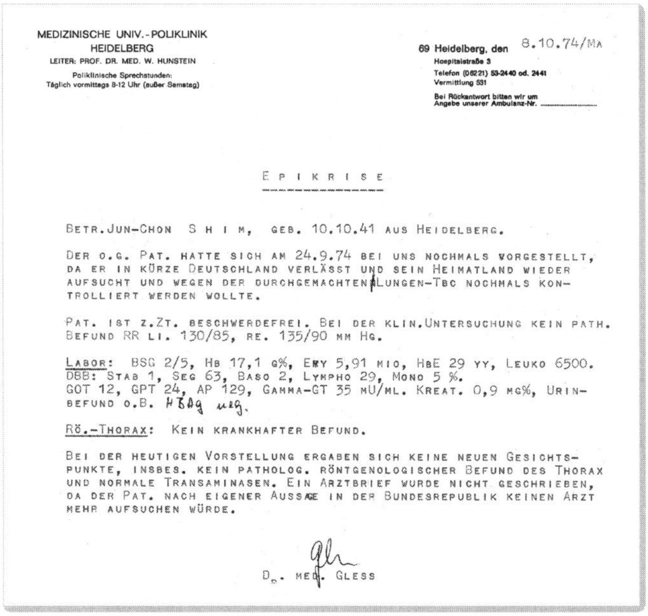
MEDIZINISCHE UNIV.-POLIKLINIK
HEIDELBERG
LEITER: PROF. DR. MED. W. HUNSTEIN
Poliklinische Sprechstunden:
Täglich vormittags 8-12 Uhr (außer Samstag)

69 Heidelberg, den 8.10.74/MA
Hospitalstraße 3
Telefon (06221) 53-2440 od. 2441
Vermittlung 531
Bei Rückantwort bitten wir um
Angabe unserer Ambulanz-Nr. ....

EPIKRISE

BETR. JUN-CHON SHIM, GEB. 10.10.41 AUS HEIDELBERG.

DER O.G. PAT. HATTE SICH AM 24.9.74 BEI UNS NOCHMALS VORGESTELLT, DA ER IN KÜRZE DEUTSCHLAND VERLÄSST UND SEIN HEIMATLAND WIEDER AUFSUCHT UND WEGEN DER DURCHGEMACHTEN LUNGEN-TBC NOCHMALS KONTROLLIERT WERDEN WOLLTE.

PAT. IST Z.ZT. BESCHWERDEFREI. BEI DER KLIN.UNTERSUCHUNG KEIN PATH. BEFUND RR LI. 130/85, RE. 135/90 MM HG.

LABOR: BSG 2/5, HB 17,1 G%, ERY 5,91 MIO, HBE 29 YY, LEUKO 6500.
DBB: STAB 1, SEG 63, BASO 2, LYMPHO 29, MONO 5 %.
GOT 12, GPT 24, AP 129, GAMMA-GT 35 MU/ML. KREAT. 0,9 MG%, URINBEFUND O.B. HBAg neg.

RÖ.-THORAX: KEIN KRANKHAFTER BEFUND.

BEI DER HEUTIGEN VORSTELLUNG ERGABEN SICH KEINE NEUEN GESICHTSPUNKTE, INSBES. KEIN PATHOLOG. RÖNTGENOLOGISCHER BEFUND DES THORAX UND NORMALE TRANSAMINASEN. EIN ARZTBRIEF WURDE NICHT GESCHRIEBEN, DA DER PAT. NACH EIGENER AUSSAGE IN DER BUNDESREPUBLIK KEINEN ARZT MEHR AUFSUCHEN WÜRDE.

DR. MED. GLESS

로르르바하병원에서 받은 의사의 완쾌 증명서. 당분간 안정을 취하며 지속적인 정기점검을 해야 한다는 소견을 담고 있다.

뽑는데 몇 사람이 서류를 냈다. 심사는 제출된 서류와 학생들을 상대로 하는 발표를 중심으로 이루어졌는데 다행히 내가 선발되었다. 박사논문에서 외국인노동자의 문제를 다룬 것이 많은 도움을 주었다.

약 20명의 학생이 이 프로세미나에 참석했는데 외국인이 가져야 하는 핸디캡을 극복하기 위해서 상당한 준비를 했고 학생들의 리포트나 시험성적도 엄격하게 평가했다. 그랬더니 학생들이 나의 열정을 이해한 듯 잘 쫓아와 주어 재미있게 한 학기를 마칠 수 있었다. 이 프로세미나의 첫 시간에 당시 하이델베르크대학에서 독문학을 전공하던 권길중 학형을 비롯한 한국인 유학생 몇 명이 들어와 청강한 후 나를 격려해 주어 고마웠다.

1973년 겨울학기에 이어 1974년 여름학기에도 동일한 내용의 프로세미나를 맡게 되었는데 같이 공부를 한 독일 친구들이 노골적으로 시기를 했다. 공부를 끝냈으면 너희 나라로 돌아갈 것이지 왜 독일에 남아서 자기들의 일자리를 빼앗느냐는 태도였다. 심지어는 나를 보고 "너희 나라는 가난해서 일자리가 없으니까 못 가는 거지?" 하며 비아냥거리는 녀석도 있었다. 독일이 외국인에 대해 매우 배타적인 나라라는 것을 알고 있었지만 이렇게 같이 공부한 친구들까지도 그런 생각을 가지고 있을 줄은 몰랐다. 이런 일이 있고 난 후 독일이란 나라는 나 같은 동양인이 오래 있을 곳이 못 된다고 생각하고 귀국을 결심했다. 사실 외국인, 그것도 동양인이 대학강단에 선다는 것 자체가 독일에서는 극히 드문 일이었다.

세미나 마지막날 학생들에게 한국으로 돌아가게 될 거라는 이야기를 했더니, 학생들은 나를 위해 송별회를 해 주겠다고 했다. 10여 명의 학생들이 대학 근방에 있는 맥주집으로 가서 저녁식사와 함께 맥주를 마시며 기분 좋은 시간을 가졌다. 그런데 헤어질 때 각자가 더치페이로 계산을 하면서 어느 누구도 내 것을 내주지 않아 몹시 씁쓸했고 실망스러웠다. 거의 10년을 있었지만 문화적 차이에서 오는 거리감은 한국과 독일 간의 지리적 거리만큼이나 컸다.

여행을 가다

세 식구가 딸린 가장이 학위를 받는다는 것은 결코 만만찮은 도전이었다. 나 자신도 힘들었지만 나를 뒷바라지하는 아내는 물론 아이들에게도 참으로 미안한 노릇이었다. 미안한 마음을 조금이라도 보상하기 위하여 주말이 되면 가급적 식구들과 함께 시간을 보내려고 노력했다. 애들은 항상 내가 곁에 있어 주기를 바라고 있었기 때문에 자기들의 놀이상대가 되어 주면 신이 나서 야단이었다.

이러한 꼬마녀석들과 아내 그리고 나를 위해서도 하이델베르크 안에서의 틀에 박힌 생활에서 벗어나 어디론가 한 번 훌쩍 떠나 보고 싶은 심정이었다. 기분전환이 꼭 필요하다고 생각하던 때에 마침 가톨릭장학재단에서 편지가 왔다. 장학생들을 위한 모임이 있는데 가족을 데리고 오라고 했다. 잘 되었다 싶어 식구가 함께 정말 오랜만에 들뜬 마음으로 고속도로를 달렸다. 정확한 장소는 기억이 나지 않지만 가톨릭재단에서 운영하는 엣센 근방의 휴양지였다고 생각된다. 시가지에서 한참을 들어가니 깊은 산 속에 아늑하게 자리잡고 있었다. 모든 시설이 거의 완벽하다고 할 정도였다. 숙소와 식당은 물론 회의실, 수영장, 애들을 위한 놀이터와 작은 사슴농장 등이 있었는데, 특히 레크레이션 시설이 잘 되어 있었다. 우리가 도착한 첫날 장학재단에서 나온 책임자는 "공부하느라고 많이 힘들텐데 가족과 함께 푹 쉬

가톨릭재단에서 운영하는 휴양지
에서 둘째 '일'이와 함께한 아내

휴양지에서 독일 아이와 재미있게
노는 첫째 '훈'

고 가라"는 요지의 인사를 했다. 정신적인 스트레스와 체력의 한계로 지쳐 있던 우리에게는 퍽 가슴에 와 닿는 말이었다. 3박 4일의 짧은 기간이었지만 식구들이 모두 새로운 활력을 가지고 집으로 돌아 올 수 있는 좋은 나들이였다.

장학생들의 모임이 있었던 휴양지에서 애들이 너무 좋아했던 모습을 보고 느낀 바도 있었지만 나와 아내를 위해서도 휴가를 한 번 제대로 다녀오는 것이 좋겠다는 생각이 들었다. 내가 독일 밖으로 여행을 해 본 경험은 애들이 있기 전에 아내와 함께 2박 3일로 파리여행을 다녀온 것이 전부였다.

그래서 우리는 1973년 여름, 우선 네덜란드에 있는 회크 반 홀랜드(Hoek van Holland)에서 1주일 정도 애들과 함께 쉬고 올 생각을 했다. 독일 친구로부터 소개를 받았는데 아직 개발이 되지 않은 자연 그대로의 모래사장을 즐길 수 있고, 사람이 많지 않아서 조용하게 쉴 수 있는 좋은 곳이라고 했다. 그래서 기왕 가는 김에 암스테르담을 경유해서 가기로 하고 길을 떠났다.

독일 국경을 넘어 네덜란드로 들어가자 차창 밖으로 보이는 풍광이 독일과는 사뭇 다른 아름다움으로 우리의 눈을 즐겁게 했다. 독일에서 많이 보던 울창한 전나무 숲 대신 푸른 초원과 젖소, 풍차가 잘 어우러져 너무나 멋진 전원풍경을 연출해 내었다. 암스테르담 근교에 이르자 사방에서 빨강, 노랑 등 가지각색의 예쁜 튤립꽃들이 우리의 눈을 사로잡으며 환영했다. 과연 튤립과 풍차, 치즈의 나라다웠다. 암스테르담 시내에서 간단하게 늦은 점심식사를 하고 바로 유명한 암스테르담의 운하를 보러 나갔는데 무엇이라 해도 암스테르담을 상징하는 것은 운하라는 생각에서였다.

길 옆에는 거의 운하가 있다고 할 정도로 도시 곳곳에 운하가 거미줄같이 정교한 모양으로 발달해 있었다. 사방으로 뻗은 운하가 70여 개의 섬을 500여 개의 다리로 연결하고 있다니 이 도시의 운하의 수와 규모를 짐작할 만하다. 난생 처음 보는 운하와 새로운 볼거리에 정신이 팔려 있는 애들을 독촉하며 운하를 따라 거닐면서 운치 있는 카페, 멋스러운 다리, 섬세한 세공과 정면장식이 매우 예쁜 주택, 화려한 꽃시장 등 암스테르담의 멋을 두루 즐길 수 있었다.

그 다음 우리가 간 곳은 암스테르담의 중심지인 담(Dam)광장이었다. 시내 중심을 흐르는 암스테르강을 막기 위해 댐을 건설한 것이 지금의 광장이고 암스테르담이란 이름도 여기서 유래했다고 한다. 암스테르댐의 모든 볼거리가 모여 있는 곳이라고 하며, 한때는 나폴레옹이 왕실궁전으로도 사용했을 만큼 화려한 왕궁과 국왕의 즉위식을 행사하는 신교회가 그 옆에 자리잡고 있다. 왕국의 실내장식에 동원된 작가들 가운데는 램브란트도 포함되어 있다고 한다. 주변에 있는 백화점 앞에 사람들이 많이 모여 있어서 무슨 일인가 하고 가 보았다. 일본인 젊은 남자 한 명이 로봇 옷차림을 하고 로봇의 흉내를 내며 계단을 오르내리는 퍼포먼스를 하고 있었다. 애들한테는 매우 신기한 볼거리였다. 일본 소니전자의 홍보였는데 세계적 명성을 가지고 있는 필립스전자의 본고장인 이 곳에서 이런 홍보를 하고 있다니 놀라웠다. 하기야 하이델베르크의 호르텐백화점에서도 일제 소니 TV가 가장 비싼 가격으로 진열대 앞자리를 차지하고 있어서 놀랍고 의아했던 적이 있다. 일본인에 대한 독일인의 호감이 큰 것은 사실이지만 캐논 카메라나 소니 TV의 거센 공격적 마케팅에 대해 자기들의 광학기술과 전자기술을 따라오려면 아직 멀었다는 자부심을 가지고 있는 그들에게 과연 먹혀 들어갈 수 있는 전략일지 의문이었기 때문이다.

마지막으로 암스테르담 항구를 둘러보고 캠핑장으로 가기로 했다. 17세기 해상무역국으로서 명성을 떨쳤고 현재도 유럽 최대의 물류 항으로 각광 받는 항만답게 정박해 있는 선박들의 규모가 어마어마했다. 역시 대단한 사람들이란 생각이 들었다.

네덜란드(저지대)란 이름이 말해 주듯이 국토의 거의 절반이 해수면보다 낮거나 직접 맞닿아 있는 혹독한 자연환경 속에서 네덜란드인들은 생존을 위해 물과 사투를 벌이면서 그들의 나라를 세웠다. 바다보다 낮은 육지를 메워 땅을 만들고, 물의 범람을 막기 위해 제방을 쌓고, 풍차를 돌려 저지대의 물을 퍼냈다. 그렇게 시작된 간척사업이 오늘날의 산업선진국 네덜란드를 만든 것이다. “신이 자연을 창조했다면 네덜란드는 네덜란드인이 창조했다”라는 말이 참으로 실감났다.

다음 날 아침 회크 환 홀랜드로 떠났다. 암스테르담에서 멀지 않은 곳이었는데, 가는 길에 헤이그가 있어서 만국평화회의와 이준 열사의 이야기가 머리에 떠올랐다. 1900년대 초 망국의 슬픔이 가득했던 그 암울했던 시기에 얼마 많은 절망과 울분을 삭이며 여기까지 힘든 길을 왔을까를 생각했다. 비록 가난하지만 그래도 우리에게는 조국이 있다는 것이 참으로 다행이라는 것을 새삼 깨달았다.

날씨가 흐려서 걱정했는데 우리가 회크 환 홀랜드에 도착했을 때는 하늘에 먹구름이 많이 끼고 바람도 꽤 불었다. 큰 소나무들이 듬성듬성 서 있는 모래밭에 텐트를 서둘러 친 다음 애들을 데리고 해변으로 나갔다. 날씨 때문인지 바닷가에는 사람들이 별로 없었다. 애들은 난생 처음 보는 모래사장과 하얗게 밀려오는 파도에 신이 나서 장난을 치며 뛰어다녔다. 우리도 탁 트인 북해의 수평선을 바라보며 소금기 먹은 바닷바람을 가슴깊이 들이마셨다. 참으로 오랜만에 보고 마셔 보는 바다와 바닷바람이었다. 애들과 어울려 바닷가와 모래언덕을 이리저리 뛰어다니며 놀고 있는데 빗방울이 떨어지기 시작했다. 더 이상 바닷가에 있을 수가 없을 정도로 모래바람과 빗줄기가 세어져 텐트로 돌아왔다. 점점 굵어지기 시작하던 빗줄기가 바람을 타고 사정없이 몰아쳤다. 텐트 안으로 비가 막 들어왔다. 텐트 위쪽에서 물이 새어 들어올 뿐 아니라 배수로를 내지 않았기 때문에 밑에서도 물이 들어 왔다. 이 천막은 아는 분으로부터 빌려 온 것인데 좀 작기는 했지만 우리 식구가 지낼만하다고 생각되어 가져왔던 것이다. 내가 비 맞은 생쥐 꼴이 되어 밖에서 도랑을 만들고, 안에서는 여동생까지 네 식구가 비를 맞고 있는 것이 안 되어 보였던지 옆에 대형 텐트에 묵고 있던 젊은 독일인 부부가 우리를 자기 텐트 안으로 불렀다. 우리 텐트에 비하면 대궐이었다. 텐트 안에 응접실과 침실, 부엌이 분리되어 있었고, 응접실에 있는 가스난로에서는 뜨거운 열이 발산되어 텐트 안이 기분좋게 훈훈했다. 애들이 감기에 걸릴까 걱정이었는데 천만 다행이었다. 우리가 독일에서 공부하는 학생이라는 것을 알고 부부는 각별히 친절하게 대해 주었다. 그 곳에 온 지가 10일 정도 되었는데 한 10여 일 더 있다 가겠다고 하면서 오늘밤 비가 계속 올 것 같으니까 자기들 하고 같이 자자고 했다. 그러나 남의 조용한 휴가생활에 방해를 할 수는 없었다. 빗줄기가 좀 약해지는 것을 보고, 호의에 감사한다는 인사와 함께 민박을 하겠다며 나왔다.

비를 맞으며 급히 텐트를 거두어 차에 싣고 주유소에서 민박하는 집을 물어 찾아갔다. 아담한 이층집인데 주인 부부가 애들을 보고 아주 귀엽다며 친절하게 대해 주었다. 이층을 우리가 사용했는데 샤워를 하고 옷을 갈아 입은 후 아래층으로 내려가 주인집 내외와 함께 저녁을 먹고 나니 살 것 같은 기분이었다. 여행의 피로 때문이었는지 아주 곤하게 잘 자고 일어나 역시 주인내외와 같이 식사를 했다. 따끈한 우유와 막 구워낸 빵에 부드럽고 신선한 치즈, 감칠맛 나는 잼을 곁들여 먹으니 그만이었다. 정말로 즐겁고 맛있는 아침식사였다. 그리고 신기하게도 네덜란드 사람들이 독일어를 잘 해서 의사소통을 하는데 아무런 어려움이 없었다. 화장실에 쪽지를 붙여 놓았는데 스펠만 약간 다르지 발음은 비슷한 단어가 많아서 독일어를 아는 사람은 대략 무슨 뜻인지 알 수 있을 정도였다. 재미있었다.

처음 떠날 때의 계획과는 달리 2박 3일의 짧은 네덜란드 여행에 아쉬움이 남았지만 하이델베르크로 돌아가기로 마음먹었다. 돌아오는 길에 브뤼셀에 들러 시청사와 그 옆에 있는 유명한 오줌싸개 동상 등을 본 후 독일의 아헨을 지나 새로 만든 널찍한 아우토반을 신나게 달려보기도 하면서 하이델베르크에 도착했다.

네덜란드에 다녀온 후 우리는 독일을 떠나기 전에 아주 홀가분한 기분으로 주변에 있는 나라들을 돌아보고 싶기도 했다. 그리하여 1974년 4월 중순에 스위스의 생 모리츠로 여행을 떠나기로 했다. 2박 3일 예정이었는데 하루는 캠핑을 하고, 다음 하루는 민박을 하기로 했다. 지난번 네덜란드에서 작은 텐트를 가지고 가 혼이 났기 때문에 이번에는 마음을 먹고 회크 환 홀랜드에서 독일 사람들이 사용하던 것과 같은 대형 캠핑용 텐트를 샀다. 두 팀이 가기로 했다. 우리 식구 4명과 내 여동생, 철학을 공부하는 처남인 양재혁 씨 그리고 경제학을 공부하는 서정훈 학형이 함께 가기로 했던 것이다. 우리 식구 4명은 내 차를 타고 나머지는 서정훈 학형 차를 탔다. 독일의 프라이부르크와 스위스의 바젤, 취리히를 지나 생 모리츠로 가는 코스를 택했다. 국경을 넘어가기 바로 전에 고속도로 휴게소에서 준비해간 점심을 먹은 후 바젤을 지나 계속 달리다가 취리히 호숫가의 한 카페에서 잠깐 쉬며 음료수를 마셨다. 스위스에서 세 번째로 크다는 취리히호수는 규모도 컸지만 물이 맑아 인상적이었다.

그런데 아쉬웠던 것은 종교개혁가 츠빙글리에 의해 세워진 신학교로부터 출발해서 오늘에 이른 취리히대학과 아인슈타인이 공부하고 후에 교수생활도 했던 유명한 취리히공과대학, 위대한 교육자 페스탈로치공원을 시간상 둘러볼 수 없다는 점이었다.

취리히에서 출발하여 한참을 계속 달리다 저녁 무렵쯤 전망 좋은 캠핑장을 발견했다. 하룻밤 자고 가기에 좋은 장소 같아서 텐트를 치는데 받침대가 많고 복잡해서 30분 이상이 걸렸다. 일이는 신이 나서 텐트 안팎을 뛰어다니는데도 훈이는 평소와 달리 매트리스에 누우려고만 해서 머리를 만져 보았더니 열이 펄펄 끓었다. 텐트 치는 데 정신이 쏠려 아이가 아픈 것도 몰랐던 것이다. 준비해 온 약도 없었고, 의사에게 바로 데리고 갈 수 있는 곳도 아니어서 이러다 큰일 나는 거 아닌가 싶어 겁이 덜컥 났다. 주변에 사는 주민에게 물어 황급히 아랫동네에 있는 약국에서 해열제 좌약을 사다가 투입하고 나니 열이 서서히 내렸다. 어린아이들을 데리고 다니면서 비상약을 준비하지 못한 나의 어리석음을 탓했다. 아직 4월이라 아침·저녁은 선선했는데 산 속이라 해가 떨어지고 나니 추웠다. 가스난로의 불을 최대로 높여 밤새 피웠는데도 산 속의 밤은 무척 추워서 덮을 수 있는 것은 다 덮고 자야 했다.

아침에 일어나 주위를 둘러보니 참으로 장관이었다. 4월의 눈부신 햇살 아래 멀리 바라보이는 산 밑의 골짜기에는 손을 담그면 금방 파란 물감이 들 것 같은 쪽빛 호수가 고즈넉한 분위기를 자아내며 반짝였고, 사방을 에워싼 산봉우리들은 만년설로 보이는 하얀 눈을 이고 있었다. 우리는 너무나 아름다운 자연경관에 감탄사를 쏟아 내며 캠핑장에 설치되어 있는 망원경을 통해 이 그림같이 멋진 풍경을 감상하느라 법석을 떨었다.

캠핑장 옆에 마침 젖소를 키우는 농장이 있어서 젖소로부터 바로 짠 신선한 우유를 마시며 주위의 자연경관과 어울리는 운치 있는 아침식사를 할 수 있어서 더욱 좋았다. 파릇파릇 피어나는 캠핑장의 잔디 위에는 민들레꽃 같은 노란색의 이름 모를 여린 들꽃들이 알프스의 이른 봄을 수줍은 듯이 맞이하고 있었다. 텐트를 거두어 차에 싣고 있는데 인근의 농가에 사는 5~6명의 어린아이들이 호기심에 찬 눈으로 캠핑장으로 왔다. 아내가 애들을 위해 준비해 간 사탕을 나누어 주었더니 고맙다는 인사로 "당케 쉰"을 연발하며 매우 기뻐했다. 어린아이들은 역시 순진해서 좋았다.

우리는 알프스의 정기를 온몸에 받은 것 같은 상쾌한 기분으로 생 모리츠를 향해 떠났다. 스위스에 들어서면서 셀 수도 없이 많은 터널과 호수, 다리를 건너면서 굽이굽이 험준한 산비탈길을 달려왔는데 생 모리츠가 가까워질수록 산세는 더욱 험악했다. 차 지붕 위에 실은 텐트와 캠핑짐이 무거웠던지 높은 오르막길을 올라갈 때면 힘에 부쳐 허덕이던 우리 차가 결국 고장이 나고 말았다. 생 모리츠를 지척에서 바라보며 단숨에 올라가지 못하는 것이 안타까웠지만 어쩔 수 없는 노릇이었다. 다시 밑으로 내려와 차를 수리한 다음, 기왕 늦은 바에야 아예 점심을 먹고 올라가기로 했다. 겨울에 쌓였던 눈이 녹아 맑은 물이 졸졸 내려오는 산 개울에 자리를 잡았는데, 고산지대라 바람이 매서웠다. 움직이기 불편할 정도로 옷을 껴입혔지만 애들은 개울가의 큰 돌들을 징검다리 삼아 이리저리 뛰어다니며 재미있게 놀았다. 점심때가 지나 배가 고프던 차라 준비해 온 음식을 맛있게 먹으면서 주위를 둘러보니 역시 스위스에서만 볼 수 있는 아름다운 경관이 눈에 들어온다. 여기저기 관목숲이 자리하고 있는 양지바른 산비탈에는 초지가 푸르게 자라고 있고, 먼 산에는 만년설이 하얗게 걸려 있다. 이처럼 높은 고산지역에도 초지가 형성되어 있다니 놀라웠다. 점심식사를 끝낸 후 우리는 곧바로 목적지인 생 모리츠로 올라갔다.

생 모리츠는 세계에서 가장 유명한 스키리조트이자 1928년과 1948년 두 차례나 동계올림픽이 열렸던 스포츠의 메카답게 우아하고 세련미를 갖춘 작은 도시였다. 눈 덮인 알프스의 웅장한 자태와 설원, 자연 본래의 모습을 그대로 유지하고 있는 장엄한 엥가딘 계곡, 얼음처럼 맑고 차가운 공기, 따사로이 내리쬐는 햇볕 등 마치 다른 세상에 와 있는 듯한 착각을 갖게 했다.

생 모리츠는 세계적인 휴양지와 관광명소답게 볼거리들이 많았다. 자연치료효과가 크다는 거품이 이는 온천, 이 지역의 풍습과 생활양식을 볼 수 있는 세간티니미술관과 엥가딘박물관이 볼만했다. 그리고 생 모리츠의 시가지 모습과 근처 4,000m급 고봉들의 장엄한 모습을 감상할 수 있는 피츠나이르 전망대가 방문객들의 인기를 끌었다.

큰 마음 먹고 생 모리츠에서 하룻밤을 지내고 싶었지만 우리의 호주머니 사정이 허락치 않아 마을로 내려와서 민박을 했다. 사람들이 순박하고 식사도 좋았다. 애들은 역시 어딜 가나 또래들과 잘 어울렸다. 불어와 독어를 자유자재로 구사하는 민박집의 애들과 같이 TV를 보며 재미있게 놀았다.

다음 날 아침식사를 끝낸 후 곧바로 제네바를 향해 떠났다. 내려올 때는 올라갈 때보다 더 아슬아슬한 산의 나라 스위스의 진풍경이 전개되었다. 깎아지른 듯한 절벽 길을 굽이굽이 돌아 내려오는데 그야말로 오금이 떨려서 운전을 하기 힘들 정도였다. 조금만 실수를 해도 수천 길의 낭떠러지로 추락해 조각나

버릴 것 같은 공포감 속에서 손의 땀을 연신 닦아 내며 얼마 동안을 내려왔더니 산세가 그리 험하지 않았다. 참았던 숨을 길게 몰아 내쉬며 창밖에 전개되는 자연경관을 간간히 감상하는 여유를 가졌다. 푸른 호수와 가까이 보이는 만년설의 산세, 언덕진 초원에서 한가로이 풀을 뜯는 양과 소떼들, 그 사이로 보이는 전원주택들의 평화스러움 등 이 모두를 오랫동안 기억 속에 간직하고 싶었다.

사실 스위스는 독일, 프랑스, 이탈리아, 오스트리아 등의 강대국에 둘러싸여 있는 산악 국가로서 국토의 70%가 험준한 산악지대로 개간할 땅도 적고 자원도 빈약한 소국이었다. 따라서 몇 세기 전만 해도 먹고 살 길을 찾아 남자들이 외국의 용병으로 나가야 했던 가난한 국가였다. 그러나 천혜의 자연자원인 알프스를 잘 보존하고 가꾸어 관광자원화하고, 실정에 맞는 산업과 금융인프라를 발전시켜 오늘의 스위스를 이룩한 것이다. 국토에 관한 한 유사한 조건을 가지고 있는 우리에게는 큰 가르침을 주는 나라가 아닌가 싶었다. 흔히 “이탈리아 사람은 조상을 팔아먹고, 스위스 사람은 천혜의 자연자원인 알프스를 팔아먹고 산다”고 한다. 그러면 우리는 무엇을 팔아먹고 살아야 할까 하는 생각이 한순간 머리를 스쳐갔다.

스위스의 수도인 베른을 지나 제네바에 도착했다. 스위스에서 세 번째로 큰 도시이며 국제적십자 본부와 국제연합(UN) 유럽본부 등 수많은 국제기관이 있는 곳이다. 국제적인 문화도시로 프랑스와 국경을 접하고 있는 제네바는 프랑스어권의 대표적인 도시로 알프스의 만년설이 녹아 내리면서 만들어진 레만호수를 비롯해 명소와 사적들이 풍부한 도시이다. 몽블랑과 에비앙도 멀지 않은 곳에 있다. 그러나 우리는 시간도 없고, 여행의 피로도 서서히 밀려와 레만호수만을 둘러보기로 했다. 바람이 세차게 불어 을씨년스러움마저 주는 호숫가에는 수많은 요트들이 정박해 있었고, 백조들이 출렁대는 물결을 따라 유영하고 있었다. 알프스 지역에서 가장 크다는 바다같이 넓은 호수에는 파도가 높게 일었으나 윈드서핑을 즐기는 사람들도 보였다. 빨간 튤립이 예쁘게 피어 있는 이름 모를 분수대 앞에서 기념사진을 찍고 서둘러 제네바를 떠나 하이델베르크로 돌아왔다.

생 모리츠 다음으로 우리가 여행한 곳은 오스트리아의 빈이었다. 빈은 1박 2일의 짧은 일정으로 잡았다. 애들은 아는 분에게 맡기고 우리 부부와 내 여동생, 독문학을 공부하는 권길중, 이문희 학형이 함께 갔다. 워낙 먼 거리라 빈 근교에 있는 캠핑장에서 텐트를 치고 하룻밤을 잔 다음 관광을 시작했다. 여름이 본격적으로 시작되는 7월 초여서 캠핑하기에는 좋았다.

빈은 한때 유럽 최대의 강국이었던 합스부르크제국의 수도답게 웅장한 건축물들이 즐비했으며, 합스부르크 왕가의 기품과 중후함을 그대로 보존하고 있었다. 합스부르크 왕가는 14세기에서 18세기에 이르는 400년 가까운 세월 동안 오스트리아를 비롯하여 네덜란드, 벨기에, 스페인 나중에는 헝가리까지 아우르는 신성 로마제국을 이끌어 왔다.

우리는 먼저 파리의 베르사유궁전과 비견된다는 쉔부른궁전을 찾았다. '아름다운 샘'이라는 뜻의 이 궁전은 합스부르크 왕가의 유일한 여제였던 마리아 테레지아 여왕의 지시에 따라

18세기 중엽에 건축되기 시작했다. 그 후 합스부르크 왕실이 계속 증축해 총 1,441개의 방을 각각 다른 실내장식으로 만들었는데 그 규모와 화려함이 놀라웠다. 그러나 극히 일부인 40여 개만이 관광객에게 공개되고 있었는데, 그 중에는 중국의 도자기, 화병 등으로 장식되어 있는 '중국방'도 있었으며, 침실의 가구, 커튼, 초상화 등이 그대로 보존되어 있어서 마치 역사의 현장에서 있는 것 같은 기분을 느낄 수 있었다. 외관은 바로코로, 내부는 로코코 양식으로 꾸며진 쉔부른궁전은 규모면에서는 베르사유궁전보다는 떨어질지 몰라도 고급스러움에 있어서는 결코 뒤지지 않는다고 생각되었다. 또한 나무와 잔디가 기하학적으로 잘 다듬어진 1.7km²에 달하는 쉔부른정원은 그 규모와 아름다움에서 보는 사람을 압도하고도 남는 듯했다. 언덕 위에서 내려다보는 왕실 정원은 거대한 양탄자를 깔아 놓은 듯 단정했으며, 궁전 너머 멀리에는 비엔나 시가지가 넓게 펼쳐져 있었다. 궁전 좌우의 우거진 한여름의 푸르른 숲은 마치 요한스트라우스의 「비엔나 숲 속의 이야기」가 어디에선가 들려올 듯한 착각을 갖게 했다.

그러나 마리아 테레지아의 막내딸인 비운의 여왕 앙뜨와네뜨가 어린시절을 보냈으며, 모차르트가 황금마차를 타고와 연주를 했다는 쉔부른궁전의 위풍당당함은 베르사유궁전에서와 같이 왕가의 화려한 생활의 뒤편에서 헐벗고 굶주리며 고생했을 일반 백성의 삶을 뒤돌아보게 했다.

다음으로 우리는 빈대학으로 가는 길에 오페라하우스를 잠깐 둘러보았다. 뉴욕의 메트로폴리탄, 이탈리아의 스칼라 등과 함께 세계적인 명성을 가지고 있는 오페라하우스답게 고풍스럽고 웅장한 느낌을 강하게 풍겨 주었다. 공연을 보지 못하는 것이 아쉬웠다.

빈대학은 1365년에 창설된 대학으로 독일어권에서 가장 오래된 대학이다. 특히, 신성 로마제국의 여황제 마리아 테레지아의 교육개혁으로 유럽의 명문으로 자리를 굳혔고, 의학·법학·역사학 분야에서 빈학파를 형성하여 명성을 떨쳤다. 유구한 역사와 전통이 묻어 나는 대학건물 안에는 빈대학을 빛낸 졸업생들의 조각상이 전시되어 있어서 보는 이로 하여금 이 대학의 존재가치를 새삼스럽게 느끼도록 했다. 나는 지그문트 프로이드의 흉상 앞에서 잠시 발걸음을 멈췄다. 마치 정신분석학의 태두인 그를 만나보는 것 같은 감격을 느꼈기 때문이다.

마지막으로 우리는 음악의 메카라고 할 수 있는 왈츠의 도시 빈에서 왈츠의 황제라 불리우는 요한스트라우스 2세의 동상을 찾아보기로 했다. 바이올린을 켜는 모습의 그의 동상은 빈 시민공원에 아담한 모습으로 자리하고 있었는데, 그 앞에는 예쁜 화단이 가꾸어져 있어서 기품을 더했다. 1866년 조국 오스트리아가 프로이센과의 전쟁에서 패배하여 절망감에 빠져 있을 때 국민들에게 새로운 용기를 불러일으키기 위해 작곡했다는 「아름답고 푸른 도나우」의 왈츠곡이 들려올 듯했다.

빈에서 하이델베르크까지는 상당히 먼 거리인데, 혼자서 10시간이 넘는 운전을 하여 칼스루에를 지날 때 나도 모르게 깜빡 졸은 모양이다. 깜짝 놀라 눈을 떠 보니 상대방 차선으로 역주행하고 있었다. 새벽 2시경이라 차가 없었기에 살았지 깊은 잠에 빠져 있던 동승자 모두가 황천길로 갈 뻔한 아찔한 순간이었다. 정말 죽고 사는 것이 종이 한 장 차이라는 생각을 했다.

같은 해 7월 독일 사람들이 여름휴가 때면 '햇빛관광'을 위해 즐겨 찾는 바르셀로나로 여행을 떠났다. 만하임에서 사회학을 공부하는 장일순 학형 부부와 함께 가기로 하고 가는 길에 니스와 모나코를 둘러보기로 했다. 프랑스의 대도시인 리용을 지나 니스로 가는 도중 고속도로변에 아름드리 적송들이 늘어서 있어서 마치 강원도의 적송들을 보는 듯하여 무척 반가웠다. 국제영화제로 유명한 깐느를 지나 니스로 들어가자 지중해의 넓고 시원한 바다가 우리들 가슴으로 다가왔다.

모나코에 도착하니 저녁때가 되어 캠핑장에서 텐트를 치고 하룻밤을 잤다. 캠핑장 바로 옆이 이탈리아 땅이라고 하여 한 번 넘어가 보고 싶은 유혹을 받기도 했다. 프랑스 파리는 하이델베르크대학에서 주선한 여행프로그램을 통해 다녀왔으므로 로마만 다녀오면 독일과 인접한 국가들의 중요 도시들은 대략 한 번 돌아보는 것이 되기 때문이다. 그러나 후일을 기약하고 참기로 했다.

인구 약 3만 명으로 바티칸 시국(市國)에 이어 세계 제2의 소국인 모나코, 높은 언덕과 해변에 고층 건물들이 빽빽이 들어선 이 작은 왕국에서 우리가 제일 먼저 찾아간 곳은 왕궁이었다. 산 위에 있어서 한참을 걸어 올라가야 했다. 왕이 직접 살고 있는 궁이어서 그레이스 켈리 왕비를 한 번 보는 행운을 기대했지만 허사였다. 왕궁 바로 옆 공원의 전망대에서 시내를 내려다보면 해변을 따라 늘어선 호텔과 호화 유람선이 모나코가 소비와 환락의 도시임을 보여 준다. 왕궁에는 근위병이 은빛 투구를 쓰고 보초를 서다가 교대를 하는 '왕궁 수비대 교대식'이 역시 이색적이어서 볼거리를 제공했다.

다음으로 몬테카를로(Monte-Carlo)에 있는 그랜드 카지노를 보기 위해 바닷가 쪽으로 내려갔다. 메인 카지노는 안쪽에 있는데 입장료를 내야 했으므로 밖에서 구경만 하고 야자수들이 잘 어울리는 카지노 앞에서 기념사진을 찍었다. 규모는 라스베가스와 비교가 되지 않지만 유럽의 귀족과 부자들이 오래 전부터 즐겨 찾는 전통 있는 장소이다. 국내 세금의 대부분을 관광·도박·우표판매로 충당해 세금이 없다니 희한한 나라라는 생각이 들었다.

유명한 니스 자갈밭 해변은 눈이 시리도록 파란 아름다운 지중해를 배경으로 하고 있었는데, 프랑스를 대표하는 고급 휴양지답게 바캉스철을 맞아 사람들로 붐볐다. 저 멀리 바다 위에 한가로이 떠서 흰 돛을 펼친 요트들과 한없이 뻗은 지중해의 코발트 빛 바다가 우리의 눈을 마냥 사로잡았다. 색채의 지배자라는 앙리 마티스와 색깔의 마술사라고 하는 마르크 샤갈은 니스의 아름다운 풍광에 매료되어 여생을 이 곳에서 보냈다고 한다. 그래서 니스에는 '마티스미술관'과 '샤갈미술관'이 있으며 예술의 도시로도 유명하다고 한다. 또한 여기에는 곳곳에 누드비치가 있기 때문에 세계의 남성들로부터 선망의 대상이 되는 해변 중의 하나라고 하지만 시간이 없는 것이 유감천만이었다.

우리는 지중해의 수려한 연안을 따라 이동하면서 비취색의 바다 위에 수없이 떠 있는 하얀 요트와 배들, 그리고 언덕 위에 자리잡은 그림같이 아름다운 별장들을 감상하면서 마르세유 쪽으로 이동했다. 지중해 연안에 위치한 최대의 항구도시로서 남불의 정취가 물씬 풍기는 마르세유를 지날 때 나는 중학시절 밤을 새우며 읽었던 알렉상드르 듀마의 소설 『몬테크리스트 백작』을 떠올렸다. 마르세유 항구의 바깥에는 섬들이 떠 있었는데 그 중에는 주인공 에드몽 당테스가 감금되었던 이프 성도 있을 것이라고 상상하며 스페인 국경 쪽으로 차를 몰았다.

피레네에 가까워질수록 산세가 예사롭지 않더니 골짜기가 무척 깊어졌다. 저 깊은 산 속 어딘가에 동화의 나라 같은 도시국가 안도라가 있을 것이라고 생각하니 신비감마저 들었다. 국경을 넘어 스페인 땅에 들어서자 첫 인상이 무척 낯설었다. 온통 주위가 붉은 황토색의 땅이었고, 산들도 메말라 보였으며 나무들도 많지 않았다. 고개가 많은 고속도로를 달리다 보면 심심찮게 마주보이는 산등성이에 거대한 투우조각상이 나타나 과연 투우의 나라답다는 생각이 들었다.

바르셀로나까지는 아직 먼 거리가 남았고 벌써 저녁 무렵이라 도로변에 있는 모텔에서 하룻밤을 자기로 했다. 그러나 시설이 형편없어 돈이 아깝다는 생각이 들 정도였다. 공동샤워실에서 목욕을 하는데 도중에 물이 끊겨 황당하여 주인한테 항의했더니 뭐라고 하는지 못 알아들을 소리만 했다.

다음 날 아침 일찍 일어나 부지런히 달려 곧장 바르셀로나 해변으로 갔다. 역시 시설은 별로였지만 해수욕장 가까이에 있는 캠핑장에 짐을 풀고 텐트를 친 다음 서둘러 해변으로 나갔다. 성수기라 넓은 해변에는 '햇빛관광'을 즐기는 사람들의 비치 텐트가 빼곡히 들어서 있었다. 스페인 사람들보다는 다른 유럽 국가에서 온 사람들이 더 많았다. 그늘막으로 된 텐트 안에는 누워서 쉴 수 있는 야외용 침대가 있는데 2인용 텐트 2개를 3일 동안 빌렸다. 비가 와서 수영을 못하면 돈을 돌려 주느냐고 물었더니 비가 오지 않는 것을 보장한다고 했다. 정말 그들의 말대로 구름 한 점 없이 청명한 날씨가 계속되었다. 스페인은 "태양을 팔아먹고 산다"는 말이 실감났다. 전형적인 지중해성 기후로서 이같이 온화하고 좋은 날씨 때문에 세르반테스는 바르셀로나를 "유럽의 꽃"이라고 표현한 듯하다. 평균기온은 겨울이 11도이며 여름은 24도라고 한다. 이 같은 기후적 특성 때문인지 바닷물이 차지 않아 오랜만에 기분 좋게 해수욕을 즐겼다.

해수욕장의 뒤편 거리에는 음식점들과 생선튀김 가판대, 한 잔 술을 즐길 수 있는 바가 늘어서 있었다. 특히, 가판대 위에는 아주 다양한 종류의 생선튀김들이 군침 도는 먹거리 형태로 손님들을 기다리고 있었다. 생선을 별로 좋아하지 않는 독일 사람들의 음식문화 때문에 생선 먹을 기회가 별로 없었던 우리에게는 놓칠 수 없는 호기였다. 수영과 물놀이로 허기진 우리가 제일 맛있게 먹은 생선튀김은 오징어와 양파를 둥글게 썰어 튀긴 요리였다. 특히, 빵가루를 붙여 금방 튀겨낸 오징어링 튀김의 맛은 일품이었다. 저녁에는 정렬적인 몸짓으로 플라멩코춤을 추는 스페인 무희를 보며 맥주를 마셨다. 낮에는 바다에서 수영을 하고 밤에는 바에서 술 한 잔을 하며 완전한 휴식을 즐기다 보니 3일이 금세 지나갔다.

우리는 마드리드로 떠나기 전에 바르셀로나가 낳은 세계적인 천재 건축가 안토니오 가우디의 필생의 걸작품인 유명한 '성가족성당(Sagrada Familia)'을 보기로 했다. 가우디는 1883년 그가 31세 되던 해부터 교통사고로 세상을 떠나던 74세까지 독신으로 살며 평생을 이 성가족성당을 짓는 데 바쳤다. 특히, 마지막 12년 동안은 성당에서 기숙하면서 오직 성당의 건설작업에만 자신의 모든 정열과 정성을 쏟아 부었다고 한다. 이것은 이 건물을 스스로 '속죄사원'이라 칭했던 가우디의 자기 희생과정이 잘 나타나는 실천내용이었다. 사망 당시에도 깊은 생각에 빠져 있다가 전차에 치었는데, 행려병자로 오인되어 한동안 방치되어 있었다고 했다.

하늘로 치솟아 오르고 있는 4개의 옥수수 모양의 거대한 첨탑이 중심을 이루고, 그 밑으로 12명의 사도세자를 의미하는 종탑들이 올라가고 있다. 그리스도의 탄생과 수난, 영광 등을 주제로 한 이 성당의 공사는 근 100년이 되어 오고 있지만 언제 끝날지는 아무도 모른다고 했다. 가우디 사후의 건축은 그가 남긴 정교한 설계도와 모형에 따라 이루어지고 있는데, 완공이 되면 예수를 상징하는 170m의 탑과 그것을 둘러싸는 마리아와 제자들을 상징하는 12개의 탑을 볼 수 있을 것이라고 했다. 한때는 미치광이로 여겨지기도 했다는 천재건축가의 위대한 걸작에 그저 머리가 숙여질 뿐이었다.

우리가 마드리드에 도착한 때는 오후 2시경이었는데 마침 스페인 사람들이 점심식사 이후 낮잠을 즐기는 시에스타(Siesta) 시간이어서 모든 상점과 관공서가 문을 닫아 우리를 당황하게 만들었다. 그런데다가 또 숨이 콱콱 막히도록 무더운 더위가 우리들의 의욕을 꺾었다. 그래서 우리는 아쉽지만 몇 곳만 둘러보고 마드리드를 빨리 빠져 나가기로 했다.

마드리드는 이슬람이 스페인을 지배하던 10세기경에 당시의 수도였던 톨레도를 방어하기 위해 무어인이 쌓은 성채에서 비롯되었다고 한다. 그래서인지 유럽의 문명과 오리엔트적 요소가 잘 결합되어 그 매력을 더하고 있었고, 옛날 모습이 곳곳에 남아 있는 거리에는 고색창연한 건축물과 유적들이 많았다.

마드리드 시내 한복판으로 들어갔던 우리는 자연스럽게 태양의 문이란 뜻의 푸에르타 델 솔(Puerta Del Sol)광장으로 옮겨갔다. 마드리드의 중심 광장인 푸에르타 델 솔은 옛날에는 요새로 쓰였다는데 스페인의 모든 도로가 이 곳을 지나도록 설계되어 있어서 지금도 많은 도로들이 이 곳에 집중되어 있었다. 또한 이 곳은 1808년 스페인을 침략한 나폴레옹 군에게 세계 최초로 대항했고, 프랑스로부터 독립하기 위해 게릴라전을 펼쳤던 역사적인 장소로도 알려져 있다.

다음은 아주 가까운 거리에 있는 마요르광장(Plaza Mayor)으로 갔다. 마드리드의 중앙광장답게 관광객들이 붐볐다. 이 광장은 17세기 초에 조성되었으며 그 이후 국왕의 취임식과 종교의식, 투우와 교수형, 그리고 각종 이벤트 행사가 열렸던 곳으로 중앙에는 이 광장을 만든 펠리페 3세의 동상이 자리잡고 있다. 고풍스러운 건축물과 아름다운 프레스코벽화, 세르반테스 등 마드리드의 대표적 문인들의 초상화 등 볼거리가 많은 곳이었다.

마지막으로 투우장을 찾았다. 정말 운이 좋으면 한 번 멋진 구경을 하는 것이 아닌가 하고 크게 기대했는데 행운이 따라 주질 않았다. 며칠을 기다려야 볼 수 있다고 하여 하는 수없이 텅 빈 투우장만 한 번 둘러보고 나왔다.

더위에 지친 우리는 서둘러 마드리드를 탈출하여 스페인 국경을 넘어 프랑스의 이름 모를 작은 도시의 길가 모텔에서 하룻밤을 묵었다. 다음 날 계속 달려 독일 국경을 넘어온 후 점심으로 송어찜을 주문해 먹었는데 레몬즙을 뿌렸더니 상큼한 향내가 입 안에 감돌며 감칠맛을 냈다. 점심을 맛있게 먹은 다음이라 기분 좋고 느긋한 마음으로 계속 달리다가 하이델베르크 이정표를 만나니 마치 고향에나 온 듯 기뻤다. 그 동안 애들이 많이 보고 싶었는데 이 녀석들이 자기 고모를 얼마나 못살게 굴었는지도 궁금했다.

하이델베르크를 떠나다

1974년 11월 18일 오전 우리 네 식구는 그 동안 무척이나 정들었던 하이델베르크를 떠나기 위해 집을 나섰다. 주인인 아펠 부부가 우리를 배웅하기 위해 문 앞 길가까지 나왔다. 아주머니는 눈물이 글썽한 채 우리를 일일이 껴안으며 작별인사를 했다. 특히, 애들을 무척 귀여워했는데 헤어지는 것이 못내 아쉬운 모양이었다.

우리도 만 5년 이상을 같이 살면서 친 동기간처럼 정이 들었던 아펠 씨 부부와 헤어지는 것이 많이 서운해 목 메인 작별인사를 해야 했다. 그러나 철없는 훈이와 일이는 비행기를 타고 아빠·엄마의 나라인 한국으로 간다고 하니까 어디로 여행이나 떠나는 줄 알고 좋아하며 흥분해 있었다. 특히, 훈이는 아펠 아주머니가 준 가방을 메고 신이 나서 한국에도 해가 뜨느냐는 등 여러 가지 질문을 하며 눈을 반짝거렸다. 훈이는 하이델베르크 시에서 초등학교 취학통지서를 받았지만 한국에 가면 보낼 생각이었는데, 이것을 안 아주머니가 기념으로 자기 아들 테오가 사용하던 책가방을 선물했던 것이다.

우리를 배웅하기 위해 프랑크푸르트공항까지 동행하는 친구들과 함께 차를 타고 하이델베르크 시내를 빠져 나오면서 다시 한 번 행복했던 하이델베르크에서의 생활들을 머리에 떠올려 보았다.

1966년 7월에 독일로 유학 와서 약 8년 6개월 만에 독일 땅을 떠나는데 7년이 넘는 세월을 이 곳에서 보내고 마침내 하이델베르크를 떠나는 것이다. 25살에 독일로 유학 와서 33살에 하이델베르크를 떠나는 셈이었다.

하이델베르크에서의 생활은 때로는 어려운 일도 있었지만 역시 행복했던 일들이 훨씬 많았던 인생여정의 한 부분이었다. 이 곳에서 내 인생의 반려자인 아내를 맞아 결혼을 했고, 귀엽고 자랑스러운 두 아들을 낳았다. 그리고 내 젊음의 목표였던 박사학위도 취득했다.

생각해 보면 내게는 젊음과 꿈, 도전할 수 있는 뚜렷한 목표가 있었기에 힘든 생활 속에도 늘 행복했던 것 같다. 때로는 좌절감을 느끼면서도 흔들림 없이 목표를 향해 나가는 과정에서 이 행복들을 하나하나 일구었고, 최종적으로 목표를 성취했기에 하이델베르크에서의 생활이 더없이 행복했고 아름답게 여겨질 것이다.

또한 하이델베르크에 있는 동안 좋은 한국인 친구들과 사귈 수 있었던 것도 큰 행운이었다. 서정훈, 이준경, 권영훈, 권길중 학형 등 참으로 재미있게 어울리고 의기투합했던 친구들이 있었기에 나는 더욱 행복한 생활을 할 수 있었던 것 같다. 서정훈 학형과 이준경 학형은 독일 여성과 결혼해서 훈이 또래의 아이들이 있었는데, 서형은 외동딸 스텔라와, 이형은 남매인 수에와 토마스가 있었다. 애들끼리는 물론 부인들도 스스럼없이 잘 어울렸다. 성품이 넉넉하고 요리만들기를 좋아하는 경기고·연대 화학과 출신의 이준경 학형은 집에서 종종 한국 요리와 독일 요리를 겸하는 퓨전요리 파티를 열어 우리에게 부담 없이 먹고 마시며 놀 수 있는 기회를 제공했다. 그리고 경기고·서울대 화공과 출신으로 라이카 카메라 집안 딸과 결혼한 풍운아적 기질의 서정훈 학형은 명문 집안의 품격에 맞는 요리와 분위기를 갖춘 파티를 종종 열어 시간가는 줄 모르고 놀 수 있는 즐거운 밤을 우리에게 제공했다. 그런가 하면 보성고 출신으로 서울 법대 입학 후 영국으로 유학을 나온 호걸 타입의 권영훈 학형은 국제어학원(ISZ) 기숙사에서 심심찮게 소머리탕을 만들어 소머리 고기와 국물로 주말을 만끽하도록 주선하곤 했다. 대전고·성대 독문과 출신인 권길중 학형은 우리보다 후배였지만 『수호지』의 급시우 송강 같이 후덕한 인품으로 모두를 편안하게 해 주는 역할을 해서 우리와 스스럼없이 어울렸다.

뿐만 아니라 하이델베르크 근교에 있는 한국 간호사들과의 소중한 인연도 하이델베르크 생활을 보람 있고 행복하게 만들었다. 처음 독일 생활에 적응해야 하는 어려운 과정에서 내 도움을 받았던 그들은 항상 감사하는 마음을 갖고 나와 우리가족을 따뜻하게 대해 주었다. 우리 식구를 종종 그들이 사는 기숙사로 초대했는가 하면, 우리 집에 놀러오거나 함께 네카강변의 파란 잔디 위에 둘러앉아 독일 생활의 에피소드를 이야기하며 웃고 떠드는 즐거운 시간을 보내기도 했다. 특히, 로르르바하 결핵병원에 근무하는 한국 간호사들이 석별의 정을 나누기 위해 마련했던 자리는 두고두고 기억에 남을 송별회였다.

우리가 오랫동안 살면서 정이 들어서인지 집 근처의 빵집과 정육점에서도 매우 친절하게 대해 주었다. 빵을 살 때 애들을 데리고 가면 인자하게 생긴 할머니는 큰 유리병에서 사탕을 꺼내 애들에게 건네 주며 말을 붙이곤 했다. 그리고 빵집 옆에 있는 정육점에 가면 유난히 흰 피부를 가진 은발의 할머니가 환하게 웃는 얼굴로 애들에게 레오나 햄을 두텁게 한 덩어리씩 썰어주며 귀여워해 주었다. 그래서 햄을 좋아하는 녀석들은 빵집과 정육점에 같이 가는 것을 아주 좋아했다.

하이델베르크는 작은 도시이다. 대학을 갈 때나 애들을 유치원에 데려다 줄 때 하우푸트스트라세(중앙로)를 통과하는 전철을 많이 이용했는데, 그러다 보니 이 곳을 운행하는 전차 운전수하고도 친해졌다. 저녁 늦은 때 가끔 혼자 걸어가는 나를 보고 공짜로 전철을 태워주기도 했다. 약간 쉰 목소리에 키가 후리후리하게 큰 마음씨 좋은 이 아저씨는 하루 종일 심심했던지 나를 태우고는 쉴 새 없이 이야기를 나누고 싶어 했다. 내가 귀국을 한다고 했더니 나를 왈칵 껴안으며 서운해 했다. 중앙도서관에 근무하는 수위 아저씨는 귀국인사를 했더니 나보고 당신 나라는 부자 나라니까 돌아가면 좋겠다고 했다. 내가 의아해서 우리 나라가 뭐가 부자 나라냐고 말했더니 미국이 독일보다 잘사는 나라 아니냐고 했다. 지금까지 나를 미국 사람으로 착각했던 모양이다. 내 입장에서는 어이없지만, 그에게는 마치 내가 서양인처럼 보였던 것 같았다.

하이델베르크 시내를 벗어난 후에도 지난 날 아름다웠던 일들을 돌이켜보며 추억에 잠기는 동안 우리가 탄 차는 어느새 프랑크푸르트 국제공항에 도착했다. 나와 우리 가족에게 우정 어린 송별회를 열어 주고 또 공항에까지 나와 준 한인 학생회의 여러 친구들과 작별할 시간이 되었다. 만남을 기약할 수 없는 친구들과 떨어진다는 것이 슬펐다. 마지막으로 서정훈 학형과 뜨거운 포옹으로 작별인사를 나눌 때 내 눈에서도 끝내 눈물이 흘러 나왔다. 나에게는 제2의 고향이라고 할 수 있는 하이델베르크의 다정한 친구들이 늘 건강하고 행복하기를 마음 속으로 기원하며 탑승수속을 하기 위해 공항 안으로 들어갔다.

05

서울에서의 새로운 생활

서울에서 다시 시작하다

우리는 항공료가 비교적 저렴한 일본항공(JAL)을 이용해 일본까지 온 후 일본에서 하룻밤을 자고 다음 날 대한항공 편으로 서울로 올 생각이었다. 그런데 독일에서 호텔예약을 미리 해 둘 것을 '공항에 도착한 후 방을 구해도 괜찮겠지' 하고 안일하게 생각했던 것이 실수였다. 비행기가 연착해 저녁 늦게 하네다공항에 도착해서 공항 대합실로 나오니 늦은 밤이 되었다. 공항 주변에 있는 호텔로 문의를 했더니 방이 모두 찼다는 것이었다. 애들은 피곤하다고 공항 벤치에 누워 엄지손가락을 빨고 있는 당황스러운 상황이 벌어졌다.

다른 방법이 없어서 결국 도쿄주재 한국대사관에 전화를 걸어서 사정을 이야기했더니 대사관 직원 이야기가 공항에 대사관 요원이 나가 있는데 도와 주도록 말하겠으니 걱정하지 말라고 했다. 조금 기다렸더니 어떤 사람이 와서 대사관에서 연락을 받았다며 동경 시내에 있는 민박을 소개해 줄 테니 따라오라고 했다. 택시운전사에게 주소를 주며 우리를 태워다 주라고 하는 것 같았다. 우리가 숙박한 방은 다다미방이었는데 가스히터가 있었지만 보온이 되지 않아 추웠다. 그러나 한국대사관의 도움이 없었더라면 공항에서 밤을 새워야 했을 것을 생각하니 대사관의 존재가 새삼 고맙게 느껴졌다.

다음 날 대한항공을 타고 8년 5개월 만에 그토록 그리워했던 조국에 도착했다. 그러나 프랑크푸르트 국제공항이나 하네다 국제공항 같은 세계적인 공항에 익숙해진 내 눈에 비친 김포공항은 초라하기 짝이 없었다. 활주로 주변에는 군인들의 벙커와 위장그물로 덮인 기관포까지 보여서 전쟁중인 나라에 온 것 같은 살벌함마저 느껴졌다. 공항 밖으로 나왔더니 아버님, 장모님 등 여러 가족 친지분들이 기다리고 계셨다. 참으로 반가운 순간이었다.

우리 가족이 자리를 잡은 곳은 성대 도서관 뒤쪽에 위치한 명륜동 뒷산의 와룡마을이었다. 동서 한 분이 여기에 집을 가지고 있었기 때문이었다. 내가 성대에 다닐 때만 하더라도 이 곳은 아카시아나무와 소나무가 많이 자라고 있는 야산이었다. 그런데 자유당 정권 말기 사회기강이 해이해지기 시작하면서 여기에 무허가 판자집들이 한두 채씩 들어서기 시작했다. 그러다가 자유당 정권이 무너지고 장면 민주당 정권이 들어서는 이완기에 판자집들이 우후죽순으로 들어섰다. 이렇게 하여 생긴 산동네를 박정희 정권이 양성화시키면서 이 곳에 제대로 된 집들이 들어서기 시작했는데, 큰동서가 여기에 집을 짓는 바람에 전세로 이사 오게 된 것이다. 새로 개발중인 동네는 멀리서 볼 때 그럴듯해 보였지만 대부분 날림집들이었다. 그리고 집까지 가려면 좁은 골목길에 가파른 계단을 되풀이해 올라가야 하는 불편이 대단했다.

서울에서의 감격적인 하룻밤을 보내고 다음 날 설레는 마음으로 제일 먼저 찾은 곳이 성대였다. 오랫동안 와 보고 싶었던 캠퍼스였고 또 교수님들께 귀국인사도 하고 싶었다. 나는 성대의 상징인 은행나무가 서 있는 대성로에서 금잔디광장으로 걸어가는 동안 10년 전의 기억을 하나씩 떠올려 보았다. 강산이 변할 법한 세월이었지만 캠퍼스는 전혀 변한 것이 없어 보였다. 500여 년 동안 성균관을 지켜온 은행나무며, 내가 공부했던 석조건물, 금잔디광장 등은 오히려 한결같은 모습으로 나를 반기는 것 같아 더욱 마음이 평온했다.

제1 교수회관으로 올라가던 도중에 가장 먼저 찾아뵈려고 했던 박인수 교수님께서 강의를 하기 위해 내려오고 계셨다. 인사를 드렸더니 무척 반가워하셨다. 귀국하게 된다고 편지는 드렸지만 정확한 날짜는 알려드리지 못했기 때문에 박 교수님께서도 갑작스런 만남에 반가움이 더하신 것 같았다. 그 과거에서 다시 현실로 돌아오는 느낌을 받았다. 10년 전, 독일로 떠날 때만 해도 50대 중반이셨던 교수님은 중년의 풍채 좋으시고 혈기 왕성하신 모습이셨다. 그러나 내 앞에 서 계신 교수님은 여전히 좋은 풍채에 건강하신 모습이었지만 백발이 성성한 노인의 모습이셨다. 새삼 세월의 무상함을 느끼게 하는 순간이었다.

제1 교수회관 연구실을 돌며 교수님들께 귀국인사를 하고 강사나 조교를 하고 있는 동기생들과 후배들도 만나보았다. 참으로 오랜만에 만나는 얼굴들이었다. 학생 때의 모습보다 모두 성숙해 보여 시간의 흐름을 다시 한 번 실감할 수 있었다.

충남대학교 조교수 되다

내가 귀국을 결심했을 때 하이델베르크에 있던 친구들은 무모한 일을 하는 것 같다고 걱정했다. 대개의 경우 한국에서 근무할 곳이 결정된 다음에야 귀국을 결심하는 것이 일반적이기 때문이다. 사실 애가 둘씩이나 딸린 가장이 어떠한 취직보장도 없이 고국으로 돌아온다는 것은 큰 모험이었다.

그러나 나는 미국과 달리 독일은 외국 사람이 뿌리를 내리고 살기에는 사회적 풍토가 열악하다고 생각했다. 생각해 보면 하이델베르크에서 공부하는 동안 나뿐만 아니라 유학생들은 매년 체류기간을 연장받기 위해 엄청난 스트레스를 받아야 했다. 재학증명서는 기본이고 대학당국으로부터 학업진도를 입증하는 서류를 받아 제출해야 했으며, 심지어는 귀국여비의 은행예치 잔고까지도 확인받아야 했다. 제2차 세계대전 때의 상이군인 출신이라는, 고약하게 생긴 담당관은 어떤 꼬투리를 달아서라도 연장을 해 주지 않으려고 애썼다. 그 사람 앞에만 가면 온몸에 쥐가 날 정도로 긴장해야 했다.

또한 그리 흔한 일은 아니지만 그 곳에 오랫동안 살고 있는 백발의 동양계 노인들을 볼 때면 웬지 쓸쓸해 보이는 느낌을 받았다. 마치 같은 색깔의 꽃밭에 어울리지 않는 다른 색깔의 꽃이 외롭게 피었다가 지고 있는 것 같은 모습이었다. 독일에 대한 이 같은 나의 생각은 공부를 마치고 강의를 맡았을 때 같이 공부했던 친구들로부터 배타적인 취급을 받으면서 더욱 굳어졌다. 그래서 이것저것 생각하지 않고 '내 나라인데 설마 굶어 죽기야 하겠는가'라는 무모한 배짱으로 귀국을 감행하게 되었던 것이다.

귀국 후 우선 강사자리라도 구해야겠다는 생각에서 여기저기 마땅한 자리를 알아보려고 노력했지만 현실의 벽은 높았다. 특히, 한국에서 사회학과를 나오지 않고 사회학을 전공했다는 것은 연고주의와 순혈주의를 따지는 우리의 폐쇄적인 학문풍토에서 꽤나 불리하게 작용했다.

그러던 어느 날이었다. 서울대학교 신문대학원에 재직하고 계셨던 박유봉 교수께서 동료인 김일철 교수를 소개해 주셨다. 박유봉 교수께서는 독일 뮌헨대학에서 신문학으로 학위를 받으신 후 한양대에 재직하시면서 내가 성대 독문과 4학년 때 시사 독일어를 가르쳐 주신 적이 있으셨다. 내가 귀국인사를 드렸더니 많은 걱정을 해 주셨는데 아마 내 이야기를 사회학 전공이셨던 김일철 교수께 말씀드렸던 모양이다. 김 교수께서 집에 한 번 놀러오라고 해서 그렇게 하기로 했다.

김 교수께서는 반포 아파트단지에 살고 계셨는데, 서울대학교 교수들이 그 곳에 많이 살고 있다고 했다. 반포는 한국에서 처음 만들어진 대규모 아파트단지로서 낮은 층과 단지 내 도로, 인도 등이 깨끗하게 잘 포장되어 있어서 꼭 서양의 어느 주택단지에 온 느낌이었다. 한국에도 이렇게 깔끔하게 잘 정리된 주택단지가 있다는 것이 신기할 정도였다. 친절하게 맞아 주시는 김 교수댁에서 저녁식사를 했는데 그 자리에는 김진균 교수도 와

계셔서 인사를 나누었다. 김진균 교수 말씀이 충남대학에서 전임을 구하는데 생각이 있으면 소개를 해 주겠다고 했다. 충남대 박희범 총장과는 서울 상대에 같이 근무해서 잘 아는 사이인데 새로 생긴 사회학과의 교수충원을 걱정하더라고 했다.

사실 나도 충남대학에서 사람을 뽑을 거라고는 예상하고 있었다. 충남대학은 1974년에 교육부로부터 사회학과 인가를 받은 터라 이듬해인 1975년부터는 학생을 선발하게 되어 있었기 때문이다. 하지만 가급적이면 서울에 머물고 싶은 욕심에서 충남대 사회학과에 대해서는 별로 관심을 가지고 있지 않았다. 그러나 사회학과의 실상을 알게 되면서 좀더 현실적인 접근을 해야겠다는 생각을 갖게 되었다. 실제로 서울에 사회학과가 있는 대학은 서울대·연대·고대·이대뿐이었는데 서울에서 전임직을 구한다는 것은 거의 불가능하리라는 것을 알게 되었기 때문이었다. 그래서 김진균 교수의 제안을 받아들이기로 했다.

충남대학의 박희범 총장께 김진균 교수 추천으로 왔다는 이야기를 했더니 반가워하면서 나의 신상에 관해 몇 마디 물어보았다. 그리고는 서류를 내라고 하면서 심 박사와 같이 외국에서 제대로 공부한 사람들이 좀 많이 들어와 학교에 새로운 바람을 일으키면 좋겠다는 말도 하셨다. 생각 외로 쉽게 결정이 나서 나도 조금은 의아스러울 정도였다. 물론 최종결정이 나려면 인사위원회를 거쳐야 하는 절차가 남아 있었지만 박희범 총장이 학교 운영의 전권을 가지고 있었기 때문에 그 분의 결정이 곧 학교의 결정이나 마찬가지였다.

나는 박 총장의 첫인상에서 대학의 분위기를 쇄신하려는 강력한 의지와 카리스마를 엿볼 수 있었다. 이러한 분이라면 유리한 입지적 조건에도 불구하고 여타 국립대학에 비해 상대적으로 침체되어 있는 충남대학을 한 번 소신껏 발전시킬 수 있을 것이라고 생각했다. 따라서 나도 신생학과에서 밑그림을 잘 그려 보겠다는 의지를 굳혔다. 이렇게 하여 나는 충남대학에서 조교수로 발령을 받게 되었던 것이다.

황성모 교수를 초빙하다

사회학과는 문과대학에 소속되어 있었는데 새로 입학한 20명의 학생들은 문과대학 내에서 입학성적도 높은 편이었고, 학과 입학 1회라는 자부심도 대단했다. 또한 학생들의 성품도 온순해 나를 잘 따라 주었다. 그리하여 나는 상대적으로 늦게 출발한 충남대 사회학과의 존재를 효과적으로 알리는 방법으로서 사회학계가 주목할 만한 중진교수를 충원해야겠다는 결론에 이르렀다.

그래서 이 같은 나의 생각을 박 총장에게 전하고 대안으로서 황성모 교수를 천거했더니 본인도 그 같은 건의를 받은 바가 있다고 했다. 그러나 황 교수가 현재 어려운 상황에 있기 때문에 채용을 하는 데 어려움이 많을 거라고 하며, "솔직히 자신은 없다"고 했다.

황 교수는 당시 이른바 민비연(민족주의 비교연구회)사건의 핵심주동자로 몰려 징역 2년, 자격정지 3년의 선고를 받은 다음, 옥고를 치르고 나온 후여서 뚜렷한 직장이 없을 때였다. 이 간첩단사건은 그 분이 서울대학교에 재직하던 1967년 8월 중앙정보부에 의해 조작되었던 사건이다. 완전한 복권이 이루어지지 않은 상태였기 때문에 잠시 중앙일보 동서문제연구소에서 소일하고 계셨다. 따라서 황 교수를 데려오려면 중앙정보부장의 승인이 있어야 한다고 했다. 나는 박 총장에게 충남대 사회학과를 위해서는 물론 충남대 전체를 위해서도 꼭 필요한 분이니 최선을 다해 주면 좋겠다고 부탁드렸다.

그 후 얼마 지나서 박 총장이 급히 보자고 해서 갔더니 "내가 마침내 심 박사 소원을 풀어 주었다"고 하며 호탕하게 웃었다. 혼자의 힘으론 역부족이었는데 여러 사람의 도움으로 일이 잘 풀려 황 교수가 사회학과로 오게 되었다고 했다. 나는 마치 내 일처럼 기뻐했다. 황 교수같이 사회학계는 물론 사회과학계에서까지 이름이 널리 알려져 있는 학자가 충남대 사회학과에 재직하면 비록 새로 출발하는 새내기 학과지만 충분히 관심의 대상이 될 수 있을 거라고 생각했기 때문이다.

황 교수가 사회학과에 부임하게 되자 학생들도 상당한 자긍심을 갖는 듯했다. 나도 황 교수와 같이 근무하게 된 것을 가슴 뿌듯하게 생각했으며, 황 교수 또한 나에게 큰 호감을 보이셨다. 사실 우리 두 사람 사이에는 어떠한 연줄관계도 없었지만 호흡이 잘 맞았다. 아마 독일에서 같이 공부했다는 공통점도 있었지만 선이 큰 황 교수의 성품 때문이 아니었는가 싶다.

박 총장은 침체되어 있는 대학의 분위기를 쇄신하려고 많은 노력을 했다. 당시 충남대학교에서는 고등학교 선생님들이 충남대학 대학원을 졸업한 후 연줄관계로 교수로 채용되는 경우가 많았다고 했다. 박 총장은 이 같은 관행을 깨기 위해 각 분야에서 실력 있는 사람을 과감하게 채용하는 일을 주저하지 않았다. 나를 뽑을 때도 교무처 관계자들이 이런저런 이의를 제기하자 화가 난 총장은 서류를 집어던지며 역정을 내셨다고 했다. 이 같은 총장의 대학운영방식에 대해 기득권을 놓치지 않으려는 세력의 불만들이 많았지만 절대적인 권위를 가지고 있었던 총장에게는 몸을 낮출 수밖에 없었다. 그만큼 박 총장의 위세는 대단했다. 학교에서 교내 정화 같은 행사가 있을 때는 새마을복장 차림을 하고 나타난 총장이 마치 병영에서처럼 교수들에게 일일이 지시를 했으며, 교수들은 여기에 순순히 복종하곤 했다. 박 총장은 외부에서 출강하는 교수들에 대해서도 단호한 태도로 대학분위기 쇄신에 동참해 줄 것을 강하게 요구했다. 서울과 가깝다는 지역적 특성 때문이었겠지만 상당수의 교수들이 서울에 주거지를 둔 채 대학에 출강했다. 그래서 시간표를 요령 있게 잘 맞추어 1주일에 3~4번 출강하고 나머지 시간은 서울에서 보내는 경우가 많았다. 박 총장은 충남대학 교수라면 당연히 주거지도 대학과 가까워야 한다면서 서울에서 다니는 교수들에게 대전으로 주소를 옮길 것을 강력히 요구했다. 그리하여 나를 포함해서 서울에서 다니던 많은 교수들이 박 총장의 엄명에 따라 주소를 대전으로 옮겼다. 그러나 주소만 옮겼을 뿐 주거지는 서울로 하고 있으면서 주 초에 내려갔다가, 목요일이나 금요일은 대부분 올라왔다. 대전에서는 대개 여관에서 잠을 잤는데 혹시라도 대학관계자가 보지 않나 해서 주위를 살펴보며 조심하곤 했다.

황 교수와 나는 종종 여관방에서 함께 자곤 했다. 그 분은 습관처럼 잠자리에 들기 전에 머리를 요에 박고 두 다리를 벽에 붙이는 물구나무서기를 한참 동안씩 했다. 한 번은 이것을 의아하게 생각한 내가 물어 보았더니 감옥에 있을 때 건강유지를 위해 방 안을 뱅뱅 도는 뜀뛰기와 물구나무서기를 하기 시작했는데 이제는 습관이 되었다고 했다. 민비연이 동백림사건과 연결되어 '대규모 간첩사건'으로 확대·과장되는 과정에서 간첩으로 몰려 호된 감옥생활을 할 때 터득한 자신만의 건강비법이라고 했다. 그리고 또 한 번은 내가 만하임의 『이데올로기와 유토피아』를 번역해 보려는 생각을 가지고 있다고 했더니 어려운 책인데 그것을 붙들고 있기에는 시간이 아깝지 않느냐고도 하셨다.

이른바 '동백림사건'은 1967년 7월 8일 중앙정보부의 발표로 일반에게 알려지게 되었다. 재독 음악가 윤이상 씨와 재프랑스 화가 이응로 씨 등 예술계·학계 인사 194명이 연루된 사건이었다. 이들 예술가와 학자 등 주로 유럽에서 생활하던 지식인과 유학생 등이 북한 및 동베를린을 방문하여 국가보안법에 저촉되는 금품수수와 특수교육 이수, 북측 요청사항 이행 등의 간첩활동을 했다는 것이었다. 이들은 체재국에서 한국 기관원에 의해 강제로 한국으로 송환되어 재판을 받았는데, 이것이 외교문제로 비화되어 1970년 형기 도중 광복절특사로 모두 풀려났다. 하이델베르크대학에서도 독문학을 전공하던 한 학생이 이 사건에 연루되어 한국에서 옥고를 치른 후 다시 독일로 돌아온 바가 있었다. 중앙정보부는 이 사건을 당시의 대표적인 학생조직이었던 민비연과 연루시켜 민비연의 지도교수였던 황성모 교수가 간첩누명을 쓰고 체포되었던 것이다.

나는 처음에 여관을 전전하며 생활을 하다가 방을 하나 얻는 것이 경제적이겠다고 생각해 법과대학에 있던 김영수 교수와 전세방을 하나 얻어서 함께 생활했다. 아침·저녁은 외식을 했고 점심은 대학식당에서 먹었는데, 아침식사를 간단한 양식으로 하는 데 익숙해 있던 나에게 아침부터 밥을 먹는다는 것은 많이 부담스러웠다. 저녁은 신경을 써서 좀 잘 먹도록 노력했지만 매일 밖에서 먹다 보니 외식 자체가 식상하고 물렸버렸다. 그래서 '오늘은 어떤 식사로 끼니를 때우지' 하는 걱정을 달고 살아야 했다. 아내와 애들이 함께 하는 저녁밥상이 항상 그리웠다. 그래도 위안이 되었던 것은 경상도 사나이라 좀 투박하지만 시골 출신답게 순박한 김 교수와 같이 생활할 수 있는 것이었다. 우리는 가끔 방에서 씨름도 하면서 동심으로 돌아갔는데 김 교수의 체력이 보통 탄탄한 것이 아니었다. 내가 놀라워했더니 어렸을 때 농사짓는 부모님을 도와 똥장군을 많이 날라서 튼튼하다고 우스갯소리도 했다. 씨름을 해서 별로 져 본 적이 없는 나에게는 오랜만에 만나 보는 호적수였다.

지적 공동체로서의 충남대학 교수사회의 분위기는 상당히 산만한 편이었다. 무엇보다 연구분위기가 형성되어 있지 않았다. 서울에서 다니는 교수들은 항상 한 발은 서울 쪽에 걸치고 있었다. 서울로 올라올 수 있는 기회를 포착하기 위해 부단히 노력하고 있었기 때문이다. 충남대학과 대전에 둥지를 틀고 있는 교수들에게는 괘심하고 불쾌하기 짝이 없는 일이었다. 그래서 그들은 서울에서 다니는 사람들을 잠시 머물렀다 떠나는 이

방인과 같은 존재 정도로밖에 생각하지 않았다. 따라서 양자 간에는 항상 보이지 않는 긴장관계가 도사리고 있었다.

뿐만 아니라 대부분의 교수들은 수업이 끝나면 연구실을 떠나 주로 시내 다방이나 맥주집에서 한담을 하며 소일하는 것이 일상이었다. 나도 자연히 이런 분위기에 휩쓸리게 되어 연구실에 머무는 시간보다 시내에서 목적 없이 방황하는 시간이 더 많았다. 저녁식사 후에는 단골다방에 들려 마침 인기리에 방영중이던 드라마 「허준」을 보고 숙소로 돌아가는 것이 거의 일과처럼 되어버렸다. 이 같은 생활을 1년 이상 하다 보니 이러다가는 정말 큰일나겠다는 생각이 들어 더 늦기 전에 서울로 올라가야겠다는 결심을 하게 되었다.

성균관대학교로 옮기다

내가 충남대학으로 부임하던 1975년까지만 해도 성균관대학교에는 사회학과가 없었고, 교양과목으로 사회학개론이 있을 뿐이었다. 고영복 선생이 강사로 나오셨는데 성대도 사회학과를 만들어야 한다는 말을 많이 하셨다고 들었다. 내가 귀국해서 모교에 계시는 교수님들을 찾아뵈었을 때 몇 분은 고영복 교수님 이야기를 하시면서 성대와 같이 이름 있는 큰 종합대학에 사회학과가 없다는 것은 크게 잘못된 일이라고 하셨다. 특히, 장을병 교수님과 박인수 교수님 같은 분은 사회학의 필요성을 역설하셨는데, 그 이후 이 분들은 학과설립의 강력한 후원자가 되어 주셨다.

나는 목요일에 수업을 마치면 서울로 올라왔기 때문에 금요일에는 자유로운 활동을 할 수가 있어서 교수님들을 종종 찾아뵈며 사회학과의 인가신청에 계속 관심을 가져 주기를 부탁드렸다. 그 중에는 당시 교무처장으로 계시던 이명구 교수님도 계셨는데, 내가 학교에 다니던 동안 그 분의 국문학 강의를 들은 적이 있었다. 독일에서 학위를 끝날 때쯤 편지를 드렸더니 매우 반가워하시면서 귀국 후의 내 문제에 관심을 보여 주신 분이었다.

주말에는 독문학과 후배 조교들이 사용하는 연구실 겸용인 학과사무실을 빌려서 충남대의 강의준비와 논문작성에 전념하기 시작했다. 집에서 교수회관에 있는 학과사무실까지는 걸어 채 10분도 안 되는 가까운 거리였기 때문에 낮에는 물론 저녁식사 후에도 연구실로 가서 밤늦게까지 책을 볼 수 있었다. 충남대학에서 잃어버린 시간을 보충하고 싶은 생각에서 더욱 열심히 했다. 이처럼 성대 캠퍼스에서 많은 시간을 보내다 보니 마치 내가 충남대학 교수가 아니라 성대 교수 같은 착각도 들었다. 때로는 호젓한 밤중에 재학시절의 온갖 추억들이 배어 있는 캠퍼스를 구석구석 걸어다니며 아름다웠던 학창시절을 그리워하기도 했다. 특히, 연구실에서 나와 밤늦게 귀가할 때면 학생 때 밤늦도록 공부하다가 캠퍼스를 걸어 나오며 느끼던 그 가슴 뿌듯함도 오랜만에 가져보곤 했다.

사회학과의 필요성에 대한 여론이 확산되자 학교당국도 이 같은 여론의 타당성을 인지하고 교육부에 사회학과 개설을 신청하기로 했다. 그러나 불행하게도 당시의 사회분위기는 사회학과에 대해 매우 비우호적이었다. 사회학이 마치 사회주의와 무슨 관계나 있는 학문처럼 오해를 하고 있었기 때문에 교육부도 사회학과의 개설인가를 최대한 억제하고 있었다. 다만 지방대에 한해서만은 어느 정도 융통성을 보였을 뿐이었다. 이는 학교당국도 마찬가지였다. 삼성그룹이 1966년 성대에 재단으로 들어오면서 이른바 비인기학과라는 중문과와 독문과, 심리학과를 폐쇄했던 분위기가 아직 남아 있었기 때문이었다. 결국 학교당국은 당시 정부로부터 환영받는 학과 중의 하나였던 '지역사회개발학과'라는 이름의 학과를 개설하는 우회적인 방법을 택하기로 했다.

이렇게 하여 성균관대학교는 법정대학 소속의 지역사회개발학과 인가를 받아 1976년부터 학생들을 뽑게 되었다. 지역사회개발학과 인가를 받게 되자 학교에서는 우선 양홍모 교수를 학과 주임으로 발령을 냈다. 양홍모 교수는 당시 언론계의 중진으로서 중앙일보 논설위원으로 계시다가 삼성이 성균관대학교 재단으로 들어오면서 역시 중앙일보 출신인 김지운 교수와 함께 성대 신문방송학과로 발령을 받았었다. 그러나 이 분들의 주요 임무는 학교에서 재단 일을 맡아 보는 일이었다. 지역사회개발학과가 생길 당시 양홍모 교수는 사무처장을 맡고 계셨는데, 중앙일보 출신 두 명이 전공과 관계없이 같은 학과에 있다는 것에 부담을 느끼셨던 것 같다. 사실 학교에서는 말들이 좀 있었던 것으로 안다. 그래서 양 교수 스스로가 새로 생기는 학과로 옮기고 싶다는 의사표명을 했다는 것이다. 사실 전공을 따진다면 사회학과와는 관계가 없는 분이지만 이 분의 뜻이 그대로 관철되었던 것이다.

좀 당혹스러웠지만 어쨌든 무척 기뻤다. 그 동안 나의 노력이 좋은 결실을 맺어 이제 성대에도 사회학과가 생길 날이 멀지 않았다고 생각했기 때문이다. 그리하여 나는 이 멋없이 길고 학문적 성격도 모호한 학과 이름을 직접 내손으로 '사회학과'로 바꿀 수 있는 기회가 오기를 차분히 기다리고 있었다.

1976년 겨울방학 때였다. "지역사회개발학과 창설에 주역을 맡았으니까 심 교수가 와서 함께 학과를 발전시키자"는 양홍모 교수의 제안을 기쁜 마음으로 받아들였다. 대전을 떠나 서울로 올라오는 것도 기쁜 일이었지만, 모교에서 후배들을 양성하게 된다는 것은 참으로 가슴 벅찬 일이었다. 나는 지역사회개발학과를 내실 있고 알찬 사회학과로 발전시켜 나가겠다는 결심을 다시 한 번 굳게 다졌다. 그때 전국에 사회학과가 있는 대학은 몇 안 되었다. 서울에서는 서울대·이대·고대·연대에 사회학과가 있을 뿐이었고, 지방에는 경북대·충남대 그리고 여타 대학은 성대와 같이 설립되거나 그 이후에 개설되었던 때였다. 따라서 성대의 지역사회개발학과가 사회학과로 발전해 간다면 학과의 개설순위에서도 주요 대학에 비해 크게 뒤지지 않을 것이라는 자부심도 있었다.

내가 서울로 오게 되자 제일 기뻐하는 사람은 물론 가족들이었다. 특히, 애들이 너무 좋아했다. 하이델베르크에 있을 때는 곁에 있으면서 애들 중심의 생활을 했는데 서울로 나오면서 갑자기 생활패턴이 달라지니 애들의 불만이 커질 수밖에 없었다. 그런데 이제는 많은 시간을 자기들과 함께 놀아 줄 수 있다니 기뻐하는 것은 당연했다. 그 동안 애들에게 미안했던 마음의 빚을 갚기 위해 가급적이면 많은 시간을 애들에게 할애해야겠다고 다짐했다.

사회학과로 명칭을 바꾸다

학교의 분위기는 조금도 낯설지가 않았다. 마치 시집살이 하던 새색시가 친정에 온 것 같은 아늑함마저 느꼈다. 지역사회개발학과에 조교수로 부임할 때의 내 나이는 36세였는데 법정대학 전체에서 제일 젊은 나이였다. 나는 선배 교수들을 깍듯이 모셨고, 그 분들도 독일 하이델베르크대학에서 사회학 박사학위를 받은 후 충남대에서 일하다 온 나를 후배 교수로서 따뜻하게 맞아 주었다.

학생들의 수준도 기대 이상이었다. 이때 성대는 신입생들을 후기에 모집하는 이른바 2차 대학이었는데 우수한 학생들이 많이 들어왔다. 다만 1차 시험에서 실패한 경험이 있는 학생들이 대부분이었기에 심리적으로 많이 위축되어 있어서 젊은이다운 패기와 적극성이 좀 부족하다는 것이 단점이었다. 그럼에도 불구하고 대부분의 학생들은 신설된 학과에 1회로 들어왔다는 데 대해서 나름대로 자부심을 가지고 있었다. 그러나 생소한 학과에 적응하는 문제에 있어서는 어려움을 갖는 것 같았다.

나는 학생들이 학과에 대한 정체성을 빨리 갖도록 하기 위해서라도 애초의 계획대로 명칭변경문제를 차질 없이 진행시켜야 하겠다고 생각했다. 그래서 우선 '지역'이라는 말을 빼고 '사회개발학과'로 이름을 바꾸기로 하고 1977년에 교육부에 명칭변경 신청서를 제출했다. 그 결과 교육부로부터 명칭변경을 승인받아 1979년도부터는 사회개발학과로 신입생을 모집할 수가 있었다.

그 동안 형식적으로는 양흥모 교수가 학과 책임을 맡고 계셨지만 모든 일을 거의 나에게 일임해 오시다가 1979년부터는 내가 학과 책임을 맡게 되었다. 나는 내친 김에 학과의 명칭을 사회학과로 최종 변경시켜 학생들에게 학과에 대한 정체성을 가능한 한 빨리 찾아 주고자 했는데 뜻밖의 저항에 부딪치게 되었다.

사회개발학과의 커리큘럼은 그 성격상 인접학과와 공통되는 부분이 많았다. 특히, 경제학에 관한 내용이 많이 포함되어 있었는데 이들 학과목에 대한 강의는 L모 교수가 담당했다. 그는 삼성에서 회계사로 근무하다가 역시 삼성이 성대 재단으로 들어오면서 성대 교수로 오게 되었으나 경영학과가 아니라 특수대학원인 경영대학원 소속으로 발령을 받았다.

그런데 그 분의 강의를 들은 학생들 중의 일부가 사회학과보다는 사회개발학과로 남아 있는 것이 졸업 후 사회진출에 유리할 것이라는 생각을 한 것이다. 그래서 이들은 자기들 논리의 타당성을 여론화하여 뜻을 관철시키고자 했다. 나는 처음에는 대부분의 학생들은 나와 뜻을 같이하고 있었기 때문에 이러한 움직임을 별로 대수롭지 않게 생각했다. 그러나 시간이 흐르면서 이들의 움직임이 조직화되는 양상으로 발전되어 가는 것을 보고 그대로 놔두어서는 안 되겠다는 생각이 들었다. 더욱이 양교수도 이 문제에 대해서 소극적인 입장을 취하는 것을 보고 걱정이 되었다.

나는 도움이 될 수 있는 주위 분들에게 이 문제를 상의하고 도움을 요청하면서 다른 한편으로는 사회학과로의 명칭변경에 대해 긍정적으로 생각하는 학생들에게 다른 주장에 끌려가지 말 것을 당부했다. 그리고 양 교수에게도 학과에 대한 학생들의 정체성을 찾아 주기 위해서는 물론 성대의 이미지나 그 밖의 여러 관점에서도 사회학과로의 명칭변경이 반드시 필요함을 역설했다.

이 같은 적극적인 대처에 힘입어 사회개발학과를 고수하겠다는 목소리는 점차 수그러들었다. 결국 명칭변경은 차질 없이 진행되었으며, 1980년도부터는 사회학과라는 이름으로 신입생을 뽑을 수 있게 되었다. 물론 이전의 졸업생들에게도 새로운 학과 명칭은 소급 적용되었다. 이렇게 하여 성균관대학교는 사회과학 분야의 꽃이라고 할 수 있는 사회학과를 개설하게 되었다.

내가 1977년도에 사회학과 전임으로 들어온 뒤 정창수 교수가 채용되었다. 고대 홍승직 교수와 가깝게 지내시던 차기벽 교수가 추천을 했다. 정 교수 본인에게 통보를 했는데도 개학날짜가 가까워 올 때까지 귀국을 하지 않아 성대에 관심이 없는 것으로 생각했다. 그래서 다른 분을 물색하고 있는 중이었는데 정 교수가 어느 날 내 연구실을 찾아왔다. 좀 서먹했으나 첫눈에 연구밖에 모르는 학자라는 인상이 짙게 풍겼다. 그래서 그 자리에서 같이 열심히 일해 보자는 악수를 굳게 나눴다.

그 다음에 들어온 석현호 교수는 연대 안계춘 교수가 추천했는데 훌륭한 조건을 갖춘 분이라 정창수 교수도 찬성했다. 안 교수는 내가 충남대에서 성대로 오기 전에 나를 연대에 적극적으로 추천해서 나와 가깝게 되었다. 전병재 교수, 송복 교수도 좋다고 해서 연대 사회학과에서 내가 담당할 과목을 묻는 단계에까지 갔으나 P모 교수가 마지막 순간에 반대해서 무산되었다. 반대 이유는 학과의 역학관계 때문이었다고 한다. 당시에는 무척 서운했지만 세월이 흐른 뒤에는 결국 모교에 부임한 일을 돌이키며 '세상사가 새옹지마라'는 격언을 다시 떠올렸다.

방배동으로 이사하다

1977년 성대로 옮기면서 방배동으로 이사를 했다. 물론 성대가 근무지가 된 만큼 명륜동에 산다는 것은 여러 면에서 편리한 점이 많았다. 무엇보다도 학교와 지근거리에 있기 때문에 출퇴근 시간을 최대한 절약할 수 있고, 연구실을 언제든지 이용할 수 있다는 장점이 있었다. 그리고 큰 아이인 훈이가 성대 인근의 혜화초등학교를 다니고 있었기 때문에 애들 학교문제로 걱정할 필요도 없었다. 그러나 내가 사는 곳을 옮겨야겠다고 결심하게 된 배경에는 다음과 같은 결정적인 이유가 있었다.

우리가 살고 있던 명륜동 뒷산의 와룡마을은 앞에서도 이야기한 바와 같이 1966년까지만 해도 무허가 판잣집들이 집단적으로 난립해 있는 전형적인 빈민 산동네였다. 이 산동네가 정부의 무허가주택 양성화 정책과 재개발정책으로 전혀 새로운 모습을 하게 되었던 것이다. 현대식 양옥들이 즐비하게 들어서서 매우 그럴싸한 외양을 가지고 있었지만 실제적인 내용은 옛날과

별 차이가 없었다. 물론 천막이나 판자가 벽돌과 기와로 변했다는 차이는 있었지만 집주인이나 세를 든 사람이나 모두 극심한 생활고에 시달리기는 마찬가지였다. 무허가주택의 양성화라는 큰 혜택을 정부로부터 받았지만 분수에 넘치게 무리를 하다 보니 빚더미 위에서 집을 짓게 된 것이다. 한 집에 보통 3~4가구가 밀집하여 살고 있었는데 그 날 벌어서 그 날 먹는 사람들이 대부분이었다. 그야말로 이들에게 있어서 삶이란 고달픈 인생일 뿐이었다. 경제적 불안정, 불량한 환경 속에서 이들은 하루하루를 살아가고 있었다.

이른 아침 맞벌이를 나가는 부모는 곁에서 떨어지지 않으려고 발버둥치는 어린 자녀들에게 하루의 소일거리로 기껏해야 동전 몇 닢을 던져 주는 것이 애정표현의 전부일 수밖에 없었다. 용케도 하루를 그만그만한 나이의 형제들과 함께 보내는 이 코흘리개들은 부모로부터 받은 동전 몇 닢으로 길목마다 들어선 구멍가게의 무시 못할 단골손님이 됐다. 그러나 이들은 자기들이 사 먹고 마시는 군것질거리가 대부분 가장 저질의 공해식품임을 모르고 있었다(하기야 안다고 해도 별수는 없었지만). 밤 9~10시가 되어서야 녹초가 되어 집에 돌아온 부모는 기다리다 지쳐서 쓰러져 자는 애들을 억지로 깨워 초라하기 짝이 없는 저녁상에 앉힌다. 그러나 모처럼 온 집안 식구가 함께 하는 자리이지만 저녁상이 오순도순 이야기를 나누는 즐거움의 장이 되진 못했다. 집안 구석을 온통 아수라장으로 만들어 버린 어린 아이들을 꾸짖는 부모의 고함에서부터 시작된 다툼은 서로 간의 무능함을 탓하는 부부싸움으로 번지기 일쑤였다.

환경이란 참 무서운 것이어서 그때까지만 해도 돈은 어른들만이 사용할 수 있는 것으로 알고 있던 우리 애들도 같은 나이 또래의 놀이친구들로부터 돈의 매력을 배우기 시작했다. 그래서 돈 쓰는 재미가 붙게 되자 용돈의 요구액이 점점 높아졌다. 그러나 자기들의 요구가 일정한 액수에서 묶이게 되자 네 살 먹은 둘째 녀석은 급기야 엄마의 시장지갑을 뒤지는 아슬아슬한 모험을 시작했다. 어느 날 우연히 이 사실을 알게 된 우리 부부는 가슴이 덜컹 내려앉았다. '맹모삼천지교(孟母三遷之教)'를 생각하지 않을 수 없는 상황에 이르게 된 것이었다.

또 하나의 사건이 있었다. 아직 우리 나라 집구조에 익숙지 못한 둘째가 같은 또래의 아이들과 뛰어놀다 턱이 높은 재래식 부엌바닥에 걸려 넘어지면서 돌부리에 부딪쳐 코 밑 부분을 크게 다쳤다. 마침 독문과 동기인 친구 부인이 퇴계로에 있는 성심병원 소아과에서 근무하고 있었는데 얼굴에 선혈이 낭자한 둘째를 데리고 가서 다섯 바늘을 꿰매는 일이 있었다.

명륜동에서 경험했던 악몽 같은 또 다른 사건이 있었는데, 역시 귀국한 지 얼마 되지 않았을 때였다. 하루는 내가 자주 나가던 성대 독문과 조교실로 집사람의 전화가 왔다. 아내는 다급하고 떨리는 목소리로 신세계백화점에서 애들을 잃어버렸는데 찾을 수가 없다고 했다. 얘기인즉 2층에 있는 의상코너에서 옷을 고르는 동안 애들이 카페트 위에서 잘 놀고 있기에 시착실(fitting room)에 들어가 옷을 갈아 입고 나와 보니 없어졌더라는 것이다. 방송을 하고 1층에서 5층까지 몇 번을 다니며 찾아보았는데도 애들이 없다는 것이다. 참으로 기가 막혔다. 아내의 전화를 받고 후들거리는 다리로 뛰어나와 택시를 타고 신세계백화점으로 갔다.

백화점 입구에서 아내를 만났는데 아내의 얼굴이 상기되어 있기는 했지만 당황해 하는 모습은 아니었다. 어리둥절한 나에게 아내는 애들이 지금 종로파출소에 있다고 했다. 애들로부터 전화번호를 알고 집으로 연락을 했던 종로파출소에서 백화점을 통해 애들 엄마에게 알려 주도록 한 것이다. 나의 입에서 "하느님 감사합니다"라는 말이 저절로 나왔다. 우리는 급한 맘에 택시 탈 생각도 못하고 화신백화점(지금의 종로타워) 앞에 있는 종로파출소로 달려갔다. 지하철공사가 한창 진행중이어서 임시로 만든 간이파출소 안에서 애들이 우리를 기다리고 있었다. 집사람은 애들을 왈칵 부둥켜 안고 울음을 터뜨렸다. 나는 경찰아저씨들에게 수없이 "감사하다"는 인사를 했다. 왜 엄마 곁에 있지 않았느냐는 엄마의 꾸중에 대한 애들의 대답은 의외로 단순했다. 둘이서 놀다가 보니 엄마가 없어져서 엄마를 찾는다고 백화점을 나오게 되었고, 사람들을 따라 명동 쪽으로 나 있는 구름다리를 건너 인도를 따라 계속 을지로 입구와 광교를 지나 곧장 종로까지 왔다는 것이다. 그러나 엄마를 못 찾아서 겁이 났는데, 둘째인 일이가 파출소를 보고 들어가서 경찰아저씨들한테 도와달라고 하자고 해서 그렇게 했다는 것이다. 만약 두 녀석을 잃어버렸다면 어떻게 되었을까? 참으로 생각만 해도 하늘이 노래지는 끔찍한 일이었다.

이처럼 크고 작은 사건들이 많이 일어났던 명륜동이 우리와는 궁합이 잘 맞지 않는다고 생각하고 있던 차에 성대가 유학대학만을 명륜동캠퍼스에 남겨 놓고 다른 대학들은 전부 수원으로 옮기는 것을 검토하고 있다는 사실이 밝혀졌다. 그래서 우리는 근무지가 수원으로 변경되었을 때의 출퇴근을 생각하며 마땅한 이사후보지를 물색하게 되었다. 우연찮게 집사람과 아는 분이 방배동에 살고 있었는데 우리 이야기를 듣고는 방배동으로 이사할 것을 적극 권유했다. 시간을 내어 한 번 가 보았는데 교통은 매우 불편했지만, 수원과 서울 시내의 중간쯤 위치해서 만약 수원으로 출퇴근을 하게 되면 괜찮은 입지조건이라는 생각이 들었다.

그때 방배동은 한창 개발중이었는데 방배초등학교를 중심으로 주택가와 상점 등이 형성되고 있었다. 나머지 지역은 택지구획정리만 되어 있는 넓은 자갈밭 벌판이었는데 여기저기 단독주택들이 드문드문 들어서고 있었다. 따라서 시장이나 버스노선 등 불편한 점이 한두 가지가 아니었지만 우리 형편에 그런 것을 따질 처지가 못 되어 방배동으로 이사하기로 결심했다.

다행스럽게 우리가 집을 살 때만 해도 부동산경기가 본격적으로 일지 않아서 비교적 합리적인 가격으로 집을 장만할 수 있었다. 훈이가 방배초등학교로 전학할 예정이었으므로 학교 가까이에 집을 사고 싶었지만 그 쪽은 이미 값이 비쌌다. 그래서 지금의 내방역 근방인 방배1동에 대지 50평에 건평 40평짜리 미니 2층집을 1,000만 원에 샀다. 그러나 말이 좋아 우리가 주인이지 세 가구가 공동으로 사는 집이나 마찬가지였다. 2층에 있는 방 3개 중에 2개만 우리가 사용했고, 작은 부엌이 딸린 방 하나는 세를 주었다. 마찬가지로 단독세대가 살도록 되어 있는

1층도 세를 주었다. 집을 손쉽게 매매할 수 있도록 집구조 자체가 전세를 끼고 사면 많은 돈을 들이지 않고도 구입할 수 있도록 되어 있었다.

그러나 곧 거센 부동산바람이 불어 땅값과 집값이 하루가 다르게 올라갔다. 복부인들이 무리를 지어 복덕방을 누비고 다녔고, 주위는 온통 집을 짓고 파는 이야기로 가득했다. 1977년 봄에 평당 10만 원을 밑돌던 땅값이 1년 후인 1978년 봄에는 평당 35만 원 이상으로 급등했다. 우리 집값도 껑충 뛰어올랐다. 복부인들의 사주를 받은 부동산 소개업자들은 하루에도 몇 차례씩 집들을 돌아다니며 다른 복덕방보다 집값을 더 많이 받아 줄 테니 팔라고 야단이었다. 이럴 때 요령 있게 잘 둘러치면 몇천만 원은 쉽게 번다고 유혹했다. 주택건설업자들은 그들대로 흥분하고 있었다. 집 한 채를 지어 팔면 5~6백만 원이 남는 시절이었으니 흥분하는 것도 무리는 아니었다. 이력이 난 사람들은 2개월이면 한 채를 지을 수 있었다고 말하곤 했는데, 당시 한 채를 짓고 벌어들인다는 5~6백만 원의 규모는 조교수의 2년 봉급과 거의 비슷했다.

그런데 참으로 기이한 현상은 집을 지어 파는 사람들이 전문지식을 가지고 있는 건축업자가 아니라 평범한 가정주부들이었다는 사실이었다. 우리가 산 집을 지은 사람도 시골 초등학교에서 교사로 있다가 먼저 이 일에 발을 들여놓은 부인의 권유로 집장사에 나선 경우였다. 이처럼 대부분은 부인들이 건축설계사무실에서 도면을 받아다가 자기 팀을 데리고 다니며 집을 지어 팔고 있었다.

새로 조성되는 개발지역이라 집안살림을 해야 하는 아내도 불편했지만 성대로 출근해야 하는 나도 보통 힘든 일이 아니었다. 포장도 되지 않은 도로에는 단 한 개의 노선버스인 288번이 다녔는데 배차간격도 상당히 길었다. 일단 중앙대 앞까지 간 후 거기서 내려 다시 흑석동-수유리 구간을 운행하는 63번 버스를 갈아타야 혜화동까지 올 수 있었다. 비만 오면 버스가 다니는 길가는 진흙밭이 되어 질퍽거렸고, 맑은 날에는 거리가 온통 먼지투성이였다. 버스는 항상 만원이어서 출근할 때나 퇴근할 때, 거의 한 시간 이상씩을 짐짝같이 이리 밀리고 저리 밀리며 시달려야 했다. 그렇지만 이 정도의 불편들은 내 집을 마련했다는 뿌듯함으로 충분히 극복할 수가 있었다. 더욱이 우리를 흐뭇하게 만든 것은 애들이 아직 집들이 들어서지 않은 넓은 들판과 길에서 축구와 야구놀이를 하며 마음껏 뛰어 노는 모습이었다. 역시 이사 오기를 잘 했다는 생각이 들었다.

산업사회문제들을 처음으로 다루다

1977년은 한국 경제가 최초로 100억 달러의 수출고지를 힘겹게 넘은 해였다. 물론 정부와 공화당은 지난 16년간의 치적을 가장 설득력 있게 홍보할 수 있는 이 절호의 기회를 놓칠 리가 없었다. 그래서 이 100억 달러의 수출이 갖는 의미를 아전인수격으로 해석하는 데 열을 올리고 있었다.

그 가운데 하나가 일본이 1964년에 와서야 100억 달러를 수출했다는 사실을 감안해 볼 때 일본 경제와 한국 경제 간에는 불과 13년의 격차밖에 없다는 것이다. 어떤 사람은 한술 더 떠서 1964년 당시 일본의 인구가 1억 3,000만 명이었고, 1977년 한국의 인구가 3,650만 명이었다는 사실을 고려해 본다면, 국력의 신장도를 평가하는 데 있어서 이 13년의 격차는 달리 해석되어야 한다고 목소리를 높였다.

그뿐만 아니라 정부와 공화당은 1991년까지의 한국 경제발전 전망을 제시했다. 그것에 따르면 1982년에는 202억 달러의 물량이 수출될 것으로 추정되나 실제로는 250억 달러 선을 무난히 달성할 것이라고 전망했다. 그리고 1991년에는 실업률 1.0%의 완전고용을 드디어 실현하게 된다는 것이었다. 그러면서 1980년대를 이른바 생존이 아닌 미식(美食)을 즐길 수 있는 전대미문의 복지사회 실현 연대로 미화했다. 많은 사람들은 이제 가난했던 전(前)산업시대를 마침내 탈피하고 신(新)산업시대의 전개 속에서 1980년대의 고도산업사회를 전망하는 화려한 꿈속에 젖어 있었다.

이와 같은 축제분위기에 대해 학계도 매우 민감하게 반응했다. 한국사회학회는 1978년의 춘계사회학대회 주제를 '복지사회의 사회학'으로 정했다. 복지사회의 본질을 사회학적인 측면에서 분석한 후 앞으로 맞이하게 될 1980년대의 복지사회에 대해 방향을 제시해 주자는 의도였다. 그러나 한국사회학회의 이러한 주제선정은 너무나 성급한 시세편승이 아닌가 하는 생각을 갖게 했다. 무엇보다도 아직 최저임금제가 실시되지 못하는 상황에서 다수의 노동자가 생계비 미만의 저임금으로 살아가야 하는 현실의 절박성을 제대로 인식할 필요가 있다고 생각했다. 따라서 복지사회 운운하는 것은 시기상조일 뿐만 아니라 정부의 통치이데올로기를 학자들이 합리화시켜 주는 꼴이 되지 않을까 하는 우려가 들었다.

그러던 어느 날, 한국철학회의 연구이사직을 맡고 있던 철학과의 이영호 교수를 교수회관 식당에서 만났다. 그는 한국철학회의 춘계연구발표 제목이 '산업사회의 철학'으로 결정되었다고 하면서 나에게 사회학적인 관점에서 이 문제를 한 번 다루어 줄 것을 부탁했다. 나는 한국철학회도 산업사회를 찬미하는 철학자들의 잔치를 열기로 한 것이냐고 농담 속에 진담이 섞인 말을 했다. 그러나 주제선정의 배경설명을 들으면서 이 교수가 나와 같은 생각을 하고 있다는 것을 알게 되어, 산업사회학을 전공하는 사람으로서 평소에 가지고 있던 나름대로의 생각을 지적인 청중을 대상으로 한 번 피력하고 싶은 강한 충동을 느꼈다. 물론 산업사회학 강의를 통해 산업사회의 다양한 측면을 비교적 광범위하게 다룰 수 있었지만 학회의 공식적인 모임을 통한 발표기회는 그것이 처음이었다. 그뿐 아니라 산업사회의 문제를 연구발표회의 주제로 삼은 것도 철학회가 처음이라 호감이 갔다. 그래서 이 교수의 부탁을 쾌히 받아들였다. 그것이 그 해 6월 초의 일이었다.

나는 발표논문의 제목을 「산업사회와 그 이데올로기」로 정했다. 산업사회의 이데올로기적 성격을 한 번 제대로 파헤쳐 보자는 심산이었다.

논문의 첫 부분에서는 보편성의 문제로서 현대 서구 산업사회에 대한 규범적인 평가를 다루었다. 즉, 산업사회에 대한 낙관적인 견해와 비관적인 견해를 살펴본 것이다. 두 번째 부분에서는 특수성의 문제로서 한국의 산업화 문제와 그것의 이데올로기적 성격을 취급했다. 따라서 여기에서는 주로 성장 위주의 경제정책이 추구하는 이데올로기적 성격과 이러한 정책이 초래할 수 있는 위험성에 관해 논했다. 그런데 이 두 번째 부분의 원고를 작성하면서 나는 남모르는 고민에 빠져야 했다. 그것은 성장정책의 이데올로기적 성격을 과연 어느 정도의 깊이까지 파헤칠 수 있을까 하는 것이었다. 당시의 사회분위기는 학자로서 누릴 수 있는 표현의 자유와 그 한계를 스스로 결정하는 것이 그렇게 용이한 때가 아니었다. 결국 '이 정도까지야 이야기할 수 있겠지' 하는 나름대로의 수준을 정했으나 혹시 이상한 곳으로부터 부름을 받지 않을까 하는 불안감이 있었다.

한국철학회의 춘계연구발표는 예정대로 외국어대학 강당에서 개최되었다. 산업사회에 대한 사회학도의 분석은 참석한 철학도들에게 깊은 감명까지는 아니더라도 상당한 관심과 주목을 끌게 한 것 같았다. 발표가 끝난 다음 열띤 토론이 있었고 많은 사람들로부터 내용이 아주 좋았다는 격려도 들었다. 또한 한국일보가 발표내용을 1978년 6월 30일자 신문에서 상당한 지면을 할애하여 다룬 것도 일반독자들을 위해 다행스러운 일이었다. 신문에서는 다음과 같은 나의 주장을 인용하며 끝을 맺었다. 심 교수는 "우리가 지향해 가야 할 고도산업사회는 국민소득으로 집약되는 거시경제적 규모의 일방 성장이 아니라, 인간다운 생활이 보장되고 사회질서를 양심적으로 따르는 모든 건전한 시민에게 동일한 자아실현의 기회가 부여되며, 권력과 금력에 의한 지배가 적은 사회로서 기본과 품위가 있는 사회가 되어야 한다"라고 주장했다. 한국일보 강대형 차장은 이 문제를 두 번에 걸쳐 다루어 주었는데, 그것이 인연이 되어 그 후 좌담회에도 몇 번 초청되어 나갔다.

지금까지도 나의 관심사에서 가장 큰 비중을 차지하는 부분 중 하나는 어떻게 하면 서구의 고도산업사회와는 다른 한국적 특징의 산업사회를 이룩할 수 있겠는가 하는 것이다. 그 특징이란 교황 바오로 VI세가 1969년 제네바에서 개최된 국제노동기구 회의에서의 연설을 통해 외친 바와 같이 "보다 많이 갖고자 하는 사회"가 아니라 보다 "인간답게 살고자 하는 사회"인 것이다.

한국사회학회와 계급문제

성균관대학교 사회학과가 창설된 후 제 모습을 갖추면서 잘 발전하고 있다는 것을 보여 주기 위해 나는 한국사회학회의 정기발표회를 유치해야겠다고 생각했다. 당시 사회학회 회장은 서울여대의 윤종주 교수였고, 서울대의 김경동 교수와 고려대의 임희섭 교수가 부회장을 맡고 있었다. 나는 학회 평의원이었는데 임원회에서 내 뜻을 이야기했더니 모두들 쾌히 찬성해서 쉽게 결정되었다.

1979년 5월 26일, '계절의 여왕'이라 부르는 5월의 신록이 캠퍼스를 싱그럽게 채색한 가운데 성균관대학교 계단회의실에서 춘계 한국사회학대회가 열렸다. 이 날따라 우리 대학의 캠퍼스는 500여 년의 학통을 이어온 민족의 대학답게 고풍스러움을 한층 뽐내는 듯했다. 정문을 들어서면 대학의 역사만큼이나 오래된 거대한 은행나무들이 초록의 푸른 나뭇가지들을 늘어뜨리고 있는 대성전 앞을 지나게 되고, 대성전의 모퉁이를 돌면 캠퍼스를 굽어보는 비원의 검푸른 숲이 한눈에 들어온다. 나는 우리 대학의 이런 고풍스런 멋스러움을 참석자들에게 보여 주는 것이 자랑스러웠다.

이날 회의는 4개 분과토의를 중심으로 진행되었는데 '산업사회와 노동문제'를 주제로 한 제1분과에서는 내가 「노동과 산업민주주의」에 관해서, 그리고 배무기 교수가 「직장만족과 직업윤리」에 관해서 발표했다.

잘 알려진 바와 같이 한국 경제는 1960년대 초에 추진된 공업화와 수출주도의 경제정책으로 눈부신 성장을 달성하게 된다. 특히, 1970년대 중후반에 와서는 성공적인 중화학공업화 정책으로의 전환과 수출 증대, 중동 붐으로 연평균 10%대의 고도성장을 구가하며 질주하게 된다. 수출산업이 호황을 누리고 GNP와 생활수준이 급격하게 높아지면서 수출주도형 산업화의 성공이 가시화되었던 것이다.

한국 경제의 이 같은 급격한 성장에도 불구하고, 정부의 산업정책은 성장 중심의 자본축적 전략과 친자본·반노동정책으로 일관되었다. 그리하여 노동자들은 하루 12시간 이상의 노동, 비인간적인 노동조건과 열악한 노동환경, 낮은 임금 등에 시달려야 했다. 그렇지만 절대적 빈곤 속에서 일자리를 가진 것 자체에 안도해야 했던 노동자들은 묵묵히 그들의 노동현실을 당연한 것으로 받아들였고, 약간의 잔업수당만 받으면 15~18시간의 노동도 감내할 정도로 순종적이었다. 그러나 악덕기업주의 착취와 학대가 극도에 달했을 때 노동자들의 누적된 고통과 저항은 격한 행위로 나타났고, 이 행위들은 자주 격렬한 행동으로 폭발했다. 더욱이 정부의 가혹한 노동운동 탄압은 노동자들이 그들의 요구와 권리를 합법적으로 표출할 만한 통로를 배제시켰기 때문에 더 이상 물러설 곳이 없는 노동자들은 극단적인 형태로 그들의 억압된 분노를 폭발시킬 수밖에 없었다. 그리하여 1970년대에 일선 노동운동의 특징을 나타내는 다음과 같은 일련의 사건들이 터져 나왔다.

· 1970년 11월 13일 평화시장 봉제공장 지역에서 일하던 22살의 젊은 재단사 전태일의 분신자살
· 동년 11월 15일 조선호텔 노동자 이상찬의 노조활동 보장을 요구한 분신자살 기도
· 1973년 12월 19일 서울 조일철 강사, 노동자 최재형이 회사측의 노조결성 방해에 항의하여 자살기도
· 1974년 2월 22일 대구 대동신철공업사 노동자 정세달이 기업주의 횡포를 고발하는 유서를 남기고 자살
· 1978년 10월 20일 서울 삼화운수 소속 시내버스 안내양 강이숙이 회사측의 지나친 몸수색에 항의하며 자결
· 동년 11월 3일 삼영정밀 공업사 노동자 정귀한이 "사장님, 사람을 사람답게 대해 주십시오"라는 유서를 써 놓고 자살한 사

건 등이 대표적인 사례이다.

그러나 주류사회는 고통받는 노동자들의 신음소리를 외면했다. 경제가 발전해 나가는 데 만족하고 있었고, 경제성장의 속도를 높이는 데만 관심이 있었다. 노동자들의 불만과 저항은 경제가 발전해 가는 과정에서 어쩔 수 없이 수반되는 부차적인 문제로 생각했다. 정치지도자들과 대다수 중간계층 사람들은 경제성장을 위해 노동자들이 작업현장에서 어떤 희생을 치르고 있는지에 대해 아무런 인식도 없었다.

온몸이 불길에 휩싸인 채 "근로기준법을 준수하라," "우리는 기계가 아니다," "노동자를 혹사하지 말라"고 외치면서 산화한 전태일의 분신자살은 사회에 큰 충격을 던져 주었다. 무엇보다 지식인사회가 수백만 노동자들의 문제에 대해 눈을 뜨는 계기가 되었다.

하지만 당시는 우리 사회가 공식적인 학회에서 노동자들의 문제를 있는 그대로 논할 만큼 성숙하지 못한 상황이었다. 노동문제를 깊이 있게 다룬다는 것 자체가 터부시되어 있었다. 따라서 노동과 같은 예민한 문제를 다룰 때는 발표논문의 주제선택과 내용에 있어서 신중에 신중을 기해야 했다. 그런 의미에서 「노동과 산업민주주의」라는 제목은 주제는 물론 글의 내용에 있어서도 통상적인 관념의 한계를 뛰어넘는 파격적인 것이었다. 아마도 내가 독일적인 사고방식에 훈련되어 있지 않았더라면 감히 그와 같은 글의 내용을 발표할 수 없었을 것이다. 나는 귀국 후 크리스천 아카데미가 주최하는 노동문제 워크숍에 종종 참여했지만 너무나 경직되어 있는 토론분위기에 실망을 금할 수가 없었다. 한 번은 노동자들의 임금문제에 대한 토론이 있었는데 정체를 알 수 없는 한 참석자가 '저임금'이란 말은 어감이 좋지 않으니 '낮은 임금'이라는 말을 사용해야 한다면서 살벌한 분위기를 연출하는 장면을 본 적이 있었다.

나는 1979년의 춘계 한국사회학 대회에서 발표를 통해 산업민주주의를 "산업이나 경제를 민주적으로 운영하여 효율과 공정을 기하려는 것이며, 소유적 측면이 아닌 산업관리적 측면에서 노동자의 발언권·참가권을 인정하는 사상·제도를 말하는 것"이라고 정의했다. 그러면서 산업민주주의의 실현을 위해 선결되어야 할 문제로서 근대적 기업관, 합리적 분배체제와 자율적 노사관계의 확립 등을 언급했다. 그리고 독일에서 실시하고 있는 「공동결정법」과 「경영조직법」을 산업민주주의의 정착을 위한 하나의 제도적 장치로서 소개했다.

나의 발표가 있은 후 열띤 토론이 있었는데 논평에 나선 김진균 교수는 다소 상기된 표정으로 다음과 같이 말문을 열었다. "그 동안 우리 학회가 고통받는 노동자들의 문제에 대하여 침묵해 왔는데 오늘 심윤종 교수의 발표는 우리에게 큰 자성의 계기를 주었다고 생각한다. 여기에서 '계급'의 문제가 나왔는데 내가 알기에는 우리 학회에서 처음 거론된 문제이다. 그만큼 우리 학회가 발전해 가고 있다는 증거로서 매우 기쁘게 생각한다."

노동문제에 대하여 각별한 관심을 가지고 있던 김진균 교수는 외로운 고행길에서 길동무를 만난 양 반가워하는 모습이었다. 특히, 내가 1984년 한국 최초로 『산업사회학』이란 저서를 내었을 때는 신문에 서평을 써 주며 우리 나라의 사회학 교육뿐만이 아니라 산업사회학의 발전을 위해서도 큰 업적을 남겼다고 격려해 주었다. 그 이후 김 교수와 나는 학문적 동반자가 되어 한국 산업사회에 대한 연구의 길을 같이 걸어갔다.

이수초등학교 근방으로 이사하다

1980년에 집을 팔고 지금의 이수중학교 인근인 방배2동으로 이사를 갔다. 같은 과에 계시던 양흥모 교수가 반포에 사셨는데 반포로 이사를 오라고 하시면서 개인주택보다는 아파트가 재테크면에서 전망이 좋다는 것이었다. 그러나 나는 왠지 아파트에 사는 것은 꼭 큰 콘크리트 상자 안에 갇혀 사는 기분이 들어 싫었고, 또한 방배동에 정이 든 애들을 다시 낯선 환경에 내몰고 싶지가 않았다.

이수초등학교는 방배1동 다음으로 2동과 3동이 본격적으로 개발되면서 집들이 우후죽순식으로 들어서게 되자 방배초등학교에서 학생들을 다 수용할 수 없게 되어 새로 설립되었다. 방배2동에 이수초등학교가 새로 생기면서 둘째는 이 학교에 입학했고, 첫째도 학교를 옮겨 같이 다니게 되었다. 학생들이 갑자기 얼마나 많아졌는지 한 반에 60~70명씩이나 되는 아이들이, 저학년은 오전·오후반으로 갈라져서 수업을 받아야 했다. 집에서 학교까지는 10여 분 거리였지만 가파른 언덕길을 넘어서 가야했으므로 애들로서는 쉽지 않은 길이었다. 게다가 새로 입학한 둘째녀석은 아침이면 꼼지락대다가 학교 가는 시간이 늦어 내가 자전거로 데려다 주는 일이 많았다. 아직은 빈 공터들이 많아서 학생들이 다니는 지름길로 달렸는데 돌자갈밭이라 길이 울퉁불퉁하여 자전거 몰기가 여간 불편한 것이 아니었다.

새로 이사 간 집은 이수초등학교 동쪽편 언덕 위에 위치해 있었다. 원래는 야산이었던 곳을 주택지로 개발했기 때문에 경사가 꽤 있었다. 집은 1층과 2층에 각각 한 세대, 그리고 반지하에 2세대가 살도록 되어 있었다. 집값은 6,000만 원이 조금 넘었는데, 먼저 살던 집을 3,000만 원에 팔고 또 세를 끼고서 샀다.

나는 독일에 살 때 아파트가 없는 주택가에만 살아서 그런지 독일 사람들이 잔디를 깎거나 물을 주면서 정원을 알뜰하게 가꾸는 것이 너무 부러웠다. 그래서 나도 한국에 가면 푸른 잔디와 예쁜 꽃들이 있는 정원을 가꾸며 살고 싶었다. 새로 이사 간 집은 나의 이런 꿈을 어느 정도 실현시켜 줄 수 있었다. 대지는 70여 평에 불과했지만 직사각형으로 반듯하여 그런 대로 정원이 제법 잘 나온 집이었다. 정성 들여 앞뜰에 잔디를 심고, 울타리 밑에 큰 돌로 낮은 축대를 만들고 그 위에 흙을 채운 다음에 감·대추·모과 등의 과일나무와 정원수들을 심고 군데군데 영산홍을 심으니 훌륭한 정원이 되었다.

잔디가 뿌리를 잘 내려 여름이면 반바지를 입고 마당과 정원수에 물을 주며 한더위를 보내는 재미도 쏠쏠했다. 처음에는 앞마당의 잔디면적이 좀더 넓었으면 좋겠다고 욕심을 냈었는데 잔디가 왕성하게 자라면서부터는 오히려 더 넓지 않은 것에 감사해야 했다. 잔디를 보기 좋게 관리하려면 1주일에 적어도 한 번 정도는 깎아 주어야 했는데, 수동기계로 작업을 하는 것이 생각만큼 쉽지가 않았기 때문이다. 그래서 욕심도 분수에 맞게 내야 한다는 교훈을 얻었다.

몇 년이 지난 후 여유가 생기면서 2층 세를 빼고 우리 가족이 1, 2층 모두를 사용하게 되었다. 2층 큰 방은 내가 서재로 사용하고 작은 방은 첫째가, 부엌을 개조한 방은 둘째가 사용했다. 전망이 좋은 2층 방을 사용하게 된 애들도 신나했지만 오랜만에 서재를 갖게 된 나의 기쁨도 컸다.

우리 집 앞쪽으로는 같은 평수의 2층집 두 채가 더 있었는데, 바로 앞집에는 보안사령부에 근무하는 J모 장군이 살고 있었다. 가끔 동해안의 민간인 통제구역에서 잡아왔다는 어른 손바닥만 한 전복을 여러 개나 주어 잘 먹었고, 애들이 잔디밭에서 하키를 한다고 흉내 내는 것을 보고 골프공을 주어 녀석들을 기쁘게 해 주기도 했다. 두 번째 집 앞에는 반쪽만 남은 야산이 있었는데 산에는 꽤 크게 자란 소나무들이 많아서 시간이 있을 때는 애들과 함께 올라가 운동을 하며 재미있게 놀곤 했다. 그리고 지금의 동덕여고 뒤편인 이 야산의 맞은편 구릉지에는 넓은 공터들이 있어서 애들이 야구를 하며 노는 장소로 많이 이용했다.

한 번은 첫째가 초등학교에 다니는 반 친구들과 이 곳에서 함께 야구를 하다 크게 다쳤다는 말을 듣고 깜짝 놀라 달려갔다. 첫째는 반듯이 누운 채 꼼짝을 못하고 있었는데, 높이 날아오는 공을 서로 받으려고 하다 다른 아이와 마주 부딪쳤다고 했다. 등에 업고 집으로 왔는데 허리를 전혀 못쓰는 것이 심상치 않아서 가야병원 정형외과에 데리고 가 엑스레이 사진을 찍어보았다. 의사선생님 말이 척추뼈가 주저앉았다며 괜찮아질 때까지 보호대를 착용하고 집에서 움직이지 말고 누워 있으라고 했다. 마침 방학이어서 다행이었다. 의사의 지시대로 했더니 어린애들이라 회복속도가 빨라서 얼마 후에는 조심스럽게 정상적인 생활을 시작할 수 있었다.

우리 집 앞쪽에는 500여 평의 넓은 나대지가 무성한 잡풀 속에 그대로 방치되어 있었다. 애들이 잠자리채로 나비나 잠자리를 잡으며 뛰어놀았고, 이웃 주민들이 여기저기 밭을 만들어 고추나 호박을 심어 따먹기도 했는데 집사람도 한몫 끼었다. 서울이라는 대도시에 살면서도 농촌 같은 환경 때문이었는지 모르겠지만 이웃에 사는 주민들과 애들 사이에도 상당히 가까운 정서적 관계가 형성되어 있었다.

우리 집 2층에는 꽤 큰 베란다가 있었는데 나는 여기에다 식구들이 둘러앉을 수 있는 노천식탁을 만들었다. 날씨가 춥지 않은 주말에는 종종 여기서 저녁식사를 했다. 탁 트인 주위와 산에서 불어오는 신선한 공기 등을 즐기며 온 식구가 마냥 떠들고 웃는 즐거운 식사시간을 가지곤 했다. 나는 특히 이 노천식탁을 잘 애용했다. 서재에서 책을 읽다가 좀 지루하거나 피로하다 싶으면 아내에게 진한 커피 한 잔을 부탁한 후 이 노천테이블에서 천천히 그 맛을 음미하며 커피의 아로마향에 취해 뮌헨 쉬바빙 거리에서 즐기던 노천카페를 떠올리곤 했다.

우리가 방배2동으로 이사를 갈 때만 해도 이수중학교는 아직 설립되지 않았고, 그 자리는 반쪽이 깎여나간 야산으로 남아 있었다. 그러나 몇 년 후에 반쪽짜리 야산의 맨 꼭대기에 터닦기가 시작되더니 이수중학교가 들어섰다. 둘째는 지척거리에 있는 이수중학교에 입학을 했는데 집에서 학교 후문까지는 2~3분밖에 걸리지 않았다. 그래서 준비물 등 필요한 것들을 챙겨 가지 않았을 때는 학교 옥상에 올라가 녀석이 집안일을 도와 주던 친척 누나의 이름을 불러 가며 준비물을 가져오게 하곤 했다.

방배동에 살면서 참으로 이해할 수 없었던 일은 새로운 주택지를 개발할 때 학교와 같은 공공시설이 부지선정에서 최우선적으로 고려대상이 되지 못한다는 것이었다. 주택이나 경제성이 앞서는 기타 시설들이 다 들어서고 난 다음, 마지막 차례가 되다 보니 중학교는 밀리고 밀려서 위치가 제일 나쁜 언덕 꼭대기에 세워지는 것을 몇 번 보았기 때문이었다. 1980년에 설립된 반포4동의 방배중학교와 1982년에 설립된 방배2동의 이수중학교가 대표적인 경우일 것이다.

첫째가 방배중학교를 다녔는데 차를 타고 올라가는데도 힘든 언덕길을 나이 어린 중학생들이 매일 다녀야 하는 것을 생각하면 분통터질 때가 한두 번이 아니었다. 그런데 둘째가 입학한 이수중학교도 꼭 같았다. 방배 1동이나 3동의 저지대에서 등교하는 학생들은 까맣게 올려다 보이는 가파른 언덕길을 맨 꼭대기까지 올라와야 학교 정문에 도달할 수가 있는 것이다. 그러니 학교에까지 올라오려면 여름에는 땀범벅이 되어야 했고, 겨울에는 빙판이 된 길바닥에 수없이 엉덩방아를 찧어야 했다. 누구를 위한 그리고 무엇을 위한 개발인지 도무지 모를 일이었다.

방배동집에서 두 아들과 함께

잘츠부르크와 그랜드캐니언에 가다

1980년 여름, DAAD의 초청을 받아 하이델베르크대학을 5년 만에 다시 방문하는 기회를 가졌다. 대학은 조금도 변함없는 모습이었지만 노 교수님 몇 분은 퇴임을 하셨고, 나와 같이 공부를 하던 독일인 친구들이 전임이 되어 강의를 하고 있었다. 나는 객원교수의 타이틀을 가지고 대학에서 배정받은 연구실에 나가 전공과 관련된 논문들을 읽거나 수집하면서 시간을 보냈다. 예전에 공부할 때와 비교해 보면 모든 것이 무척 여유 있는 생활이었지만 긴장과 가족이 없는 생활 때문인지 시간의 흐름이 아주 느리게 느껴지는 일상이었다. 그간 하이델베르크 한인 사회도 세대교체가 이루어져 함께 어울릴 만한 사람들이 별로 없다는 것도 나의 체류를 더욱 무료하게 만드는 요인이었다. 그래서 어딘가로 한 번 여행이나 다녀와야겠다고 생각하고 있을 때였다. KAAD(가톨릭장학재단)의 림바하(H. Limbach) 사무처장으로부터 편지가 왔는데 잘츠부르크 음악축제에 맞추어 8월 중순경 KAAD 장학생 일부를 초청하려고 하니 관심이 있으면 오라는 내용이었다. 나로서는 무척이나 반갑고 매력 있는 제안이 아닐 수 없었다. 잘츠부르크는 내가 무척 좋아하는 음악영화 「사운드 오브 뮤직」을 통해 깊은 인상을 받은 도시가 아니던가? 여름에 휴가를 다녀올 때면 차 안에서 온 가족이 「사운드 오브 뮤직」의 주옥 같은 노래들을 합창하며 드라이브하던 기억이 새삼 떠올랐다.

기차를 타고 뮌헨을 지나 독일 국경을 넘어가니 금방 잘츠부르크에 도착했다. 역에는 잘츠부르크 음악축제를 보기 위해 몰려온 관광객으로 넘쳤다. 내가 며칠간 묵게 될 가톨릭계의 학생기숙사는 신시가지에 있었는데 KAAD 직원이 역에 나와 나를 반갑게 맞아 주었다. 저녁식사 때 초청받은 이들이 한자리에 모였다. 모두 20여 명의 장학생 중 체코에서 온 학생들이 반을 넘었는데, 금발의 아름다운 여대생들이 많아 분위기가 썩 좋았다. 동구권에서 온 학생들을 처음 만나니 신기하면서 긴장도 되었으나 곧 친숙해졌다.

다음 날 아침식사가 끝난 후 우리는 곧바로 잘츠부르크의 명소를 찾아 떠났는데 한 번 꼭 와 보고 싶었던 도시여서 마음은 무척 설렜다. 가이드에 따르면, 매년 7, 8월에 열리는 잘츠부르크 음악축제에 참석하는 유명 인사들 중에는 오스트리아 대통령과 수상을 비롯해 세계적인 솔리스트와 각국의 정·관계 인사들도 있다고 한다. 또한 음악애호가들이 세계 각지에서 몰려와 함께 연주하고, 노래하고, 구경하며 축제를 즐긴다고 했다. 특히, 빈 필이나 베를린 필의 수준 높은 연주를 감상할 수 있는 것은 물론이고 각종 오페라와 연극·발레공연 등이 잇달아 개최되지만 하이라이트는 모차르트의 오페라라고 했다. 축제기간 동안 이 작은 도시는 말 그대로 음악회장이 되며 잘츠부르크는 도시 전체가 축제분위기에 휩싸인다는 것이었다.

우리가 제일 먼저 간 곳은 신시가지에 있는 미라벨정원(Mirabell garten)이었다. 바로크 양식으로 디자인된 이 정원에는 분수와 연못, 조각물, 그리고 각양각색의 꽃밭 등이 조화를 이루며 아름답게 꾸며져 있었다. 여기에 있는 미라벨궁은 1606년 볼프 디트리히(Wolf Dietrich) 대주교가 사랑하는 여인 살로메(Salome von Alt)를 위해 건축한 것으로 훗날 이 안의 대리석 홀에서 모차르트가 당시 대주교를 위해 연주를 했으며, 지금은 여러 가지 콘서트와 연주회가 열린다고 했다. 영화「The Sound of Music」의 무대가 되어 더욱 유명해졌다고 했다.

미라벨정원을 빠져 나와 잘차흐(Salzach)강의 모차르트다리를 건너니 구도심으로 접어들게 되었는데, 호젓한 골목을 따라 걸어가다 보니 전면에 모차르트 생가(Mozarts Geburtshaus)라고 커다란 글씨가 씌어져 있는 건물이 나타났다. 게트라이데 거리

(Getreidegasse) 9번지, 바로 이 건물의 3층이 잘츠부르크의 자랑인 신동 모차르트가 태어난 곳인데, 모차르트는 여기에서 17세까지 살았다고 했다. 안으로 들어가 보니 모차르트의 자필 악보, 악기, 오페라 관련자료, 초상화와 그의 손길이 닿은 작은 소품까지 그대로 보존되어 있었다.

모차르트의 생가가 위치한 게트라이데 거리 입구는 잘츠부르크 최대의 번화가로 쇼핑하는 사람들로 붐볐다. 나도 여기서 알프스에서 채집한 꽃이 핀 에델바이스를 붙여 놓은 손바닥만 한 크기의 작은 액자 몇 개를 기념물로 샀다. 그 중 하나를 돈이 없어서 아이쇼핑만 하고 있는 예쁜 체코 여대생에게 주었더니 너무 감사해 했다.

다음으로 우리가 간 곳은 게트라이데 거리의 뒤편에 위치해 있는 축제극장((Festspielhäuser)(영화 속에서 폰 트랩 일가가 「에델바이스」를 불렀던)이었다. 이 곳이 바로 세계적으로 유명한 잘츠부르크 음악제의 메인 콘서트홀이다. 내부에는 소극장과 대극장 그리고 산의 바위를 뚫어 만든 야외극장인 펠젠라이트슐레(Felsenreitschule)가 있다. 잘츠부르크 태생의 세계적 지휘자 카라얀이 축제감독으로 있으며, 여기에서 빈 필이나 베를린 필 같은 세계적인 오케스트라를 감상할 수가 있다고 했다.

축제극장을 뒤로 하고 가파른 계단을 한참 올라 숲길로 이어진 길을 따라 조금 더 올라갔더니(영화 속에서 성당으로 등장한) 호엔 잘츠부르크성(Festung Hohensalzburg)이 나왔다. 대주교의 성으로, 숱한 전쟁에도 파손되지 않은 성이라고 했다. 성 내부에 있는 의식홀과 황금홀에는 서기 1500년에 만들어진 난로와 수동식 파이프오르간이 있는데, 이 오르간은 하이든과 모짜르트가 사용하던 것이라고 한다.

묀히스베르크(Mönchsberg)산 정상인 이 성에서 바라본 주변 풍광은 감탄사가 절로 나올 정도로 아름다웠다. 전망대에 서면 연푸른 잘차흐강을 사이에 두고 나누어져 있는 신시가지와 구시가지가 한눈에 들어온다. 그리고 바로 눈앞에 펼쳐지는 구시가지의 성당 돔들은 고풍스러운 구시가지의 건물들과 잘 어울려 우아한 도시분위기를 자아내고 있었다.

점심때가 되어 구시가지에 있는 잘츠부르크대학(Paris Lodron Universität Salzburg) 학생식당에서 식사를 했는데 그 맛이 꿀맛 같았다. 작은 도시지만 걸어 다니며 구경한 것이 입맛을 돌게 한 모양이었다. 식사 후 밖으로 나와 벤치에 앉아 잠시 쉬는데 일본 여대생들이 무리를 지어 다니는 것이 눈에 띄었다. 가이드에게 물어보았더니 아마 모차르테움(Mozarteum)에 다니는 학생들일 거라고 했다. 카라얀의 모교이기도 한 모차르테움은 빈 음대와 더불어 오스트리아 음악교육의 양대 산맥이라고 한다. 풍요한 생활 탓인지 일본 여대생들은 훤하고 귀티가 나 보였다. 하이델베르크에서도 일본 고등학교 학생들이 관광버스를 대절해 수학여행을 온 것을 보고 놀랐는데 일본의 국력신장 속도가 대단하다고 느껴졌다.

점심식사 후 잠깐 쉰 다음 우리는 잘츠부르크 투어의 하이라이트라는 잘츠캄머굿(Salzkammergut)으로 이동했다. 잘츠부르크 안에서 발견하는 멋스러움도 많지만, 교외로 떠나는 시간도 즐거웠다. 차량으로 2시간 가량 달린 후 목적지에 도착했는데,

잘츠캄머굿이라는 지명 아래 모인 수많은 호수마을들의 전경은 말 그대로 환상적이었다. 여기가 오스트리아와 알프스를 대표하는 최고의 휴양지라는 표현이 지나친 것 같지가 않았다. 야생화가 가득 피어난 들판과 바닥이 훤히 내려다 보이는 맑은 호수, 웅장한 알프스의 가파른 산기슭을 타고 옹기종기 들어선 고풍스러운 마을들의 풍경은 한 폭의 그림이었다. 호수와 산, 집들이 완벽한 조화를 이루고 있었다. 그 중에서도 잘츠캄머굿의 진주라고 불리우는 할슈타트(Hallstatt)는 유럽에서 가장 아름다운 마을로 손꼽힌다고 한다. 평생을 바라봐도 싫증나지 않을 것 같은 전경이었다. 우리가 알고 있는 오스트리아의 아름다운 광고사진에 흔히 등장하는 마을이 바로 이 할슈타트란다.

다음 날 우리는 모차르테움 건물 옆에 있는 잘츠부르크의 유명한 마리오네텐 테아터(Marionettentheater)에서 인형극을 관람했다. 꿩 대신 닭이라고 미리 예약을 해 두지 못해 음악제의 공연을 볼 수 없었기 때문에 인형극으로 아쉬운 마음을 달래야 했다. 저녁에는 우리를 보려고 일부러 본에서 내려온 림바하 사무총장과 반갑게 해후했다. 우리는 함께 게트라이데 거리에 있는 대중 호프집에서 생맥주와 춤 파티로 새벽까지 시간 가는 줄 모르고 즐거운 시간을 보며 잘츠부르크 음악제의 출렁대는 밤을 만끽했다. 이렇게 하여 영화 「사운드 오브 뮤직」의 무대로 널리 알려진 잘츠부르크에 대한 진한 추억을 소중하게 간직하며 2박 3일의 여정을 끝냈다.

하이델베르크로 돌아온 후, 2학기 개강에 맞추어 귀국준비를 하고 있는데 콜로라도에 계신 누님으로부터 편지가 왔다.

보고 싶으니까 한 번 들러가라는 것이었다. 누님하고는 독일로 유학을 떠나던 1966년에 헤어진 뒤 약 15년간 떨어져 살아왔기 때문에 누님 내외분과 조카들을 보고 싶었던 차라 잘 되었다는 생각이 들었다.

프랑크푸르트 비행장에서 비자를 받으려고 여권을 제시했더니 창구직원 말이 당신 신분이 확실치 않아서 미국 비자를 내줄 수 없다는 것이었다. 내가 한국에 있는 성균관대학교 교수이고, 지금 DAAD 초청으로 하이델베르크대학에 객원교수로 와 있다가 미국에 있는 누님의 초청을 받아 잠깐 들르려 한다면서 누님이 보낸 초청장을 보여 주었다. 그런데도 내 말을 믿을 수 없다며 막무가내였다. 한국에서 좋은 대학의 교수로 있는 내가 무엇이 부족해 미국에 머물겠느냐고 조금 열을 받아 따지듯 말하면서 언뜻 생각나 학교 명함을 보여 주었더니 태도가 달라져 "알겠다"면서 비자를 내주었다.

미국에서 누님 가족들과 극적인 상봉을 한 다음, 누님 내외분과 자동차로 그랜드캐니언으로 여행을 떠났다. 콜로라도를 떠나 하룻밤을 모텔에서 자고 계속 달렸는데 10시간 이상은 족히 걸리는 것 같았다. 그러나 지루하지가 않았다. 차창 밖으로 보이는 경관들이 너무나 스펙터클했고 신비했기 때문이었다. 때로는 광활한 평원과 초지, 사막이라 해고 좋을 황무지, 깎아지른 듯한 수백만 개의 노란 바위첨탑 지대를 지나는가 하면 붉은색의 바위첨탑과 협곡 등이 끝없이 펼쳐져 있어 달리고 달려도 쉽게 벗어나지지가 않았다. 미 대륙을 처음 여행해 보는 나에게는 모든 것이 놀랍고 신기할 뿐이었다.

마침내 그랜드캐니언에 도착해 전망대에 서는 순간 나는 넋이 빠지는 것 같은 아찔함을 느꼈다. 거대한 협곡의 그 장엄하고 웅장한 스케일과 아름다움이 연출하는 파노라마는 어떤 수사어로도 표현할 수 없을 만큼 대단했다. 대자연의 위대함 앞에서 인간이 얼마나 하잘것 없는 존재인지를 느낄 수 있는 순간이었다.

뭐라 말할 수 없는 진한 감동을 품고 전망대를 떠나오는데, 노새를 타고 계곡 밑으로 내려가는 트레일 코스의 차례를 기다리는 사람들이 줄 서 있었다. 우리는 하룻강아지 범 무서운 줄 모르는 격으로 겁도 없이 한 번 내려가 보기로 했다. 우리 차례가 되어 준비를 하고 있는데 심장이나 혈압에 문제가 있는 사람은 빠지라는 것이다. 심상찮은 코스라는 것을 직감했지만 포기하기에는 기다린 시간이 아까웠다. 우리 조가 타고 갈 12마리 노새가 기다리고 있었다. 작고 온순해 보이는 노새들은 여성과 연장자들에게 우선권이 주어지고 동양에서 온 젊은 나에게는 12마리 중에 제일 크고 고집스러워 보이는 녀석이 배정되었다. 일하는 청년의 도움을 받아 말만큼이나 큰 노새 등에 올라타니 높은 사다리에 올라온 양 가슴이 두근거렸다. 계곡의 급경사면을 타고 아슬아슬하게 나 있는 좁은 길을 따라 일렬로 내려가는데 역시 여성과 연장자들이 앞에 가고 나는 맨 끝이었다.

처음 입구를 지나 내려갈 때만 해도 '뭐 이 정도면' 하고 생각했다. 그러나 조금 더 내려가니 눈을 뜨고 차마 바라볼 수 없는 공포의 계곡이 나왔다. 절벽 같은 협곡 경사면에 지그재그로 나 있는 비좁은 외길을 덩치 큰 노새가 앞서 가는 녀석의 발자국을 따라 또박또박 걸어가는데 수만 길의 깎아지른 듯한 벼랑이 내려다 보였다. 만약 여기서 노새나 내가 조금이라도 실수를 한다면 그야말로 뼈도 못 추리는 신세가 될 거라고 생각하니 오금이 저리고 심장이 멎을 것 같았다. 순간 "당나귀 고삐를 놓치면 아주 위험하니 꼭 붙잡고 있으라"는 가이드의 말이 떠올랐다. 고삐가 생명줄이라고 생각하고 온 신경을 집중하여 고삐를 꽉 붙잡고 앞만 보고 가는데 갑자기 노새가 멈추어 섰다. 무슨 일인가하여 초긴장을 하고 있는데 노새놈이 오줌을 누기 시작했다. 이 무서운 공포의 계곡을 지나면서도 앞서 가는 일행의 뒷모습이 보이는 것이 큰 힘이 되었는데 곧 시야에서 사라지는 것이었다. 현기증이 날 정도로 아찔한 절벽길, 앞뒤로 인적이 사라진 거대한 협곡 속에 나 홀로 남은 것이었다.

나는 정신적 공황상태에 빠져서 노새를 빨리 가도록 해야겠다는 일념에, "고우", "고우"라고 외쳤지만 노새는 꿈쩍도 않고 볼일을 계속 보는 것이었다. 이제는 영락없이 황천길이구나 하는 공포감 속에서도 이처럼 허무하게 죽을 수는 없다는 생각이 번개같이 스치고 지나갔다. 이제는 이판사판이라는 생각이 들어 말이 통하지 않으면 매로 다스려야겠다는 절박한 생각에서 양다리를 번쩍 올렸다 노새 옆구리를 차려는 순간 볼 일을 마친 노새가 발걸음을 떼기 시작했다. "하느님 감사합니다"는 말이 저절로 나왔다.

이렇게 몇 시간 동안 노새 고삐를 붙들고 생존(?)게임을 한 끝에 널찍한 바위들이 작은 평지를 이루고 있는 목적지에 도착했다. 모두들 죽었다 살아난 듯한 표정이었다. 문득 정신을 차리고 주위를 둘러보니 콜로라도강이 지척에 보였고, 클로즈업되어 더욱 웅장하고 장엄해 보이는 계곡 벽의 수많은 단구가 햇살을 받아 환상적인 색채와 분위기를 조성해 전망대에서와는 또 다른 멋을 연출해 냈다. 언젠가 꼭 시간을 내어 가족들에게도 이 일망무제의 숨 막힐듯 아름다운 자연의 신비로운 걸작품을 보여 주어야겠다는 생각을 하면서 그랜드캐니언을 떠났다.

사회과학연구소장직을 맡다

나는 김경수 총장의 뒤를 이은 조좌호 총장이 새로 처·실장 보직을 임명하던 1983년 2월 학생부처장으로 본부에 들어갔다. 조좌호 총장하고는 전연 인연이 없는 내가 보직 중에 교수들이 가장 기피하는 학생처에 발을 들여놓게 된 데는 그만한 이유가 있었다. 조 총장과 가까운 관계에 있던 신연철 교수가 학생처장직을 맡게 되셨는데, 내 또래의 젊은 교수들이 좋아하던 이 분이 내가 학생부처장을 맡아 도와 주어야만 본인도 처장직을 수락하겠다고 배수진을 치는 통에 세트로 들어가게 된 것이었다. 원래 대학에 학생부처장이란 보직은 없었는데 전두환 정권 말기에 학생시위가 거세지자 학생처를 보강하기 위해 교육부에서 학생부처장제를 권장했다.

그러나 부처장직을 수행하면서 나는 깊은 회의에 빠져야 했다. 군부독재 타도를 위해 온몸을 바쳐 투쟁하는 학생들이 교내에서 사복경찰들에게 무자비하게 끌려가거나 초법적으로 징계당하는 것을 뻔히 보면서도 속수무책으로 앉아 있어야 하는 것이 혐오스러웠다. 사실 부처장직을 맡을 때만 해도 학생들의 희생을 좀 줄이는 데 기여할 수도 있지 않을까 하는 나름대로의 소박한 생각을 가졌었다. 그러나 그 같은 생각은 내 역량의 한계를 넘는 일이라는 것을 곧 깨달았다. 일일이 여삼추 같은 한 학기를 끝내고 보직사표를 내려고 했으나, 주위에서 그래도 1년은 채우는 것이 예의가 아니겠느냐고 해서 한 학기를 더하고 사표를 냈다. 다행히 학생처장과 총장도 나를 이해하시고 풀어 주어서 얼마나 고마웠는지 모른다. 그 이후 나는 성대 사회과학연구소장직을 맡게 되어 연구소 일과 강의에 전념하게 되었다.

내가 연구소장직을 맡고 있을 때 김진균 교수는 진보적 소장학자들이 모여 비판적 시회과학이론을 연구하는 '한국산업사회연구회'(지금의 한국산업사회학회) 회장으로 활동하고 있었다. 그는 1980년 전두환 정권에 의해 서울대에서 해직된 후 상도동 창고건물에 개인연구실인 '상도연구실'을 열어 진보적 민주화 운동 이론연구에 앞장서고 있었다. 1984년에 다시 복직되어 상도연구실을 중심으로 한국산업사회연구회를 이끌어 가고 있었는데, 이 연구실은 교통문제도 있었지만 발표장으로 사용하기에는 매우 비좁고 옹색했다.

그때 한국산업사회연구회 부회장직을 맡고 있던 나는 상도연구소의 이런 사정을 알고 있었기 때문에 발표회를 가질 때는 사회과학연구실을 사용하도록 했다. 우리는 한 달에 한 번씩 모여 발표회를 가졌는데, 주로 노동과 한국 사회의 계급구조나 구성 등의 문제들을 다루었다. 기존의 연구풍토에 비판적이던 진보성향의 소장학자들과 젊은 학생들이 많이 이 모임에 참석했다. 특히, 서관모·이각범 등의 소장학자와 조희연·임영일 등의 젊은 학도들이 모임에서 토론을 이끌어 갔다.

사회과학연구소는 금잔디광장 서쪽에 있던 구 이과대학 건물(지금은 철거됨) 3층에 있었는데 사무실 바로 옆에 강의실을 개조해 만든 제법 규모와 시설이 잘 갖추어진 세미나실이 있었다. 발표와 토론은 항상 열띤 분위기 속에서 진행되었다. 무엇보다도 발표주제 자체가 군사정권하에서 자신과 국가의 정체성을 찾고자 했던 참여자들에게 목마름을 달래 주는 것이었기 때문이었다. 발표가 끝난 뒤 우리는 뒤풀이로 학교 밖의 대중음식점에서 저녁식사와 함께 소주잔을 비우며 어두운 시대를 살아가는 우리의 울적한 심정을 달래곤 했다.

나는 산사연의 발표가 불편 없이 진행되도록 최선을 다해 도와 주었다. 그 결과 발표회는 약 1년간 순조롭게 계속되었는데 결국 관계기관에서 체크를 했기 때문에 더 이상 진행되지 못했다. 하루는 잘 아는 학생과 직원이 내 연구실로 찾아와서는 학교에 나오던 기관원이 사회과학 세미나실에서 갖는 산사연의 발표에 대해서 계속 지켜보고 있는데 이제는 그만했으면 좋겠다는 이야기를 하더라는 귀띔을 해 주었다. 그렇지 않아도 관계기관에서 가만히 있는 것이 좀 이상하다고 생각하던 차였다. 내가 학생처장을 그만둔 것도 미안했는데, 그런 일로 학교에 부담을 주는 것은 바람직하지 않은 일이라고 생각하여 김진균 교수에게 양해를 구했다.

그 이후 산사연은 김 교수의 상도동 연구실에서 계속 모임을 가졌다. 김 교수는 자신의 임기가 끝나자 나에게 회장직을 맡아달라고 부탁했지만 사양했다. 이유는 간단했다. 산사연의 일부 핵심 구성원들이 지나치게 진보적인 성향을 가지고 있었는데 나로서는 그것을 감당할 자신이 없었다. 급격한 산업화의 이면에서 신음하는 노동자들의 문제나 민주화를 추구하는 이론적 논의에 대해서는 뜻을 같이 할 수 있었지만 체제의 정체성을 부정하는 과격한 주장에는 찬성할 수가 없었다. 내가 끝까지 사양하자 몇몇 젊은 사람들이 방배동의 우리 집까지 찾아와서 간곡하게 부탁을 했지만 나는 마음을 바꾸지 않았다. 그 후 최장집 교수가 귀국하여 산사연에 참여하면서 그 분이 회장을 맡았다. 그러나 그 이후도 중후하고 넉넉한 인품을 가지고 있는 김진균 교수와의 관계는 돈독하게 이어졌고 산사연에 대한 나의 애정도 계속되었다.

사회과학대 학장직을 맡다

1987년 겨울방학이 끝나가는 2월 하순경이었다. 조좌호 총장의 뒤를 이어 새로 총장에 임명되신 김용훈 총장이 급히 만나고 싶어한다는 전화가 왔다. 내일 아침에 팔레스호텔 커피숍으로 나오라는 것이었다. 갑작스럽게 만나자는 이유가 무엇일까를 궁금하게 여기면서 약속장소로 나갔더니 김 총장은 나를 보자 평상시와 같이 호탕한 웃음으로 반기시면서 거두절미하고 "심 선생 나 좀 도와 줘야겠다"고 하셨다. 내가 영문을 몰라 어리둥절해 하자 김 총장은 "잘 알다시피 요즘 대학에서 학생문제가 굉장히 심각한데 경험이 있는 심 선생이 학생처장을 맡아 나를 도와 주면 좋겠다"는 것이었다.

앞에서도 언급했듯이 나에게는 악몽 같았던 학생처 일에서 벗어난 것을 천만다행으로 생각하고 연구소 일에 전념하고 있던 내가 그 일을 다시 맡을 수는 없었다. 내가 정중하게 받아들일 수 없는 제안임을 이야기하자 총장은 강제로 발령을 내겠다고 하셨다. 나도 절대 물러설 수 없는 사안이므로 단호하게 입장을 밝혔다. 결국 김 총장은 시간을 줄테니 잘 생각해 보라는 말씀을 남기고 자리를 뜨셨다.

며칠 후 총장실에서 연락이 와서 또 학생처장 이야기일 거라고 생각하고 각오를 단단히 하고 총장실로 갔다. 성품이 어질고 낙천주의자이신 김 총장은 역시 밝은 웃음으로 나를 맞으셨다. 그리고는 학생처장은 행정학과의 한원택 교수가 하기로 했다면서 나보고는 사회과학대 학장직을 맡아달라고 부탁하셨다. 생각지도 못했던 제안이었지만 학장직까지 못하겠다고 하는 것은 도리가 아니라고 생각되어 하루만 생각할 수 있는 시간을 달라고 했다. 총장실을 나와 선배 교수 몇 분과 상의를 했더니 맡아야 되지 않겠냐고 조언했고, 총장에 대한 예의를 갖추기 위해서라도 받아들이기로 결정했다.

사회과학대학에는 우리 나라 학계에서 원로로 평가받는 훌륭한 학자분들이 계셨고 또 중진으로 활동하는 분들도 많았다. 그래서 나는 학장으로서 사과대 교수들의 의견을 충실히 교무위원회에 전달하는 심부름꾼으로서의 역할에 초점을 맞추고자 했다. 그리하여 중요한 일이 있을 때는 사과대 교수회의를 열어 수렴된 의견을 회의록에 담아 교무위원회 전에 교무처장에게 전달했고, 교무위원회에서 함께 논의하도록 했다. 처음에는 학교 당국에서도 신선한 발상으로 받아들이더니 시간이 지나면서 점차 부담스럽게 생각하는 듯했다.

그 와중에서 큰 문제가 터졌다. 총학생회가 재단문제를 들고 나온 것이다. 1977년 삼성이 성대 운영에서 손을 뗀 후 1980년 봉명그룹이 성대 재단으로 들어오게 되었다. 봉명그룹이 성대 운영에 참여하게 된 배경은 잘 알려진 바와 같이 박정희 전 대통령이 문경에서 소학교 교사로 있을 때 그 곳 태생인 이동영 전 봉명그룹 회장과 맺은 인연 때문이었다. 박 전대통령이 이 전 회장의 장녀를 가르쳤고, 이 회장이 사친회 회장을 했다.

탄광이 주업체인 봉명이 성대 재단을 맡기에는 무리였지만 박 전대통령의 상당한 지원약속이 있었다고 했다. 그러나 박 대통령이 갑작스럽게 서거하게 되자 봉명이 성대 재단을 맡기에는 역부족인 현상이 나타나기 시작했다. 학교가 재단으로부터 지원을 거의 받지 못하는 형편이 되면서 교직원은 물론 학생들까지도 재단을 불신하는 분위기가 커져 갔다.

결국 총학생회가 봉명재단의 퇴진을 요구하며 대학본부를 점거하는 사태로까지 발전했다. 집무실을 빼앗긴 총장은 도서관장실에서 사무를 보아야 했는데 공교롭게 총학생회장이 사회과학대 정치학과의 K모 군이어서 사과대가 총학의 핵심을 이루고 있었다.

하루는 김 총장이 나를 불러 학생들을 설득해 본부에서 하는 점거농성을 빨리 풀도록 해 주면 좋겠다고 했다. 학생들하고 대화를 하려면 함께 식사도 해야 할 테니 돈이 좀 필요할 것 같아서 한 백만 원 넣었다고 하시며 봉투도 하나 주셨다. 나는 학생들이 많이 따라 영향력이 크던 선배 교수님 두 분과 동료 한 분에게 이 사실을 말한 후, 이들과 함께 K모 총학생회장과 간부들을 사과대 학장실로 불러 설득했다. 우리는 재단에 대한 학생들의 불만은 이해하지만 지금이 겨울인데 무리한 농성은 일단 풀고 신학기가 되면 다시 시작해도 되지 않느냐고 설득했다. 그러나 학생들은 우리의 설득을 받아들이지 않았다. 그 이후 몇 차례에 걸쳐 학생들을 만나 농성을 풀도록 간곡하게 설득했지만 마찬가지로 부정적인 반응이었다. 우리는 의논 끝에 김 총장이 주셨던 돈을 돌려 주는 것이 좋겠다는 결론을 얻게 되어 백만 원에서 그 동안 사용한 식대와 기타 경비를 제하고 남은 돈을 돌려드렸다.

농성은 겨울방학 내내 계속되었다. 새 학기가 시작되면서 학생들은 더욱 과격해져 본부 집기를 밖으로 모두 내놓는 것은 물론 정문 앞에 책상들을 쌓아 놓고 불을 지르겠다고 위협했다. 나는 당시 학장직에서 물러나 있었는데 교무처장으로부터 다급한 전화가 왔다. 대학원 회의실에서 학생들을 설득시키려고 하니 빨리 와 주면 좋겠다고 해서 참석했다. 총학생회장을 비롯한 학생 간부와 몇몇 교무위원, 그리고 모 선배 교수 등이 함께 자리를 하여 여러 가지로 타일렀으나 학생들은 말을 잘 듣지 않았다.

학교당국의 총력적인 설득으로 재단에 대한 학생들의 불만은 잠시 수그러드는 듯했으나 그 이후 다시 격화되어 결국은 봉명재단이 학교에서 손을 떼는 지경으로까지 전개되었다.

옐로스톤 국립공원

1993년 3월부터 8월 말까지 뉴저지주에 있는 럿거스(Rutgus) 대학에 객원교수로 초청을 받아 6개월간 체류한 적이 있었다. 당시 캠퍼스 안에 있는 숙소와 학교 연구실 및 도서관을 오가며 식사(점심·저녁)는 학생식당에서 하는 생활을 했는데, 처음 몇 개월은 견딜만 했지만 그 이상은 버티기 힘들었다. 제일 힘든 것은 역시 식사문제였다.

음식의 종류나 디저트, 음료수 등이 독일의 학생식당과는 비교가 되지 않을 정도로 다양하고, 마음대로 먹을 수도 있어서 부자나라에 온 것을 실감하며 처음 얼마 동안은 신명나게 잘 먹었다. 그러나 몇 개월이 지나자 양식이 점차 물리기 시작했다. 그래서 한국 가게에서 쌀과 전기밥솥, 김치 등을 사다가 한식을 해 먹으니 살 것 같았다. 그런데 얼마가 지나자 이 일도 번거로울 뿐만 아니라 스스로의 단조로운 메뉴에 물리기 시작했다. 그래서 생각 끝에 집사람을 불러 내가 귀국할 때까지 같이 있도록 했는데, 의정부에서 사업을 하시는 사촌형님과 사촌동생이 부부동반으로 미국 여행을 한다고 동행했다.

혼자 있을 때와는 달리 차가 필요했다. 그래서 찾아보던중 한국 유학생이 타던 현대 엑셀을 3,600달러를 주고 샀다. 2년을 탔다고 하는데 60마일 이상을 달리면 핸들이 떨리는 것 외에는 상태가 아주 좋은 차였다. 자동차 수리공장에 가지고 갔더니 뒤 타이어에 문제가 있다고 해서 갈고 나니 말짱했다. 교외에 있는 대형 매점이나 백화점에 갈 때는 물론 주변에 있는 관광지를 구경 갈 때 이 엑셀을 타고 다녔는데, 차 안이 비좁고 6명이 내릴 때는 좀 눈치가 보여서 탈이지 차 자체는 끄떡없었다.

럿거스대학이 있는 뉴브런스윅에서 뉴욕까지는 약 65km로 노선버스가 자주 다녀서 아주 편리하게 이용하며 뉴욕의 관광명소와 볼거리들을 둘러볼 수가 있었다. 그러나 자연사박물관이 있는 워싱턴이나 나이아가라가 폭포가 있는 버팔로, 디즈니 월드가 있는 올랜도 등 먼 곳까지 가기 위해서는 큰 차가 필요해 7인승 밴을 임대했다.

인디언들이 천둥소리를 내는 물이라고 불렀다는 나이아가라폭포의 위용은 듣던 대로 대단했다. 폭포의 넓이가 320m이고, 높이가 56m이며, 매분 1,400만l의 물을 흘려보낸다니 실로 자연이 만들어 내는 장관에 우리는 놀라움을 금할 수가 없었다. 캐나다 쪽에서 보는 폭포가 그 규모와 경관에 있어 훨씬 뛰어나다고 해서 다리를 건너 캐나다로 넘어가려고 했으나 비자가 없어서 유감이었다. 이에 비해 디즈니 월드는 우리의 기대를 채워주지 못했다. 모텔에서 하룻밤을 자면서까지 올랜드로 간 것에 대해 본전 생각이 절로 날 정도였다.

그 후 우리 일행은 비행기를 타고 덴버로 가서 그 곳에 살고 계시는 누님 내외분과 합류하여 다시 관광길에 올랐다. 우선 덴버에서 멀지 않은 곳에 있는 콜로라도 스프링스에서 미국 공군사관학교를 본 다음, 세계에서 가장 높은 구름다리라고 하는 로열 고지 브리지를 구경한 후 장거리 여행을 떠났다.

우리가 첫 번째 목표로 삼은 곳은 미국 중서부 대평원의 사우스 다코다주에 있는 러시모어산이었다. 이 곳 러시모어산 암벽에는 잘 알려진 바와 같이 미국의 가장 위대한 대통령으로 평가되는 워싱턴·제퍼슨·루스벨트·링컨의 얼굴이 새겨져 있다. 1927년에 시작해서 완공까지 17년이 걸렸다는 이 거대한 흉상을 바라보며 세계 초강대국을 건설한 미국인들의 자부심을 실감할 수 있었다.

다음 목표는 우리가 이번 여행의 하이라이트로 잡은 옐로스톤 국립공원이었다. 러시모어산 근방의 오두막집에서 하룻밤을 자고 와이오밍주의 대평원을 온종일 달려 저녁 늦게야 옐로스톤 공원에 도착했다. 근처의 모텔에 투숙해 여독을 푼 후 본격적인 옐로스톤공원 관광에 나섰다.

미국에서뿐만 아니라 세계에서도 최초로 국립공원의 이름을 가졌다는 옐로스톤 파크는 대자연의 신비로움을 고스란히 간직하고 있어서 우리를 크게 감동시켰다. 동쪽 입구를 통해 거대한 숲 안으로 들어가니 어슬렁대는 들소들과 바다같이 넓은 옐로스톤호수를 만났다. 산중 호수로서는 북미대륙에서 제일 크다는 이 호수는 둘레가 160km에 달한다고 하는데 주변에는 침엽수가 빽빽이 들어차 있어 더욱 운치 있는 풍경을 연출했다. 좀 더 안쪽으로 올라갔더니 옐로스톤 그랜드캐니언이 나타났는데 거대한 폭포와 까마득한 협곡 사이로 흐르는 강이 환상적이었다. 노랑, 주황, 빨강 등 마치 색깔의 마술사 같은 협곡은 옐로스톤강이 흐르며 만든 것으로 이 협곡의 로우어폭포(Lower Falls)

는 약 94km에 이른다고 했다.

그 다음 우리가 간 곳은 매머스 핫 스프링스(Mammoth Hot Springs)이었다. 이 온천은 옐로스톤공원 내 3,000여 개의 온천 중 가장 대표적인 것이라고 한다. 장구한 시간 동안 물이 흘러내리면서 축적된 석회암이 넓은 계단모양의 층을 형성했고, 그 위를 지금도 계속해서 뜨거운 온천수가 흘러내리고 있는 환상적인 광경이 눈 앞에 펼쳐졌다. 석회성분을 포함한 물은 옥빛 같은 푸른색이었고, 주변은 지열 때문에 겨울에도 눈이 쌓이지 않는다고 했다.

어느새 점심때가 되어 우리는 근처에 있는 공원본부 쪽으로 갔다. 이 곳에는 상점과 식당들이 모여 있었는데 옐로스톤공원에 관한 책자를 몇 권 산 후, 간단하게 점심을 먹었다. 그리고는 곧바로 옐로스톤의 간헐천 중에서도 가장 유명하다는 올드 페이스풀 가이저(Old Faithful Gyeser)로 갔다. 공원에는 약 1만여 개의 크고 작은 간헐천들이 있지만 그 중에서도 이 올드 페이스풀 가이저가 단연 으뜸이란다. 약 1시간마다 50m 내외의 높이로 뜨거운 물을 분출한다는 올드 페이스풀을 보기 위해 많은 관광객들이 모여 있었다. 비지터 센터에서 예정시각을 미리 확인한 후라 여유 있게 잠시 잡담을 하며 기다리고 있는데 갑자기 엄청난 양의 물줄기가 높이 솟구쳐 올랐다. 우리는 주위의 관광객들과 함께 "와" 소리를 내며 이 경이로운 물의 분수쇼를 구경했다.

마지막으로 우리는 멀지 않은 곳에 있는 파운틴 페인트 팟츠 트레일(Fountain Paint Pots Trail)로 갔다. 흰색에서 분홍, 검정 등 갖가지 오묘한 빛깔의 진흙이 지열로 인해 끓어오르는 거대한 온천지대였다. 트레일 코스를 따라가다 보니 여기저기서 뜨거운 수증기가 올라왔고, 물줄기가 공중으로 솟구치는 간헐천들과 진흙이 부글거리며 끓어오르는 머드 팟(Mud Pot)도 만날 수 있었다. 우리는 유황냄새가 진동하는 트레일 코스를 끝으로 깊은 감동 속에서 '백문불여일견'이란 말을 떠올리며 옐로스톤 국립공원을 떠났다.

콜로라도에서 사촌들과 헤어져 우리 부부만 다시 뉴저지로 돌아와서 집사람과 함께 내가 꼭 둘러보고 싶었던 하버드대학을 방문하기 위해 승용차를 몰고 보스턴으로 갔다. 먼저 케임브리지시에 있는 MIT공대를 둘러보는데 교정 잔디밭에서 학생들이 마침 태권도를 배우고 있어서 감격스러웠다. 캠퍼스 바로 앞 찰스강 위에서 윈드서핑을 하는 학생들의 모습 역시 무척이나 인상적이었다. 캠퍼스는 뉴욕의 컬럼비아대학처럼 건물들만 늘어서 있어서 조금은 삭막해 보였다. 다행히 멀지 않은 곳에 하버드대학이 있어서 그리로 이동하여 도서관과 법과대학을 중심으로 둘러보았다. 캠퍼스는 뉴저지에 있는 프린스턴대학만은 못했지만 고전미가 풍겨 역시 미국은 물론 세계 최고의 대학다운 기품을 지니고 있었다. 그 다음 우리는 플리머스로 가서 1620년 종교적 박해를 피해 영국 청교도들이 타고 왔던 메이플라워호를 구경하고 모텔에서 하룻밤을 잔 다음 뉴저지로 돌아왔다.

여행에서 돌아와서는 서서히 귀국준비를 하는데 자동차가 문제였다. 캠퍼스 안에 있는 게시판 곳곳에 차를 판다는 광고쪽지를 붙였다. 가격을 좀 낮출까를 생각했지만 차의 상태가 매우 양호하고 또 바퀴도 갈았기 때문에 처음의 구입가격인 3,600달러를 받는다고 했다. 사실 보스턴과 플리머스를 다녀오는 장거리 여행을 하면서도 그랬지만 그 동안 엑셀승용차의 뛰어난 성능에 놀랐다. 수출용이라서 그런지 차가 아주 단단했고 도장도 국내산 엑셀과 달랐다.

한국 학생 한 명이 관심을 보였는데 일제와 달리 현대차 중고는 별로라면서 가격을 많이 낮추려고 했다. 나는 한국인이 자기 나라 차를 폄하하는 것이 언짢아서 한 푼도 깎아 줄 수 없다고 했다. 얼마 후 뉴욕에서 일하고 있다는 젊은 일본인이 차를 보겠다고 왔다. 차의 상태를 꼼꼼히 살펴보더니 한 번 몰아 봐도 되느냐고 물어 좋다고 했더니 한 바퀴 돌고 와서는 차상태가 좋다고 하면서 군말 없이 사겠다고 했다. 한국 사람이 국산차를 깔보는데 일본 사람이 국산차를 제대로 평가해 주는 것이 감사해서 100달러를 깎아 주고 3,500달러만 내라고 했더니 몇 번을 감사하다고 인사를 했다. 귀국에 지장 없게 차를 처분할 수 있어서 다행이었지만 일본인이 아닌 한국인에 의해 국산차가 깔보임을 당한다고 생각하니 뒷맛이 씁쓸했다.

교무처장과 학부제

1994년, 나는 제16대 총장에 당선된 정범진 총장이 보직을 임명하면서 교무처장직을 맡게 되었다. 이재웅 교수가 기획실장, 권길중 교수가 학생처장, 김영수 교수가 대외협력처장, 유병서 교수가 총무처장에 임명되었다. 새로 학교행정을 맡게 된 우리의 어깨는 무거웠다. 학교살림이 궁핍하기 짝이 없었기 때문이었다. 장을병 총장 재임 때 봉명재단이 성대에서 손을 뗀 후 현대와 진로 등 몇몇 기업이 영입대상으로 거론되었지만 여의치가 않았다. 그래서 정 총장은 재단이 없는 상태에서 학교를 이끌어 가야 하는 매우 힘든 상황에서 출발을 해야 했다.

마침 교육부가 각 대학에 학부제 도입을 강력히 권장하고 있었다. 학과제도가 갖는 문제점을 학부제를 통해 시정하고 경쟁력을 높인다는 의도에서였다. 교육부는 대학평가를 통해 학부제를 실시하는 대학은 교육개혁에 앞서는 대학으로 선정하여 10억 원 이상의 돈을 지원하겠다는 공문을 보냈다. 단 한 푼이 아쉬운 때라 학교로서는 매우 매력적인 제안이었다. 그리고 학과제도 자체가 갖는 여러 문제점들도 이것을 통해 극복해 보고자 했다.

학부제 추진위원회를 만들었는데 사회학과 석현호 교수, 한문교육학과 이명학 교수 등이 핵심위원이었다. 나는 교무처장으로서 위원장을 맡게 되었다. 연구위원들은 외국 유명 대학의 자료들을 참고하면서 열심히 연구하여 학부제 골간을 만들었다.

위원장인 내가 전체 교수 앞에서 학부제에 관한 공청회를 했는데 이해관계가 걸린 민감한 문제여서 교수들로부터 많은 비판을 받았다. 다음 날 아침 권길중 학생처장과 함께 총장실에 들어가서 학부제 공청회에서 비판적인 교수들로부터 부정적인 의견이 많이 개진되었다는 이야기를 했다. 총장도 이미 이야기를 들은 듯 심각한 얼굴로 가만히 듣고만 있었다. 나는 총장이 이 문제를 매우 민감하게 받아들인다고 생각해 책임을 지고 사표를 내겠다고 말했다. 그러자 학생처장이 나서며 학교가 마음먹고 하는 개혁인데 일부 교수들이 반발했다고 해서 교무처장이 사표를 내면 앞으로 어떤 개혁적인 일도 할 수 없을 것이라고 했다. 총장께서도 공감을 표시하며 학부제의 소신 있는 추진을 당부했다.

하버마스와 만나다

1995년 이른 봄 어느 날이었다. 서울대학교 사회학과의 한상진 교수로부터 하버마스 교수가 성대를 한 번 방문하고 싶어 한다는 연락을 받았다. 한 교수의 말에 의하면 서울대학교에서 위르겐 하버마스 교수를 초청했는데 서구적인 대학보다는 한국적인 대학의 견학을 원해서 성균관대학을 소개했다는 것이다.

나는 당시 교무처장을 맡고 있었는데 사회학과의 양종회 교수가 하버마스 교수와 때마침 서울대의 초정을 받고 와 있던 클라우스 오페 교수를 데리고 내 집무실로 왔다. 나는 뜻밖에 한국에서 하버마스 교수 같은 세계적인 대석학을 만난다는 사실이 믿기지 않을 정도여서 매우 기쁜 마음으로 두 교수를 맞이했다.

사실 나는 하버마스 교수의 강의를 직접 듣는 기회를 가질 수가 없었던 것을 항상 아쉽게 생각해 왔던 터였다. 1960년대 중반에 내가 하이델베르크대학으로 옮겼을 때 철학과에 재직하던 하버마스 교수는 프랑크푸르트대학으로 떠난 뒤였다. 그렇지만 학생들 사이에서는 하버마스에 대한 인기가 여전했다. 프랑크푸르트까지 원정 청강을 하고 돌아오는 학생들도 있었다. 학생들에 의하면 그의 강의를 알아듣기 위해서는 언청이 끼가 있는 하버마스식 발음에 익숙해야 한다고 했다.

내가 독일에서 귀국하던 1970년대 중반만 하더라도 한국에는 하버마스에 대한 소개가 별로 되어 있지 않았다. 그래서 나는 초보적인 수준에서나마 그의 학문과 사상에 관해 주요 일간지와 잡지에 투고를 하며 서울대학교 사회학과에서 한 학기 동안 호르스터(D. Horster)의 『하버마스 입문(*Habermas zur Einfürung*)』이란 원서를 가지고 강의를 한 바 있다.

하버마스는 호르크하이머나 아도르노 같은 프랑크푸르트학파의 창시자들이 세상을 떠난 후 동 학파를 대표하고 있는 제2세대 학자로서 금세기가 낳은 걸출한 사회철학자로 국제적인 명성을 얻고 있었다. 따라서 그의 예기치 못한 출현은 나에게 감격에 가까운 것이었다. 내가 하이델베르크대학을 나왔고, 같이 공부하다가 프랑크푸르트대학으로 간 송두율 박사 이야기를 했더니 그도 크게 반가워했다. 동행한 오페 교수도 정치사회학 분야에서 독일은 물론 국제적으로도 이름이 알려져 있는 쟁쟁한 분이었다.

한참 동안 차를 마시며 환담을 나눈 다음, 우리는 명륜당으로 내려갔다. 명륜당 앞마당에 우람한 모습으로 서 있는 두 그루의 거대한 은행나무를 본 하버마스 교수는 수령을 물었다. 대략 500년이 되었을 거라고 했더니 적지 않게 놀라워하는 표정이었다. 그 다음 유생들이 모여 공부하던 명륜당, 기숙사였던 동재와 서재 그리고 도서를 보관하던 존경각을 차례로 보여 주

명륜당과 동재·서재를 둘러 보는 하버마스(가운데)와 오페 교수. "대단히 인상적이다"라는 것이 그들의 전언이었다.

며 자세한 설명을 해 주었다. 두 교수는 이미 600년 전에 강의실과 기숙사, 도서관을 갖춘 완벽한 모양의 대학이 출발한 현장을 보며 놀라움을 금치 못하는 태도였다. 하버마스 교수는 명륜당과 동재·서재 기숙사 안을 들여다보며 메모지를 꺼내 우리의 설명을 꼼꼼히 적었다.

마지막으로 대성전을 둘러보았는데, 공자를 비롯한 한국과 중국 성현들의 위패를 모셔 놓고 매년 봄·가을로 제사를 지내는 곳이라고 설명했더니 깊은 감명을 받는 듯했다. 세계에서 학자들에게 제사를 지내는 곳은 아마도 여기밖에 없을 것이라고 했다. 그는 학교를 떠나면서 한국에 600년이 넘은 대학이 있으리라고는 전혀 생각을 못했는데 정말 오늘 값진 것을 보았다고 하여 흐뭇했다.

나는 하버마스와 오페 교수를 배웅하고 집무실로 돌아오면서 독일의 지성계를 대표하는 두 사람에게 성균관대학교의 존재를 알린 것을 기쁘게 생각했다. 그러면서도 세계적인 석학이 감탄하는 성균관이 빛을 내지 못하고 있는 우리의 현실이 너무나 안타깝게 느껴졌다.

한국사회학회 회장에 당선되다

1975년 충남대학교 사회학과에 들어간 후 본격적인 학회활동을 시작했다. 『한국사회학』 제10집(1976. 11)에 「서구 공업노동자 의식구조의 제형태」라는 제목의 논문을 발표한 것을 시작으로, 제12집(1978. 12)에 「산업사회와 그 이데올로기」, 제13집(1979. 12)에 「노동과 산업민주주의」를 발표했다. 그리고 특집으로 출간된 『한국 사회학 40년』(제18집, 1984. 10)에서는 「산업 및 노동연구의 회고와 전망」이란 주제로 산업·노동분야에서 산출된 그동안의 실적물들을 총정리했다.

그 이후 학회 이사로 있으면서 지속적인 활동을 해 오다가 1989년 이화여대 이동원 회장이 학회를 이끌어 갈 때 부산대학 옥량연 교수와 함께 사회학회 부회장으로 임명되어 학회 사정에 좀더 익숙해지게 되었다. 1990년대에 들어오면서 사회학회는 국내외에서 학위를 끝내고 왕성한 활동을 하는 수많은 신진학자들에 의해 더욱 알찬 학문공동체로 발전해 가고 있었다. 바로 이러한 때에 내가 제41대 한국사회학회 회장에 당선되는 영광을 맛보았다. 나 개인은 물론 성대 사회학과를 위해서도 자랑스러운 일이었다.

돌이켜보면 사회학회장에 당선된 내용은 한 편의 드라마였다. 다른 학회도 사정은 비슷하겠지만 사회학회 회장은 그 동안 서울대학교 사회학과 출신들이 거의 독점하다시피 해 왔다. 간혹 타교 출신이 학회장이 될 때는 지방대학에 대한 배려 차원이 원인으로 작용하곤 했었다.

그렇지만 전후 사실을 따지고 보면, 서울대 사회학과가 독점하다시피 할 만한 이유는 충분했다. 우리 나라에서 가장 먼저 생긴 까닭에 전국의 여러 대학에는 대부분 서울대 출신들이 자리를 잡고 있을 수밖에 없었다. 따라서 학회는 서울대 출신들이 중심이 되어 운영되고 있었다. 그런 분위기 속에서 이들 중 일부는 노골적으로 타교 출신의 사회학회 회장을 원하지 않았다.

이런 와중에 나의 회장 출마는 그들에게 있어 하나의 도전장이었다. 물론 이 게임에서 나는 나에게 유리한 점보다는 불리한 점이 더 많다는 것을 잘 알고 있었다. 첫째, 한국의 대학 학부에서 사회학을 전공하지 않았다는 것, 둘째 성대 사회학과의 역사가 일천하다는 것, 셋째 학연·지연을 따지는 연줄사회에서 이북 출신인 까닭에 기댈 곳이 별로 없다는 것 등이 결정적으로 불리하게 작용한다는 것들이었다.

사회학회 회칙은 단독입후보를 금하고 있기 때문에 서울에서든 지방에서든 일단 출마를 하면 같은 지역이 아닌 다른 지역

후보를 천거하여 경쟁하도록 하는 것이 관례로 되어 있었다. 당시 나는 서울대를 비롯해 수도권에서 차기 회장직에 출마할 사람이 없다는 정보를 입수한 후, 회장직에 도전했는데 뒤늦게 서울대학 사회학과의 중진인 K모 교수가 선거전에 뛰어들었다. 59학번으로 나와는 학번 동기였는데 뜻밖의 강적이었다. 당시 서울대 사회학과 59학번은 대학에 가장 많이 진출해 있는 이른바 '잘 나가는 학번'으로 유명했다. 이러다 보니 내 입장이 매우 어렵고 난처해졌으나 그렇다고 해서 꼬리를 내리는 것 역시 내 자존심이 결코 허락하지 않았다.

그리하여 결과는 하늘에 맡기고 최선을 다해 선거전에 임한다는 각오를 다졌다. 우선 사회학과가 있는 전국의 각 대학과 학회 회원 가운데 비서울대 출신을 대상으로 선거운동을 했다. 선거운동이라야 전화를 걸어 부탁하는 정도였다. 지방을 한 번 돌고 오라는 조언도 있었지만 그렇게까지 하고 싶지는 않았다. 그리고 서울대 출신들 중에서 진보적 사고를 가지고 있는 교수들에게도 도움을 요청했다. 서울대 쪽에서도 전력을 투구하는 선거전에 돌입했다. 이른바 잘 나간다는 서울대 59학번이 학회장에 진입하는 첫 기선을 타교 출신의 59학번에게 빼앗겨서는 안 된다는 이유에서 K모 교수가 대표주자로 출마했는데 패배란 있을 수 없다는 것이었다.

드디어 1997년 말 이화여대에서 열린 추계 사회학대회 행사의 마지막 총회로 차기 회장을 뽑는 선거가 시작되었다. 상황은 그야말로 표 하나에 일희일비가 계속 교차되는 접전이었다. 그동안 제자들과 주변의 몇몇 교수들이 헌신적으로 도와 준 까닭에 나름대로 한 번 해 볼 만한 게임이라고 생각은 했지만 워낙 탄탄한 기반을 가지고 있는 상대라 자신할 수는 없는 상황이었다.

마침내 개표결과를 발표하는 운명의 순간이 왔는데 결국 일이 터지고야 말았다. 단 한 표 차이로 강적을 물리치고 회장에 피선되었던 것이다. 너무나 숨 막히고 아슬아슬한 순간이었다. 운명의 여신이 내 편을 든 것이었다. 얼마나 긴장했던지 당선이 발표된 후에도 내가 이겼다는 사실이 도저히 믿어지질 않았다. 서울대 쪽에서도 역시 믿을 수 없다는 표정들이었다. 그러나 일단 내가 차기 회장으로 당선되었다는 것이 공식적으로 선포되자 참석자 모두가 힘찬 박수로 축하해 주었다. 나는 간단한 인사말을 통해 그 동안 나를 위해 많은 애를 써 준 지지자 여러분들에게 고마움을 표하고, 어느 편에 섰던 이제 모두 잊고 우리 사회학회의 발전을 위해 화합하고 힘을 합치자고 했다. 그리하여 나는 1998년 12월 제41대 한국사회학회 회장에 취임했으며, 이것은 내가 1999년 2월 성균관대학교 제17대 총장으로 선임되는데 하나의 디딤돌이 되었다.

현승종 전 총장과의 대담

1984년 9월 하순에 잡지사로부터 전화가 왔다. 오늘의 문제를 진단하는 '신동아토론'에 패널로 참석해 달라는 것이었다. 이 좌담의 내용은 창간 53주년 특대호로 발간되는 『신동아』 11월호에 실릴 예정이며, 나하고 같이 대담할 분은 당시 한림대학

법학과에 석좌교수로 계시는 현승종 교수라고 했다. 나는 그 동안 신문이나 잡지에서 주최하는 대담과 토론에 여러 번 참석해 본 적이 있지만 이 전화를 받고는 약간의 흥분을 느꼈다. 이유는 나와 같이 대담하게 될 분이 다른 사람이 아닌 바로 현승종 전 성균관대학 총장이었기 때문이다.

현승종 교수는 1977년 초 내가 성대에 들어왔을 때 총장으로 계셨다. 고려대에 계시다가 성대 총장으로 발령 받으셨는데 학내 인사가 아니라고 해서 처음에는 고생을 좀 하셨다는 이야기를 들었다. 그러나 당시 유림과의 관계 등 복잡한 학내문제들을 합리적인 접근으로 잘 해결해 나감으로써 많은 교직원들이 현 총장을 좋아하게 되었는데 나도 그 가운데 한 사람이었다. 하지만 나는 이 분에게 다음과 같은 일로 일정 부분 빚진 감정을 항상 가지고 있었다.

삼성재단은 수원에 학교부지를 매입해 건물을 짓고 명륜동에 있는 이과대학과 공과대학을 필두로 각 단과대학을 옮길 계획을 가지고 있었다. 그리하여 1976년 10월 이공대학 건물의 기공식을 거행했다. 학생들은 이 같은 재단의 제2 캠퍼스 계획에 격렬하게 반대했고, 급기야는 재단퇴진운동으로 확산시켰다. 학생들은 삼성이 중앙개발을 통해 수원에 땅을 사서 학교부지로 사용하는 방법으로 땅장사를 한다는 확인할 수 없는 주장을 하면서 삼성의 부도덕성을 부각시켰다. 그러나 다른 한편으로는 수원으로 옮겨 가면 학교의 질이 떨어진다는 위기감이 교내에 팽배해 있었다는 점이 학생들의 시위를 추동하는 요인이었다.

데모가 격화되면서 학생들은 삼성을 매판자본으로 몰고 갔다. 이에 격분한 이병철 회장이 현승종 총장을 불러 성대에서 손을 떼겠다는 단호한 입장을 표명했고, 현 총장은 이것을 여과 없이 전체 교수회의에서 그대로 발표했다. 성대 법대에 재직하던 도중 본교 제10대 총장으로 임명되었다가 2개월 후 문교부 장관으로 발탁되었던 황산덕 장관이 삼성재단의 퇴진을 막아 보려고 애썼지만, 이미 신문지상을 통해 기정사실화되어 더 이상 방법이 없었다고 한다.

삼성이 퇴진한 후에도 학생들은 계속해서 이공계열의 수원 이전에 반대하는 데모를 벌였고, 학교는 후퇴하지 않고 계획을 그대로 실행에 옮기려고 했다. 따라서 학생과 학교는 첨예한 대립관계에 빠지게 되었고, 결국 학생들이 금잔디광장과 대학본부 현관에 연좌하며 현승종 총장의 퇴진을 강력하게 요구하는 형국으로 상황은 급박하게 전개되었다.

일부 선배 교수들을 따라 나는 또래 동료 교수 몇 명과 함께 총장실로 들어갔다. 사태의 심각성을 말하는 선배 교수들의 고언을 조용히 경청하신 현 총장은 주저함 없이 결단을 내려 사퇴의사를 표명하셨다. 총장이 이처럼 빨리 결심을 하실 수 있었던 것은 아마도 우리의 충정어린 고언을 믿었고, 매사에 맺고 끊는 것이 분명한 그 분의 성품 탓이었을 것이다. 우리는 자리에 연연하지 않는 현 총장의 당당하고 의연한 자세에서 그 분의 진면목을 다시 보았다.

사실 그 분과 캠퍼스생활을 같이 한 기간은 그렇게 길지 않다. 그러나 나 같은 새내기의 눈에도 당시의 현 총장은 시시비비를 명확히 하고 원칙과 정도를 중요시하는 매우 합리적인 분으로 비쳤다. 삼성재단이 물러나게 되는 일련의 사건들이 터지지만 않았어도 그 분은 성대에서 훌륭한 업적을 남겼으리라고 생각하며 아쉬워해야 했다.

그 후 사회의 원로로서 여러 활동을 하고 계시는 것을 지상을 통해 알고 있었으나 뵐 기회가 없었는데 1984년 10월 3일 新東亞 회의실에서 오랜만에 만나뵙게 된 것이다.

나는 물론이지만 선생님도 매우 반가워하셨다. 본격적인 대담으로 들어가기 전에 사담을 통해 우연찮게 김치밥 이야기가 나왔다. 내 고향인 황해도에서도 김치밥을 겨울 별미로 해 먹는데 평안도도 그렇다고 해서 한참 먹는 이야기로 훈훈한 재회의 정을 나누었다.

우리는 현안의 여러 문제에 대해 대담을 나누었다. 남북대화, 12대 총선을 앞둔 정국상황, 미국의 컬러TV 덤핑판정 시비, 학원문제 등이 중요한 화제가 되었다. 나는 대담을 나누면서 제자뻘 되는 후배 교수에게 깍듯이 예의를 갖추어 주는 선생님의 인품에 다시 한 번 머리를 숙였다.

선생님은 그 후 한림대학 총장, 국무총리, 건국대학 이사장 등 많은 보직을 맡아서 항상 원칙과 정도를 걷는 당당하고 의연한 태도로 업무에 임하셨고, 현재는 고려대학교 이사장직을 맡고 계신다. 내가 총장직을 맡았을 때는 물론 그 후에도 종종 뵐 기회가 있었는데 나는 선생님을 옛날처럼 총장님으로 부른다. 그것은 선생님이 항상 성대에 대한 따뜻한 애정을 가지고 계신 것을 알고 있기 때문이다. 선생님도 이 같은 나의 생각을 알고 계신 양 그렇게 불리는 것을 좋아하시는 것 같다. 계속 건강하시기를 기원한다.

134인 지식인선언에 동참하다

이른 바 '서울의 봄'이라 불리는 1980년 초의 정치적 해빙기는 민주화를 열망하던 이 땅의 많은 지식인들에게 새로운 희망을 안겨 주었다. 1979년 10월 26일 중앙정보부장이었던 김재규에 의해 박정희 대통령이 살해됨으로써 18년 동안 국민 위에 군림해 온 독재정권이 무너졌기 때문이다.

괄목할 만한 경제적 실적에도 불구하고 박정희 정권은 강권통치와 긴급조치로 일관된 정치적 박해로 국민의 자유와 기본권을 유린함으로써 국민의 원성을 샀다. 따라서 국민은 10·26사건을 계기로 암울했던 유신체제의 긴 터널을 벗어나 새로운 민주사회로 발전해 갈 수 있을 것이라는 희망에 한껏 부풀어 있었다. 그리하여 1980년 봄에는 불꽃처럼 타오르는 민주화의 열기가 전국 각지에서 세차게 분출되었다. 특히, 대학생들의 가두시위가 전국적으로 일어났고 대학교수들의 시국선언도 잇달았다.

그러나 10·26사건 이후 같은 해 12월 12일의 쿠데타로 실권을 장악한 신군부세력은 진정한 민주정부의 탄생을 염원하는 국민의 열망을 외면한 채 정치일정 발표를 유보하고 권력기반을 강화하는 데만 급급해 하고 있었다. 1980년 4월 14일 전두환 보안사령관이 중앙정보부장 서리를 겸임함으로써 최고의 실권자로 등장하는 등 불투명한 정치현실과 함께 신군부세력의 동향이 심상치 않았다. 무슨 큰 일이 터질 것 같은 불길한 예감이 감도는 불안한 시기였다.

그러던 어느 날이었다. 5월 10일경으로 기억한다. 평소 우리 젊은 교수들이 많이 따랐던 신방과의 장을병 교수가 지식인 시국선언 초안을 가지고 와서 나에게 보여 주며 서명을 부탁했다. 내용은 계엄철폐를 요구하고 신군부의 정치개입을 비판하는 것이었는데, 각계의 지식인이 연합성명을 낼 계획이라고 했다. 나는 모름지기 양식 있는 지식인이라면 나라가 이처럼 혼미를 거듭할 때 옳은 방향을 제시해 주는 것이 당연한 책무이며 시대정신에 부합하는 정의로운 일이라고 생각했다. 그래서 그 자리에서 망설임 없이 서명을 했다. 그러나 사태의 심각성을 알고 있었기 때문에 집사람에게 서명한 일에 대해 말하고 어쩌면 학교를 떠나는 불행한 일을 당하게 될지도 모른다고 했다. 아내는 나의 비장한 각오를 이해할 수 있다며 나를 위로해 주었다.

그렇게 며칠이 지난 후 마침내 5월 15일 법원 기자실에서 학계, 언론계, 법조계, 문단 등의 지식인들이 연합 서명한 "지식인 134인 시국선언"이 발표되었다.

그들은 선언문에서 과도정부의 민주발전에 대한 모호한 태도와 더욱 심화되어 가고 있는 경제위기, 그리고 민주화와 생존의 권리를 외치며 확산되고 있는 학생과 노동자들의 시위 등을 강압적으로 대처하기만 하는 당국의 무능·무책임을 규탄했다.

시국선언문의 내용을 요약하면 다음과 같다.

· 비상계엄 즉시 해제

· 최규하 과도정권의 평화적 정권이양 시기 금년 안으로 단축
· 학원의 병영적 성격 일체의 청산과 학문자유 보장
· 언론의 독립과 자유, 해직 동아·조선기자 전원 복직
· 실업 및 기아임금 근로자의 생활대책과 노동기본권 보장
· 민주인사 석방·복권·복직조치 즉각 실시
· 군의 정치적 중립과 보안사·중앙정보부장 겸직 시정

다음은 서명자의 이름이다.

강만규, 강만길, 강신옥, 고은, 구중서, 길현모, 김관석, 김국태, 김규동, 김기태, 김명걸, 김병걸, 김병태, 김상근, 김성훈, 김숙희, 김승훈, 김용복, 김용섭, 김용준, 김우창, 김욱곤, 김윤환, 김정위, 김제순, 김준보, 김진균, 김찬국, 김철수, 김치수, 김태홍, 남정현, 남천우, 노명식, 류인호, 류재방, 류재천, 류종호, 모혜정, 문동환, 문익환, 박두진, 반순경, 박연희, 박완서, 박종민, 박태순, 박현채, 박홍, 백기범, 백낙청, 백재봉, 변형윤, 서광선, 서남동, 서인석, 서정미, 서제숙, 성유보, 소홍렬, 손보기, 송건호, 송상용, 송원희, 송정석, 신경림, 신상웅, 신일철, 신홍범, 심윤종, 안병무, 안병직, 안성열, 양승규, 윤석범, 윤호미, 윤홍길, 이경일, 이남덕, 이돈명, 이돈희, 이문구, 이문영, 이문원, 이병주, 이상일, 이상희, 이선영, 이세중, 이시영, 이영호, 이영희, 이우성, 이우정, 이재정, 이종범, 이종욱, 이해동, 이호철, 이효재, 임재경, 임종율, 임철규, 장명수, 장윤환, 장을병, 장희익, 정석해, 정윤형, 정자환, 정창열, 정춘용, 정태기, 정희성, 조기준, 조남기, 조요한, 조준희, 조태일, 조형, 진덕규,

비화증언

80년 「지식인 134인 시국선언」 전말

보안사령관·정보부장 겸직 괴집자 全斗煥 신군부 세력 발끈

당시 시국선언에 참여했던 지식인들은 상당수가 해직되고 구속되는 고초를 치렀다. 지식인들은 그 선언을 통해 이 나라가 나아가야 할 방향을 밝혔지만, 그러한 뜻과는 정반대로 이 선언은 신군부가 지식인을 탄압하는 빌미가 되고 말았다.

張乙炳
전 성균관대 총장 · 민주당 의원

1980년 3월, 봄이 오는 계절이었음에도 불구하고 웬지 봄은 올 것 같지 않았다. 흔히 「서울의 봄」「정치의 봄」이라고 했지만 진정 봄이 올 것 같은 예감은 들지 않았다. 앞서 연말에 12·12 「예비쿠데타」로 실권을 장악한 신군부세력은 국민들의 소망에는 아랑곳없이 정치일정 발표를 유보하고 있었고, 무슨 음모를 꾸미는 듯한 불길한 느낌을 주었다.

3월2일 오후였던 것으로 기억된다. 당시 연세대 신학과 서남동 교수, 숭실대 경제학과 유인호 교수, 동아일보 편집국장을 역임했던 송건호씨, 그리고 필자 등이 세종문화회관 옆의 초원다방에서 만났다. 서울대 백낙청 교수도 자리에 있었지만 백교수는 교육지표사건으로 집행유예상태였으므로 논의에서 빠질 것을 권했다.

동석했던 사람들은 당시의 시국을 걱정하면서 「우리 지식인들은 나라를 이끌어 나갈 능력을 갖고 있지는 못하지만, 나라가 어떤 방향으로 가야 하는가에 대한 방향제시는 할 수 있지 않겠느냐」 하는 데 의견을 모았고, 「양심을 가진 지식인이라면 혼미한 시대에 나라가 나아갈 방향을 올바로 제시해야 할 하나의 책무」라는 얘기를 나누기에 이르렀다. 그리고 군사정권이나 유신독재하에서 오염되지 않은 양심 있는 지식인들을 규합해서 「지식인 모임」을 갖자고 합의했다.

발기모임에 대해서도 얘기를 나누었다. 이 지식인 모임의 규모를 1백명 내외로 하고 학계·언론계·법조계·종교계·문단

244 新東亞 1997년 6월

134인 지식인선언에 관해 『신동아』에서 1997년에 다룬 후일담. 1980년 당시의 서슬 퍼렀던 시기에 134인의 선언이 어떻게 이루어졌는지를 상세히 소개하고 있다.

차기벽, 차하순, 천관우, 최동식, 최명관, 최민지, 한남철, 한승원, 한완상, 함세웅, 현영학, 홍성우, 황인철

서명자 134명의 분포를 보면, 학계가 74명(이대 13명, 고대 11명, 연대 10명, 서울대 9명, 성대 9명, 서강대 5명, 숭전대 4명, 중대 3명, 한대 2명, 성심여대 2명, 한신대 2명, 외대 1명, 홍대 1명, 동대 1명, 서울여대 1명), 언론계 19명, 종교계 10명, 법조계 10명, 그리고 문단 인사가 21명이었다.

당시 시국선언에 참여했던 지식인들 중 많은 사람이 구속되

었다가 집행유예와 기소유예 등으로 석방되었고, 상당수는 직장을 떠나야 하는 해직의 고통을 겪어야 했다. 성대에서도 세 분이 강제로 학교를 그만두어야 했다. 나도 보안사령부에 불려 갔으나 동기생인 모 소령으로부터 다시는 그런 쓸데없는 일에 간여하지 말라는 호통을 듣고 귀가하는 선에서 마무리되었다.

지식인들이 불의와 타협하지 않고 맞서 항거하는 것이 새삼스러운 일은 아니다. 그럼에도 1980년대 한국 사회의 대변혁기에 지식인의 한 사람으로서 무거운 사명감을 갖고 나라가 나아가야 할 올바른 방향을 제시하는 시국선언에 참여했다는 것은 매우 보람되고 명예스러운 일이었다고 생각한다.

사회복지학과 설립

사회과학을 공부한 사람으로서 나는 소속 학과인 사회학과에 대해 큰 애정을 가지고 있다. 더욱이나 학과를 신설하는 데 산파역을 했다는 점에서 그러했다. 그 동안 사회학과는 한눈 팔지 않고 연구와 강의에만 전념하는 훌륭한 학자들이 전임교수로 들어와서 틀이 완전히 잡힌 때였다.

그런데 나는 성대 사회과학대학이 제대로 된 진용을 갖추려면 몇 개의 학과가 더 필요한데 그 중에 하나가 사회복지학과라고 생각하게 되었다. 특히, 응용학문인 사회복지학은 우리 사회가 선진사회로 발전해 갈수록 필요성이 더욱 증대될 학문이기 때문에 그러했다. 따라서 어떻게 하면 이 학과를 설립할 수 있을까 하는 고민을 가지고 있었다.

그래서 하루는 김용훈 총장을 찾아뵙고 말씀을 드렸더니 한동일 교무처장과 의논해 보라고 하셨다. 그러나 교무처장은 원칙적인 이야기를 하면서 수도권 인구억제정책에 따라 문교부에서는 수도권 대학에 일체의 증원이나 학과 신설을 허가하지 않는다고 했다. 한마디로 불가능하다는 것이다. 그러나 나는 포기하지 않았다. 뜻이 있는 곳에 길이 있다고 무슨 방법이 있을 것으로 생각했기 때문이다.

그때 문득 미국에서 공부하고 있는 제자의 백씨가 기획원 차관으로 있다는 것이 머리에 떠올랐다. 이 분은 행시합격 후 줄곧 기획원에서 일해 온 기획통으로서 관료사회에서뿐만 아니라 일반사회에서도 상당히 실력을 인정받고 있는 엘리트였다. 그리하여 이 분 정도면 문교부에도 아는 분이 많을 테니까 한 번 의논을 해 보면 어떤 길이 열리지 않을까 하는 기대를 갖게 되었다. 그 분을 만나 내 생각을 전하면서 부탁을 드렸더니 한 번 알아보겠다고 했다.

그 후 얼마가 지난 어느 날 연락이 왔다. 문교부 관계자를 만나 물어보았더니 역시 수도권 인구억제정책에 따라 주간에는 신설학과의 인가나 증원이 일절 불허되지만 야간에는 좀 가능성이 있을 것 같은 말을 하더라는 것이다. 나는 바로 여기에 길이 있었구나 하고 속으로 쾌재를 불렀다. 그 당시 성대는 야간대학을 운영하고 있었기 때문이었다. 그래서 바로 교무처장을 찾아가 사회복지학과를 야간으로 신청해 보겠다는 말을 했다. 교무처장께서는 여전히 야간도 신설학과는 불허하는 것이 문교부 방침이라고 하며 부정적이었다. 나는 구체적인 이야기는 피하고 아는 분이 있어서 알아봤더니 야간은 가능할지도 모른다는 답을 들었다고 하면서 한 번 시도나 해 보자고 간곡하게 부탁했다. 개인적으로도 친분이 있었던 교무처장은 그럼 한 번 신청해 보자고 동의했다.

그런데 또 하나의 관문은 학과신청을 위해서는 먼저 소속대학 교수회의에서 동의를 얻어 학장의 이름으로 교무처에 신청서류를 내는 절차였다. 별로 관심을 보이지 않는 사회과학대 학장과 교수들을 설득시켜 사회복지학과를 신설하기로 동의를 받은 후 필요한 서류를 만들어 학장에게 제출했다.

나는 당연히 학과신설 서류가 교무과에 제출되어 일이 차질없이 진행되는 것으로 생각하고 일단 그 일은 잊어버리고 있었는데 어느 날 교무처장의 전화를 받았다. 문교부에 서류를 제출해야 할 때가 되어 기다리는데 아직 서류가 오지 않았다는 것이다. 나는 깜짝 놀라 사회과학대 학장에게 확인했더니 "깜빡했다"고 말했다. 기가 찼다. '급한 사람이 불을 끈다'는 속담대로 바로 학장실로 달려가 서류를 받아 교무처에 냈다. 나는 기획원 차관에게 서류를 낸 사실을 이야기하고 다시 한 번 잘 부탁했다.

큰 기대를 걸고 문교부의 발표를 학수고대하며 기다리고 있던 어느 날, 신문에 새로 신설되는 학과와 증원에 관한 기사가 났다. 성대에도 야간으로 사회복지학과가 신설된다는 내용이 담겨 있었다. 뛸 듯이 기뻤다. 교무처장에게 전화를 했더니, 본인도 읽어 보았다고 하면서 "지금 본부가 경사 났다"고 난리라고 했다. 김용훈 총장이 불러서 갔더니 수도권에서 신설학과 인가를 받은 대학은 성대밖에 없다면서 다른 대학에서 모두 부러워 한다고 하셨다. 연대 총장이 전화를 해 "성대는 무슨 빽으로 불가능한 인가를 받았느냐고 했다"면서 그 동안 혼자서 참 많이 애썼다고 위로해 주셨다.

학교에서는 내친김에 나보고 전임이 들어올 때까지 사회복지학과 개설 책임준비위원 겸 사회복지학과장 직무대행을 맡으라고 했다. 결국 1990년 10월 24일부터 1992년 2월 말까지 학과 일을 맡아 보았다. 그리하여 이혁구 교수가 최초로 학과 전임으로 들어왔고, 그 뒤로 김정우 교수, 김통원 교수, 박승희 교수, 엄명용 교수가 차례로 들어왔다. 전임교수를 뽑고 학과가 정착이 될 때까지는 이러저러한 우여곡절이 좀 있었지만 지금은 사회복지학과에 대한 학생들의 인지도가 높아 학과발전이 잘 이루어지고 있다.

제자들 이야기

지난해 사회학과는 학과 창설 30주년을 성대하게 치렀다. 200여 명의 동문과 재학생이 600주년 기념관 패컬티룸을 가득 메웠다. 정원이 40명인 사회학과는 그 동안 900여 명의 학부 졸업생을 배출했는데 이들은 사회 각 분야에서 활발한 활동을 하고 있다.

졸업생 중 20여 명이 해외에서 박사학위를 취득한 후 귀국하여 서울대와 경북대 등 주요 대학과 연구소에 재직하고 있다.

특히, 본교에는 유홍준·박승희·이혁구·김상욱 교수가 중진으로 교육과 연구에 진력하고 있다.

유홍준 교수는 재학 때 과 톱을 놓고 부인이 된 정태인 박사와 앞서거니 뒤서거니 하며 선의의 경쟁을 벌이던 실력파였다. 정태인 양과 결혼 후 나의 지도하에 석사학위를 마친 다음 미국으로 건너가 뉴욕주립대학에서 둘 다 박사학위를 받았다. 유 교수는 지금 사회학계의 중진으로 활동하면서 학교발전에도 많은 기여를 하고 있다. 그리고 이혁구 교수는 텍사스주립대에서 사회사상사를 전공한 후, 사회복지학과에 선임교수로 부임하여 사회복지사상을 강의하며 학과발전에 큰 기여를 하고 있다. 또한 박승희 교수도 내 지도하에 노동문제로 박사학위를 취득한 후 독일 베를린대학에서 수학하고 귀국한 다음, 사회복지학과에서 노동복지를 강의하고 있다. 왕성한 저작활동을 하고 있는 그가 나에게 바치는 책으로 『아름다운 세상 가꾸기』라는 제목의 한국 사회복시정책론을 펴냈는데 학술원으로부터 우수도서로 선정되었다. 그 밖에 좀 특이한 경우도 있다. 신방과에 재직하며 뉴 미디어에 관한 많은 저서로 주목을 받고 있는 송해룡 교수는 원래 성대 물리학과 출신으로 성대 신방과 대학원 재학중 학부와 대학원에서 내 강의를 듣고, 내 추천으로 도독(渡獨)하여 뮌스터(Münster)대학에서 박사학위를 받았다. 귀국 후 원광대를 거쳐 현재 성대 신방과에 재직하며 역시 중진으로 큰 활동을 벌이고 있다.

우리 사회학과에서는 그 동안 10여 명의 박사와 50여 명의 석사학위 취득자를 배출했다. 내가 지도한 박사학위 소지자는 모두 7명(박승희, 안준섭, 정승국, 박영옥, 박시종, 이주재, 김정로)인데, 이들도 성대를 비롯해 각 대학과 연구소에 재직하며 학자로서의 열정을 바치고 있다.

졸업생들 가운데는 여러 명이 사법시험과 행정고시 등 국가고시에 합격하여 법조인과 고위 행정직에서 활동하고 있는데, 특히 행시에서는 2회에 걸쳐 수석합격자를 낸 바 있다. 뿐만 아니라 정계로 진출하여 국회의원으로 활동하고 있는 졸업생들도 있다. 한나라당의 정병국·고진화·정희수 의원 그리고 열린우리당의 이화영 의원이 의정활동에서 발군의 실력을 발휘하고 있다. 성대 역사상 한 학과에서 국회의원 4명이 배출된 것은 처음 있는 일이다.

언론사와 경제계에서도 졸업생들이 많은 활동을 하고 있다. 현재 20여 명의 졸업생들이 KBS와 MBC, SBS 등의 방송사와 조선·중앙·동아 등의 주요 일간지에서 활약하고 있다. 그리고 성균체육회 회장을 맡고 있는 도미노피자 오광현 사장을 비롯해 많은 졸업생들이 젊은 기업인으로서 활발하게 활동하고 있다.

지난 30년 동안 이처럼 사회학과가 크게 발전하여 우리 사회의 중진으로 활동하고 있는 졸업생들을 배출했음에도 불구하고 내가 근자에 와서 안타깝게 생각하는 것이 있다. 그것은 내가 교무처장과 총장으로 재임하던 당시, 학사개혁의 일환으로 강력하게 추진한 학부제로 인해 학과 벽이 무너지면서 사회학 전공 지원자가 줄어들어 입학생과 졸업생수가 많이 감소하고 있다는 점이다. 물론 이 같은 현상은 순수 기초학문분야가 공통으로 겪는 어려움이긴 하다. 그러나 언젠가는 기초학문이 중요시되는 시기가 올 것이고, 그때가 되면 사회학이 다시 각광을 받게 될 것을 의심치 않는다.

손자들 이야기

내게는 네 명의 손자가 있다. 장남인 훈이와 큰 자부인 윤지현 사이에서 오누이가 태어났다. 두 녀석의 이름은 다인과 해인이다. 두 녀석 모두 부모가 미국에서 공부하는 동안 태어났다. 훈이가 둘째(해인)를 가졌다는 연락이 왔을 때 우리 부부뿐만이 아니라 사돈댁에서도 걱정을 많이 했다. 특히, 우리는 공부하면서 애 둘을 키운다는 것이 얼마나 힘든가를 잘 알기 때문에 크게 내색은 안했지만 정말 많이 걱정했다.

그런 가운데 그나마 위안이 되었던 것은 큰 자부가 당시 미퍼듀대학에서 급식경영 전공으로 학위를 끝내고, 텍사스주립대학에서 신문학을 전공하는 남편과 함께 있기 위해 텍사스 오스틴에서 직장생활을 하고 있다는 것이었다. 2002년 7월 초에 미국 대학들과의 학술교류협정 체결을 위해 출국했다가 귀국하는 길에 텍사스에 들러 장남 집에서 하룻밤을 잤는데 생각보다 잘들 하고 있어서 마음을 놓을 수 있었다. 특히, 집사람은 큰 자부가 미국 주정부의 공무원생활을 하는 바쁜 와중에서도 애들을 위해 최선을 다하는 것을 보고 자랑스럽게 생각하면서 만족해 했다.

2003년 겨울이 끝날 무렵 손자들이 엄마와 함께 귀국했다.

애들 아빠는 공부를 끝냈을 때 마침 한림대 언론정보대학에 자리가 나서 먼저 한국에 들어와 있었다. 당시, 엄마와 함께 쌍둥이 유모차를 타고 공항대기실로 나오는 거의 연년생 같은 손자들이 너무나 귀여웠다.

지금 두 녀석은 서울대학교 교직원 아파트에 살면서 대학에서 운영하는 어린이집에 다닌다. 엄마가 모교인 서울대 생활과학대학 식품영양학과에 들어가게 되어 여러 가지 혜택을 보고 있는 것이다. 아빠와 엄마가 모두 바빠 시간이 맞지 않을 때는 내가 가끔 성대에서 귀가하는 길에 어린이집에 있는 손자들을 우리 집으로 데리고 와서 하룻밤 재우기도 한다.

그런데 두 녀석의 역할이 뒤바뀐 것 같아서 좀 걱정이다. 남자 아이인 다인이는 어려서부터 인어공주를 흉내낸다고 여자 옷을 걸치기를 좋아하더니 이제 곧 초등학교에 들어가는 나이인데도 뜨개질에 취미를 붙여 목도리와 손지갑을 만들어 가지고 다닌다. 그런가 하면 여자 아이인 해인이는 엄마가 아무리 예쁜 여자 옷을 사 주려고 해도 말을 듣지 않고 남자 옷만 골라 입는다.

식성도 완전히 다르다. 다인이는 입이 짧아서 거의 연명할 정도만 먹는다고 해도 과언이 아니다. 제 할머니가 만들어 주는 러시안 수프를 좋아해서 다행이지만 갈비뼈가 앙상한 말라깽이다. 옛날 자기 아빠보다 더 심하다. 그러나 해인이는 항상 식욕이 왕성하다. 특히, 낙지와 조개는 지켜보기가 민망할 정도로 잘 먹어서 할머니가 특별히 신경을 써서 준비한다. 그래서 몸이 박세리 이상으로 짱짱하고 기운이 넘친다.

두 녀석의 성격 또한 차이가 많다. 다인이는 매우 섬세하고 예민하며, 그림 그리는 솜씨가 비상해 주위 사람을 놀라게 한다. 상황에 대한 묘사능력도 탁월해 유치원 선생님이 부재 중 일어났던 일을 알고 싶을 때는 다인에게 부탁을 한다고 한다. 우리 집안에 예술가가 태어나는 것 아닌가 하고 농담을 한다. 이와는 달리 해인이는 완전히 선머슴이다. 침대에서 머리를 박고 물구나무를 서서 온갖 재주를 부리거나 자동차, 총 따위의 장난감들을 갖고 놀기 좋아한다. 다인이는 벌써부터 엄마보다도 많은 한자를 알고 만화책을 읽는데, 해인이는 한글을 가르쳐 주다가 부모가 포기했을 정도로 배우는 데 관심이 없다. 나중에 어떤 모습으로 클지 무척 궁금하다.

차남인 일이는 둘째 자부 송주현과의 사이에 딸만 둘이다. 원이와 현이라고 이름을 지었다. 원이는 살결이 희고 여성답게 생겼다. 몸도 가냘프고 노는 것도 여자애들 그대로다. 마루에서 뛰어나닐 때는 항상 발끝으로 종종걸음을 해서 “나중에 발레를 하려는가 보다”라고 놀리곤 한다. 현이는 채 한 살도 안 되어 공부하러 간 아빠를 따라 미국으로 갔다. 자기 아빠가 10년간 다녔던 LG생활건강에서의 직장생활을 그만 두고 미국 인디애나 대학으로 MBA코스를 밟기 위해 떠났는데 온 식구가 함께 간 것이다. 차남 일이는 1997년 경제위기 때 천행으로 LG에 입사하게 되어 생활건강부서에 근무하며 러시아 담당으로 과장까지 승진했지만, 직장생활에서의 한계를 느낀다며 인디애나대학으로 유학가게 되었다. 이제 막 돌이 지난 현이는 한국에 있을 때 몸 뒤집기를 할 정도였는데 요사이에는 발자욱을 떼어 걷기 시작한

단다. 집사람은 전화통화를 할 때마다 옆에서 재잘대는 두 손녀가 끔찍이도 보고 싶은 모양이다.

우리 자식들을 키울 때는 느끼지 못했던 또 다른 재롱과 귀여움을 보는 것 같아서 손자들이 오면 그저 즐겁다. 녀석들 모두 건강하고 올곧게 잘 자라서 각자 사회가 필요로 하는 큰 재목으로 성장해 주기를 기대한다.

명예로운 퇴진

1999년 2월 19일 성균관대학교 제17대 총장으로 임명되던 날, 나는 식장을 가득 메운 내외귀빈과 교직원을 바라보며 우리 민족의 자랑인 성균관대학교를 본연의 위상에 걸맞은 대학으로 격상 발전시키는 데 모든 역량을 바치겠다는 각오를 굳게 다졌다.

나는 평소 성균관대학은 참으로 그 존재 자체만으로도 이 나라, 이 민족의 탁월한 혜안과 역량, 자긍심을 웅변해 주는 국가적 자랑거리라고 생각해 왔다. 그것은 성균관대학교가 이 나라 대학의 효시로서 600여 년의 긴 역사를 통해 우리 민족의 동량을 키워 낸 산실이기 때문이다. 따라서 이처럼 역사성과 민족성, 그리고 정통성을 고스란히 간직하고 있는 성균관대학교는 여타의 대학들과는 분명히 다르게 평가받아야 할 대학이라고 생각해 왔다. 그런데 세계의 대학역사에서도 그 창의성과 희소성으로 존재가치를 인정받는 우리 성균관대학교가 역사의식이 빈곤한 위정자와 여의치 못한 대내외적 여건으로 인해 제대로 평가받지 못하고 소외되어 있는 모습을 보면서 가슴아프고 애석해 했다.

그러던 차에 1996년 11월 삼성이 다시 재단으로 들어오게 되어 나는 성균관대학교가 다시 한 번 우리 민족의 자긍심을 이어갈 수 있는 대학으로 거듭날 수 있다는 희망을 품게 되었다. 내가 총장으로 취임하던 날, 나는 바로 그 꿈과 희망의 실현을 위해 성균관대학을 중흥의 반석 위에 올려놓아야 한다는 사명감 속에서 숙연해지지 않을 수 없었다.

재임기간 동안 나는 이러한 사명감에 충실하고자 나름대로 최선을 다했으며, 그 결과 성균관대학교가 크게 발전했다는 객관적인 평가 앞에 가슴 뿌듯한 보람을 느낀다. 그 동안 성대가 이룩한 괄목할 만한 업적을 살펴보면 다음과 같다.

우선 'BK 21사업'에서 7개의 사업단을 진수시킬 수 있었으며, 특히 인문사회분야에서는 전국 1위로 서울대를 앞지르는 4개의 사업단이 선정되는 쾌거를 이루었다. 또한 교수 연구력의 척도가 되는 국제과학논문색인(SCI)에 게재된 논문수를 보면, 1998년만 해도 280편에 불과하던 SCI 논문이 2002년에는 761편으로 2.7배가 증가하여 국내 Big 4(종합대학으로는 서울대·연대·성대)에 진입했으며, 이러한 증가율은 국내 최고의 수준이다. 다음으로 대형 국책연구 프로젝트의 수행실적이 대폭적으로 증가했다. 대학의 연구력 수준을 보여 주는 과학기술부 지원 우수연구센터가 1998년까지만 해도 ERC 1개였으나, 그 이후 나의 총장재직 4년 동안 SRC 2개, ERC 1개, RRC 1개, MRC 1개를 추가로 지정받아 도합 6개가 되었으며, 21세기 프런티어연구단 및 국가지정연구실 11개를 지정받았다. 또한 산업자원부로부터 기술혁신센터와 게임개발 기술센터를 유치했으며, 그 밖에 다수의 대형 국책연구사업을 수주받는 데 성공했다. 그리고 1998년에 192억 1,600만 원이던 대외연구비 수주액을 2002년에는 676억 8,800만 원으로 대폭 증가시킴으로써 우리 대학의 위상을 크게 높였다.

또한 중앙일보 대학평가에서 성대가 2001년, 2002년 연속 사학 BIG 3(연대 · 고대 · 성대)에 진입했고, '2002 전국대학평가'를 보면 가중치를 배제할 때 사학으로는 연대 다음의 2위이며, 종합대학으로는 3위(서울대 · 연대 · 성대)를 기록했다. 대견스러운 성장임에 틀림없다.

그 밖에 법대의 정원을 대폭 늘린 것도 언급할 만하다. 1998년까지 법대의 주간 입학정원은 175명에 불과했다. 야간 70명을 합쳐야 245명이었는데 과거와 달리 야간의 학생수준이 높지 못해 사시에서 고전을 면치 못하는 형편이었다. 그래서 1999년 야간을 없애고 그 인원의 대부분을 주간 법과로 합쳐 입학정원을 233명으로 만들었다. 나는 성대 법대가 과거의 영광을 되찾기 위해서는 우선 경쟁대학과 같은 수준의 정원을 확보하는 것이 급선무라고 생각하여, 2002년 자유전공이 폐지될 때 그 인원 중 67명을 법대로 넘기도록 해 도합 300명의 입학정원을 만들었다. 성대에는 법대밖에 없느냐는 일부 교수와 학부장들의 반대가 있었지만 선도 대학의 경쟁력을 높여 견인효과를 최대화해야 한다는 것이 나의 지론이었다. 아쉬운 것은 2006년 대학 전체의 학생정원이 구조조정되면서 법대의 입학정원이 250명으로 축소되었다는 점이다. 어쨌든 근자에 와서 사시합격생의 수가 점차 늘어나는 것을 보고 큰 보람을 느낀다.

그리고 또한 동문들의 적극적인 협조하에 학교발전기금을 모으는 데도 상당한 성과를 거두었다. 1999년부터 2002년까지 발전기금에 있어서 90억 7,000만 원의 현금과 9억 4,100만 원의 현물, 장학기금에 있어서 20억 6,100만 원의 현금과 6억 1,000만 원의 현물을 거두었다. 그리하여 현금 111억 3,100만 원과 15억 5,100만 원의 현물을 합쳐 도합 126억 8,200만 원의 발전기금을 모았다. 특히, 조병두 동주 회장 15억 원, 이충구 총동창회장 10억 원, 이완근·정지완·고석태 사장 10억 원, 유덕희 경동제약 회장 7억 원, 김광석 참존 회장 6억 원, 그리고 김의정 명원문화재단 이사장이 5억 원을 발전기금으로 쾌척하신 것이 큰 힘이 되었다. 또한 성대의 약점인 국제화에도 진력한 결과, 재임 전 13개국 23개 대학과의 학술교류를 17개국 58개 대학으로 확대하는 성과를 거두었다.

2003년 1월 8일 나의 총장직을 마감하는 마지막 이사회가 열렸다. 나는 여기에서 다음과 같은 몇 가지를 부탁의 말로 남겼다. 첫째, 교직원 처우에 관한 것이었다. 그 동안 학교가 크게 발전하고 있는 이면에는 삼성재단의 지원과 더불어 교직원들의 노고가 큰 만큼 그에 대한 인센티브로서 경쟁대학에 준하는 처우개선이 있어야 한다는 것이었다.

둘째, 총장선임방법에 대한 요망사항이었다. 지금과 같은 하향식 선출방식하에서도 형식과 절차에 있어서는 어느 정도 투명성과 민주성을 확보하도록 노력하는 것이 좋을 것 같다고 했다.

경쟁대학들이 도입하고 있는 총장선출위원회를 구성해 보는 방식은 더욱 바람직할 것이라고 언급했다. 우리 대학의 위상이 커지는 만큼 그에 걸맞은 총장선임방식을 요망해 본 것이다.

셋째, 총장 피선임자에 대한 희망사항이었다. 학교를 경영하는 데 탁월한 능력을 가진 사람이라고 생각되면 어느 누구든 총장에 임명되는 것이 바람직하겠지만 현재 대부분의 대학에서 동문 출신들이 총장직을 맡고 있다. 동문들과 재학생들의 사기와 자긍심을 심어 주는 데 상징적 의미가 있기 때문에 가급적이면 동문 출신을 총장으로 임명하는 것이 바람직할 것이라고 했다.

넷째, 총동창회장을 당연직 이사로 추대하는 문제였다. 어느 대학이든지 총동창회장이 재단이사회에 당연직 이사로 참석하는 것이 관행이다. 그러나 성대는 그렇지 못하다. 이제는 총동창회가 학교발전에 적극적으로 동참하면서 바람직한 모습으로 가고 있으니 적극적인 검토가 필요할 것이라는 점을 언급했다. 총장재직 4년을 돌아볼 때 어려운 일도 많았지만 보람 있는 일이 더 많았다고 생각한다. 무엇보다도 그것은 나의 초심대로 성대를 중흥의 반석 위에 올려 놓기 위해 한 일들이다. 그리고 재단과 동창회로부터 여러 공식석상에서 '성공한 총장'이라는 평가를 받고, 또한 그 동안의 업적을 평가받아 명예총장으로 추대된 것을 큰 영광으로 생각한다.

그러나 나는 이러한 개인의 영광을 오르지 학교발전이라는 대의 속에 강도 높은 개혁을 인내하면서 수용해 준 교수와 직원 그리고 모교에 대한 깊은 애정을 가지고 물심양면으로 학교발전에 동참해 준 동문들에게 돌리고 싶다.

총장임기를 마치면서 마지막으로 집무실에서 아내와 함께 한 필자

자유인이 되다

총장직에서 물러난 후 한동안 집에서 쉬게 되자 구속 없는 생활이 또 하나의 선택받은 삶이란 사실을 깨닫게 되었다. 때문에 총장직에서 퇴임하며 얻은 1년간의 안식년을 최대한 활용해 보고자 마음먹게 되었다. 당초에는 독일로 훌쩍 떠나 볼까 했지만, 곧 캐나다 밴쿠버로 방향을 선회했다. 웨스턴 칼리지의 학장으로 계신 주재성 동문의 배려를 받아들여, 영어코스에도 참가하고 홈스테이를 통해 영어권의 생활문화를 체험해 보자는 생각에서였다. 그리하여 4월 초에 캐나다항공에 몸을 실었다.

밴쿠버에서 나는 완전한 자유인으로 돌아갔다. 우선 거추장스러운 정장을 벗어 던지고 면바지에 티셔츠를 입은 후 농구화를 새로 사 신었다. 복장과 신발을 바꾸니 몸이 날아갈 듯 가벼웠고 기분도 상쾌했다.

오전에는 웨스턴 칼리지에 나가고 오후에는 밴쿠버의 풍부한 볼거리들을 찾아다니는 나날들이 시작되었다. 밴쿠버는 산과 바다, 도시가 멋진 조화를 이루는 가운데 자연의 웅대함과 현대적인 감각이 동시에 공존하는 세계 굴지의 미항이다. 탁 트인 태평양과 아름다운 해변, 울창한 자연림과 높은 산, 온화한 기온과 안락한 주거환경은 밴쿠버를 가히 북미 제일의 쾌적하고 살기 좋은 도시로 손꼽는 데 조금도 모자람이 없었다. 천의 모습을 지닌 밴쿠버에는 태평양 상의 디너 크루즈, 밴쿠버 미식쇼(EAT! Vancouver), '사이언스 월드'와 밴쿠버 수족관, 밴쿠버 국제재즈페스티발, 밴쿠버 프라이드 축제, 여름 불꽃놀이(Celebration of Light) 등 온갖 종류의 먹거리와 볼거리가 언제나 나의 오감을 즐겁게 해 주었다.

잘 알려진 사실이지만 밴쿠버에는 홍콩으로부터 이주해 온 중국인들이 아주 많이 살고 있다. 그래서인지 좀 과장된 표현을 사용하자면, 황인종의 땅에 백인이 들어와 사는 것 같은 착각마저 드는 곳이 밴쿠버이다. 밴쿠버에 체류하는 동안 양철웅 사장 내외분의 호의로 포인트 그레이 GC에서 개최된 LPGA 투어 캐나다 여자오픈대회를 구경하고, 김재상 회장 내외분의 안내로 2010년 동계올림픽 개최지로 예정된 휘슬러를 둘러볼 수 있는 기회를 가진 것도 큰 수확이었다. 밴쿠버에 있는 동안 가급적

동문들에게 폐를 끼치지 않고 또한 나 혼자만의 시간을 갖고 싶은 생각에서 외부와의 접촉을 피했다. 그럼에도 주재성 학장과 노은길 사장 등 여러 동문들께서 나의 밴쿠버 체류에 큰 관심을 보여 주어서 고마웠다.

약 3개월간의 체류를 통해 자유인으로서의 여유를 마음껏 즐긴 후 2004학년도부터 시작되는 강의준비를 위해 8월에 귀국했다. 오랫동안 손 놓았던 강의라 준비에 많은 신경을 써야 했기 때문이었다. 둘러보니 그 동안 나의 전공인 산업사회학 분야에도 많은 책들이 쏟아져 나왔다. 그리하여 이들 문헌들을 참고로 강의노트를 준비하는데 한 학기가 훌쩍 지나갔다.

2004학년 1학기부터 1주에 2번 학교에 나가 강의를 시작했는데 발랄하고 혈기왕성한 학생들과 함께 떠들고 웃다 보니 10년은 젊어지는 것 같았다. 원래 내가 있어야 할 곳이라서 그런지 무척 아늑하고 편안했다.

지난 날 빠듯하게 돌아가던 일정에 비하면 더할 나위없이 여유로웠지만 그래도 하루 하루, 1주일 1주일이 후딱 지나갔다. 우리가 살고 있는 아파트단지 내의 스포츠센터에서 주로 걷기와 근력 강화, 스트레칭 등으로 아침을 보내고 오후에는 집에서 전공서적이나 그 밖의 다양한 책들을 보며 시간을 보냈다. 그러다 눈이 피로하면 내 서재에서 내려다 보이는 동네의 탄천으로 내려갔다.

탄천 산책은 내가 무척이나 즐기는 취미 중의 하나다. 분당을 가로지르는 탄천에는 양쪽에 각각 산책로와 잔디밭, 자전거 도로가 잘 조성되어 있다. 봄과 여름에 둑 양안에 심은 개나리와 벚꽃이 만발하게 핀 강가를 따라 걷노라면 경치가 환상적으로 아름답다. “천당 아래 분당이 있다”는 분당예찬론자들의 말이 떠오르는 경치다. 특히, 내가 살고 있는 아름마을 구간은 그 중에서도 더욱 아름답다. 그런가 하면 가을에는 곱게 물든 단풍이 아름답고, 늦가을과 겨울에는 은빛으로 일렁거리는 갈대밭이 볼 만하다. 물 위에는 오리떼가 떠다니고, 황새가 외발로 서서 먹이를 기다리며, 물 속에서는 팔뚝만한 잉어들이 유유히 헤엄쳐 다닌다.

그리고 가끔 가까운 전·현직 동료 교수들과 산행을 하는 즐거움도 빼놓을 수 없는 소일거리다. 보통은 7~8명, 많을 때는 10여 명이 청계산의 매봉이나 옥녀봉에 오른다. 정상에서 각자가 준비해 온 과일과 음료수를 먹고 마시며 땀을 식힌 후 하산하게 되면 또 다른 즐거움이 기다리고 있다. 주변에 즐비하게 들어선 음식점에서 순두부와 해물파전에다 맥주 한 잔을 걸치는 꿀맛 점심과 동료들과의 즐거운 한담이 그것이다.

또한 매달 네 번째 금요일에는 59회 골프모임이 있다. 이 날에는 성대 59학번 입학동기들이 함께 골프를 치며 우애를 다지는데, 약 30명의 회원 중에서는 늘 20여 명 정도가 참석한다. 어느새 백발의 중노인이 되었지만 만나면 학창시절로 돌아가는 격의 없는 사이라 언제 보아도 반갑고 즐겁기만 하다. 대부분이 기업을 하는 사람들이라 골프를 제법 잘 친다. 나는 잘 쳐야 90타 중반으로 제일 꼴찌라 같이 어울리기가 민망할 정도다. 그런 나를 너그럽게 끼워 주는 동기들의 배려가 고맙기만 하다.

드디어 연구실을 비워야 할 때가 된 것 같아서 며칠 전 서가를 정리했다. 아직은 곁에 두고 읽을 만하다고 생각되는 책들을 추리는 과정에서 애를 먹었다. 막상 선택을 하려니 모든 책들이 다 소중하게 여겨졌기 때문이다. 특히, 독일어 원서를 선별해 낼 때는 가슴이 아팠다. 넉넉지 못한 주머니 사정으로 힘들었던 유학시절, 큰 마음먹고 장만한 책들이었던 까닭에서다. 그 한 권 한 권에 내 손때와 사연들이 절절히 묻어 있었다. 영어 원서와 달리 책들을 물려 줄 만한 제자나 후학들이 마땅히 없다는 현실도 나를 슬프게 했다. 그러나 어쨌든 이제는 지니기보다 버리는 일에 익숙해야 할 나이라고 생각하며 과감하게 책들을 추렸다. 그래도 추리고 추린 책보다 놓는 책들이 훨씬 많았다. 퇴임교수들이 가지고 있던 책을 중앙도서관에 기증하는 것이 지금까지의 관례였는데, 그나마 이제는 도서관에 공간이 없어 받을 수가 없게 되었다고 한다. 결국 학생들에게 개방하여 골라가도록 한 다음, 폐기하기로 마음먹고 떨어지지 않는 발걸음으로 정든 연구실을 떠났다. 가슴아프지만 아끼던 것 하나하나를 버리는 과정 속에 무소유의 참된 의미를 깨달아 가는 것이라는 생각으로 스스로를 위로하고, 또 위로했다.

'퇴임'이라는 것이 또 다른 인생의 출발이라면, 새로운 인생이 갖는 최대의 장점과 매력은 시간에 얽매이거나 쫓기지 않고 넉넉하고 여유 있게 사는 삶일 것이다. 각박해져 가는 것이 현실일진대 정년의 미학을 터득하며 늦깎이 인생을 충실히 살아보고자 한다.

◈ 바라매 아니뮈는 나무

2007년 3월 19일 초판인쇄
2007년 3월 26일 초판발행

저 자 심 윤 종

발행인 노 현 철

발행처 도서출판 해남
서울특별시 종로구 교남동 45-1(202호)
전화 739-4822 팩스 720-4823
e-mail haenam30@dreamwiz.com
homepage www.hpub.co.kr
등록 1995. 5. 10 제1-1885호

정 가 20,000원 ISBN 978-89-86703-91-7

저자와
협의하에
인지생략